中國學術思想 研究輯刊

二六編

林慶彰 主編

第1冊

《二六編》總目

編輯部 編

鄭玄《三禮注》說《詩》與引《詩》之研究

羅健蔚 著

花木蘭文化事業有限公司

國家圖書館出版品預行編目資料

鄭玄《三禮注》說《詩》與引《詩》之研究／羅健蔚 著 — 初
版 — 新北市：花木蘭文化事業有限公司，2017〔民 106〕
目 4+260 面；19×26 公分
（中國學術思想研究輯刊 二六編：第 1 冊）
ISBN 978-986-485-168-3（精裝）
1.（漢）鄭玄 2. 三禮 3. 詩經 4. 研究考訂
030.8   106014195

ISBN-978-986-485-168-3

9 789864 851683

中國學術思想研究輯刊
二六編　第一冊   ISBN：978-986-485-168-3

鄭玄《三禮注》說《詩》與引《詩》之研究

作　　者　羅健蔚
主　　編　林慶彰
總 編 輯　杜潔祥
副總編輯　楊嘉樂
編　　輯　許郁翎、王 筑　美術編輯　陳逸婷
出　　版　花木蘭文化事業有限公司
社　　長　高小娟
聯絡地址　235 新北市中和區中安街七二號十三樓
　　　　　電話：02-2923-1455／傳眞：02-2923-1452
網　　址　http://www.huamulan.tw 信箱 hml810518@gmail.com
印　　刷　普羅文化出版廣告事業
封面設計　劉開工作室
初　　版　2017 年 9 月
全書字數　219566 字
定　　價　二六編 12 冊（精裝）新台幣 22,000 元

《二六編》總目

編輯部　編

《中國學術思想研究輯刊》二六編 書目

《中國學術思想研究輯刊》二六編
各書作者簡介・提要・目次

第一冊　鄭玄《三禮注》說《詩》與引《詩》之研究

作者簡介

　　羅健蔚，男，臺灣嘉義人，學術專長為三《禮》、《詩經》、禮俗與漢代學術。2005 年 7 月畢業於國立臺灣大學中國文學系碩士班，學位論文為《鄭玄《三禮注》說《詩》與引《詩》之研究》；2015 年 7 月畢業於同校系博士班，學位論文為《鄭玄會通三《禮》研究》。碩、博士論文皆由葉國良教授指導。其他著作，有與臺大中文系彭美玲教授等合撰之《深情相約：婚嫁俗面面觀》（臺北：國家出版社，2008 年 3 月）。

提　要

　　本論著旨在探討鄭玄《三禮注》對於《詩》的闡釋與應用，材料包含三《禮》引《詩》、論《詩》、樂詩、逸詩，以及與這些相應的鄭注，另外則是注語裡的引《詩》。論題有五，分別是鄭玄如何詮釋禮書引《詩》？如何引《詩》注解禮書？《三禮注》說《詩》與《毛詩箋》相異的緣由？與四家《詩》的關係？有哪些較特出的《詩》論？

　　三《禮》引《詩》大多集中在《禮記》，或引申，或改變譬喻的對象，或截取《詩》文而另下新義，鄭玄依禮文語境，順而釋之，故與《毛詩箋》推

求本義的面貌不同。對於典禮所用樂詩，禮書僅記《詩》篇名，鄭玄則從《詩》辭來推闡其用詩的禮義。《注》、《箋》相異，也肇因於所用的《詩》說不同《三禮注》博採三家，《毛詩箋》則專主毛《詩》，旁及三家。《三禮注》會大量引《詩》，部分除了藉《詩》篇所載之名物制度相釋，也在於鄭玄認同《詩》之義與禮之意相合，故可通貫。至於與四家詩的關係，筆者認為視《三禮注》匯通今文三家即可，不必強分偏齊、魯或偏韓，因為注語多是順著禮書脈絡而釋之、引之，不宜如前人那般逐條指實某家某派。最後，筆者與前人意見稍有不同，認為鄭玄作《三禮注》時已能見得《毛詩》文與《毛詩序》，但因為未及深究專研，故僅是零星參用，其餘仍依從三家《詩》。

《詩》論的部分，首先是《三禮注》以美、刺來區分「比、興」，這與《毛詩箋》不同；其次是〈學記〉的「不學博依，不能安《詩》」，鄭玄以「廣譬喻」解之，兼含比、興與美、刺的概念；最後是〈孔子閒居〉的五至三無，鄭《注》的「《詩》謂好惡之情」與「《詩》長人情」說，強調《詩》篇體現了君王教化的良莠與相應而起的臣民人情，不唯有感性反應，更包含價值取捨。

目　次

第二冊 柳興恩《穀梁大義述》之《穀梁》興廢源流研究

作者簡介

　　王巧儀，輔仁大學中國文學系碩士，現攻讀輔仁大學中國文學系博士班，為輔仁大學全人教育課程中心兼任講師，曾參與國家教育研究院編修《教育部異體字字典》。研究方向為《春秋》學、經學。著作有〈相感之道，利在於正──試論《易‧咸卦》中的無心之感〉、〈自公羊傳「弒君」例觀《春秋》大義〉。欲效法有清以來《穀梁》家繼千載絕學之心，貢獻一己棉薄之力。

提 要

　　清代柳興恩（1795～1880）見漢代以後，《左傳》、《公羊傳》都有專家世代相傳，唯獨《穀梁傳》少有專家，唐以後更成絕學，遂發憤續此絕學，於經史子集之涉及《穀梁傳》者，依次摘錄，斷以己意，並詳考《穀梁傳》的研究歷史，闡明其興廢源流，依據不同的主題，分作〈述日月例〉、〈述禮〉、〈述異文〉、〈述古訓〉、〈述師說〉、〈述經師〉、〈述長編〉七個部分成《穀梁大義述》三十卷。本文以柳興恩《穀梁大義述‧述經師》為據，嘗試梳理《穀

梁》於歷來的研習、流傳及傳授情形，得出《穀梁》經師治《穀梁》的學統。
並試圖梳理《穀梁》於歷代經師的影響、政治的環境、學術的背景等狀況之
下，《穀梁》興盛或衰頹的情形。於查考歷來《穀梁》經師於《穀梁》學地位
外，亦將經師之間的傳授情形，作〈《穀梁》傳授流傳譜系表〉。將本文各章
內容大要略述如下：第一章〈緒論〉：先說明本文研究緣起、研究方法與各章
內容大要，其次敘明柳氏著述動機及《穀梁大義述》之體例。第二章〈《穀梁》
之傳授源流──周代至隋代〉：先分別討論柳氏所列周代至西漢《穀梁》經師
三十人，東漢《穀梁》經師三十五人，三國《穀梁》經師五人，晉代至隋代
《穀梁》經師八十人，末作小結。第三章〈《穀梁》之傳授源流──唐代至元
代〉：分別討論柳氏所列唐代《穀梁》經師三十六人，宋代《穀梁》經師六十
九人，元代《穀梁》經師二十一人，末作小結。第四章〈《穀梁》之傳授源流
──明代至清代暨柳氏失收之《穀梁》經師〉：分別討論柳氏所列明代《穀梁》
經師四十一人，清代《穀梁》經師四十八人，並柳氏失收之《穀梁》經師三
人，末作小結。第五章〈結論〉：以「授受」、「著作」、「通經致用」三方面分
析說明柳氏所列三百六十五位《穀梁》經師，以明柳興恩《穀梁大義述·述
經師》之《穀梁傳》傳授流傳體系。敘述柳書的侷限與疏失所在，並闡明柳
書在《穀梁》流傳與經學史中的地位。末附附錄與參考書目。

目　次

第三冊　孔老關係研究

作者簡介

黃梓根，男，湖南瀏陽人，嶽麓書院歷史學博士，現供職於湖南大學校辦公室。

提　要

孔、老關係是研究早期儒道關係的最基本的問題之一。本文在充分尊重和利用前人已有研究成果的基礎上，針對孔、老關係這一重要而又頗具爭議的學術公案進行了史料的全面梳理和辨析，揭示了孔老思想的諸多共通之處，並分析了出現這些共通之處的原因，探析了早期儒道思想的同源性。

孔老關係應該包括兩個方面的內容，一是孔子和老子之間的交往，主要指老子和孔子之間的師生關係；二是孔子思想和老子思想之間的關係。以往的爭論和研究往往糾纏於孔老之間交往的存在與否，而較少涉及到孔老思想之間的關係。本文立足史料，從考證老子與孔子的師生關係入手，試圖澄清以往的一些模糊認識，重點考察和揭示了孔、老思想之間的相通之處以及出現這些相通現象的原因，並對孔、老時代及稍後一段時間內的儒道關係談了一些自己的看法。

本文認為，歷史上所記載的孔子師事老子一事當屬歷史事實，不應該被無端懷疑，先秦兩漢時期儒、道等各家典籍中的關於孔子問禮於老子的記載是可信的。孔子和老子有著共同的時代和文化背景，他們在思想上有著同源的關係，兩人的思想在實質上有著諸多的相通之處。例如，老子的思想中包

含了孔子和早期儒家的諸多思想元素，如仁、禮、中庸等；而孔子的思想中也處處流露出老子和早期道家的思想成分和處世傾向，如無為、隱逸、處下、守愚等。孔子對老子的思想是有所吸收和借鑒的。

本文立足史料的梳理、甄別和考證，用大量可靠的史實來糾正和澄清以往關於老孔關係的一些錯誤認識，並重點揭示孔老思想的相通之處，由此在思想內容上證明了老孔師生關係存在的真實性。

老子和孔子生活在同一歷史時期，其文化背景和社會背景都是大致相同的。我們認為在老子和孔子的時代，後世意義上的「道家」和「儒家」之分或許是不存在的，先秦諸子之學或許本無所謂「九流十家」之分。所以，我們認為，在研究老、孔關係及其思想的時候，應該特別注意不能用後人「儒家」或「道家」的立場和視角去看待和解讀孔子和老子的思想。

雖然孔、老思想在本質上是相通的，儒道兩家思想在源頭上是合一的。但是，老子和孔子的思想在後世畢竟還是朝著不同的方向發展了，成為中國思想文化史上的兩大基本派別。那麼，這種異向發展背後的原因和動力又是什麼呢？這是我們努力思考並力圖解答的一個問題。我們認為，老、孔思想的異向發展，除了其自身的思維邏輯方式的不同之外，更存在著社會政治選擇和文化傳承與詮釋解讀等多方面的因素。

通過人們兩千多年的詮釋和發展，人們對老子和孔子的認識已經逐漸偏離了他們本來的面目，人們對早期道家和早期儒家的認識也往往打上孔、老以後不同時代自己的印記。早期的儒、道兩家並沒有真正分開過。以往，人們多認為早期儒道關係緊張對立，這是不符合當時的歷史真實情形的。既然早期儒道並未完全分開，所以就不存在緊張和對立可言。

郭店楚簡儒道文獻的出土，只是進一步說明了早期儒道和平共處這一結論，並不是所謂的「新發現」。細心研讀傳世文獻，我們就已經能發現早期儒道並不對立，所以不能說是郭店楚簡改寫了早期儒道關係，只能說明我們以前對早期儒道關係的認識不夠深入和準確。對於出土文獻，我們一方面應該高度關注和充分利用，但另一方面又不能無限放大它們對中國古代思想學術研究的作用和價值。

目　次

第四冊　《老》、《莊》與《黃帝四經》政治觀研究

作者簡介

　　林靜慧，中國文化大學中國文學系，博士班畢業。碩論：《蘇轍《老子解》研究》；博論：《《老》、《莊》與《黃帝四經》政治觀研究》。現任中國文化大學中國文學系兼任助理教授、中華佛研所專案人員，已執行「中古佛教寫本資料庫編碼專案」、「破魔變中英對照翻譯本出版專案」。

提　要

　　本論文主要在討論《老子》、《莊子》與《黃帝四經》三書的政治觀，首先討論三書政治觀的理論根源——道，探討三書政治觀理論的基礎，與道在當中的作用。其次討論三書政治觀理論的執行者——聖人，探討三書的政治觀中，聖人的地位與品格。其次討論三書政治觀理論的執行方針——無為，探討三書在政治方針中所提倡的無為有何異同，與其落實在政令上的表現與

作用。其次討論三書政治觀理論的理想目標，探討其政治觀中對理想世界藍圖的描繪。最後綜合比較三書政治觀的異同與三者的關係。

目　次

第五冊　《管子》中所見政治思想新論

作者簡介

張軍（1972～），男，安徽巢湖人，歷史學博士，民革黨員。1996 年畢業於安徽師範大學歷史系，獲歷史學士學位。1996～2006 年任教於黃麓師範。2006～2012 在西北大學中國思想文化研究所跟隨「侯外廬學派」的主要成員，著名思想史專家張豈之、謝揚舉、方光華、張茂澤等學習，分別於 2009 年獲歷史學碩士學位，2012 年獲歷史學博士學位。2012 年至今任教於安徽財經大學馬克思主義學院。主要研究方向：中國傳統文化、中西思想文化比較、環境哲學和馬克思主義等。發表文章十餘篇。

提　要

《管子》有經邦治國的百科全書之稱，相傳爲齊相管仲所著，經西漢劉向編定成型，全書八十六篇，今存七十六篇。在《管子》研究上，學界公認有三難：文中古字較多，流傳中增字、漏字、竄入錯亂嚴重；是何人何時所著；思想內容龐雜，而且許多地方存在一定衝突。

《管子》內容豐富，政治、哲學、經濟、禮法、軍事、外交、科技、教化等均有涉及。目前《管子》研究主要有兩種思路：一種是分類研究，一種是整體性研究。本文在綜合前人分類研究成果的基礎上，試圖從整體性的角度來解讀《管子》，突出它在國家治理方面的「至善」政治思想。

齊文化是管仲其人和《管子》成書的重要地域文化背景。《管子》著者和成書時間上，遵循前人非一時一人之作的定論。在思想歸屬上，通過對歷史上的道家說、法家說、雜家說等爭議的辨析，結合當前《管子》研究中的「管仲學派」的提法，認爲《管子》是一部以治國爲主題的綜合性巨著。

「至善」政治是《管子》的思想主旨。「求善」是中國傳統政治思想的一個核心追求，《管子》在這方面更具代表性。《管子》明確提出了「至善」之國的一些具體標準，並從治國實踐出發，系統、全面地論述了「善政」思路。天道和人情是《管子》治國思考的兩個基本前提。它認爲天道、心性是至善

的，人情是自利的，人道要依循天道，順應人情，從有機整體的角度綜合考慮。

「國家本位」是《管子》治國的指導綱領。「國家本位」體現在兩個方面：一是周天子與各諸侯之間，以諸侯國爲本位，由此形成王霸天下的思想；二是在諸侯國內部的政治格局中，主張民爲國本，賢明君主居上無爲，百臣守法具體治理，君、臣、民三者各居其位，各務其事。

在國家治理思路上，《管子》認爲要道德、禮法綜合運用。道德是內在心性修養，禮法是外在制度規範，二者共同致力於社會秩序的維護和穩定。在道德和禮法之間，以道德爲禮法終始，禮法爲治國的首選。在禮與法之間，認爲禮、法同源於道，法是禮的進一步發展，重法但不棄禮。

在具體治國方略上，《管子》認識到財富對國家強大的重要意義，因此將發展經濟擺在國家治理諸多層面的首要位置，充分利用人情的自利性，來促使國家經濟的整體多元發展。經濟繁榮，爲《管子》的「至善」政治提供堅實的物質基礎，使民眾和國家共同富裕得以可能。在行政區劃、官制、外交、軍事、國防、科技、人文等方面，《管子》都提出了切實的治國措施。

目　次

第六冊　由思想而行動——南宋理學家倫理實踐研究

作者簡介

梁君，女，祖籍浙江杭州，1977 年生於上海。現爲上海理工大學德育研究中心講師，主要從事中國倫理思想史研究、當代青少年道德涵養教育與核心素養教育研究，並長期在高校從事青年道德教育的實踐探索。近年來主持完成上海市教委優秀青年教師基金項目《當代大學生權利意識及教育研究》，參與完成上海市教委德育研究項目《傳承弘揚中華優秀傳統文化協同機制研究》，發表相關論文數篇。

提　要

南宋理學家群體的倫理實踐活動推動了理學思想學說和儒家倫理價值向社會基層的大眾化和普及化。本書要探討兩個基本問題：其一，南宋理學倫理精神如何在南宋理學家的倫理實踐中落實到社會生活層面，思想與行動如何聯結？其二，以朱熹、陸九淵、呂祖謙爲代表的理學家進行的倫理實踐開闢了怎樣的倫理行動範式？

南宋理學家群體的倫理實踐在社會基層的廣泛展開，其途徑並不主要依賴官方對社會基層的控制系統和教化系統，而是依靠不斷擴張理學士人的行動群體，在社會基層別立另一種理學倫理教化的典範來展開：建立新宗族共同體、鄉約共同體、書院共同體，以此爲平臺落實理學倫理的教養、教化與教學。面對社會基層秩序整合的問題，南宋理學家實質是在以普通士人的身份倡導並建構一個具有理學藍圖的「社會」，「共同體」的建構提供了一種社會倫理教化的範式：基本的倫理道德需要教養才能實現，其有效性來自於共同體能夠提供持久的，而不是偶然的共同信仰或共識，提供可反覆操作的倫理規範，提供教養、教化、教學的倫理道德認知基礎。理學的倫理精神正是通過這樣的路徑落實到社會基層，成爲傳統中國中人們日用而不覺的觀念底色。

目　次

第七冊　宋元時期《悟眞篇‧注》的內丹理論研究
——以翁葆光《悟眞篇‧注》爲討論核心

作者簡介

　　段致成（Duan Chih-ch'eng），1970 年生，台灣台南人。國立臺灣師範大學國文研究所博士。※現職爲國立台北商業大學通識教育中心專任助理教授。※曾任國立臺灣師範大學國文系兼任講師、國立臺北科技大學通識中心兼任助理教授。※研究領域爲：道教思想文化、道教內丹學、道教易學與《周易》象數學。

　　著有博士論文：《道教丹道易學研究——以《周易參同契》與《悟眞篇》爲核心的開展》。

出版專書：《太平經思想研究》（台北：花木蘭出版社，2011 年 9 月）

單篇論文：1〈《抱朴子・內篇》中論「儒道關係」初探〉。2〈試論金丹南宗張伯端之「內丹」思想與「禪宗」的關係〉。3〈修丹與天地造化同途——試論「外丹」與「內丹」派對《周易參同契》的不同詮釋路徑〉。4〈俞琰的丹道易學思想研究〉。5〈一個「詮釋學」的觀點——北海老人《談真錄》之「內丹」思想初探〉。6〈試論張伯端法脈的傳人與「南宗」法脈的定義〉。7〈試論翁葆光《悟真篇・注》的內丹理論——以「煉己修性」之法為討論核心〉。

提　要

本論文除了論述〈試論張伯端法脈傳人與「南宗」法脈的定義〉與〈現存南宋金元時期《悟真篇》註本分析與「悟真學」的提出與定義〉外，主要是論述翁葆光《悟真篇・注》內丹理論中的「煉己修性」、「玄關開竅」、「先天一氣」、「金液還丹」等命題以及「九轉金液還丹」與「佛教禪學」的關係。

目　次

第八冊　儒家內聖之學的極致──「宋明理學殿軍」的 戴山思想

作者簡介

　　劉清泉，清華大學中文系博士，現任教於三峽明德高中，並在中原大學兼授大一國文課程。清泉老師教學年資迄今已超過 30 年，曾在各公私立學校任教，可謂樹人多矣！但「教不倦」的他，最難得的是其「學不厭」的勤勉不懈精神，成大中文系畢業教學幾年後即毅然辭職，考入清大中文系碩士班就讀，師事林聰舜教授門下，四年後獲得碩士學位，並隨即考入公立高中。但他又不以此爲足，在年近不惑之時，憑著一股衝勁再接再厲，又考進博士班進修。本書就是其博士畢業之論文，經指導教授推薦有幸在花木蘭出版社出版，不但可做爲其學思歷程的紀念，並藉機就教於各同好方家，希望能得到更多的指教與斧正。

提　要

本論文以「儒家內聖之學的極致──『宋明理學殿軍』的戴山思想」爲題，主要目的是在釐清前人所謂「宋明理學殿軍」的眞正意涵，再透過此意涵去深入解析劉戴山的「內聖」思想，以求兩兩相互印證，透顯出戴山思想的時代價值與「理學殿軍」名號在思想流變過程中的正確定位。

　　全篇共分八章，前兩章爲基礎論述，第一章爲「緒論」，分從研究動機及研究取向來著手。劉戴山被稱爲「宋明理學殿軍」，自牟宗三先生以來，陳陳相因，習以爲常，筆者對此倒不表示懷疑或否定，只是好奇這一稱名背後的意義到底何在？至於在研究方法上，採用的是「傳統文獻研究法」與「話語分析法」，希望從文本上直接去透析戴山思想的哲學內涵。第二章爲「戴山的思想背景與定位」，一方面探討明末學風的弊端所在，因爲基本上筆者還是以爲戴山思想是乘王學末流而起的一種思想改造；再一方面對戴山的思想歸屬做一個大略的釐清，畢竟是「理學殿軍」，思想格局就不能拘泥於一家一派之中，或程朱或陸王或超越二者之上，都是考量的諸多面向之一。再來的關鍵，就是從幾位前賢的相關論述中，歸納出「宋明理學殿軍」幾個可能的解讀方向，以求做出較合乎事實眞相的結論。

　　第三、四章則進入實際思想內涵，以戴山的最爲人所注目的論點「愼獨」與「誠意」爲主要考察內容。第三章爲「內聖之學的建立─愼獨論」，論述的

重點聚焦在蕺山較早期所提出的「慎獨」學說上，從本體到工夫，再到獨體與心、性的辨析，甚至「心宗」和「性宗」這兩個蕺山所特別強調的主、客兩位格，深入探討這位心學繼承人的本體思維。在工夫的面向上，對「主靜立人極」的老調重彈，十足展現蕺山刻意傳承「理學始祖」濂溪以來思想脈絡的別具用心，「理學殿軍」前後相輝映的圖像又豈止是巧合而已？再者，第四章題為「內聖之學的鞏固─誠意說」承續上一章而來，為了避免「慎獨」之「主靜」走向偏鋒，蕺山又在晚年提出了「誠意」來作為思想主軸。倒不是意在與「慎獨」打對臺，因為基本上二者只是名詞上的不同，無論是本體或是工夫，都表現了十足的相似性，所以會有「意根獨體」這樣的說詞出現。只是在《大學》八條目的既定基礎上，又呈現了「心、意、知、物」間的一原無間之妙，而這種「合一觀」的思維架構明顯是從陽明而來的。

在本文的五、六章，再一舉將蕺山的「內聖之學」盪開或落實。第五章名為「內聖之學的拓展─理氣觀」，針對王學末流「玄虛而蕩」、「情識而肆」的弊端，蕺山借用「理氣」的客觀性，來矯正一般過分強調良知或甚至任心而行所產生的偏差。所以基本上，筆者認為「理氣」、「道器」或「太極陰陽」等有關天道觀的論述，是蕺山在心性之學基礎上所建構出的調整性籌碼，藉以修正陽明後學越來越向主觀面偏移以致產生的種種疏漏。更因為蕺山有重「氣」、重「現實層面」、重「實踐工夫」的精神導向，會讓人誤以為其根本是一位「唯物氣本論」者。事實上這只是一種見樹不見林的誤解，從主從之間的價值還原，我們應該可以釐清蕺山一直以來所秉持的心學立場與本色。至於第六章則為「內聖之學工夫的具體呈現──《人譜》論」，以上談到的所有理論，在《人譜》中的證人之學都可以得到進一步的落實及印證。一方來自於佛學「善書」的理論刺激，再來則是本身儒門淡薄，甚至陣前倒戈，對此所做出的回應與調整，蕺山藉《人譜》來凸顯他的儒、釋之辨立場，看重的程度可見一斑。因此會談到「無善無惡」的議題，尤其以一正一反的方式來層層推進成聖工夫，既「嚴辨善惡」又「洞察過惡」，充分說明了所謂「歸顯於密」的真實意涵所在。

第七章為「學術風氣的轉向──蕺山和他的兩位弟子」，藉著蕺山與其兩位學生黃宗羲、陳確之間思想傳承與嬗變所產生的差異，來說明學術風氣的重心，已悄然由心性的「理學」轉移到經世致用的「實學」了，以作為蕺山之所以成為「理學殿軍」的旁襯說明。最後的第八章為「結論」，倒不只是針

對整篇論文做出總結，而是進一步將某些力有未逮卻又曾經思考過的議題拋出，希望成爲後續研究的觸媒或起點，當然最核心主題，還是依舊環繞在「宋明理學殿軍」這個稱號背後所蘊涵的時代意義上的。

目　次

第九冊　從精英到民間：袁了凡思想研究

作者簡介

　　林志鵬，一名林耕旭，河北辛集人，廣州中山大學哲學博士，現任廣東省社會科學院助理研究員，主要研究中國思想史、《四書》學、文化產業與文化發展，曾於《中國典籍與文化》、《鵝湖》（臺灣）、《新亞學報》（香港）、《華僑大學學報》等刊物發表多篇學術論文。

提　要

　　晚明是陽明心學廣泛傳佈時期，也是儒釋道三教深度融合的時代。袁了凡師承王畿，亦受羅汝芳一派影響，主張「三教一心」、儒佛互證，日常修持及著述盡顯三教匯通色彩。作為匯通三教的陽明後學，其思想主要體現在兩個方面——舉業之學與「立命之學」。《四書刪正》是其舉業之學的代表作，該書具舉業參考和四書詮釋的雙重性質，呈現援引崇王抑朱、宣揚陰騭的特色。該書之流佈，表明作為官方意識形態的朱熹思想在晚明時期受到多元化思想的挑戰，亦說明舉業參考用書也是陽明心學傳播的一條重要渠道。其「立命之學」以「命自我立、福自己求」為主旨，源於民間信仰、佛道二教思想，亦與陽明學派有關，特色在於主張「德福一致」、報應思想與修驗並重。這一思想主要集中於《了凡四訓》中，該書與了凡所提倡的功過格並行於世數百年，在民間社會產生廣泛影響，為明末清初的勸善運動思潮注入活力。總而言之，了凡身為士紳階層的一分子，卻融彙佛道二教思想與儀軌，面向民間推廣儒家倫理道德，體現了晚明時期「大傳統」與「小傳統」的深度互動，而了凡其人其學，也成為別具一格的思想史現象。

目　次

第十冊　錢穆先生的儒學觀述評

作者簡介

顧梅（梅子），女，學前教育專業教師，已於蘇州市職業大學（原蘇州市教育學院）相關領域工作 24 年。主要承擔《幼兒遊戲》等學前專業課程的教學，副教授。1992 年北師大學前教育專業本科畢業，2002 年北師大（兒童）發展心理研究所碩士畢業，2012 年通過蘇州大學中國哲學專業儒學哲學方向博士論文

答辯。致力於「中國文化與兒童教育」的實踐研究，關注兒童心性的發育與美感的表達。曾主持《敘事與成長》，《表達與成長》，《童心與成長》，《童書與成長》等校級研究性課題系列研究，2015 年 4 月至今主持蘇州文廟「梅子時間」，以畫信的方式參與博物館公共教育服務，實踐父母支持下的中國傳統經典教育。

提　要

　　本篇論文作於五年前，2012 年完稿。將題目定位為「錢穆先生的儒學觀述評」，經歷了一番曲折：一是「錢穆先生」。他是我的外公。如何指稱，經歷了心理上的掙扎；二是「儒學觀」。它與我的教育學心理學專業背景有著某種距離，其間關係如何？三是「述評」。述評是一種學術品鑒過程，又如何與情感相洽？因此說，本文的撰寫，述者與所述對象的對話，實經歷了情感到理性，又歸宿到情感的過程；這一對話，不能不在「傳統學術」向「現代學科」已發生轉向的語境中進行，儒學觀的重建，將幫助到今日教育心理學話語的重建；學術品評是價值觀討論和學術歸正的必經之路，難得的是對錢穆先生的學術品評議題開闊，並常常觸及心靈。

目　次

第十一冊　中國茶道與美學

作者簡介

劉麗君，湖北武漢人，2012 年 7 月畢業於武漢大學哲學學院美學專業，獲哲學博士學位。2014 年 7 月至 2016 年 6 月於武漢大學文學院博士後流動站，從事文藝學及美學研究。2012 年 7 月進入中國科學院茶葉研究所學習並考核爲國家高級茶藝師及高級評茶師。主要研究方向爲美學、文藝學及藝術審美。劉麗君師從當代著名哲學家、美學家劉綱紀先生，攻讀武漢大學中國美學與藝術研究方向的哲學博士學位。在博士生入學之前，爲中國哲學與美學研究方向的哲學碩士。發表學術論文十餘篇，打下了較爲堅實的學術基礎。博士後工作期間作爲主要成員參與了國家社科基金委項目《當代視域下的文化自律問題研究》。

提　要

眾所周知，中國是茶道的發源地，是茶的故鄉。神農氏時代是中華民族發展史的遠古時期，由此推知茶葉的發現與應用距今已有 4500 多年的歷史。兩漢時，茶從巴蜀傳至長江中游，三國時期傳到長江下游。到了兩晉南北朝時期，茶逐漸成爲由王公貴族到文人墨客，乃至平常人家的飲品和待客之物。歲月悠悠，承載著中國傳統文化精神的茶，也由治病養身的湯藥、飲品，上

升到了靜定思悟，和諧友愛的佳品。

第一章認爲「茶道」能否作爲一個完整的基本概念存在，是中國茶道與美學的研究基礎。文章對「茶」、「道」分別進行考察，然後找出兩者的聯結點，來明確「茶道」的涵義。「道」在中國傳統文化中有著重要而特殊的意義和地位，而影響中國文化至深的道儒禪三家對於「道」有著各自的理解。「美」對於道儒禪三家而言，不限於感官快適，也非僅由形式之美所引起的快適，而是各自得道之後的感受。得「道」的境界實際上就是美的境界，同時也是人們所追求實現的理想人生境界。綜合來看，茶道是人們從品味茶的色、香、味、形，到靜心暢神體悟人生乃至天地之道，這一過程是純粹的審美體驗。

通過閱讀和梳理資料，並結合歷史發展的脈絡，發現茶道發展過程中的「仙茶說」、「茶德說」和「茶禪一味」的主要現象與思想，與影響中國美學較深的仙道思想、比德說和「味」的理論有一定的對應關係，由此來進一步探析茶道與美學之間的關聯。

第二章選用明代楊維楨的《煮茶夢記》爲例，對品茶遊仙的想像與情景進行了描繪，文章充分表現出飲茶人在茶煙瀰漫的氛圍中，遊夢出塵的仙境之美。如仙如道，煙霞璀璨，此番情景給人極大的審美享受。讀來讓人彷彿遠離塵世，進入仙樂飄飄、茶香氤氳的世外桃源，對於「仙茶說」的思想進行了很好詮釋。

第三章中宋代大文豪蘇軾的《葉嘉傳》，是目前所知的第一篇以茶爲題材的紀傳體作品。紀傳體的文章長於展示故事情節，刻畫人物特點，相比於其他體裁的文學作品更爲生動。在《葉嘉傳》一文中，蘇軾運用了詩人豐富的想像力，化茶爲人，將葉嘉成功地塑造爲個性鮮明、品德高尚的人物形象。爲葉嘉立傳，也是爲茶立傳，也可以說是爲茶人立傳。將葉嘉的性格品行與茶的天然特點描繪得相得益彰，可敬可愛的形象躍然紙上，是以茶比德的代表作。

第四章認爲茶有助於僧侶們在修行時體悟「禪味」，使人心進入清淨境地。宋代的圓悟克勤禪師所撰的《碧巖錄》中提到茶，而其中最多的當屬「吃茶去」。禪宗主張，參禪悟道要在平常生活中去實踐和體悟，一切順其自然，自在無礙。而在茶道中，「茶禪一味」正是由「平常心」帶來的自由感。

第五章認爲在傳統文化的指引下，茶道與其他藝術的美育功能是相類似的，另一方面也具有自己的獨特性。茶道的美育功能大致表現在個人、社會

和自然三個方面。從個人這個角度而言，茶道有著怡情養性的作用。對於社會，茶道有著薰德陶化和完善禮儀的作用。而對於自然來說，茶道使人們與天地自然相融合，天人合一的思想得到了體驗和實現。

目　次

第十二冊　孫過庭書學思想淵源考

作者簡介

向淨卿，四川瀘州人。2016 年畢業於中國人民大學哲學院，獲哲學博士。現爲海德堡大學東亞藝術史研究所博士後。

作品曾入選全國第八屆新人新作展，獲全國第四屆宋璟碑顏體書法展三等獎。論文入選全國第六屆文字發展論壇，潘天壽國際學術研討會，中國書協主辦懷素草書論壇，首屆陸維釗書學研討會等。

多篇論文發表於《中國書法》、《中國美術研究》、《造型藝術》以及《書法研究》等。研究方向爲唐代書學、中國哲學與美學、中西方文化與美學思想比較等。

提　要

朱熹謂讀書要「透徹看文字」，以切身己要，花工夫去推理，做到「與天地同其廣大」，從而放得脫離，方爲要義。伽達默爾認爲，傳統詮釋學工作是儘量重現作者的創作過程；而詮釋學要獲取藝術家精神的出發點（Anknüpfungspunkt），從而完全理解一部藝術作品的意義。不論在朱熹還是伽達默爾看來，其實都要尋找文本的出發點，在文本還原與現代闡釋之間尋找平衡點。本文正是基於這樣的平衡點而展開「理解和解釋」的。

徐復觀認爲，古代思想家很少有意識地、有組織地、結構化地表達他們的思想，中心論點分散。所以需要做文獻梳理，貫通文本，儘量以全面的視角來看待傳統文本。本文的邏輯過程是：背景考察，語言分析，用典檢視，思想解析，模塊分拆，系統梳理以及理論構建。既繼承章句注疏之說，忠於文本，又貫通前後，梳理思想脈絡，系統化古典文本。

經考察，中國傳統哲學與文化是孫過庭書學思想的出發點。從哲學與文化的角度出發，可以恰當地解釋《書譜》中很多疑難問題。涉及到的具體哲學與文化視角是：經學、易學、道家以及文學。本文的觀點是：宗經思想是孫過庭的理論基調，易學思想則爲其審美意象的主要來源，道家爲其形上取法依據，傳統書學是其主要內容來源，而文學則是其理論得以建構的工具。

目　次

鄭玄《三禮注》說《詩》與引《詩》之研究

羅健蔚　著

作者簡介

羅健蔚，男，臺灣嘉義人，學術專長爲三《禮》、《詩經》、禮俗與漢代學術。2005 年 7 月畢業於國立臺灣大學中國文學系碩士班，學位論文爲《鄭玄《三禮注》說《詩》與引《詩》之研究》；2015 年 7 月畢業於同校系博士班，學位論文爲《鄭玄會通三《禮》研究》。碩、博士論文皆由葉國良教授指導。其他著作，有與臺大中文系彭美玲教授等合撰之《深情相約：婚嫁俗面面觀》（臺北：國家出版社，2008 年 3 月）。

提　要

　　本論著旨在探討鄭玄《三禮注》對於《詩》的闡釋與應用，材料包含三《禮》引《詩》、論《詩》、樂詩、逸詩，以及與這些相應的鄭注，另外則是注語裡的引《詩》。論題有五，分別是鄭玄如何詮釋禮書引《詩》？如何引《詩》注解禮書？《三禮注》說《詩》與《毛詩箋》相異的緣由？與四家《詩》的關係？有哪些較特出的《詩》論？

　　三《禮》引《詩》大多集中在《禮記》，或引申，或改變譬喻的對象，或截取《詩》文而另下新義，鄭玄依著禮文語境，順而釋之，故與《毛詩箋》推求本義的面貌不同。對於典禮所用樂詩，禮書僅記《詩》篇名，鄭玄則從《詩》辭來推闡其用詩的禮義。《注》、《箋》相異，也肇因於所用的《詩》說不同《三禮注》博採三家，《毛詩箋》則專主毛《詩》，旁及三家。《三禮注》會大量引《詩》，部分除了藉《詩》篇所載之名物制度相釋，也在於鄭玄認同《詩》之義與禮之意相合，故可通貫。至於與四家詩的關係，筆者認爲視《三禮注》匯通今文三家即可，不必強分偏齊、魯或偏韓，因爲注語多是順著禮書脈絡而釋之、引之，不宜如前人那般逐條指實某家某派。最後，筆者與前人意見稍有不同，認爲鄭玄作《三禮注》時已能見得《毛詩》文與《毛詩序》，但因爲未及深究專研，故僅是零星參用，其餘仍依從三家《詩》。

　　《詩》論的部分，首先是《三禮注》以美、刺來區分「比、興」，這與《毛詩箋》不同；其次是〈學記〉的「不學博依，不能安《詩》」，鄭玄以「廣譬喻」解之，兼含比、興與美、刺的概念；最後是〈孔子閒居〉的五至三無，鄭《注》的「《詩》謂好惡之情」與「《詩》長人情」說，強調《詩》篇體現了君王教化的良莠與相應而起的臣民人情，不唯有感性反應，更包含價值取捨。

第一章　緒　論

第一節　研究動機

　　東漢鄭玄（西元 127～200 年）遍注群經，今唯《三禮注》與《毛詩箋》完整流傳。鄭玄注三《禮》在前，作《毛詩箋》在後。然而，學者們討論鄭玄的《詩》學，多從系統完密的《毛詩箋》與《毛詩譜》入手，較少注意鄭玄在《三禮注》裡對《詩》所作的闡釋，甚至進一步以之爲主體而作綜合的研究。

　　清末的龔橙將先秦時期《詩》在創作、整理、應用等各個不同階段所衍生出的種種《詩》義區分爲：「有作《詩》之誼，有讀《詩》之誼，有太師采《詩》瞽矇諷誦之誼，有周公用爲樂章之誼，有孔子定《詩》建始之誼，有賦《詩》引《詩》節取章句之誼，有賦《詩》寄託之誼，有引《詩》以就己說之誼。」〔註 1〕誼，義也。龔橙的分類甚爲完備，卻只論述先秦時期。對於兩漢時期所形成的《詩》義，我們可以援用歐陽脩的意見，以「經師之業」所建之義來稱呼。〔註 2〕上述這幾類《詩》義，或所提及的應用方式，除了難

〔註 1〕見龔橙：《詩本誼》，《詩經要籍集成》第 35 冊（北京：學苑出版社，2003 年初版），頁 159。

〔註 2〕歐陽脩認爲先秦兩漢時期的種種《詩》義是由「詩人之意」、「太師之職」、「聖人之志」、「經師之業」四個不同階段與途徑所形成的。見歐陽脩：《詩本義》，《詩經要籍集成》第 4 冊（北京：學苑出版社，2003 年初版），卷 14 之〈本末論〉，頁 255。車行健認爲：相較於後起的龔橙，「歐陽修對春秋、戰國時代所盛行的賦《詩》引《詩》及說《詩》等用《詩》活動對《詩》義所造成的影響，認識較不足。」見車行健：《詩本義析論——以歐陽修與龔橙詩義論述

以確定的《詩》本義與集中見載於《左傳》、《國語》的賦《詩》與時人引《詩》，〔註3〕其餘均可在三《禮》經、注中發現。《周禮》、《儀禮》中的樂詩，即屬於龔橙所謂的太師、瞽矇、周公等對詩、樂應用的記錄；《禮記》中的著述引《詩》，〔註4〕則代表孔子或其弟子以下，直至戰國末、西漢初的學者讀《詩》、引《詩》以述學論理的記錄。另外，《詩》與樂、禮、情志的關係，以及「六詩」、「詩教」，也都是見載於三《禮》的重要論題。至於鄭玄《三禮注》本身，除了援引《詩》句來解釋禮文，還有為三《禮》中的樂詩、逸詩、引《詩》以及與《詩》相關的論述作注解。綜合上述，在《三禮注》裡不僅可以發現漢代經師之業所形成的《詩》義，也能從中理解鄭玄如何闡釋從西周至漢代的《詩》義建構過程。

　　《三禮注》詮釋《詩》的立場與方式，與力求《詩》本義的《毛詩箋》相較，有許多相異處。在《詩》義的解讀上，除了原旨之外，《三禮注》還必須闡釋三《禮》引用《詩》句而產生的新義；在《詩》句的應用上，鄭玄是引《詩》注解三《禮》，有時必須先對《詩》義做一番取捨，並略為轉化，方合注經之用。在《詩》學派別上，《三禮注》多從今文《詩》說，鄭《箋》則以《毛詩》說為主。在《詩》文用字上，三《禮》經、注引《詩》，與《毛詩》相較，存有許多異文。另外，《三禮注》注解《詩》句的文例，也與鄭《箋》有別。雖然有這些不同，但是鄭玄先注三《禮》，也影響了日後箋《毛詩傳》的內容與方向。從鄭《箋》力主毛說又兼用齊、魯、韓三家義，到學者所強調的鄭《箋》「以禮說《詩》」，〔註5〕都能從《三禮注》引《詩》、說《詩》的

　　　　為中心》（臺北：里仁書局，2002年初版），頁97。
〔註3〕所謂「時人引《詩》」，張素卿認為：「大抵即在史事發展的過程當中，應答對談，隨機引用，如鄭大夫忽引詩說明辭婚之故，即是一例。」見氏著：《左傳稱詩研究》（臺北：臺灣大學文史叢刊之89，1991年6月。）第3章，頁118。
〔註4〕所謂「著述引《詩》」，是指私人著述裡引《詩》為用，以述學論理。這類引《詩》始於《論語》，廣見於《荀子》，盛行於漢代人的著作。它與流行在春秋時代，記載於《左傳》中的言語引《詩》（即賦詩、時人引《詩》）不同。它被引用的時機是在著述之中，而非言談應對之際。可參考朱自清：《詩言志辨》（臺北縣：漢京文化事業有限公司，1983年），第3章之2：〈著述引詩〉，頁106～117。
〔註5〕王應麟說：「淇水李氏（蔚按：李清臣）曰：……鄭學長於禮，以禮訓《詩》，是按迹而求性情也。」見王應麟：《漢藝文志疏證》，（臺北：臺灣商務印書館影印文淵閣四庫全書本，1983年），卷二。嚴粲：《詩輯・林希逸序》亦云：「鄭康成以三《禮》之學箋傳古詩，難以論言外之旨矣。」見《詩輯》

研究中發現端倪。

　　由上述可知，鄭玄在《三禮注》中對《詩》所作的闡論，確有值得研究之處。然而歷來的相關論述，多集中在《三禮注》說《詩》與《毛詩箋》的異義比較，以及鄭玄注三《禮》之時是否已參用《毛詩》說，還有《三禮注》專主哪一家《詩》說等問題的研究上，缺乏全面的論述，又有資料收集未全或研究方式未臻嚴密的瑕疵。因此，本論文期以「鄭玄《三禮注》說《詩》與引《詩》之研究」為題，重新對這一論題作更全面的研析、補充。

第二節　前人研究成果檢討

　　早期對鄭玄《三禮注》說《詩》、引《詩》的探討，多是集中在《注》、《箋》說《詩》異義的比較上。根據《鄭志》，早在東漢，鄭玄的弟子炅模就已察覺這個問題而向鄭玄提問，鄭玄僅說明致異的緣由是作《注》當時未得或後得《毛傳》而已。唐代孔穎達與賈公彥為三《禮》及《毛詩》作《疏》之時，也開始對一小部分《注》、《箋》說《詩》的異義稍作解說，但這些意見卻是散見在《疏》語裡。從宋代的王應麟，到清代的陳啓源、朱琦、陳壽祺、桂文燦，才開始匯聚《三禮注》裡的相關材料，立為專文來討論該問題，並隨著輯佚漢代三家《詩》遺說的工作的展開，而延申至《三禮注》究竟多用魯、齊、韓哪一《詩》說的研究上。大陸學者楊天宇與鄧聲國，則另闢議題，前者開始質疑鄭玄《三禮注》是否如前人所言，尚未參用《毛詩》說？後者則分析《周禮注》引《詩》的文例與作用。另外，日本學者大川節尚在學士論文裡也專立一章討論上述部分問題。以下僅介紹這些立有專文的學者及其文章內容，最後並綜述其尚可深究之處。至於清代輯佚三家《詩》說的著作，雖然也有輯錄《三禮注》的資料並進行討論者，卻是分散地記載，不屬於研究《三禮注》的專著，因此不在本節介紹。

（臺北：臺灣商務印書館，1977 年初版）。皮錫瑞云：「鄭精三《禮》，以禮解《詩》，頗多迂曲，不得詩人之旨。」見《經學通論》（臺北：學海出版社，1985 年初版），卷 2，〈論鄭箋朱傳間用三家其書皆未盡善〉條，頁 65。彭美玲說：「鄭君不僅長於禮，以禮學貫通群經，又嘗『以禮說詩』——見諸《三禮》之儀節、制度、思想，每為鄭《箋》所取用。」見彭美玲：《鄭玄毛詩箋以禮說詩研究》（台灣大學中國文學研究所碩士論文，1992 年 8 月），頁 8。

一、〔宋〕王應麟《困學紀聞》之〈鄭康成注二《禮》與箋《詩》異〉條〔註6〕

王應麟（西元 1223~1296 年），字伯厚，慶元府人，淳祐元年進士。他在《困學紀聞》卷三裡，提及鄭玄《周禮注》與《禮記注》裡八則與《毛詩箋》相異的《詩》說，並判斷相異的原因是鄭玄先通《韓詩》。這一條的文字極簡，僅八十字，舉例也僅是提出《詩》句，並不註明是出自二《禮》何處以及隸屬於哪一《詩》篇。另外，除了開始的兩則例子，其餘都未說明相異點何在。以下引錄這條文字：

> 鄭康成先通《韓詩》，故注二《禮》與箋《詩》異。如「先君之思，以畜寡人」爲定姜之詩，「生甫及申」爲仲山甫、申伯；又「不濡其翼，惟禹敶之」、「上天之載，匪革其猶」、「汭坭之即」、「至于湯齊」是也。注禮祀與注《易》異，如東鄰西隣是也。

《困學紀聞》是王應麟晚年所作，此條文字內容是直承《詩攷》而來。他在《詩攷》裡利用三家《詩》遺說作比較，將十餘則鄭《注》歸爲《韓詩》說，二則歸爲《魯詩》說，至於無法判別而歸入「異字異義」者有五十餘則。在《詩考・後序》裡，又舉出八則例子，總評鄭玄注《禮記》與《周禮》是用《韓詩》說，但所舉的例子也不盡然如此。〔註7〕合看《困學紀聞》與《詩攷》的記錄，王氏的比較工作稍嫌不足，這是受限於今文三家《詩》說的輯佚資料尚未齊備所致。

二、〔清〕陳啓源〈康成它《注》與箋《詩》異同〉〔註8〕

陳啓源（西元？～1689 年），江蘇吳江人，康熙時諸生。此篇文章收錄在《毛詩稽古編》第二十六卷的「考異目」下，全篇約三千餘字。文章開頭先說明鄭玄注解三《禮》與其它典籍時所呈現的《詩》說之所以與《毛詩箋》

〔註6〕見王應麟：《困學紀聞》（臺北：中國子學名著集成編印基金會影印萬曆癸卯31年莆田吳獻台重刊本，1978年初版），卷3，頁202。蔚案：此「條目」是筆者所訂，文內並無此題。

〔註7〕見王應麟：《詩攷》（臺北：臺灣商務印書館影印文淵閣四庫全書本，1983年），頁597～632。

〔註8〕此篇文章見於陳啓源：《毛詩稽古編》（濟南：山東友誼書社影印北京圖書館藏張敦仁所校清抄本，1991年10月初版。又該書第20卷之658、659頁漏抄，依《四庫全書》本作補。）卷26，頁869～879。

有異，原因有二：一是鄭玄先通《韓詩》，二是三《禮》等典籍引《詩》多是斷章，而鄭玄「就文立義」的緣故。接下來陳啓源舉出六十八則例子，其中六十則見於《三禮注》，其餘分別見於《論語注》、《箴膏肓》、《尚書中候注》、《答臨孝存周禮難》、《尚書大傳注》（蔚按：此依陳氏論述的順序排列）。

　　就《三禮注》與鄭《箋》比較的部分而論，陳啓源只是陳列《箋》語與《注》語，偶有引述孔穎達的意見，並不與其他今文三家《詩》說再做比較。陳氏自己的意見，則是針對少數《注》、《箋》說義之優劣作評判，說解極簡，如「《記注》允矣」、「《箋》得之」、「二義稍異而實同」、「《箋》勝《注》，然《毛傳》尤當」等等。陳啓源之所以不作詳述，是因爲《毛詩稽古篇》前二十四卷已經疏解了每一篇詩，故在這篇文章裡就不再重複評述，僅摘錄略陳而已。

三、〔清〕朱珔〈鄭康成箋《詩》與注《禮》異說考〉

　　朱珔（西元 1769~1850 年），字玉存，號蘭坡，安徽涇縣人，嘉慶七年進士。後辭官歸家，歷主鍾山、正誼、紫陽書院講席三十餘年，與桐城姚鼐、陽湖李兆洛並稱儒林三大宿望。著有《文選集釋》、《說文解字義證》、《小萬卷齋文稿》、《小萬卷齋詩稿》，輯有《清古文匯鈔》、《清詁經文鈔》。〔註9〕

　　朱珔《小萬卷齋文稿》卷六收有〈鄭康成箋《詩》與注《禮》異說考〉。〔註10〕全文約二千二百餘字，主旨在探討鄭玄《三禮注》與《毛詩箋》對《詩》的解釋何以有異說，分爲六部分討論：首先從《三禮注》舉出十則，說明當中與《毛詩箋》相異的《詩》說含括齊、魯、韓三家，故「不知《禮注》所主何家，而與《箋》顯然乖別者也。」第二部分裡，舉出四則例子評判《注》與《箋》的說《詩》內容互有優劣，他說：「《箋》、《注》並行，固《箋》義長者爲多，而亦得失互見，故後儒釋《詩》往往反取他說。」所謂「反取他說」，即指《三禮注》裡的《詩》說。第三部分裡，舉出四則例子說明《三禮注》、《毛詩箋》雖然相異，有些只是詩句用字有異，或是說解角度的不同，若「兩相接成，非必有異，是固可就《箋》、《注》參校而得其大概矣。」即

〔註9〕關於朱珔的生平事蹟，參考自張撝之等主編：《中國歷代人名大辭典》（上海：上海古籍出版社，1999 年 12 月初版），上冊，頁 545。以及朱珔：《說文假借義證·前言》（合肥：黃山書社，1997 年初版），頁 1。

〔註10〕朱珔：《小萬卷齋文稿》24 卷（清光緒 11 年，嘉樹山房藏板）。該古籍爲線裝書，收藏在南港中央研究院傅斯年圖書館。

可藉由彼此的互相發明，而更清楚鄭玄的說法。第四部分裡，朱珔依從《鄭志》「答炅模」之言，認爲鄭玄注三《禮》之時尚未見得《毛傳》；至於《儀禮》鄭注解〈關雎〉、〈鵲巢〉、〈鹿鳴〉、〈四牡〉等皆取《毛詩序》，以及《禮記‧緇衣》引〈都人士〉之首章，鄭《注》有云：「此《詩》有之，毛家則亡。」這兩處卻與「答炅模」之言相違，朱珔認爲它們是鄭玄作《注》之後才獲得，「追而正之」的增補材料。第五部分，朱珔舉出七則例子說明鄭《箋》雖然宗《毛傳》，「而間有從三家者，乃所謂『如有不同，即下己意』是也。」第六部分，又舉三則例子，說明《禮記注》有「預與《毛》合，至《箋》轉易其義者」。朱珔用「預」字，表示他認爲《注》語與《毛傳》縱有相合者，也僅是巧合，不表示作《注》時已獲見《毛傳》。綜合上述，朱珔總結說：

> 大抵儒者論撰，務求至當，而無取乎墨守。鄭君集經學之成，尤包
> 羅眾有，故隨時所得，不妨各著，以見古聖遺書紬繹靡盡之意。明
> 乎此而《箋》與《注》之有異，又何疑哉！

所謂「無取乎墨守」，直指三種情況：一、鄭玄於完成《三禮注》後有稍作增補；二、作《注》時有預與《毛傳》合而至箋《詩》時轉易其義；三、作《注》、《箋》之時皆不專守一家之《詩》說。朱珔認爲這種注經態度正是鄭玄於《三禮注》、《毛詩箋》兩處有異說的緣由。

這篇文章的不足之處，在於討論鄭玄作《注》時是否見得《毛傳》的問題上，僅取《鄭志》與孔穎達的意見，忽略了其他可能會獲得相反結論的資料。

四、〔清〕陳壽祺〈答臧拜經論鄭學書〉〔註11〕

陳壽祺（西元 1771～1835 年），字恭甫，號左海，福建閩縣人，曾任翰林院編修，掌教鰲峰書院。〈答臧拜經論鄭學書〉收錄在《左海文集》，是陳壽祺答覆臧庸（號拜經）論鄭玄學問的書信，全文約一千二百餘字。內容分爲兩部分：首先說明鄭玄《三禮注》說《詩》「未嘗專守一師」，其次討論《三禮注》引《爾雅‧釋畜》「騍牝驪牝」的問題。前者是這篇文章的主要內容，也與本論文有關，以下僅說明這一部分。

陳壽祺首先舉出《禮記‧緇衣》引〈都人士〉這一處的鄭《注》爲例，

〔註11〕 見陳壽祺：《左海文集》，《續修四庫全書》集部別集類第 1496 冊（上海：上海古籍出版社，2002 年），卷 4，頁 161～162。

說明鄭玄注三《禮》時已「參稽四家」，即包含《毛詩》說。然後，又舉出
三則鄭《注》在多處引用同一《詩》句卻用不同文字的例子，證明鄭玄「博
采三家」。接著，陳壽祺針對臧鏞「以鄭惟習魯，必欲廢通韓之說」做出糾
正。他先以鄭玄既通京氏《易》、《公羊春秋》、《古文尚書》，又通費氏《易》、
《穀梁春秋》、歐陽、夏侯《尚書》為例，說明鄭玄「網羅眾家」的治經態
度；再從《三禮注》與《毛詩箋》舉出六則使用《韓詩》說的例子，以及鄭
玄的老師馬融亦治《韓詩》的情況，論證鄭玄治《詩》亦不可能專守《魯詩》
說。

　　陳壽祺雖然說鄭玄「博采三家」，卻沒有舉例子說明哪一則鄭《注》是用
《齊詩》說。另外，他曾經鉤考三家《詩》與毛氏異同，未完而歿。其子陳
喬樅受命，繼成遺志，次第補緝而成書。〔註12〕不過，陳喬樅卻認為《三禮
注》是多本《齊詩》說。可知，《三家詩遺說考》雖題為陳壽祺父子合撰，但
是書中對於《三禮注》的《詩》說家派之歸屬，應是陳喬樅的意見，與《左
海文集》的說法不同。

五、〔清〕桂文燦〈鄭氏《詩箋》、《禮注》異義攷〉

　　桂文燦（西元？～1884年），字子白，廣東南海人，道光二十九年舉人。
他為學善於考證，著作甚豐。〈鄭氏《詩箋》、《禮注》異義攷〉是桂氏在廣東
學海堂求學之時所撰作的文章，全文一卷，約五千字。〔註13〕主旨除了陳列
鄭玄《注》、《箋》的異說，更進而評判二者的得失優劣。他首先批評王應麟
以《三禮注》用《韓詩》說的說法有誤，認為鄭《注》其實是兼用三家《詩》
說。其次說明他是以陳啓源《毛詩稽古篇》所舉的五十餘則《注》、《箋》異

〔註12〕　陳壽祺臨終前對長子喬樅說：「吾生平疲於文字之役。以鄭注《禮記》多改
　　　　讀，嘗鉤考齊、魯、韓《詩》佚文佚義，與毛氏異同者，輯而未就。爾好
　　　　漢學，治經知師法，他日能成吾志，九原無憾矣。」（見於《福建通志・儒
　　　　林傳》）。轉引自江乾益：《陳壽祺父子三家詩遺說研究》（臺北：臺灣師範
　　　　大學國文研究所碩士論文，1985年），第1章之第1節〈陳壽祺之生平事蹟〉，
　　　　頁8。

〔註13〕　桂文燦〈鄭氏《詩箋》、《禮注》異義攷〉，收錄在清代張維屏選輯，刊刻於成
　　　　豐9年（西元1859年）的《學海堂三集》。今人趙所生、薛正興主編之《中
　　　　國歷代書院志》第14冊（南京：江蘇教育出版社影印清咸豐9年啓秀山房本，
　　　　1995年初版），收錄《學海堂三集》24卷。其中第10卷，頁128～139，即
　　　　桂文燦的這一篇文章。

說為基礎，〔註14〕又另有所得，將《注》、《箋》有異者分為三類：「文同而義異者」、「文異而義異者」、「義雖無大異而文迥殊，當訂其文以攷其義者」，並以此舉例，作為論述的主體。至於「鄭說實無明文，本非異義，而《疏》及近說並以為異義，與鄭說古奧似異義而寔非異義者，間或及之。」這些都是桂氏所據以舉例的原則。至於分析的方式，則是「徵諸經傳之文，以溯源于三家」，並評判每則《注》、《箋》說義之優劣，「明得失于兩說」。接下來，便是舉出四十七則例子以證其說。

桂文燦雖然利用三家《詩》說來判別鄭《注》，卻又誤判這些《詩》說的家數，例如他誤以董仲舒治《魯詩》，又誤以趙岐《孟子注》多用《韓詩》說。〔註15〕另外，他又斷定鄭《注》非用《魯詩》說即用《韓詩》說，亦過於主觀。〔註16〕

六、大川節尚《三家詩より見たる鄭玄の詩經學》第三章〈禮注に見ゆる詩〉〔註17〕

大川節尚（西元 1906～1935 年），日本宮城縣人，昭和十年（1935）畢業於東京帝國大學文學部支那文學科，學士論文為《三家詩より見たる鄭玄の詩經學》。該論文第三章為〈禮注に見ゆる詩〉（頁 54～75）。該章首先陳述王應麟以下的歷代學者對《三禮注》所用《詩》說的紛歧意見，接著主張唯有透過實例的考察，方能解決諸家爭議，故又分為「齊詩」、「魯詩」、「韓詩」與「雜」四小節，舉例陳述鄭玄《三禮注》中所見的三家《詩》說。經實例考察，大川節尚認為鄭玄作《三禮注》之時實是「兼採三家」，不過受限於遺說資料未全，因此無法進一步查明鄭《注》究竟宗主哪一家的《詩》說。

這篇文章的長處，在於整理歷來學者對《三禮注》所用《詩》說的各種判別意見，令人一覽而明白該問題的複雜性。另外，他利用三家《詩》遺說比對鄭《注》，雖然有取用陳喬樅《三家詩遺說考》的鑒別意見，卻仍有考辨，

〔註14〕　《毛詩稽古篇》卷 26〈康成它《注》與箋《詩》異同〉內所舉的與《三禮注》有關的例子是六十則，桂氏的計數有誤。

〔註15〕　董仲舒治《齊詩》說，趙岐《孟子注》是多用《魯詩》說。詳見陳壽祺、陳喬樅：《三家詩遺說考》，《續修四庫全書》經部詩類第 76 冊（上海：上海古籍出版社，1995 年）。

〔註16〕　見桂氏這篇文章所舉例之「〈泮水〉思樂泮水」條、「新廟奕奕」條。

〔註17〕　大川節尚：《三家詩より見たる鄭玄の詩經學》（東京：關書院，1937 年）。

不盡信之，研究態度嚴謹。不足之處則是舉例太少，僅有 9 則。

七、楊天宇〈鄭玄《注》《箋》中詩說矛盾原因考析〉 〔註18〕

楊天宇以「詩說矛盾」為題，不用「異義」兩字，因為《鄭志》說鄭玄作《禮記注》時未見《毛傳》，但若從《三禮注》中爬梳，卻發現有引用《毛詩》說的記錄，楊氏便是從這一矛盾處入手考查，並以為題。此篇文章分為三個子題：一是「鄭玄注三《禮》時已見《毛傳》」，從《鄭志》的流傳與孔穎達的轉引有詳略不同來說明《鄭志》的說法不足為據，尚須其他旁證。二是「鄭玄《三禮注》中亦兼采《毛詩》說」，搜集《注》語中與《毛詩》說有關的《詩》說資料為證。三是「《注》《箋》矛盾的原因究竟何在」，該處將《注》、《箋》與三家《詩》說作比較，說明《注》、《箋》皆不墨守同一家說法；《注》說兼用四家，《箋》說也不專主《毛傳》，鄭玄隨時改易，擇優為說，故兩者的《詩》說有異。

楊天宇直接質疑《鄭志》「答炅模」之言的可信度，為鄭玄注三《禮》時是否參用《毛詩》說的這個問題，開啟了新的討論角度。至於第二子題裡，楊氏從《三禮注》中整理出與《毛詩》說相關的材料，仍有遺漏。第三子題裡，楊氏援用來比較《三禮注》的其他《詩》說材料之家數，卻完全是根據《三家詩遺說考》的鑒別，並將大部分《三禮注》的《詩》說歸為《齊詩》說。《三家詩遺說考》的鑒別是有問題的，需要重新審視，故楊氏據以討論的結果亦須修正。

八、鄧聲國〈《周禮注》引《詩》探析〉 〔註19〕

鄧聲國的這篇文章專論鄭玄《周禮注》，內容分為四個部分。第一部分是「引《詩》文例」，說明鄭玄引《詩》時，所標誌的方式有「標明篇名」、「標名書名及類名」、「運用『詩』曰」或『《詩》云』、「暗引」等四類。第二部分是列表格呈現引《詩》的篇目歸屬，以及引用的《詩》句與今本《毛詩》的文字有相異者。第三部分說明《周禮注》引《詩》的功用，計有佐證字詞訓

〔註18〕 楊天宇：〈鄭玄《注》《箋》中詩說矛盾原因考析〉，《河南大學學報（社會科學版）》1985 年第 4 期（開封：河南大學，1985 年 7 月），頁 63～69。

〔註19〕 鄧聲國：〈《周禮注》引《詩》探析〉，《書目季刊》第 36 卷第 4 期（臺北：書目季刊社，2003 年 3 月），頁 91～105。

釋意義的正確性，佐證禮制、事類及事理，以及校勘異文。第四部分是比較
《周禮注》與《毛詩箋》的《詩》義異同。

綜合上述八篇文章對鄭玄《三禮注》說《詩》與引《詩》的研究內容，
主要可分為四個主題。一是鄭玄《三禮注》與《毛詩箋》在說《詩》異義或
異文的比較，並評判兩者之優劣短長。二是與魯、齊、韓三家《詩》說的比
較，並探求《三禮注》專守哪一家？三是檢討《三禮注》說《詩》，是否參用
《毛詩》說？四是分析《周禮注》引《詩》之文例與作用。

以下略陳上述四個主題研究的不足之處。第一個主題裡，《三禮注》說《詩》
與引《詩》的情況有二：一是《禮記》引《詩》，鄭玄據境釋義者，二是鄭《注》
自行徵引《詩》句者，兩者的性質不同，不可一概視為鄭玄本有的意見。若
未加分別，即舉以與鄭《箋》或三家《詩》說比較，並判其優劣，未免不妥。
其次，《注》、《箋》比較，學者大多以「異」、「同」別之，如此有失武斷，也
不易察覺鄭玄由《三禮注》至《毛詩箋》的說《詩》變化。再者，《三禮注》
說《詩》，應包含樂詩的材料，上述諸篇文章，也未見立有專題以作討論者。

第二個主題裡，三家《詩》說的材料，多是輯佚而來，內容不全，不一
定每則鄭《注》皆能覓得與之相應的遺說以供比對。另外，如何正確判別這
些遺說的家派歸屬，存在許多困難與侷限，而陳喬樅與王先謙的判別結果也
不全然可信。上述文章論及該主題者，多未能謹慎應用遺說材料，或者比較
工作不夠全面，尚有再檢討的空間。

第三個主題裡，鄭玄注解三《禮》是否已見得《毛詩》說？楊天宇雖然
有意打破《鄭志》說法的權威性，並探尋更直接的證據以肯定之，卻仍搜羅
不齊，而且對於鄭玄《三禮注》應用《毛詩》說的多寡與態度，也仍有再議
之處。

第四個主題裡，對於《三禮注》說《詩》、引《詩》的文例與作用，鄧聲
國僅就《周禮注》作研究，未能會同《三禮注》一起分析，略顯可惜。另外，
他對於「引《詩》文例」，僅著重《注》語如何標誌《詩》句的問題上，分析
過簡，無法窺得鄭玄引《詩》的特點。

第三節 研究範圍與步驟

三《禮》，指《周禮》、《儀禮》與《禮記》，三者同是述禮之作，涉及職

官、禮制、儀節、禮意等，但側重的方向不同，亦有今、古文學之別。東漢之世，鄭玄遍注這三部禮書，且調合彼此的差異，又作《三禮目錄》，「三《禮》」之名於焉成立。〔註 20〕後世讀三《禮》者，不由鄭《注》則難以得其奧，故推崇說：「禮是鄭學。」〔註21〕而鄭玄作《三禮注》皆在遭黨錮之禍時，時間相當集中，當中對《詩》的解說與運用有其一致性，寫作時間又先於《毛詩箋》、《毛詩譜》，而與之有別，因此適宜合《三禮注》共同研究之。

關於研究材料的來源，本文先從三《禮》中匯集與《詩》有關的所有記錄。舉凡典禮所用的樂詩，論學述禮的引《詩》，零星散見的逸詩，以及討論《詩》的流傳、應用、特性的相關記載，諸如六詩、溫柔敦厚、《詩》與志、《詩》與禮樂等等。接著再從上述資料中整理出與之相應的鄭玄《注》語，以此作爲本文研究的首批材料。除此之外，再從鄭《注》裡，搜尋引《詩》注經的段落，作爲另一批研究材料。需要注意的是，這裡所謂的鄭《注》，包含鄭玄本人的解說，以及轉引自鄭眾、杜子春等人的相關論述。至於近數十年的出土文獻，與本研究相關者，有郭店簡〈緇衣〉、上博簡〈緇衣〉、〈民之父母〉等三篇，可供版本與異文的比對，也一併納入研究。

在各個章節的內容安排與研究步驟上，本文第二章開始先分爲三個小節。第一節是針對三《禮》引《詩》的內容、文例作分析，此處盡量不參雜鄭《注》的解釋，以期能獲得經文用《詩》方式的原貌，以便之後討論鄭《注》的說解時，能清楚分析經、注之間的關係。第二節是討論樂詩的內容，至於與之配搭的相關儀節、樂器、執禮參與之人，僅視論述需要而作簡單介紹。不過，經文對樂詩本身的記載過於簡略，後世學者非透過鄭《注》無以明之，卻也因爲鄭《注》而異見紛起，故此處合併鄭《注》一起討論，並略述後世學者的批評。最後一節則討論三《禮》與鄭《注》中的逸詩。

〔註20〕　皮錫瑞《經學通論》卷 3〈三禮之分自鄭君始〉條：「西漢禮家無傳《周官》者，二戴所傳《禮記》亦附經不別行。自鄭兼注三書，通爲《三禮》，於是《周官》之分經別出者，與禮合爲一途；《禮記》之附經不別出者，與經歧爲二軌。……自此以後，阮諶之《三禮圖》、王肅之《三禮音》、崔靈恩之《三禮義宗》，莫不以『三禮』爲定名矣。」見《經學通論》，卷 3，頁 4。

〔註21〕　〔清〕陳澧云：「考《兩漢・儒林傳》以《易》、《書》、《詩》、《春秋》名家者多，而《禮》家獨少。……鄭君盡注《三禮》，發揮旁通，遂使《三禮》之書，合爲一家之學，故直斷之曰：『禮是鄭學』也。」見陳澧：《東塾讀書記》，《續修四庫全書》子部雜家類第 1160 冊（上海：上海古籍出版社，1995 年），卷14，頁 624。

　　第三章分爲兩小節。第一節分析鄭《注》解說「三《禮》引《詩》」的文例，先將《注》語的內容分爲數類，再藉此考查鄭《注》說解《詩》句的方式。第二節則分析《三禮注》引《詩》的文例，將《注》語裡《詩》句與相關說解文字的搭配關係分爲數類，並討論鄭玄如何取捨鄭司農、杜子春的舊注。這一章的研究目的在於探討鄭《注》說解《詩》句的內容分布情況，藉此完整且正確地搜聚鄭玄說《詩》的意見。

　　第四章則是比較鄭玄《三禮注》與《毛詩箋》對《詩》義的解說，並分爲「義同」、「義近」、「義異」、「互爲補充」四個部分加以詳述。本章除了作《詩》義的比較，也從中釐清《注》、《箋》說《詩》之所以有差異，不僅是因爲彼此採用的《詩》說學派不同而已，也起因於鄭《注》是立足在「用詩」的角度闡釋《詩》句，與鄭《箋》試圖解說「本義」的目的有別。

　　第五章討論《三禮注》與齊、魯、韓三家《詩》學的關係，研究焦點在於鄭《注》說《詩》究竟是根據哪一家。首先陳述歷來學者對該問題的紛歧意見，然後再檢討種種可供研究的資料或方式，以及其中的不足之處，以突顯該問題在研究上的困難與局限。接著分別從「《詩》文」與「《詩》義」兩方面著手，借助陳喬樅《三家詩遺說考》與王先謙《詩三家義集疏》所輯佚的三家《詩》說資料，分析多則鄭《注》說《詩》，再歸類統整，爲該問題提供較允當的解釋。

　　第六章討論兩個主題，一是鄭玄注三《禮》時是否已見得、參用《毛詩》說，對此，學者多根據《鄭志》「答炅模」的記錄加以否定。本章先檢討《鄭志》記錄本身的矛盾，再實際地從《三禮注》裡搜羅與《毛詩》說相關的材料，並配合鄭玄從師交游、與參引群書的相關線索，重新討論該問題。另一個主題，則是分析鄭玄如何闡釋《周禮》的「六詩」、《禮記》的「五至」、「不學譬喻，不能安《詩》」，與從中衍生而出的比興美刺、《詩》與情等相關問題，這一部分有別於單篇《詩》文、《詩》義的討論，因此別立一節。

　　上述是本論文研究取材的範圍，以及各章研究主題與研究步驟的說明。另外，全文末了，將三《禮》引《詩》、《三禮注》引《詩》、樂詩，以及三《禮》經、注引《詩》與《毛詩》相較之異文，製成表格，作爲附錄，以便利檢索。

第二章　三《禮》中的引《詩》與樂詩、逸詩之分析

　　《詩》在先秦典籍中頻頻出現，根據它的應用場合、方式與目的，可約略分為賦詩、引詩、論詩，以及用於典禮儀式上的樂詩數種。「賦詩」見載於《左傳》及《國語》，它有三項特色：是歌之詠之，是一種禮樂活動，是一種對話方式。〔註1〕「引詩」在《左傳》已見存，在春秋時期是「專指不限場合，無特殊的表達方式，第就言語對談之際，隨口引述的稱詩。」〔註2〕這些歷史人物藉《詩》句來闡發政治理念或評論人物，引用時機大多在言談之際，政治功能頗強。孔子以後，戰國諸子們的引《詩》由言談逐漸移轉至著述中，論理述學成為此時引《詩》的主要目的。所謂「論詩」，指針對《詩》作整體評論，或評析個別的篇章。例如《論語》所謂「詩三百，一言以蔽之，曰思無邪。」以及「〈關雎〉，樂而不淫，哀而不傷。」至於「樂詩」，指在祭祀、朝聘、燕享、會射等典禮節目中，配合樂器演奏、歌唱的特定《詩》篇。

　　三《禮》不見「賦詩」，而以「引詩」和「樂詩」的數量最多，這兩者將在本章的第一、二節中討論，其中又以「引詩」為分析鄭《注》說《詩》的最主要材料。不過，為了方便在第三章的研究中，可以釐清經、注之間的關係，本章第一節儘量不參雜鄭玄的注解，直接由文本出發，先整理出三《禮》引《詩》的文例、目的，以及說《詩》的方式與其背後所蘊藏的思想，以此作為後文討論的基礎。至於「樂詩」，三《禮》僅有篇名的記載，敘述較簡，

〔註1〕參考張素卿：《左傳稱詩研究》，第3章的第1節之1〈何謂「賦詩」〉。
〔註2〕同上，頁116。

鄭《注》裡則補充了相應的《詩》句與《詩》義。本章第二節對「樂詩」的研究集中在「《詩》」本身，而非相關的儀節、樂器、參與人士之上，不易捨鄭《注》而逕由經文爲之，因此將聯合經、注一同討論。另外「引詩」與「樂詩」裡包含了一些逸詩，將在第三節與鄭《注》裡另行記載的逸詩一同討論。至於「論詩」的部分，三《禮》記載甚夥，內容涉及有詩與樂、禮、政治的關係、以及孔門詩教等論題，這些都不是一章、一節所能分析透徹，而且本論文是專就鄭《注》的意見作研究，所以僅揀擇「三《禮》論《詩》」且鄭玄有注解、下己意的部分來分析。這一部分屬於綜論的性質，適宜在其他議題之後再作說明，因此將移置本論文第六章中討論。

第一節 三《禮》引《詩》之分析

三《禮》中，唯《禮記》有引《詩》。從《禮記》的成書過程，〔註3〕可以發現其中各篇的寫作年代差距頗大，作者不同且身份難以確定，〔註4〕體例也不如《周禮》與《儀禮》完整。當初，「諸儒記禮之說」的《記》，或是獨立成文，或是拼湊成篇，並非一時一人之作。西漢劉歆整理禁中秘書時，開始將內容相近者歸類並標立題目，例如〈明堂陰陽記〉三十三篇，〈樂記〉二十三篇等等；無法歸類者，則總曰：「記百三十一篇」。〔註5〕西漢禮經博士有后蒼、戴德、戴聖及慶普，各自名家，彼此依講授之需，取捨不同的記禮雜文而成不同傳本的《禮記》。東漢之世，小戴《禮記》成爲顯學，戴聖的弟子橋玄著《禮記章句》四十九篇，章、和之世的曹褒「持慶氏禮」，又傳《禮記》四十九篇，爲曹褒傳本。之後，鄭玄又從張恭祖、馬融受《禮記》，作注之時又兼采慶氏之學，並參校當時流行的多種傳本，注成而小戴《禮記》始有今日所見之定本。〔註6〕

〔註3〕 周何將今本《禮記》的成書過程分爲四階段，分別是「一、附經而作」、「二、單獨成篇」、「三、匯編成書」，與「四、鄭注之後始有定本」，可供參考。見周何：《禮學概論》（臺北：三民書局，1998年初版），頁112～114。

〔註4〕 葉師國良在《宋人疑經改經考》（臺北：臺灣大學文史叢刊第55冊，1980年）第4章第3節中（頁110～111），對宋代以前的學者論《禮記》各篇作者與著成年代的種種說法，有概括性的介紹，可供參考。

〔註5〕 此段資料，原屬劉歆《七略》，班固據之而編入《漢書‧藝文志》。

〔註6〕 對於《禮記》的成書過程，參考自孔師德成：〈禮記成書時代及其在經典中之性質〉，《孔孟月刊》第18卷第11期（1980年7月）；周何：《禮學概論》，頁

　　由於《禮記》各篇的著成年代與作者多不相同，因此難以用全書爲單位來討論其內容；又因爲今本《禮記》已由漢代學者多次整理，在引《詩》的文例與用字上，自然與最初的版本有異。所幸，《禮記》引《詩》只集中在少數篇章裡，而這些篇章又有其作者、思想、學術譜系上的共通之處，可使研究的焦點集中。另外，楚簡〈緇衣〉、〈民之父母〉等戰國文獻的出土，也有助了解部分引《詩》篇章由戰國至漢代的沿革，可由此推測《禮記》引《詩》的原貌。

　　以下分爲五個部分討論，分別是《禮記》引《詩》的文例、文例的特色、楚簡本與今本〈緇衣〉的比較、《禮記》說《詩》的方式，以及說《詩》的思想內容。

一、《禮記》引《詩》的文例

　　今本《禮記》引《詩》105 則（含 2 則逸詩），分佈在今本《詩經》中的 65 篇。其中出於《國風》的有 26 則，分屬 18 篇；出自《小雅》的有 27 則，分屬 21 篇；出自《大雅》的有 41 則，分屬 17 篇；出自《頌》的有 9 則，分屬 9 篇。明顯地，大、小雅被引用的比例最高。若以篇計，以《大雅·抑》的 8 次、《大雅·文王》的 7 次、《大雅·文王有聲》、《邶風·谷風》、《曹風·鳲鳩》的各 4 次，是被引用最多的幾篇。

　　《禮記》各篇引《詩》的次數不一，90%卻集中在下列六篇：〈孔子閒居〉有 7 則，〈坊記〉有 15 則，〈中庸〉有 17 則，〈表記〉有 18 則，〈緇衣〉有 25 則，〈大學〉有 12 則。依劉向《別錄》，這六篇全屬於「通論」的性質，內容往往與儒家的其他子書互見。〔註7〕陳澧認爲這幾篇引《詩》，反映了孔子後學「其于《詩》義，治熟于心，凡讀古書，論古人古事，皆與《詩》義相觸發」的治經文化。〔註8〕

　　鄭玄注釋《禮記》中的引《詩》，多是以「觀境爲訓——據境索義」〔註9〕

111～118：楊天宇：《禮記譯注》（上海：上海古籍出版社，1997 年）之〈禮記》簡述〉；姜廣輝：《中國經學思想史》第二卷（北京：中國社會科學出版社，2003 年）的第 29 章第 4 節〈禮記》劉向輯本與二戴輯本〉。

〔註7〕 孔穎達《禮記正義》在各篇之下，引鄭玄《三禮目錄》曰：「此於《別錄》屬某某。」依劉向《別錄》對各篇性質的分類，這六篇皆是「通論」。見《禮記正義》的各篇解題。

〔註8〕 見陳澧：《東塾讀書記》（北京：三聯書店，1998 年），卷 6，頁 107。

〔註9〕 對於術語的說解，可參考周大璞：《訓詁學》（臺北：洪葉文化事業有限公司，

的方式來闡釋，並不是把《詩》句獨立於上下經文的語境之外作理解。因此，有必要先釐清《禮記》引《詩》、用《詩》的文例，〔註10〕掌握《詩》句與其前後的議論文字在意義上的聯結關係，如此才能正確地掌握鄭玄說《詩》的內容。以全書而論，引用的《詩》句與前後議論文字的關係，可粗分為「先議後引」、「先引後議」、「先議，引《詩》，再議」與「子夏問《詩》」四類。

（一）先議後引

所謂「先議後引」，即先行論理議事，再引《詩》句來佐證作結，少部分會在《詩》句後面加上「之謂也」或「此之謂也」，之後便不再有任何說明，段落於此結束。這一文例的數量最多，約占七成。舉兩例如下：

> 〈樂記〉：「為人君者，謹其所好惡而已矣。君好之，則臣為之；上行之，則民從之。《詩》云：『誘民孔易。』此之謂也。」

> 〈緇衣〉：「子曰：苟有車，必見其軾；苟有衣，必見其敝；人苟或言之，必聞其聲；若或行之，必見其成。〈葛覃〉曰：『服之無射。』」

〔註11〕

這一文例中的《詩》句，往往是扮演引經據典的修飾、輔佐角色，即使將它們刪去，也不妨礙前頭議論文字的意義之完整。

（二）先引後議

所謂「先引後議」，即先引《詩》句做起頭，再據以闡發議論，所以議論的部分內容需要配合《詩》句才能夠完整解讀。舉例如下：

> 〈射義〉：「《詩》云：『發彼有的，以祈爾爵。』祈，求也，求中以辭爵也。酒者，所以養老也，所以養病也，求中以辭爵者，辭

2000 年），頁 221～227。

〔註10〕 所謂「文例」，是在文篇之內，比較一群句子或篇段的句式、章法之條理及順序，以分類歸納的方式，建立的一套規律。對於「文例」的介紹，可參考程克雅：〈乾嘉禮學學者解經方法中「文例」之建立與運用〉之一、《「文例」解經的基本理解》。文章收錄在《乾嘉學者的治經方法》（臺北：中央研究院中國文哲所經學研究叢刊，2000 年 10 月），頁 461～480。

〔註11〕 本論文於全書之末有〈附錄一：《禮記》引《詩》及其鄭《注》一覽表〉，當中有頁碼一欄，係根據阮元校勘本《禮記正義》（臺北：藝文印書館影印清嘉慶二十年江西南昌府學刊本，2001 年，初版 14 刷）。本論文凡是引錄《禮記》引《詩》及相應的鄭《注》，皆不再設立註腳以注明出處與頁碼，請參見書末「附錄一」。另外，本文所引用之十三經注疏俱是藝文印書館出版的阮元校勘本。

養也。」

　　〈中庸〉:「《詩》曰:『衣錦尚絅。』惡其文之著也。故君子之道,

　　闇然而日章;小人之道,的然而日亡。」

〈射義〉引〈賓之初筵〉說明射儀之中祈求射中目標的禮意是爲了辭爵、辭養。如果在此捨去《詩》句,除了「祈,求也」的訓詁部分無所依傍,整段議論也將顯得不知所云。第二個例子是先引〈碩人〉,接著略述詩義是「惡其文之著」,再以此興起君子謙退淡簡之道。此類例子,僅約十則,數量甚少。

（三）先議,引《詩》,再議

　　這一類的「先議」與「再議」部分,與引用的《詩》句有密切的關係。《禮記》有些章節的篇幅很大,一大段議論文字裡會有數處引《詩》,也就是時而引《詩》,時而議論,文意上下承接,無法強分爲「先議後引」或「先引後議」,因此也歸爲第三類文例。舉兩例如下:

　　〈樂記〉:「子夏曰:⋯⋯此四者,皆淫於色而害於德,是以祭祀弗用。《詩》云:『肅雍和鳴,先祖是聽。』夫肅,肅敬也。雍,雍和也。夫敬以和,何事不行?」

　　〈祭義〉:「文王之祭也,事死者如事生,思死者如不欲生。忌日必哀,稱諱如見親,祀之忠也。如見親之所愛,如欲色然,其文王與?《詩》云:『明發不寐,有懷二人。』文王之詩也。祭之明日,明發不寐,饗而致之,又從而思之。」

〈樂記〉裡,魏文侯問「溺音何出也?」子夏以鄭音、宋音、衛音、齊音回答,且認爲祭祀弗用。他接著引〈有瞽〉,陳述祭祀應該使用的音樂之特色,是肅敬與雍和的德音。此時,若不兼顧引《詩》前頭的議論文字,便不知「何事不行」是特指祭祀而言。第二個例子裡,〈祭義〉記文王在祭祀之時的虔敬,接著引〈小宛〉,再順著《詩》句闡釋文王懷思父母二人。

　　綜觀第二、三兩類文例,《詩》句與議論文字融爲一體,若將《詩》句刪去,除了後頭的文字將喪失領起的線索,《詩》句前後的文意也難以銜接。更重要的,是「後議」或「再議」的部分可以讓我們更清楚地理解作《記》者是如何詮釋、運用這些《詩》句,這與第一類的「先議後引」比較起來,具備了更清晰的脈絡,有助於探討作《記》者的《詩》說。

（四）子夏問詩

　　〈孔子閒居〉裡,子夏向孔子請教何謂「民之父母」?孔子因應他欲

聞「何《詩》近之」的要求，以〈昊天有成命〉、《邶風・柏舟》、〈谷風〉等三篇《詩》句來說解「三無」，又以疑似《詩》句的四言句子回答「五起」。〔註12〕子夏接著又問何謂「三王之德，參于天地」？孔子則援引〈長發〉、〈崧高〉、〈江漢〉三篇的《詩》句來分別描述湯、文王武王、大王之德。〈孔子閒居〉這七則引《詩》，是由孔子和子夏之間的問答而起，文意串連，與前三種文例不同，故別立一類。

　　《禮記・孔子閒居》的內容又見於《孔子家語・論禮》的後半部分，〔註13〕以及《上海博物館藏戰國楚竹書（二）》的〈民之父母〉一篇。〔註14〕比較三者的引《詩》，唯有論「三王之德」（三無私）一段有較大的差異。〈論禮〉只提到湯之德及〈長發〉詩，楚簡〈民之父母〉則全然不見該段文字。其餘的引《詩》，〈孔子閒居〉、〈論禮〉、〈民之父母〉所用的篇章皆同，不過卻有異文存在。

二、《禮記》引《詩》文例的特色

（一）徵引《詩》句，托名孔子

　　《禮記》引《詩》的那些章節段落，大多是先以「子曰」領起，或是先引《詩》，再以「子曰」來闡述議論，這種情況的有 45 則。其餘尚有「孔子曰」、「子言之」、「子云」，又各有 10 則、3 則、15 則。另外，由「子夏」徵引的有 4 則，由「曾子」徵引的有一則。另有 26 處，是在整段議論裡嵌入《詩》句，沒有寫出徵引者。雖然《禮記》是孔門弟子所作，但是其中的「子曰」、「子云」、「子言之」能否確定為孔子之言，卻有疑問。這個問題，《孔叢子・公儀》的記載可供參考：

　　　穆公謂子思曰：「子之書所記夫子之言，或者以為子之辭。」子思曰：
　　　「臣所記臣祖之言，或親聞之者，有聞之於人者。雖非正其辭，然

〔註12〕　〔清〕劉恭冕有〈孔子閒居多逸詩〉一文，認為孔子這段談「五起」的文字裡，其實夾雜著許多的逸詩。見《廣經室文鈔》，《叢書集成編篇》集部第 140 冊（上海，上海書店，1994 年），頁 107～108。這個問題將在本章第三節中討論。

〔註13〕　見陳士珂輯：《孔子家語疏證》（上海：上海書店，1987 年初版），卷 6，頁 177～179。

〔註14〕　見馬承源主編：《上海博物館藏戰國楚竹書（二）》（上海：上海古籍出版社，2002 年），〈說明〉的部分有對〈孔子閒居〉、〈論禮〉、〈民之父母〉三篇文句作并列比較。釋文則參考季旭昇主編：《上海博物館藏戰國楚竹書（二）讀本》（臺北：萬卷樓圖書股份有限公司，2003 年初版），頁 1～23。

猶不失其意焉。」〔註15〕

《荀子・非十二子》也曾經批評子思學派「案飾其辭，而祇敬之曰：此眞先君子之言也。」〔註16〕鄭玄《三禮目錄》也說子思作〈中庸〉：「以昭明聖祖之德。」〔註17〕想見子思等人時有記錄或托名孔子之語，再加以申論、引經據典的傾向。

（二）引《詩》作結是慣例

《禮記》中，屬於曾子、子思一系的〈坊記〉等五篇的引《詩》文例中，「先議後引」的比例相當高，約占五篇總量的七成五，其中尤以〈坊記〉、〈表記〉、〈緇衣〉最爲明顯。〔註18〕從郭店、上博兩簡的〈緇衣〉也是此種文例的情形判斷，《禮記》這幾篇在文末引《詩》是早有的慣例。

在郭店楚簡裡，同樣被認爲是子思學派著作的〈五行〉篇也有 7 則引《詩》，其中 5 則也是「先議後引」。《孝經》一般相信是曾子所作，其中有 10 則引《詩》，當中有 9 則處也是「先議後引」。〔註19〕〈坊記〉、〈表記〉、〈緇衣〉、〈五行〉，與《孝經》，它們引《詩》幾乎都放置在各章各段之末，除了部分會再加上「之謂也」外，不再有任何論述。與較早的經典引《詩》相較，《論語》引《詩》7 處中，僅有 1 處屬於「先議後引」例，〔註20〕更早的《左

〔註15〕 見〔漢〕孔鮒：《孔叢子》（濟南：山東友誼書社，1989 年初版），頁 61。

〔註16〕 見清・王先謙集解 沈嘯寰、王星賢點校：《荀子集解》（北京：中華書局，1988 年初版），卷 3，頁 94。

〔註17〕 見《禮記正義》，頁 879。

〔註18〕 這個現象，〔清〕姚鼐在《孝經刊誤〉書後》已經指出：「〈坊記〉、〈表記〉、〈緇衣〉之類，每一言畢，輒引《詩》、《書》文以證之。」見載於朱熹：《孝經刊誤》，《百部叢書集成》第 1209 冊（臺北：藝文印書館，1967 年。）陳夢家也說：「〈坊記〉、〈表記〉、〈緇衣〉皆稱述仲尼之言，常引證《詩》、《書》，其體例與《孝經》同。」見陳夢家：《尚書通論》（石家莊：河北教育出版社，2000 年 1 版），頁 30。

〔註19〕 僅有第十三章〈廣至德章〉：「《詩》云：『愷悌君子，民之父母。』」非至德，其孰能順民如此其大者乎！引《詩》之後，又再議論，屬「先議，引《詩》，再引」一類。《孝經注疏》對此特別徵引劉炫語，認爲「《詩》美民之父母，證君之行教，未證至德之大，故于《詩》下別起嘆辭，所以異于餘章，頗近之矣。」劉炫顯然發現《孝經》引《詩》這種「先議後引」的特色。見《孝經注疏》，卷 7，頁 47。

〔註20〕 〈憲問〉篇有云：「子擊磬于衛，有荷蕢而過孔氏之門者，曰：有心哉，擊磬乎！既而曰：鄙哉，硜硜乎！莫己知也，知己而已矣。『深則厲，淺則揭。』」雖然也是「先議後引」，但徵引者是荷蕢之人，不屬儒家學者，

傳》引《詩》之中，也僅有二成屬於此種文例，顯然曾子、子思學派開始形成了「先議後引」這種引《詩》方式。〔註21〕這表示他們對於《詩》句的理解與論理上的運用，已有自己學派的共識，意即在《詩》教或《詩》文本的闡釋上有其一貫的傳習。否則，僅在文末擺置《詩》句，之後就不再說明《詩》句與前頭的論題該如何連結，門人後學必然很難正確理解用《詩》之義。從歷來學者對《禮記》引《詩》之義作了許多的闡釋，仍存有歧見的情形來反推，就可以了解。

三、今本與楚簡本〈緇衣〉引《詩》之比較

郭店楚簡〈緇衣〉共 47 簡，其尾記「二十又三」，可知共 23 章，當中有引《詩》者凡 21 章，引《詩》句或《詩》篇之總數為 25 則。上博楚簡〈緇衣〉與郭店簡〈緇衣〉的差別，在於異文與較多的缺字；兩者雖然分屬不同的版本，內容卻幾乎是一致的。因此，下文僅以郭店本為據，比較楚簡本〈緇衣〉與《禮記·緇衣》在引《詩》文例上的差異。至於釋文，則依用李零所釋的文字。〔註22〕以下分別從引《詩》的領起方式、順序、與議論文字的組合關係、字句的繁簡、逸詩的有無等五個部分來討論。

（一）楚簡本引《詩》，領起的方式較今本一致

郭店楚簡〈緇衣〉中實際引出「《詩》句」23 則，遍及 21 章。這 21 章中，有 19 章僅僅引用了 1 則《詩》句，而且皆以「《詩》云」領起；其餘兩章（第四、十七）各引 2 則《詩》句，皆以「《大雅》云……《小雅》云……」的方式領起。

今本《禮記·緇衣》共 25 章，共記 18 章引有《詩》句。其中有 14 章僅引 1 則，其餘 4 章各引 2 則。僅引 1 條的 14 章裡，除了第一章、第十三

因此不計入。

〔註21〕 朱熹曾經一度懷疑《孝經》文末的引《詩》是後儒竄入，他說：「熹舊見衡山胡侍郎《論語說》，疑《孝經》引《詩》，非經本文，初甚駭焉。徐而察之，始悟胡公之言為信。」見朱熹：《孝經刊誤》，頁 110。由楚簡〈緇衣〉出土，可以證明這些與曾子、子思學派有關的著作，的確原本就有在文末引《詩》的習慣。另外，彭林也藉著〈緇衣〉、〈坊記〉、〈表記〉的引《詩》文例來重新探討《孝經》引《詩》的種種問題，甚至以此作為證明《孝經》是子思所撰的證據之一。見彭林：〈子思作《孝經》說新論〉，《中國哲學史》，第 3 期（2000 年）。

〔註22〕 見李零：《上博楚簡三篇校讀記》（臺北：萬卷樓圖書有限公司，2002 年初版）。

章分別以「《大雅》曰」、「〈葛覃〉曰」領起之外，其餘 12 章皆稱「《詩》云」。各引 2 則《詩》句的 4 章裡，則用「《詩》云……《大雅》云……」或「《詩》云……《小雅》云……」的方式。可見，郭店楚簡〈緇衣〉的文例的規律性較強，應當是故書原貌。對於這種規律性，廖名春認為：

> 一章只引《詩》一條，用不著區別，故稱共名「《詩》」。一章數引，皆稱共名「《詩》」則會把不同篇的詩混在一起。為了區別，只能稱別名「大雅」、「小雅」。《禮記·緇衣》篇一章數引時不皆稱「《詩》」也是為了區別；先稱「《詩》」，因為「《詩》」是共名；後稱「《大雅》」或「《小雅》」，因為「《大雅》」、「《小雅》」是別名。〔註23〕

（二）楚簡本引《詩》、《書》的順序較今本一致

郭店楚簡〈緇衣〉裡，同時引用《詩》與《書》的共有 7 章，全是先引《詩》，再引《書》。《禮記·緇衣》同時徵引《詩》、《書》的也有 7 章，其中 4 章先引《詩》，再引《書》；其中 2 章先引《書》再後《詩》；其餘 1 章先《詩》後《書》再《詩》。可見，楚簡本稱引《詩》、《書》的規律性是嚴格的。《禮記·緇衣》當中，先《書》後《詩》的那兩章，應是後人傳抄時更動了順序。至於「先《詩》後《書》再《詩》」的第五章，先引的「《詩》云：赫赫師尹，民具爾瞻」，在楚簡裡是獨立在第八章，顯然是錯簡之誤。假設將它歸回原位，第五章的徵引只剩下「後《書》再《詩》」，同樣也是誤亂了順序。

（三）楚簡本以《詩》證說的組合與今本有異

今本《禮記·緇衣》的第四、第五章作：

> 子曰：「下之事上也，不從其所令，從其所行。上好是物，下必有甚焉者矣。故上之所好惡，不可不慎也，是民之表也。」（第四章）

> 子曰：「禹立三年，百姓以仁遂焉，豈必盡仁？《詩》云：『赫赫師尹，民具爾瞻。』〈甫刑〉曰：『一人有慶，兆民有賴。』《大雅》曰：

〔註23〕　見廖名春：〈郭店楚簡引《詩》論《詩》考〉，收錄於《經學今詮初編》（《中國哲學》第 22 輯》）（瀋陽：遼寧教育出版社，2000 年），頁149。對於楚簡第 1 章（今本見第 2 章）所載「好美如好〈緇衣〉，惡惡如惡〈巷伯〉。」廖名春不視為引《詩》，筆者不從。因為此章論述主體在於「好賢惡惡」，文意直接下續「則民咸力而型不頓」，以「如」字領起的《詩》篇名，作用猶如徵引《詩》句，皆是輔證的地位，視同引《詩》並無不可。

『成王之孚，下土之式。』」（第五章）

再看郭店楚簡〈緇衣〉的第七、八章：

> 子曰：「禹立三年，百姓以仁道，豈必盡仁。《詩》云：『成王之孚，
> 下土之式。』〈呂刑〉曰：『一人有慶，萬民賴之。』」（第七章）

> 子曰：「下之事上也，不從其所以命，而從其所行。上好此物也，下
> 必有甚焉者矣。故上之好惡，不可不慎也，民之表也。《詩》云：『赫
> 赫師尹，民具爾瞻。』」（第八章）

由郭店簡可知，《禮記・緇衣》第四章原有徵引「赫赫師尹，民具爾瞻」，它
在輔證上也契合「上之所好惡」爲「民之表也」的意涵。因爲錯簡的緣故，
使得《禮記・緇衣》第五章引《詩》、《書》之後，又再引《詩》，有違故本的
文例。不過，後來的整理者對於并引兩條《詩》句，改以「《詩》云……《大
雅》云……」的方式領起，顯然又訂立了另一套規則。

又如《禮記・緇衣》的第七、八章作：

> 子曰：「王言如絲，其出如綸；王言如綸，其出如綍，故大人不倡游
> 言。可言也不可行，君子弗言也；可行也不可言，君子弗行也。則
> 民言不危行，而行不危言矣。《詩》云：『淑慎爾止，不愆于儀。』」
> （第七章）

> 子曰：「君子道人以言，而禁人以行，故言必慮其所終，而行必稽其
> 所蔽，則民謹於言而慎於行。《詩》云：『慎爾出話，敬爾威儀。』
> 《大雅》曰：「穆穆文王，於緝熙敬止。」」（第八章）

再看郭店楚簡〈緇衣〉第十四、十五、十六章作：

> 子曰：「王言如絲，其出如綸。王言如索，其出如綍。故大人不倡流
> 〔言〕。《詩》云：『慎爾出話，敬爾威儀。』」（第十四章）

> 子曰：「可言不可行，君子弗言；可行不可言，君子弗行。則民言不
> 危行，〔行〕不危言。《詩》云：『淑慎爾止，不愆於儀。』」（第十五
> 章）

> 子曰：「君子道人以言，而恆以行。故言則慮其所終，行則稽其所
> 蔽，則民慎於言而謹於行。《詩》云：『穆穆文王，於緝熙敬止。』」
> （第十六章）

《禮記・緇衣》的第七章，顯然合併了楚簡本的第十四、十五兩章，又將「慎
爾出話，敬爾威儀」一段，改置於第八章中。相較之下，楚簡本以「一說一

證」的方式，將經文分為三章，各徵引《詩》句一條，顯得更有規律。觀察《禮記‧緇衣》第七章，雖然是合併了故本，但文意相續，並不扞格，內容講述為政者之言行，「不越乎中庸，則民效之」，〔註 24〕又引《詩》「淑慎爾止，不愆于儀」，以善慎容止，儀行不過為證，仍然與經文相符。第八章說「謹於言而慎於行」，引「慎爾出話，敬爾威儀」為證，意義已經足夠，再多引「《大雅曰……》」，稍嫌累贅。相較之下，郭店楚簡〈緇衣〉一章一詩的組合較為合理。

（四）楚簡本所引《詩》句與今本有繁簡之別

郭店楚簡〈緇衣〉第九章云：

> 子曰：「長民者衣服不改，從容有常，則民德一。《詩》云：『其容不改，出言有訓，黎民所信。』」

今本《禮記‧緇衣》第九章作：

> 子曰：「長民者衣服不貳，從容有常，則民德壹。《詩》云：『彼都人士，狐裘黃黃。其容不改，出言有章，行歸于周，萬民所望。』」

今本的引《詩》比郭店本多了三句，文字也稍異。《毛詩‧都人士》首章與《禮記‧緇衣》引《詩》相同。鄭玄注〈緇衣〉此章時說：「此詩，毛氏有之，三家則亡。」這引發了一個問題，到底《毛詩‧都人士》的首章，是誤合了某逸詩孤章，抑或是齊、魯、韓三家的〈都人士〉誤脫了首章呢？

《毛詩‧都人士》首章的部分文字，在《左傳》與《新書》裡也見有徵引。《左傳‧襄公十四年》引作「行歸于周，萬民所望。」東漢服虔注曰：「逸詩也，〈都人士〉首章有之。」〔註 25〕賈誼《新書‧等齊篇》作「孔子曰：長民者衣服不貳，從容有常，以齊其民，則民德壹。《詩》云：『彼都人士，狐裘黃裳，行歸于周，萬民之望。』」東漢蔡邕〈述行賦〉亦有云：「詠〈都人〉以思歸。」陳喬樅認為賈誼、蔡邕引《詩》當屬《魯詩》，《禮記》引詩則屬《齊詩》，但是在《魯詩遺說考》與《齊詩遺說考》之中，都沒有將賈誼、蔡邕與《禮記》的這則引《詩》納入，只在案語中另外說明：

> 今蔡邕〈述行賦〉云：「詠〈都人〉以思歸。」乃首章之詞，蓋即用《禮記‧緇衣》所引，非用《毛詩》也。〔註 26〕

〔註 24〕 見孫希旦：《禮記集解（下）》（臺北：文史哲出版社，1990 年初版），頁 1324。
〔註 25〕 見《毛詩正義》，卷十五之二，頁 511。
〔註 26〕 見〔清〕陳壽祺撰，陳喬樅述：《魯詩遺說考》，《續修四庫全書》經部詩類第

（鄭玄）《注》云：「此詩，毛氏有之，三家則亡。」《左傳‧襄公十四年》引《詩》「行歸于周」二語，服虔注曰：「逸詩也。」貫子《新書‧等齊篇》云：「狐裘黃裳，萬民之望。」即用《禮記‧緇衣》文。〔註27〕

顯然陳喬樅是根據鄭玄〈緇衣注〉的意見，不以〈緇衣〉、〈等齊〉兩處所引為三家《詩》，並且認為賈誼所引也是根據〈緇衣〉篇而來。王先謙則進一步比較詩文各章文義，認為《禮記‧緇衣》所引用的原本是「逸詩孤章」，是漢初就已經存在的逸詩，為《毛詩》誤合，三家《詩》本無。他說：

細味全詩，二、三、四、五章「士」、「女」對文，此章單言「士」並不及「女」，其詞不類。且首章「出言有章」，言「行歸于周，萬民所望」，後四章無一語照應，其義亦不類。是明明逸詩孤章，毛以首二句相類，強裝篇首，觀其取〈緇衣〉文作序，亦無謂甚矣。……賈時《毛詩》未行，所引字句亦小異，是漢初即傳此詩。蔡邕〈述行賦〉：「詠〈都人〉以思歸。」是以為思歸彼都之詩，不解周為忠信，則亦非用《毛詩》也。《毛詩》自有，三家自無，今述三家，此章仍當棄而不取。〔註28〕

若要重新釐清這個問題，必須先判別相關資料的有效性。首先，東漢蔡邕的〈述行賦〉，年代較晚，「詠〈都人〉以思歸」一句的文意也不足以斷定即是用《毛詩》或〈緇衣〉文字，因此不適合作為判斷的依據。〔註29〕至於

76冊（上海：上海古籍出版社，1995年），卷4之4，頁237。

〔註27〕 見〔清〕陳壽祺撰，陳喬樅述：《齊詩遺說考》，《續修四庫全書》經部詩類第76冊（上海：上海古籍出版社，1995年），卷2之3，頁429。

〔註28〕 見王先謙：《詩三家義集疏》，卷20，頁801。

〔註29〕 蔡邕〈述行賦〉的一句「詠〈都人〉以思歸」，讓學者們意見分歧，因此蔡邕刊立《魯詩》，怎會引用《毛詩》文字呢？關鍵在於「歸」字，學者們認為這是從「行歸于周」一句而來。陳喬樅認為蔡邕是用《禮記‧緇衣》文，王先謙認為蔡邕所論的是漢初就已流傳的逸詩，王禮卿認為這「足為《魯詩》確有此章之一證。」見王禮卿：《四家詩指會歸》（臺中縣：青蓮出版社，1995年），卷22，頁1488。其實蔡邕〈述行賦〉是在桓帝延熹二年（公元159年），受宦官之召，被迫到洛陽去彈琴的旅途上所作。靈帝熹平四年（公元175年），他才正奏請正定五經文字，開始參與熹平石經的刊立工作。《後漢書‧蔡邕本傳》只說他「少博學，師事太傅胡廣。」沒有說他受何家《詩》學。李賢注引〈洛陽記〉則說「《禮記碑》上有諫議大夫馬日磾、議郎蔡邕名。」這應該是陳喬樅認為蔡邕曾經參考〈緇衣〉引《詩》的依據。既然刊立熹平石經的

賈誼所引用的《詩》句及其前後文，確實與〈緇衣〉雷同，只是《詩》句文字與今本與楚簡本都有些差異。事實上，再從賈誼《新書·六術》的內容與郭店簡〈五行〉、〈六德〉有承襲的關係來推測，賈誼極可能已參閱過楚地的這批子思學派的材料，其中也包括〈緇衣〉，只是版本不同。〔註30〕因此，問題的核心資料又回到了今本、楚簡本〈緇衣〉與《左傳》本身。

涂宗流、劉宗信認為郭店楚簡〈緇衣〉是脫漏了「行歸于周」四個字。〔註31〕劉信芳則認為今本與郭店楚簡〈緇衣〉引《詩》所用的韻部不同，「不是一般的異文問題」，楚簡本可能是有意刪除這四個字。〔註32〕廖名春則認為

時間晚於撰〈述行賦〉，也可能是蔡邕早期曾經閱讀過《毛詩》。另外一種可能，是〈述行賦〉提到：「甘〈衡門〉以寧神兮，詠〈都人〉以思歸。」〈衡門〉首章僅說：「衡門之下，可以棲遲。泌之洋洋，可以樂飢。」以安賤樂貧而言「寧神」，詩文之中不見有「寧」或「神」二字；詠〈都人士〉而言「思歸」，詩文也不一定要存有「歸」字。何況第二章的「彼君子女，綢直如髮，我不見兮，我心不悅。」也可以斷章取義為思念家中妻與子，盼望返家的意思。總而言之，蔡邕沒有具體引出詩句，僅以「思歸」兩字來判斷漢末〈都人士〉的首章問題，並不合適。

〔註30〕 李學勤曾經指出：「郭店簡〈六德〉，與〈五行〉一樣，曾為漢初賈誼《新書》所引據。」又說賈誼《新書·六術》篇所提的六理、六德、六行，與「人有仁、義、禮、智、聖之行」，在論述的觀點與行文上，都有承襲〈五行〉與〈六德〉兩篇的影子。〈六德〉所說的「六位」，也見於同出簡的〈成之聞之〉，而〈成之聞之〉的體例又頗似一同出土的〈緇衣〉。郭店楚簡的這幾篇，一般相信是子思一派的作品，賈誼曾經居於楚地長沙，他想必曾見過在楚地流傳的這批儒書。以上論述，參考自李學勤：〈郭店楚簡《六德》的文獻學意義〉，《郭店楚簡國際學術研討會論文集》（武漢：湖北人民出版社，2000 年 5 月），頁17～18。由李學勤的意見推測，賈誼能寫出〈六術〉篇，應該曾閱讀過屬於子思學派的〈六德〉、〈五行〉、〈成之聞之〉等篇章，而〈緇衣〉篇也屬於子思一系，更與這些篇章一同出土，想必也曾經一齊被賈誼所參考過。

〔註31〕 見涂宗流、劉祖信：〈郭店楚簡《緇衣》通釋〉，《郭店楚簡國際學術研討會論文集》（武漢：湖北人民出版社，2000 年 5 月），頁 188。

〔註32〕 見劉信芳：〈郭店簡《緇衣》解詁〉，《郭店楚簡國際學術研討會論文集》（武漢：湖北人民出版社，2000 年 5 月），頁 171。該文第 179～180 頁又提到：「簡本〈緇衣〉引〈都人士〉而闕『行歸于周』一句，不外乎兩種可能：一為書寫脫漏，二為賦詩斷章，取其所需，有意識地刪掉了『行歸于周』一名。筆者認為第二種可能性為大，因為這種作法在當並不違犯游戲規則，更何況『周』已名存實亡，『行歸于周』已經不能用來證明孔子的『衣服不改』。尤為重要的是，引與不引『行歸于周』，有一個地域感情問題，試設想，如果是齊、魯、三晉的學者作〈緇衣〉，他恐怕沒有必要刪除『行歸于周』，因為齊、魯、三晉本周之舊邦，完全可以在『行歸于周』的名義下來說明自己的主張。但如果是秦、楚的學者作〈緇衣〉，他會覺得『行歸于周』有礙眼之嫌，故不惜斷

從郭店楚簡〈緇衣〉所引，可以證明今文三家應該是脫漏了首章，他說：

> 從〈都人士〉基本六句一章的體例看，其當屬節引。從韻腳「訓」、
> 「信」來看，其與《左傳·襄公十四年》、《禮記·緇衣》篇、賈誼
> 《新書·等齊》篇、毛《詩》一系有一定距離。主要是韻腳不同，
> 一是真部韻，一是陽韻韻。但從上文異文的比較看，它們的意義又
> 是一致的。這從另一角度證明魯、齊、韓三家《詩》沒有毛《詩》
> 的首章六句，當屬脫漏。〔註33〕

雖然郭店楚簡〈緇衣〉有引「其容不改，出言有訓，黎民所信。」卻只
是提供《毛詩·都人士》的首章有另一個版本存在的信息。〔註34〕因為《左
傳》、郭店楚簡、上博楚簡，甚至《新書》都只有徵引此章，沒有連同其他章
一併引出，所以無法有力地反駁王先謙所說的「強裝篇首」，也難以釐清今文
三家是否脫漏首章的疑問。馬衡在《漢石經集存》，根據東漢熹平石經中《魯
詩》的殘石之字序，判斷三家詩〈都人士〉沒有首章。〔註35〕若再配合鄭《注》
所言，馬衡的意見應謹慎地修改為：東漢時所見的今文三家〈都人士〉已不
見有首章。

今暫以《毛詩》為據，視郭店楚簡〈緇衣〉所引仍屬〈都人士〉首章，
不作逸詩看待。至於《禮記·緇衣》為何要加繁詩句，增補「彼都人士，狐
裘黃黃」呢？或許這正與「長民者衣服不貳」一句相呼應，所以補進。

（五）楚簡本所引逸詩與今本不同

郭店楚簡〈緇衣〉第五章引〈節南山〉，僅作：「誰秉國成，不自為正，
卒勞百姓。」《禮記·緇衣》卻在這三句之前多出「昔吾有先正，其言明且清。
國家以寧，都邑以成，庶民以生」五句，〔註36〕可知這是後人竄入的逸詩。

> 章而筆削。」

〔註33〕 見廖名春：〈郭店楚簡引《詩》論《詩》考〉收錄於《經學今詮初編》，頁155。

〔註34〕 饒宗頤曾在海外看見戰國楚簡〈緇衣〉殘文一條，釋文云：「民德一，詩云：
　　　　其容不改，其言……」與上博、郭店簡〈緇衣〉相同，都沒有今《禮記·緇
　　　　衣》第33章所引的〈都人士〉的前五句。唯不知饒宗頤所見零簡，見於何處
　　　　所藏？見饒宗頤：〈緇衣零簡〉，收錄於王元化主編：《學術集林》第九輯（上
　　　　海：上海遠東出版社，1996年繁體字版），頁66～68。

〔註35〕 見馬無咎（馬衡）：《漢石經集存》（上冊）（臺北：藝文印書館，1976年），
　　　　頁11。拓印見圖版十五之84。

〔註36〕 孔穎達認為這五句「今詩皆無此語，餘在《小雅·節南山》篇，或皆逸詩也」
　　　　見《禮記正義》，卷53，頁933。

　　另外，郭店楚簡〈緇衣〉第 12 章有「《詩》云：『吾大夫恭且儉，靡人不斂。』」，不見於《毛詩》或其他典籍，當屬逸詩。可見《禮記·緇衣》此章有脫文。

附表甲：郭店簡、上博簡、今本三種〈緇衣〉引《詩》對照表

說明：楚簡本之釋文，據李零：《上博楚簡三篇校讀記》。

郭店簡〈緇衣〉		上博簡〈緇衣〉		今本〈緇衣〉	
章序	詩句	章序	詩句	章序	詩句
1	夫子曰：好美如好〈緇衣〉，惡惡如惡〈巷伯〉，……《詩》云：儀型文王，萬邦作孚。	1	子曰：好美如好〈緇衣〉，惡惡如惡〈巷伯〉，……《詩》云：儀型文王，萬邦作孚。	2	子曰：好賢如〈緇衣〉，惡惡如〈巷伯〉，……《大雅》曰：儀刑文王，萬國作孚。
2	《詩》云：靖共爾位，好是正直。	2	《詩》云：靖恭爾位，好是正直。	11	《詩》云：靖共爾位，好是正直。
3	《詩》云：淑人君子，其儀不忒。	3	《詩》云：淑人君子，其儀不忒。	10	《詩》云：淑人君子，其儀不忒。
4	《大雅》云：上帝板板，下民卒癉。《小雅》云：非其止共，唯王之邛。	4	《大雅》云：上帝板板，□□□□。□□□惟王之邛。	12	《詩》云：上帝板板，下民卒癉。《小雅》曰：匪其止共，惟王之邛。
5	《詩》云：誰秉國成，不自爲正，卒勞百姓。	5	《詩》云：誰秉國□，□□□正，卒勞百姓。	17	《詩》云：昔吾有先正，其言明且清，國家以寧，都邑以成，庶民以生。誰能秉國成，不自爲正，卒勞百姓。
6	《詩》云：有覺德行，四方順之。	6	《詩》云：有覺德行，四國順之。	6	《詩》云：有梏德行，四國順之。
7	《詩》云：成王之孚，下土之式。	7	□□：□□□□，下土之式。	5	《詩》云：赫赫師尹，民具爾瞻。〈甫刑〉曰：……《大雅》曰：成王之孚，下王之式。
8	《詩》云：赫赫師尹，民具爾瞻。	8	《詩》云：赫赫師尹，民具而瞻。	4	（無引《詩》）
9	《詩》云：其容不改，出言有訓，黎民所信。	9	□□：□□□□，□□□，□□所信。	9	《詩》云：彼都人士，狐裘黃黃。其容不改，出言有章，行歸于周，萬民所望。

10	《詩》云：彼求我則，如不我得。執我仇仇，亦不我力。	10	《詩》云：彼求我則，如不我得。執我仇仇，亦不我力。	15	《詩》云：彼求我則，如不我得。執我仇仇，亦不我力。
11	（無引《詩》）	11	（無引《詩》）	14	（無引《詩》）
12	《詩》云：吾大夫恭且儉，靡人不斂。	12	《詩》云：吾大夫恭且儉，靡人不斂。	3	（無引《詩》）
13	（無引《詩》）	13	（無引《詩》）	13	（無引《詩》）
14	《詩》云：慎爾出話，敬爾威儀。	14	□□：□□□□，敬爾威儀。	7.8	（8）《詩》云：慎爾出話，敬爾威儀。
15	《詩》云：淑慎爾止，不衍於儀。	15	《詩》云：淑慎爾止，不衍□□。	7	《詩》云：淑慎爾止，不愆于儀。
16	《詩》云：穆穆文王，於緝熙敬止。	16	《詩》云：穆穆文王，於緝熙止。	8	（《詩》云：慎爾出話，敬爾威儀。）《大雅》云：穆穆文王，於緝熙敬止。
17	《大雅》云：白圭之玷，尙可磨也。此言之玷，不可爲也。《小雅》云：允也君子，展也大成。	17	《大雅》云：白珪之玷尙可磨，此言之玷不可爲。《小雅》云：允也君子，展也大成。	24	《詩》云：白圭之玷，尙可磨也。斯言之玷，不可爲也。《小雅》曰：允也君子，展也大成。
18	《詩》云：淑人君子，其儀一也。	18	□□：□人君子，其儀一也。	19	《詩》云：淑人君子，其儀一也。
19	《詩》云：服之亡斁。	19	《詩》云：服之亡斁。	23	〈葛覃〉曰：服之無射。
20	《詩》云：人之好我，示我周行。	20	《詩》云：人之好我，示我周行。	22	《詩》云：人之好我，示我周行。
21	《詩》云：君子好逑。	21	《詩》云：君子好逑。	20	《詩》云：君子好仇。
22	《詩》云：朋友攸攝，攝以威儀。	22	《詩》云：朋友攸攝，攝以威儀。	21	《詩》云：朋友攸攝，攝以威儀。
23	《詩》云：我龜既厭，不我告猶。	23	《詩》云：我龜既厭，不我告猷。	25	《詩》云：我龜既厭，不我告猶。
				1	（無引《詩》）
				16	（無引《詩》）
				18	（無引《詩》）

四、《禮記》說《詩》的方式

《禮記》用《詩》，其中所呈現的《詩》義往往與《毛傳》、鄭《箋》不同。孔穎達《禮記正義》以《毛傳》、鄭《箋》的意見爲《詩》句本義，再用「斷章取義」來解釋《禮記》說《詩》之義與《詩》句本義的差距，其中有標註爲「斷章取義」者，亦有作「引《詩》斷章」、「斷章爲義」、「斷章」者，共計14處。〔註37〕後世學者沿襲這種講法，凡《禮記》說《詩》與《毛詩》說不同者，多以「斷章取義」來解釋。

《左傳·襄公二十八年》盧蒲癸有云：「賦詩斷章，余取所求」。「斷章」原指賦詩之時，截取《詩》篇之一章或數章爲用，不遍取全篇；又有不顧本義，將詩《句》融入論者的上下語意而產生新義以爲己用的意涵。《禮記》引《詩》大多僅取數句，不及一章，孔穎達借用「斷章」一辭來說明，顯然只取相異於本義的這層意思，因此他說：「引《詩》斷章，故義不與《詩》相當。」〔註38〕然而，《禮記》引《詩》百餘則，所說《詩》義與毛、鄭不同者，遠遠超過14則。顯然，孔穎達無意以「斷章取義」說來盡數括概《禮記》說《詩》與毛、鄭意見相異的情形。而且，所謂的「斷章取義」或「義不與《詩》相當」，解釋都稍嫌籠統，都僅能了解是與本義、原旨不同，無法進一步明瞭彼此歧異的具體內容。因此，以下討論《禮記》說《詩》的方式，暫不採用「斷章取義」一辭，而是具體地分爲「用《詩》句本義」、「以詩爲譬，改變喻體」、「探字面意思，有違本義」、「就《詩》義引申」等四類來說明。

（一）用《詩》句本義

《禮記》引《詩》，若是取用《詩》句中有關古聖先賢的事跡或讚譽之辭來說明君子修德、善治之理，自然是使用《詩》句的本義。例如〈中庸〉有云：

> 是故君子動而世爲天下道，行而世爲天下法，言而世爲天下則。遠之則有望，近之則不厭。《詩》曰：「在彼無惡，在此無射，庶幾夙夜，以永終譽。」君子未有不如此而蚤有譽于天下者也。

〔註37〕 云「引《詩》斷章」者有4處，見《禮記正義》〈檀弓下〉頁198、〈坊記〉頁871、〈表記〉頁911、919、920；云「斷章取義」者有5處，見〈祭義〉頁809、〈中庸〉頁902兩則、〈表記〉頁914、917；云「斷章爲義」者1處，見〈坊記〉頁871；云「斷章」者4處，見〈中庸〉頁883、〈緇衣〉頁934兩則、〈大學〉頁986。

〔註38〕 見《禮記正義》，卷54，頁920。

〈振鷺〉是讚譽微子之德,「在彼宋國之內,民無惡之,在此來朝,人無厭倦。」〔註39〕〈中庸〉徵引來證明君子若言行有道,則爲世人所稱譽。又如〈孔子閒居〉引〈長發〉詩以說「湯之德」,〈表記〉引〈文王有聲〉以言「數世之仁」,都屬這類情形。

(二)以詩譬喻,改變喻體

《詩》篇裡的某些文句原本就是褒貶人物、感發情理的譬喻、起興之詞。這些形象化的文字,在《詩》文中指向特定的人物或事理。《禮記》引用這類《詩》句,但是譬喻的對象卻與《詩》本義不同;換言之,兩處取譬的喻依文字雖同,喻體卻相異。舉兩例如下:

> 唯天子受命于天,士受命于君。故君命順則臣有順命;君命逆則臣有逆命。《詩》曰:「鵲之姜姜,鶉之賁賁;人之無良,我以爲君。」(〈表記〉)

> 故君子語大,天下莫能載焉;語小,天下莫能破焉。《詩》云:「鳶飛戾天,魚躍于淵。」言其上下察也。(〈中庸〉)

〈鶉之奔奔〉原是以鶉鶉結伴雙飛,喜鵲成對相隨,皆有固定伴侶的習性,諷刺宣姜與公子頑之間的亂倫。〈表記〉用之以說明君命若不合理義,爲臣者雖令不從,猶如「大鳥姜姜爭鬥於上,小鳥賁賁亦爭鬥於下」。〔註40〕在這個例子裡,作《記》者不僅改變了喻體,也更動了對喻依的理解。第二個例子所引的是〈旱麓〉,詩的原義是以鳥翱翔於天際與魚游躍於深淵,各得其所,比喻周王善於用人,使人才各有發揮。〔註41〕〈中庸〉引之,改爲比喻君子之道,昭著於天地。

(三)採字面意思,有違本義

這一類引《詩》,作《記》者截取詩句,僅從字面來闡說新義,並不考量其本義;換句話說,新義與《詩》句本義之間並非引申的關係。舉例如下:

> 子云:貧而好樂,富而好禮,眾而以寧者,天下其幾矣。《詩》云:

〔註39〕 見《禮記正義》,卷53,頁899。
〔註40〕 見《禮記正義》,卷54,頁919。
〔註41〕 方玉潤說:「上篇(即〈械樸〉)言作人,於祭祀見其一端;此篇言祭祀,而作人亦見其極盛。」又說「若曰文王盛德,上有以得天,下有以得人。」見方玉潤:《詩經原始》(北京:中華書局,1986年),第2冊,卷13,頁486。

「民之貪亂，寧爲荼毒。」故制：國不過千乘，都城不過百雉，家
富不過百乘。以此坊民，諸侯猶有畔者。（〈坊記〉）

〈坊記〉徵引的《詩》句，出自〈桑柔〉。依鄭《箋》，是說「天下之民，苦
王之政，欲其亂亡，故安爲荼毒之行，相侵暴慍恚使之然。」〔註42〕也就是
人民不堪暴政，起而反亂抵抗，訓「貪」爲欲，「寧」爲欲，不認爲人民眞的
喜愛作暴亂之行。〈坊記〉之意，卻是說人民或諸侯性喜好亂，必須用制度加
以防範。這顯然是擷取字面意思，沒有考慮詩的原義或合理的人情。

又如《邶風‧谷風》：「凡民有喪，扶服救之」，原指遭棄的妻子訴說當初
相助丈夫，樂於助人的情形。這兩句在《禮記》裡被引用兩次，首次是〈檀
弓下〉，孔子徵引來評論子罕爲陽門介夫之死而哭，想見他「平日恩澤及於百
姓必深矣。」〔註43〕全民必上下一心，不可侵犯。〈孔子閒居〉也見徵引，卻
是說明「無服之喪」，指君王賙恤有喪之民。同一《詩》句，作《記》者僅取
用字面意思，再用來指涉不同的對象或義理，皆與《詩》句本義無關。

（四）就《詩》義引申

先引兩個例子：

《詩》曰：「衣錦尚絅」，惡其文之著也。故君子之道，闇然而日章；
小人之道，的然而日亡。（〈中庸〉）

《詩》曰：「周雖舊邦，其命惟新。」是故君子無所不用其極。（〈大
學〉）

〈中庸〉引〈碩人〉，詩句是說：鮮豔的錦衣上，再加上單層外衣。這是爲了
表現莊重，以防有「褻」，雖然覆上一層絅衣，錦衣之美仍然可以想見。作《記》
者由此引申，闡述君子雖有深遠之德，卻因爲謙隱自退，所以難知。第二個
例子裡，〈大學〉引〈文王〉，詩意是說：岐周雖然是歷史久遠的舊邦國，卻
仍接受天命，國運革新。作《記》者由此引申，闡述君子日新其德，不餘心
力。

《禮記》說《詩》的方式，以「就《詩》義引申」應用得最爲頻繁，這
似乎表示作《記》者多能顧及《詩》句本義。然而，觀察這一部分的引《詩》，
有些本身就猶如格言、警句一般，字義淺明、概括性強，具有任意詮釋的可

〔註42〕 見《毛詩正義》，卷18之2，頁657。
〔註43〕 見孫希旦：《禮記集解》，卷11，頁301。

能性。作《記》者可能不需要考慮該《詩》句在原篇詩境中的本義，就能進行闡論的工作，又能不違離引申的應用原則。例如「孝子不匱」（〈坊記〉引）、「嘉樂君子，憲憲令德」（〈中庸〉引）、「凱弟君子，求福不回」（〈表記〉引）、「慎爾出話，敬爾威儀」（〈緇衣〉引）、「穆穆文王，於緝熙敬止。」（〈大學〉引）這些《詩》句在原篇詩境中指涉特定的人事物，在《禮記》中則指涉君子修德善治之道，兩相比較，雖有相干，還不至於被歸類爲「探字面意思，有違本義」的一類，但是在理解這類引《詩》時，也不必拘泥於本義而勉強牽合爲「引申」。

總言之，《禮記》說《詩》的方式以取用引申義爲主，引《詩》也以「先議後引」的方式居多。可知，《詩》句在《禮記》中主要是作爲輔佐的角色，功能是證明事理，它難以獨立地詮釋，「新義」是在前後文的語境制約下成立；而理解這些「新義」時，有時也不必拘泥於「本義」。以下是張素卿先生對這個問題的看法，他所針對的雖是《左傳》引《詩》，卻也適用於《禮記》引《詩》：

> 蓋解詩訓義以合於「詩境」爲主，賦詩斷章以合於「事境」爲主，而引詩取義則主於配合「語境」。……解詩釋義務求順通全章、全篇的語脈，配合「詩境」是解詩需遵守的原則。……引《詩》之詩義主要是是配合論者的言辭，所以說是配合「語境」。詩句攝入新的「語境」之後，暫時與原篇章若即若離——它當然還是具有出自義府或古典的特殊意味，與尋常直抒之語不同；但同時也由說者賦予新的意義，以便和新的「語境」融合無間。所謂新義，不必是與本義截然劃分，而是指經由引申、偏取、移借等方式使詩句獲得重新詮釋的機會，詩雖舊貌，而其義維新，故不妨視之爲「新義」。〔註44〕

五、《禮記》說《詩》的思想內容

《禮記》引《詩》，集中在〈孔子閒居〉、〈坊記〉、〈中庸〉、〈表記〉、〈緇衣〉、〈大學〉等篇。這幾篇的論題，泛及君王之德、治民之道、禮儀之義、人倫關係、言行修身；其他零星引《詩》的篇章，則論及德音與祭祀之義。再從其中概括說《詩》的思想主軸，則是集中在「明德」與「崇禮」。「德」在此泛指統攝在「仁」之下的忠、孝、信、義、和、恭、儉等修身治國之理與人倫之則。「禮」，除了指禮意，也指具體的禮制、儀節。在儒家的思想脈

〔註44〕　見張素卿：《左傳稱詩研究》，第3章，頁158～159。

絡裡，「明德」與「崇禮」其實密不可分，並非不相涉。

（一）明　德

首先，綜觀《禮記》所引用的《詩》句的用字用辭，以「德」、「君子」與「文王」三個詞出現的頻率最高。對於「德」字，徵引者賦予了多面相的意涵；「君子」一詞，則由政治身份轉變爲道德人格的象徵；至於「文王」，則被視爲有德的仁君賢人的典型而被頻頻徵引。以下分別說明：

〈樂記〉裡，魏文侯問子夏「音」與「樂」之別，子夏答曰：

> 天下大定，正六律，和五聲，弦歌《詩》、《頌》，此之謂德音。德音之謂樂。《詩》曰：「莫其德音，其德克明，克明克類，克長克君。王此大邦，克順克俾。俾於文王，其德靡悔。既受帝祉，施於孫子。」此之謂也。今君之所好者，其溺音與？

引《詩》爲〈皇矣〉，原是讚美王季之德。「德音」原指美好的名聲或政令，子夏卻擷取字面意思，用來說明有德的音樂與溺音的不同在於前者有德義精神。〔註45〕

除了以德說樂，也談及治國、典儀與修身。〈坊記〉引「既醉以酒，既飽以德」（〈既醉〉）來說明「君子苟無禮，雖美不食焉。」以君子饗燕能符合禮儀爲有德的表現。〈中庸〉引「不顯惟德，百辟其刑之」（〈烈文〉），以文王之德來說明「君子不賞而民勸，不怒而民威于鈇鉞」的德治之道。〈表記〉引「溫溫恭人，惟德之基」（〈抑〉），說明人能有「恭近禮、儉近仁、信近情」之行，則可以漸進於仁。由這些例子可發現，作《記》者引《詩》闡發的「德」義，是超出《詩》句本義所能包含的。

《詩》三百屢屢提到「君子」兩字，原指在政治上的在位者。之後，隨著儒家的重新詮釋，也成爲修德有成者的代稱。《禮記》這類《詩》句，大部份既能保留在位者的原意，又賦予有德者的品性。例如〈經解〉云：

> 天子者，與天地參，故德配天地，兼利萬物，與日月并明，明照四海而不遺微小。……居處有禮，進退有度，百官得其宜，萬事得其序。《詩》云：「淑人君子，其儀不忒。其儀不忒，正是四國。」此

〔註45〕 饒龍隼認爲此段反映：「孔子正樂，卻正而未化，未能修復《詩》之德音，又懼怕新樂溺音浸染於《詩》，使《詩》義歸於邪；因而主張不要《詩》比新樂，以保障《詩》義不致流向邪淫的方向。」他又由此導出「德音無邪→《詩》義無邪」的進路。詳見饒龍隼：〈先秦諸子《詩》說述考（上）〉，《孔孟月刊》第 40 卷第 3 期（2001 年 11 月），頁 9～11。

之謂也。

所引爲〈鳲鳩〉，原義是以「淑人」讚譽君子，籠統地說他行爲不偏妄，得到四方各國百姓的頌揚。作《記》者將「儀」字發揮爲居處進退等禮儀，更賦予「君子」仁聖禮義之德。又如〈表記〉論至德者能行君子之仁：

> 子言之：君子之所謂仁者，其難乎！《詩》云：「凱弟君子，民之父母。」凱以強教之，弟以說安之。樂而毋荒，有禮而親，……如此，而後可以爲民父母矣。非至德，其孰能如此乎？

又如〈大學〉引「有斐君子，終不可諠也」（〈淇奧〉），闡述爲政者「若道盛德至善」，百姓則感念不忘。〈緇衣〉也引「君子好仇」，引申君子交友擇友，必結交同道。

《禮記》引《詩》崇德，文王則是最受推崇的典型，故記述「文王」的《詩》句頻頻被徵引。舉三例如下：

> 有君民之大德，有事君之小心。《詩》云：「惟此文王，小心翼翼。昭事上帝，聿懷多福。厥德不回，以受方國。」（〈表記〉）

> 好賢如〈緇衣〉，惡惡如〈巷伯〉，則爵不瀆而民作愿，刑不試而民咸服。《大雅》曰：「儀刑文王，萬國作孚。」（〈緇衣〉）

> 「於乎不顯，文王之德之純。」蓋曰文王之所以爲文也，純亦不已。（〈中庸〉）

文王以德教治國，以德修身，至誠不已，不論內聖還是外王，都是最佳的典範。

（二）崇　禮

《禮記》引《詩》論禮，有強調禮治之重要者，如〈禮運〉引「相鼠有體，人而無禮；人而無禮，胡不遄死」（〈相鼠〉），說明禮可以「治人之情」，故「失之者生，得之者死」。又有強調「禮之因革損益，必隨乎時」者，〔註46〕如〈禮器〉引「匪革其猶，聿追來孝」（〈文王有聲〉），藉文王追述祖業來說明行禮以合乎天時最爲重要。亦有說明繼承先人的禮治，能使君民上下和樂者，如〈大傳〉引「不顯不承，無斁於人斯」（〈清廟〉）而言「禮俗刑然後樂」。

禮，落實在具體的場合上，先於祭祀，故〈坊記〉引「禮儀卒度，笑語卒獲」（〈楚茨〉），說明聚宗族於廟中祭祀，能使眾人觀乎禮而達到「教民睦」

〔註46〕　見孫希旦：《禮記集解》，卷9，359。

的功能。禮用於燕饗飲食，〈坊記〉引「既醉以酒，既飽以德」（〈既醉〉），說明「君子苟無禮，即美不食焉」。另外，在射儀之上必欲求中，其禮意是爲辭養，所以〈射義〉引「發彼有的，以祈爾爵」（〈賓之初筵〉）爲證。爲了避免男女之交無禮，取妻須有媒人，〈坊記〉引「取妻如之何？匪媒不得」（〈南山〉）來說明這個禮俗。

《禮記》以明德與崇禮爲思想主軸來說《詩》，兩者其實密不可分。例如〈表記〉說「（君子）恥有其德而無其行」，又引〈侯人〉：「惟鵜在梁，不濡其翼；彼記之子，不稱其服」，說明君子沒有儀節，無法彰顯仁德，〈緇衣〉也引〈都人士〉「其容不改，出言有訓，黎民所信」〔註47〕來說明「長民者，衣服不貳，從容有常，以齊其民，則民德壹」的道理。〈仲尼燕居〉有云：「薄於德，於禮虛」，德偏向內在規範，禮偏向外在儀度，《禮記》說《詩》相合兩者爲用，實是延續了孔子所強調的「克己復禮爲仁」、「道之以德，齊之以禮」的精神。

第二節 三《禮》的樂詩與鄭《注》的闡釋

三《禮》中的某些典儀，用樂是不可或缺的部分。樂與詩同源合流，許多詩篇都有其樂調可以演奏歌唱，故三《禮》所記的樂曲名稱，也多是詩篇名，只是演奏之時，有些只取其樂曲，不用其詩辭，有些則採用。這些用樂的節次，不僅每個階段都有代表的禮意，所演奏的每篇樂曲或歌唱的詩辭，也都有相應的意涵。本節以「樂詩」來稱呼這些詩篇，除了表現它們應用在行禮的樂次之中的特性，也突顯它們在應用上是多以音樂爲主，詩辭爲輔的事實。

本節所要討論的重點，在於這些「樂詩」的內容與表現的禮意。經文在這兩方面記載稍嫌簡略，因此討論之時，需同時參佐鄭《注》的意見。至於種種儀節的進退升降之順序、所用樂器、或與《詩》三百（包含逸詩）無關的樂曲、舞蹈，則不在討論之列。周代典禮的樂次，據王國維的研究，可分爲金奏、升歌、管、笙、間歌、合樂、舞、金奏八節，另外還有「無算樂」，每一節次皆有用「樂詩」。這其中，射禮的行射之時，天子、諸侯、卿大夫、士還有相應身份的「樂詩」作爲節奏。另外，《周禮·春官·籥章》有云〈豳

〔註47〕 引《詩》根據郭店簡〈緇衣〉所載。

頌〉、〈酻雅〉與〈酻風（詩）〉，同樣也是奏唱於特定的典禮場合。這些都是本節所要討論的範圍。

　　以下先列附表乙：「三《禮》各典禮所用樂詩簡表」，呈現三《禮》各式典儀所用「樂詩」的分布情形。圖表配置，橫列的部分，先以天子禮、魯大嘗禘、諸侯禮、大夫與士禮為別，再細分各式典禮；直排的部分，則依序縱分金奏各節。表格所填入的樂詩篇名，僅為三《禮》有明文記載的。至於三《禮》無明文的部分，雖然可以意推之，由此禮推及彼禮，但是為了不混淆原文，因此不補足填入。〔註48〕

　　另外，本書文末另有附錄二：「三《禮》所見樂詩及其鄭《注》一覽表」。該一覽表是相應於「附表乙」而設置，內容有經文摘要並詳列相應之鄭《注》，並附出處之篇章與頁碼，以供檢索。因此，凡此節所引述與樂詩有關的經文或鄭《注》，除少部分外，多不再註明出處之卷數與頁碼。

〔註48〕　這些可以以意推之的樂詩，可參考季旭昇先生補充王國維〈天子諸侯大夫士用樂表〉而作的〈用樂表〉。見季旭昇：〈王國維「釋樂次」補疏〉，《孔孟月刊》第 21 卷第 7 期（1983 年，3 月）。

三 《禮》各典禮所用「樂詩」簡表

禮	典禮	金奏	升歌	管	笙	間歌（歌）	間歌（笙）	合樂	舞	金奏	行射
天子禮	大祭記	〈王夏〉〈肆夏〉〈昭夏〉								〈肆夏〉〈王夏〉	
	大饗	〈王夏〉〈肆夏〉								〈肆夏〉〈王夏〉	
	養三老五更	〈王夏〉	〈清廟〉	〈象〉					《大武》	王夏	
	大射	〈王夏〉	〈清廟〉	〈象〉							〈騶虞〉
魯大嘗禘			〈清廟〉	〈象〉					《大夏》《大武》	王夏	
諸侯禮	兩君相見		〈鹿鳴〉三終						《武》〈夏篇〉		
	大射儀	〈肆夏〉〈肆夏〉	〈鹿鳴〉〈四牡〉〈皇皇者華〉	〈新宮〉（三終）	〈南陔〉〈白華〉〈華黍〉	〈魚麗〉〈南有嘉魚〉〈南山有臺〉	〈由庚〉〈崇丘〉〈由儀〉	〈關雎〉〈葛覃〉〈卷耳〉〈鵲巢〉〈采蘩〉〈采蘋〉		〈陔〉〈驁〉	〈貍首〉
	燕禮·甲		〈鹿鳴〉（三終）							〈陔〉	
	燕禮·乙〈燕禮·記〉				笙入三成			鄉樂	〈勺〉		
	燕禮·丙〈燕禮·記〉	〈肆夏〉〈肆夏〉	〈鹿鳴〉（三終）	〈新宮〉（三終）							
大夫士禮	鄉飲酒禮		〈鹿鳴〉〈四牡〉〈皇皇者華〉		〈南陔〉〈白華〉〈華黍〉	〈魚麗〉〈南有嘉魚〉〈南山有臺〉	〈由庚〉〈崇丘〉〈由儀〉	〈關雎〉〈葛覃〉〈卷耳〉〈鵲巢〉〈采蘩〉〈采蘋〉		〈陔〉	
	鄉射禮							〈關雎〉〈葛覃〉〈卷耳〉〈鵲巢〉〈采蘩〉〈采蘋〉		〈陔〉	大夫以〈采蘋〉士以〈采蘩〉

一、樂次各節所用樂詩

　　樂之施於禮，隨天子、諸侯、大夫、士之尊卑而有等差；奏樂之際，亦有節次。以下分別論述金奏、升歌、管奏、入笙、合樂、舞各節以及無算樂中的樂詩，並兼論與之相關的「鄉欲唯欲」與「房中之樂」。

（一）金奏九〈夏〉

　　「九〈夏〉」之名見於《周禮·春官·鍾師》：

> 凡樂事，以鍾鼓奏九〈夏〉：〈王夏〉、〈肆夏〉、〈昭夏〉、〈納夏〉、〈章夏〉、〈齊夏〉、〈族夏〉、〈祴夏〉、〈驁夏〉。〔註49〕

鄭《注》云：

> 以鍾鼓者，先擊鍾，次擊鼓，以奏九〈夏〉。夏，大也，樂之大歌有九。故書「納」作「內」。杜子春云：「『內』當爲『納』，『祴』讀爲陔鼓之『陔』。王出入奏〈王夏〉，尸出入奏〈肆夏〉，牲出入奏〈昭夏〉，四方賓來奏〈納夏〉，臣有功奏〈章夏〉，夫人祭奏〈齊夏〉，族人侍奏〈族夏〉，客醉而出奏〈陔夏〉，公出入奏〈驁夏〉。〈肆夏〉，詩也。《春秋傳》云：『穆叔如晉，晉侯享之，金奏〈肆夏〉之三，不拜；工歌〈文王〉之三，又不拜；歌〈鹿鳴〉之三，三拜，曰："三〈夏〉，天子所以享元侯也，使臣不敢與聞。"』〈肆夏〉與〈文王〉、〈鹿鳴〉俱稱三，謂其三章也，以此知〈肆夏〉，詩也。《國語》曰：『金奏〈肆夏〉〈繁遏〉、〈渠〉，天子所以享元侯。』〈肆夏〉、〈繁遏〉、〈渠〉，所謂三〈夏〉矣。」〔註50〕

〔註49〕　經文與以下的鄭《注》見於《周禮注疏》，卷24，頁365。

〔註50〕　《國語·魯語下·叔孫穆子聘於晉》引〈肆夏〉的這段文句，韋昭注云：「〈肆夏〉，一名〈樊〉；〈韶夏〉一名〈遏〉。〈納夏〉一名〈渠〉，此三〈夏〉曲也。」韋昭的說法，異於杜子春與呂叔玉。到底該分別爲〈繁〉、〈遏〉，抑或合稱〈繁遏〉，實在不知所從。汪琬〈詩問：九夏非周頌〉云：「先儒謂〈肆夏〉一名〈樊〉，〈時邁〉也；〈昭夏〉一名〈遏〉，〈執競〉也；〈納夏〉一名〈渠〉，思文也。又謂〈肆夏〉爲一詩，〈樊遏〉爲一詩，〈渠〉爲一詩，皆臆說也。吾未聞一詩而三名者，且〈時邁〉有「肆於時夏」一語，適與〈肆夏〉合，猶可借以相附會。若〈昭〉、〈納〉二夏，則於〈執競〉、〈思文〉奚取焉？孔子、子夏不言也，《儀禮》、《左氏傳》不言也。後人亦何從知之？」見〔清〕陳廷敬等敕編：《皇清文穎》（臺北：臺灣商務印書館影印文淵閣四庫全書本，1983年），卷31，頁893。

呂叔玉云：「〈肆夏〉、〈繁遏〉、〈渠〉皆《周頌》也。〈肆夏〉，〈時邁〉
也；〈繁遏〉，〈執競〉也；〈渠〉，〈思文〉。肆，遂；夏，大也。言遂
於大位，謂王位也，故〈時邁〉曰：『肆于時夏，允王保之。』繁，
多；遏，止。言福祿止於周之多也，故〈執競〉曰：『降福穰穰，降
福簡簡，福祿來反。』渠，大也。言以后稷配天，王道之大也。故
〈思文〉曰：『思文后稷，克配彼天。』故《國語》謂之曰：『皆召
令德以合好也。』」

玄謂以〈文王〉、〈鹿鳴〉言之，則九〈夏〉皆《詩》篇名，《頌》之
族類也。此歌之大者，載在樂章，樂崩亦從而亡，是以《頌》不能
具。

這段《注》語裡，鄭玄先引杜子春的意見，說明九〈夏〉命名之由與使用時
機，接著再引用呂叔玉對三〈夏〉的意見。〔註51〕鄭玄自己的看法，則是站
在杜子春一方，又略有補充。他不贊成呂叔玉以〈肆夏〉等同於〈時邁〉，認
為九〈夏〉應該是九首逸詩，屬於《頌》詩，後來因為樂崩而隨之亡佚。

杜子春對於九〈夏〉使用時機的說明，是先取〈大司樂〉經文來說明〈王
夏〉、肆夏〉、〈昭夏〉，〔註52〕再根據漢制有以鼓〈陔〉為節而易「祴」字為
「陔」。至於〈驁夏〉，係由《儀禮‧大射》：「公入，〈驁〉」而來。其餘四〈夏〉，
賈公彥認為「無明文，或子春別有所見，故後鄭從之。」〔註53〕孫詒讓也批
評杜子春有所臆測：

云「四方賓來奏〈納夏〉」者，蓋即據〈燕禮‧記〉以樂納賓之義；
云「臣有功奏〈章夏〉、夫人祭奏〈齊夏〉、族人侍奏〈族夏〉」者，
此並無正文，杜以意說之。〔註54〕

孫詒讓對〈納夏〉的說法有誤。〔註55〕王國維進一步修正，同時批評杜子春

〔註51〕　賈公彥說：「呂叔玉者，是子春引之者」，認為呂叔玉這段話，是杜子春所引。
見《周禮注疏》，卷24，頁366。孫詒讓則認為呂叔玉這段話是另起的一段，
乃鄭玄所引。孫氏的說法見《周禮正義》（北京：中華書局，1987年初版），
卷46，頁1890。
〔註52〕　《周禮‧春官‧大司樂》：「王出入則令奏〈王夏〉，尸出入則令奏〈肆夏〉，
牲出入則令奏〈昭夏〉。」
〔註53〕　見《周禮注疏》，卷24，頁365。
〔註54〕　見孫詒讓：《周禮正義》，卷46，頁1888。
〔註55〕　孫氏引〈燕禮‧記〉來申杜氏〈納夏〉之說，但是〈燕禮‧記〉作：「若以
樂納賓，則賓及庭奏〈肆夏〉。」可知納賓應奏〈肆夏〉，而非〈納夏〉。孫

的意見。王國維說：

> 此前三事（蔚案：指〈王夏〉、〈肆夏〉、〈昭夏〉）本〈大司樂〉職文；
> 末二事（蔚案：指〈祴夏〉、〈驁夏〉）亦有《禮經》可據；中間說〈納
> 夏〉、〈章夏〉、〈齊夏〉、〈族夏〉用處，不過望文爲說，別無他據。
>
> 〔註56〕

由孫、王兩人的意見，可知杜子春針對九〈夏〉當中的〈納夏〉、〈章夏〉、〈齊夏〉、〈族夏〉的說明，是需要存疑的。

〈祴夏〉一詞，三《禮》之中，僅見於〈鍾師〉。杜子春易「祴」字爲「陔」，認爲〈祴夏〉即〈陔夏〉。在《儀禮》的〈鄉飲酒禮〉、〈鄉射禮〉、〈燕禮〉、〈大射〉裡有五處提及〈陔〉，鄭《注》皆釋爲〈陔夏〉，並且說：「陔之言戒也。」與杜子春同，皆以〈陔〉爲〈祴夏〉。另外，《周禮·笙師》有云：「教祴樂。」鄭《注》則說：「祴樂，〈祴夏〉之樂。」縱觀這幾處（蔚案：可參考下一頁的附表丙），《周禮》經文皆作〈祴夏〉或〈祴樂〉，《儀禮》經文與《注》則全作〈陔夏〉。段玉裁認爲寫「祴」用是正字，寫「陔」用是假借字。孫詒讓也認爲：「鄭稱杜說而不易經文者，經文『祴』字固從『戒』，無容改字也。」〔註57〕這些是鄭玄、杜子春的意見，王國維雖然也維持鄭、杜的說法，然而，以〈陔〉爲〈祴夏〉，又以「祴樂」爲〈祴夏〉之樂的講法，仍有異議存在，並非定論。〔註58〕

〈肆夏〉，出現最廣，〔註59〕鄭玄的說解有矛盾之處。他在《周禮·春官·鍾師》裡不贊成呂叔玉以〈肆夏〉爲〈時邁〉，但是在注《儀禮·大射》之時，

詒讓的說法顯然只取用「以樂納賓」一句，而忽略了下文有「奏〈肆夏〉」的事實。

〔註56〕 見王國維：《觀堂集林》（臺北：藝文印書館，1958年再版），卷2，頁17。

〔註57〕 段玉裁與孫詒讓的說法，見孫詒讓：《周禮正義》，卷40，頁1888。

〔註58〕 例如李如圭以〈陔〉爲〈南陔〉，敖繼公說其「名義未詳」，盛世佐也懷疑〈陔〉與〈祴夏〉是否相同，已不可考。這三家說法，參見胡培翬：《儀禮正義》（南京：江蘇古籍出版社，1993年初版），卷7，頁408。對於「祴樂」，《周禮·笙師》云：「掌教龡竽、笙、塤、籥、簫、篪、篴、管。舂牘、應、雅，以教祴樂。」金鶚認爲「祴樂」是「九夏之通名」，孫詒讓從之。洪國樑先生也說：「笙師掌天子之樂，不宜只教〈祴夏〉之樂；且牘、應、雅乃所以節樂，亦非止〈祴夏〉之樂而已。疑金、孫二氏得之。」見洪國樑：《王國維之詩經學》（臺北：臺灣大學文史叢刊，1984年初版）第4章，頁123。

〔註59〕 除了《周禮·鍾師》，又見於《周禮》的〈大司樂〉、〈樂師〉、〈大馭〉，《儀禮》的〈燕禮記〉、〈大射〉，《禮記》的〈禮器〉、〈郊特牲〉、〈玉藻〉。

卻又援用呂叔玉的意見，以〈時邁〉的詩句來證明金奏〈肆夏〉以納延賓客的禮意。〈大射〉注云：

> 〈肆夏〉，樂章名，今亡。呂叔玉云：「〈肆夏〉，〈時邁〉也。〈時邁〉者，大平巡守，祭山川之樂歌。其《詩》曰：『明昭有周，式序在位。』又曰：『我求懿德，肆于時夏。』奏此以延賓，其著宣王德，勸賢與？」
>
> 《周禮》曰：「賓出入，奏〈肆夏〉。」

對於這兩處矛盾，賈公彥認爲是「以無正文，叔玉或爲一義，故兩解之。」
〔註60〕

　　九〈夏〉是否爲逸《詩》，抑或只是樂曲？也是個有爭論的問題。鄭玄之所以認爲九〈夏〉是逸《詩》，是根據《左傳·襄公四年》將〈肆夏〉與〈文王〉、〈鹿鳴〉並提而來。對此，季旭昇提出四項理由來否定鄭玄的意見，不以九〈夏〉爲逸詩或《頌》詩。一是《頌》詩非大夫、士所得用，而〈鄉飲酒禮〉云「賓出奏〈陔〉」，可知九〈夏〉並非《頌》詩；二是經傳提到〈肆夏〉時，只言「奏」，未曾言「歌」或「賦」，可知九〈夏〉非詩；三是鄭《注》說大夫與士金奏〈肆夏〉，樂器有鼓無鐘，鼓聲沒有音調高低之別，無法奏出旋律，可知九〈夏〉並非詩篇的樂曲；四是《禮記·玉藻》有云：「趨以〈采齊〉，行以〈肆夏〉。」所以九〈夏〉應是行步、駕車時的節奏音樂而已。
〔註61〕

附表丙·三《禮》所見〈陔〉、〈祴夏〉、「祴樂」一覽表

　　說明：以下內容根據《周禮注疏》、《儀禮注疏》（臺北：藝文印書館影印清嘉慶20年江西南昌府學刊本，2001年初版14刷。）

書名	篇名	頁碼	經文節錄	鄭《注》
《周禮》	春官·鍾師	365	以鍾鼓奏九〈夏〉：……〈祴夏〉……。	杜子春云：「……『祴』讀爲陔鼓『陔』。……客醉而出奏〈陔夏〉。」
	春官·笙師	366	教祴樂。	祴樂，〈祴夏〉之樂。賓醉而出，奏〈祴夏〉，以此三器築地爲之行節，明不失禮。

〔註60〕　見《儀禮注疏》，卷16，頁192。

〔註61〕　對此九〈夏〉是否屬詩篇，王國維肯定之，云：「凡金奏之《詩》以九〈夏〉。」季旭昇提出這四項理由以修正之，見〈王國維「釋樂次」補疏〉，頁33。

《儀禮》	鄉飲酒禮	101	賓出，奏〈陔〉。	〈陔〉，〈陔夏〉也。陔之言戒也，終日燕飲，酒罷，以〈陔〉爲節，明無失禮也。
	鄉飲酒禮·記	105	樂正命奏〈陔〉，賓出，至於階，〈陔〉作。	（無釋）
	鄉射禮	145	賓興，樂正命奏〈陔〉。賓降及階，〈陔〉作。	〈陔〉，〈陔夏〉，其詩亡。《周禮》：「賓醉而出奏〈陔夏〉。」
	燕禮	178	賓醉，北面坐取薦脯以降，奏〈陔〉。賓所執脯，以賜鍾人于門內霤，遂出。	〈陔〉，〈陔夏〉，樂章也。賓出奏〈陔夏〉，以爲行節也。……必賜鍾人，鍾人掌以鍾鼓奏九〈夏〉。今奏〈陔〉以節己，用賜脯以報之，明雖醉不忘禮。
	大射	221	賓醉，北面坐取其薦脯以降，奏〈陔〉。賓所執脯，以賜鍾人于門內霤，遂出。	〈陔〉，樂章也，其歌《頌》類也。以鍾鼓奏之，其篇今亡。
	禮器	473	（大饗）其出也，〈肆夏〉而送之，蓋重禮也。	出，謂諸侯之賓也，禮畢而出，作樂以節之。〈肆夏〉當爲〈陔夏〉。

（二）升歌之詩

升歌用詩，三《禮》載有〈清廟〉、〈鹿鳴〉、〈四牡〉、〈皇皇者華〉。天子大祭祀和大饗所用的升歌之詩，可從魯大嘗禘來推測。《禮記·祭統》云：「夫大嘗禘，升歌〈清廟〉。」可知天子與諸侯升歌皆用〈清廟〉。大夫、士之鄉飲酒禮則升歌〈鹿鳴〉、〈四牡〉、〈皇皇者華〉。

然而，諸侯的燕禮與行射儀之前所先行的饗禮，[註62] 卻有「歌〈鹿鳴〉、〈四牡〉、〈皇皇者華〉」、「歌〈鹿鳴〉三終」、「歌〈鹿鳴〉」三種不同的情形。[註63] 第一種見於《儀禮·燕禮》，第二種見於《儀禮·大射》，第三種見於〈燕禮·記〉。鄭玄認爲第二種是重覆歌唱〈鹿鳴〉三遍，之所以不歌〈四牡〉與〈皇皇者華〉，是因爲後兩者的《詩》義在於「勞使臣」與「諮謀於賢知」，不適用於這個場合。[註64] 敖繼公與韋協夢抱持反對意見，認爲「三終」應是連歌〈鹿鳴〉、〈四牡〉、〈皇皇者華〉三篇。胡肇昕、褚寅亮則維護鄭玄的說法。孰是孰非，難以確定。[註65] 第三種的「升歌〈鹿鳴〉」，〈燕

[註62] 孔穎達云：「大射在未旅之前燕，初似饗，即先行饗禮。」

[註63] 鄭玄認爲「三終」即「三成」，《儀禮·燕禮》云：「升歌〈鹿鳴〉，下管〈新宮〉，笙入三成。」鄭《注》云：「管之入三成，謂三終也。」

[註64] 鄭注《儀禮·大射》「乃歌〈鹿鳴〉三終」云：「歌〈鹿鳴〉三終，而不歌〈四牡〉、〈皇皇者華〉，主於講道，略於勞苦與諮事。」

[註65] 諸家意見，參考自胡培翬：《儀禮正義》，卷13，頁837。

禮·記〉是云：

> 升歌〈鹿鳴〉，下管〈新宮〉。笙入三成，遂合鄉樂。若舞則〈勺〉。

「升歌〈鹿鳴〉」以下，鄭《注》僅說：「〈新宮〉，《小雅》逸篇也。管之入三成，謂三終也。」鄭玄以管爲笙（管笙爲一），王國維已駁其誤。而〈燕禮·記〉的這段記載，也因爲王國維將之一分爲二，區分爲常禮與變禮兩種，而澄清了歷來學者以爲諸侯用樂都應該有合樂一節的誤解。王國維〈釋樂次〉說：

> 以〈大射儀〉推之，〈燕禮·記〉所云：「升歌〈鹿鳴〉，下管〈新宮〉」者，謂歌管同工，此用樂之一種。所云「笙入三成，遂合鄉樂」者，則笙歌異工，此　用樂之又一種。二種任用其一，不能兼用。所云「若舞則〈勺〉」者，則與第一種爲類，不與第二種爲類。……記文備記禮變，往往如此。〔註66〕

鄭《注》沒有說明「升歌〈鹿鳴〉」是否與「歌〈鹿鳴〉三終」相同，這也成了歷來學者爭論的焦點。敖繼公以「笙入三成」來推測「升歌〈鹿鳴〉」也應是〈鹿鳴〉三終，即連歌〈四牡〉、〈皇皇者華〉。王國維的研究僅能否定敖氏援以推論之資料的判讀有誤，但是其他學者仍有不同的論據來支持敖說。〔註67〕何況，「記」之作遠在「經」之後，應當以〈大射〉所云「歌〈鹿鳴〉三終」爲正。因此，筆者在上文所附的用樂簡表（附表乙）中，以「〈鹿鳴〉（三終）」來表示，並且配合王國維的研究，將〈燕禮·記〉所載的樂次，分爲乙、丙種。

（三）管奏之詩

管奏之樂詩有〈象〉與〈新宮〉。鄭《注》認爲前者即是《周頌·武》，後者則是《小雅》的逸篇。

1、〈象〉

三《禮》中，〈象〉見載於《禮記》的〈文王世子〉、〈內則〉、〈明堂位〉、〈祭統〉、〈仲尼燕居〉等五處。除了〈內則〉云「成童，舞象」，此「象」是十五歲以上的成童所學習的舞蹈之名，其餘四處皆作「管〈象〉」，鄭玄認爲是樂詩之名，用於天子養三老五更、天子大祭祀、兩君相見、大嘗禘等場合。

〔註66〕 見王國維：《觀堂集林》，卷2，頁20。
〔註67〕 諸家意見，參考自胡培翬：《儀禮正義》卷12，頁772～775。

鄭《注》以「管〈象〉」之〈象〉爲《周頌·武》，同時也是《大武》樂章所用的樂曲之一。〈文王世子〉云：「下管〈象〉，舞《大武》。」鄭《注》云：

> 〈象〉，周武王伐紂之樂也，以管播其聲，又爲之舞，皆於堂下。

〈祭統〉云：「（大嘗禘）下而管〈象〉，朱干玉戚以舞《大武》。」鄭《注》云：

> 管〈象〉，吹管而舞武象之樂也。朱干，赤盾；戚，斧也，此武象之舞所執。

根據王國維〈說勺舞、象舞〉的研究，鄭玄將「管〈象〉」之〈象〉等同於《周頌·武》是錯誤的，《周頌·武》雖爲《大武》樂章之一節，卻與管奏之〈象〉不同。〔註68〕

《大武》是詩舞樂一體的樂舞、組詩。《左傳·宣公十二年》楚莊王論「《武》」，其中包含有《周頌·武》、〈賚〉、〈桓〉、〈時邁〉四篇。〔註69〕可知《大武》樂章又名「《武》」。漢代人又稱呼《大武》爲「象」，此象也非「管〈象〉」之〈象〉。〔註70〕但是鄭玄誤以爲管奏之〈象〉也是《大武》樂舞組詩的其中一部分，因此又合言「武象」或「象武」來稱呼《大武》。〔註71〕除了見於上面所引的〈祭統注〉，〈仲尼燕居〉亦有云「（兩君相見）下管象武夏籥序興」，鄭《注》云：「『象武』，武舞也。『夏籥』，文舞也。堂下吹管，舞文武之樂。」鄭玄的理解與斷句是錯誤的，正確應該是：「下管〈象〉，武、夏籥序興。」「武」即《大武》舞。

2、〈新宮〉

〈新宮〉是諸侯所用，見載於〈燕禮·記〉與〈大射〉。〈燕禮·記〉云：

> 升歌〈鹿鳴〉，下管〈新宮〉，笙入三成，遂合鄉樂。

鄭《注》云：「〈新宮〉，《小雅》逸篇也。」知在《小雅》者，以配〈鹿鳴〉而言。鄭注〈大射〉又云：「其篇亡，其義未聞。」《左傳·昭公二十五年》

〔註68〕 見王國維：《觀堂集林》，卷2，頁23。
〔註69〕 見《春秋左傳注疏》，卷23，頁397。
〔註70〕 見王國維：《觀堂集林》，卷2，頁23。
〔註71〕 《荀子·儒效》已見「武象」一辭，云：「（武王誅紂）於是武象起而韶護廢矣。」楊倞云：「武象，周武王克殷之後樂名。」鄭玄稱「武象」，也可能是由此而來。見王先謙：《荀子集解》（北京：中華書局，1988年初版），卷4，〈儒效篇〉，頁136。

有云：「賦〈新宮〉」，[註72] 可知〈新宮〉有詩辭，不僅是樂曲而已。

（四）笙　詩

　　〈鄉飲酒禮〉與〈燕禮〉皆云以笙來演奏〈南陔〉、〈白華〉、〈華黍〉、〈由庚〉、〈崇丘〉、〈由儀〉等六篇，鄭《注》云：「以笙吹此詩以爲樂也。」又將這六篇歸於《小雅》，並且說：「今亡，其義未聞。」今《毛詩》存有篇目，《毛詩序》存其義。對於笙詩亡佚的時間，鄭玄《注》、《箋》的說法不同。鄭注〈鄉飲酒禮〉云：

　　　　〈南陔〉、〈白華〉、〈華黍〉，《小雅》篇也，今亡，其義未聞。昔周
　　　　之興也，周公制禮作樂，采時世之詩以爲樂歌，所以通情，相風切
　　　　也，其有此篇明矣。後世衰微，幽厲尤甚，禮樂之書，稍稍廢棄。
　　　　孔子曰：「吾自衛反魯，然後樂正，《雅》、《頌》各得其所。」所謂
　　　　當時在而復重雜亂者也，惡能存其亡者乎？[註73]

鄭箋〈南陔〉等三篇時說：

　　　　孔子論《詩》，《雅》、《頌》各得其所，時俱在耳。篇第當在於此，
　　　　遭戰國及秦之世而亡之，其義則與眾篇之義合編，故存。至毛公爲
　　　　《訓詁傳》，乃分眾篇之義，各置於其篇端云。[註74]

賈公彥云：「鄭君注《禮》之時，未見《毛傳》，以爲此篇孔子前亡。注《詩》之時，既見《毛傳》，以爲孔子後失。必知戰國及秦之世者，以子夏作《序》，具序三篇之義，明其詩見在，毛公之時亡其辭，故知當戰國及秦之世也。」[註75]

　　不論《注》、《箋》，鄭玄都認爲〈南陔〉等六篇屬於詩。不過，《毛傳》是說這六篇「有其義而亡其辭」。「亡」字是作「亡逸」解釋？或作「本無」解釋？也就是說，笙詩六篇是否爲詩，抑或僅是樂曲名？朱熹《詩集傳》以爲「然曰笙、曰樂、曰奏，而不名歌，則有聲而無詞明矣。」[註76] 學者不歸於鄭，則入於朱。胡培翬《儀禮正義》已博引兩造諸家說法，此不贅述。[註77]

[註72]　《左傳・昭公二十五年》：「叔孫婼聘於宋，「宋公享昭子，賦〈新宮〉」見《春秋左傳注疏》，卷13，頁219。
[註73]　見《儀禮注疏》，卷9，頁93。
[註74]　見《毛詩正義》，卷9之4，頁342～343。
[註75]　見《儀禮注疏》，卷9，頁93。
[註76]　見朱熹：《詩集傳》（臺北：臺灣學生書局，1970年），頁433。
[註77]　胡培翬云：「鄭君《詩箋》與此《注》皆以爲本有辭而亡。至宋劉氏敞始謂『亡

（五）合樂之詩

所謂合樂，鄭《注》云：「謂歌樂與眾聲俱作。」〔註78〕即堂上之歌、瑟與堂下之笙、磬合奏歌唱，所用樂詩，有《周南》的〈關雎〉、〈葛覃〉、〈卷耳〉，與《召南》的〈鵲巢〉、〈采蘩〉、〈采蘋〉等六篇，見載於〈鄉飲酒禮〉、〈鄉射禮〉與〈燕禮〉。

合樂所用的六篇樂詩，又稱「鄉樂」與「王后、國君夫人房中之樂歌」。〈燕禮〉云：「遂歌鄉樂：《周南·關雎》、〈葛覃〉、〈卷耳〉；《召南·鵲巢》、〈采蘩〉、〈采蘋〉。」鄭《注》云：

> 王后、國君夫人房中之樂歌也。〈關雎〉言后妃之德，〈葛覃〉言后妃之職，〈卷耳〉言后妃之志，〈鵲巢〉言國君夫人之德，〈采蘩〉言國君夫人不失職也，〈采蘋〉言卿大夫之妻能修其法度也。……鄉樂者，《風》也。《小雅》爲諸侯之樂，《大雅》、《頌》爲天子之樂。

何以〈燕禮〉提及〈關雎〉等六篇時，不像〈鄉飲酒禮〉或〈鄉射禮〉只說「合樂」六篇云云，卻要改稱爲「遂歌鄉樂」？孔穎達疏〈大、小雅譜〉時解釋說：「〈燕〉，諸侯之禮，謂《周南》、《召南》爲鄉樂。鄉飲酒，大夫之禮，直云『合樂』。大夫稱鄉，得不以用之鄉飲酒？是鄉可知，故不云鄉也。」〔註79〕《風》屬於大夫與士之詩，諸侯的燕禮雖然可用，卻需要註明「鄉樂」以區別之。

（六）舞詩

樂次有「舞」，所用的樂詩除了《大武》組詩中的《周頌·武》，另外還有〈勺〉。〈燕禮·記〉：「若舞則〈勺〉」，鄭《注》云：

> 〈勺〉，《頌》篇，告成《大武》之樂歌也。其《詩》曰：「於鑠王師，遵養時晦。」又曰：「實維爾公允師。」既合鄉樂，《萬》、《武》而奏之，所以美王侯，勸有功也。」

其辭』者，亡謂本無，非亡逸之亡也。《儀禮》曰笙，曰樂，曰奏，不言歌，則有聲而無辭明矣。朱子《詩經集傳》本其說，……自是習《詩》各家，如李氏樗、董氏逌、王氏質、黃氏震等，習《禮》之家，如張氏爾岐、方氏苞、秦氏蕙田、蔡氏德晉等皆從其說。」至於范家相、嚴虞惇、盛世佐、胡承珙、則支持笙詩本有其辭。以上諸家說法，見胡培翬：《儀禮正義》，卷6，頁371～372。

〔註78〕 見《儀禮注疏》，卷9，頁93。

〔註79〕 見十三經注疏《毛詩正義》卷9之1，頁309。阮元《毛詩正義校勘記》云：「『稱得爲不』，孫稱：『鄉得爲不』，疑當作『得不稱鄉』。」

可知，〈勺〉即《周頌・酌》，也是《大武》樂章的一部分。

另外，《禮記・內則》有云：「十有三年學樂、誦《詩》、舞勺，成童舞象。」鄭《注》云：「先學勺、後學象，文、武之次也。」鄭玄並未言明此「勺」是否與〈燕禮・記〉的〈勺〉有關？是否也是《大武》的其中一節？王國維在〈說勺舞、象舞〉裡，認爲《內則》之「勺」與「象」皆是小舞，與《大武》之爲大舞者不同。〔註80〕

對於《大武》組詩，鄭《注》僅提及〈武〉與〈酌〉，其餘的不見討論。另外，《禮記・樂論》裡，孔子與賓牟賈討論《大武》，有言「咏歎之，淫液之。」鄭玄只說「咏歎、淫液，歌遲之也。」〔註81〕也沒有列出各成的詩篇。

（七）無算樂

「無算樂」是燕飲用樂的「正歌」之後，配合「無算爵」的樂歌，〔註82〕見載於《儀禮》的〈鄉飲酒禮〉、〈鄉射禮〉、〈燕禮〉、〈大射〉。鄭注這四處的「無算樂」，分別說：

> 燕樂亦無數，或間或合，盡歡而止也。《春秋・襄二十九年》吳公子札來聘，請觀于周樂。此國君之無算。（〈鄉飲酒禮〉注）

> 合鄉樂，無次數。（〈鄉射禮〉注）

> 升歌、間、合，無數也，取歡而已，其樂章亦然。（〈燕禮〉注）

> 升歌、間、合，無次數也。唯意所樂。（〈大射〉注）〔註83〕

鄭玄認爲：「無算」，無次數也，指此時奏唱的樂詩，雖然是重複「正歌」所用的樂詩，卻不必像「正歌」那般嚴守規定的程序，只需隨主客所好，任意

〔註80〕　見王國維：《觀堂集林》，卷2，頁23。王氏云：「《疏》引熊安生云：『勺，籥也。言十三之時，學此舞籥之文舞。』又云：『象，謂用干戈之小舞也。』是勺與象皆小舞，與《大武》、《大夏》之爲大舞者不同。」高亨因爲對《大武》各章用意的看法與王國維不同，所以認爲〈內則〉之「勺」也是《大武》之一節。他說：「《大武》前四場都象徵進兵或打仗，十三四歲童子是舞不了的。只有第五第六兩場不是象徵戰爭，而是象徵和平；不是象徵武功，而是象徵文治，十三四歲童子可以舞的。」見高亨：《文史述林》（北京：中華書局，1980年初版），頁90。

〔註81〕　見《禮記正義》，卷39，頁694。

〔註82〕　「無算樂」雖然演奏於「工告於樂正曰：『正歌備』」之後，非正歌之列，卻也可視爲樂次的一部分。季旭昇認爲：「坐燕無算爵既是正式禮儀的一部分，無算樂當然也讓是正式樂次的一部分。把無算樂摒而不論，周人用樂的過程便嫌不夠完備。」見季旭昇：〈王國維「釋樂次」補疏〉，頁32。

〔註83〕　四處注文，分別見《儀禮注疏》，頁101、頁145、頁178、頁221。

奏唱，盡歡爲止。在〈鄉射禮〉中，正歌唯有合樂，所以鄭《注》認爲無算樂也限於演奏合樂用的六篇詩歌，故云：「合鄉樂，無次數。」

　　鄭《注》有一處矛盾：既然無算樂的範圍是局限在正歌所用諸篇，鄭玄卻又舉季札觀樂的例子裡來說明「國君之無算樂」。事實上，季札所觀樂，已超出天子禮的樂次所歌奏的詩篇、樂曲的範圍。盛世佐批評鄭《注》云：「《左傳》載季札觀周樂之事，乃魯因之請而備陳。《聘禮》云：『歸大禮之日，即受饔餼，請觀』是也，非國君之無算也。《注》引之，誤。」〔註84〕

　　「無算樂」是否如鄭《注》所言，所用的樂詩僅限於正歌諸篇，學者有所疑。方苞認爲《左傳》所記賓主賦詩，或歌或誦，聽便自由的情況，才是無算樂。〔註85〕何定生認爲「凡三百篇中不用於正歌之《詩》篇者皆屬之」，〔註86〕理由是認爲若再反覆奏唱正歌中的樂詩，易使賓主生厭，無法盡歡。

（八）鄉樂唯欲

　　鄉飲酒禮與鄉射禮的主宴之明日，爲了犒勞司正，主人再次設宴。此時用樂，有所謂「鄉樂唯欲」。鄭《注》云：

> 鄉樂，《周南》、《召南》六篇之中。唯所欲作，不從次也。不歌〈鹿鳴〉、〈魚麗〉者，辟國君也。（〈鄉飲酒禮〉注）
>
> 不歌《雅》、《頌》，取《周》、《召》之詩，在所好。（〈鄉射禮〉注）
>
> 〔註87〕

所謂「鄉樂唯欲」，鄭玄認爲是僅限於〈關雎〉、〈葛覃〉、〈卷耳〉、〈鵲巢〉、〈采蘩〉、〈采蘋〉等「六篇」，敖繼公與方苞認爲舉凡《國風》皆是，〔註88〕何敬

〔註84〕 見盛世佐：《儀禮集編》（臺北：臺灣商務印書館影印文淵閣四庫全書本，1983年），頁280。

〔註85〕 見胡培翬：《儀禮正義》，卷7，頁407。另外，季旭昇則認爲：「《左傳》、《國語》所載燕享賦詩，應該也在行無算樂之時，樂工重複升歌、笙、間歌、合樂的曲子，這叫例賦；樂工演奏賓主特別指定的曲子，這叫特賦。楊向時先生《左傳賦詩引詩考》說：『《左傳》所記享宴之事，多有未記賦詩者，殆以其屬於例賦而略之歟！』」見〈王國維「釋樂次」補疏〉，頁32。

〔註86〕 見何定生：《定生論學集——詩經與孔學研究》（臺北：幼獅文化事業公司，1978年初版），〈無算樂論〉，頁85。

〔註87〕 這兩則《注》語分別見於《儀禮注疏》，頁103、頁146。

〔註88〕 敖繼公的意見，參考自胡培翬：《儀禮正義》，卷7，頁423。方苞的說法，見《儀禮析疑》（臺北：臺灣商務印書館影印文淵閣四庫全書本，1983年），卷4，頁53。

群與何耀漋認為是就二《南》之詩隨意歌某一篇或某一章。〔註89〕諸家說法仍見紛歧。

（九）房中之樂

《儀禮・燕禮・記》:「有房中之樂。」這是先秦經傳唯一提到房中之樂的記載。鄭《注》云:

> 絃歌《周南》、《召南》之詩,而不用鐘磬之節也。謂之房中者,后
> 夫人之所諷誦,以事其君子。〔註90〕

鄭玄認為房中之樂即二《南》,是后夫人可以諷誦的樂詩。季旭昇認為房中之樂既為燕禮所有,又不用鐘磬之節,應該歸入無算樂之中。〔註91〕

二、射禮用詩

周代的射禮大抵有四種:大射、賓射、燕射、鄉射。這些射儀在行射的階段,需要按照射者的身份等級,配合不同的樂節來射侯。《禮記・射義》有云:

> 其節:天子以〈騶虞〉為節,諸侯以〈貍首〉為節,卿大夫以〈采
> 蘋〉為節,士以〈采繁〉為節。〈騶虞〉者,樂官備也;〈貍首〉者,
> 樂會時也;〈采蘋〉者,樂循法也;〈采繁〉者,樂不失職也。是故
> 天子以備官為節,諸侯以時會天子為節,卿大夫以循法為節,士以
> 不失職為節。故明乎其節之志,以不失其事,則功成而德行立。德
> 行立,則無暴亂之禍矣,功成則國安。故曰:「射者,所以觀盛德也。」

從天子、諸侯、卿大夫、士,各有專屬的射詩,不僅作為樂節,也由此表現不同的政治要求,即所謂的「其節之志」。這些要求,〈射義〉僅說明是「樂官備」、「樂會時」、「樂循法」、「樂不失職」,鄭《注》則從詩篇內容來進一步闡釋。以下分別敘述之。

〔註89〕　見林耀漋:〈周代典禮用詩之詩教意義〉,《中國文化復興月刊》,第18卷・第5期（1968年3月）,頁23。

〔註90〕　見《儀禮注疏》,卷15,頁181。

〔註91〕　季旭昇舉《左傳》為例,證明房中樂為無算樂:「《左傳・成公九年》:『夏,季文子如宋致女,復命,公享之,賦〈韓奕〉之五章,穆姜出於房,再拜曰……又賦〈綠衣〉之卒章而入。』季文子賦〈韓奕〉,正是在無算樂時,而此夫人於房中,由此可知坐燕的同時,房中應該有內羞和房中樂,以供內眷之用。」見〈王國維「釋樂次」補疏〉,頁33。

（一）〈騶虞〉

天子以〈騶虞〉爲節，義取「樂官備」。鄭注〈鄉射禮〉云：

其詩有「壹發五犯、五豵，于嗟騶虞」之言，樂得賢者眾多，嘆思至仁之人以充其官，此天子之射節也。

鄭注〈射義〉時又分而析之，云：

樂官備者，謂〈騶虞〉曰：「壹發五犯」，喻得賢者多也，「于嗟乎騶虞」，嘆仁人也。

「壹發五犯／五豵」，比喻天子獲得許多賢能之人；至於「于嗟乎騶虞」，則嘆美仁人能充任官職。歷來學者對於鄭《注》的疑議，在於什麼是「騶虞」？這影響到「于嗟乎騶虞」與「嘆思至仁之人以充其官」（嘆仁人）之間的比喻關係該如何理解？

「騶虞」，歷來有兩解，一是天子的掌鳥獸官，〔註92〕一是傳說中白虎黑文、不食生物、不履生草的義獸。〔註93〕細閱〈鄉射禮〉與〈射義〉的兩處《注》語，鄭玄是以「嘆思至仁之人以充其官」來闡釋「于嗟乎騶虞」，既言「至仁之人」，又說「充其官」，顯然是以「騶虞」爲官名。《禮記》的〈月令〉與〈檀弓〉也有提及「騶」與「虞」，鄭《注》皆作官職解。〔註94〕可知，鄭注《周禮·大師》雖然引用鄭司農的意見說：「騶虞，聖獸。」這可能只是備錄另一種說法。鄭玄對於「騶虞」，主要還是取義於鳥獸之官。因此，鄭玄對於射詩〈騶虞〉以喻「樂官備」的理解是：賢人、仁者皆能擔任眾官職，甚至及於地位卑下的鳥獸之官，比喻天子喜悅官員充備。〔註95〕

〔註92〕 賈公彥《周禮·鍾師疏》引許慎《五經異義》，認爲韓、魯詩說：「騶虞，天子掌鳥獸官。」賈誼《新書·禮篇》、趙岐《孟子·滕文公》注也抱持相同意見。

〔註93〕 《山海經》、《周書·王會》、司馬相如〈封禪書〉、張衡〈東京賦〉中所提的「騶虞」，則是獸名。關於歷來典籍與學者對「騶虞」一詞的解釋，可參考以下兩篇說之甚詳的文章：（一）納蘭性德〈詩名物騶虞解〉，《通志堂集》，《續修四庫全書》集部別集類，第1419冊（上海：上海古籍出版社，1995），卷14，頁438；（二）丁杰〈騶虞考〉，收錄於《湖海文傳》，《續修四庫全書》集部總集類，第1668冊（上海：上海古籍出版社，1995年），卷11，頁494～450。

〔註94〕 〈月令〉云：「令野虞毋伐桑柘。」鄭《注》云：「野虞，主田及山林之官。」〈月令〉又云：「命僕及七騶咸駕。」鄭《注》云：「七騶，謂趣馬主爲諸官駕說者也。」〈檀弓〉云：「虞人」，鄭《注》云：「掌山澤之官。」見《禮記正義》，頁304、339、196。

〔註95〕 陳喬樅、王先謙也以鄭注「騶虞」是取其官職之名，與韓、魯兩家詩說相同。

　　孔穎達〈射義疏〉認爲鄭《注》是以「騶虞」義獸，以騶虞不食生物，是仁的表現，來比喻仁人。〔註96〕孔氏的說法值得商榷，因爲他的闡釋是援用《毛詩序》與《毛傳》的說法。《毛傳》解釋騶虞爲義獸，《毛詩序》更說「仁如騶虞，則王道成也。」由此引發了一個問題：鄭玄注解射詩〈騶虞〉，有云「至仁之人」或「嘆仁人」，這是否表示他在當時已經參考過《毛詩序》？意即：雖不以騶虞爲義獸，卻擷取其中以「仁」稱之的概念。因爲先於鄭玄的典籍當中，儘管不乏有描述「騶虞」爲不食生物之獸者，卻唯有《毛詩序》以「仁」字來說明這一特性。這一疑問，需要聯合其他的研究，才能有妥適的意見，此節暫不討論，將於第六章第一節中再作分析。

（二）〈貍首〉

　　〈貍首〉是諸侯射儀的樂節，卻也作爲大夫、士投壺時的樂節，鄭玄認爲是逸詩。然而，在《禮記‧射義》與《大戴禮記‧投壺》裡卻有記載〈貍首〉的詩辭。〔註97〕〈射義〉云：

> 《詩》曰：「曾孫侯氏，四正具舉。大夫君子，凡以庶士，小大莫處，御于君所。以燕以射，則燕則譽。」言君臣相與盡志於射以習禮樂，則安則譽也。是以天子制之，而諸侯務焉。此天子之所以養諸侯而兵不用，諸侯自爲正之具也。

鄭《注》云：

> 此「曾孫」之詩，諸侯之射節也。四正，正爵四行也。四行者，獻賓、獻公、獻卿、獻大夫，乃後樂作而射也。莫處，無安居其官次者也。御，猶侍也。「以燕以射」，先行燕禮乃射也。「則燕則譽」，言國安則有名譽。譽或爲「與」。

　　　　陳氏的說法見《齊詩遺說考》，卷1，頁347；王先謙的說法見《詩三家義集疏》，卷2，頁119。

〔註96〕　孔穎達云：「『于嗟乎騶虞，嘆仁人也』，與《詩》義同也。以騶虞不食生物，故云于嗟乎其仁人。」這裡所謂的「與《詩》義同」，指與《毛詩序》與《毛傳》同。見《禮記正義》，卷62，頁1015。

〔註97〕　《大戴禮記‧投壺》：「今日泰射，四正具舉，大夫君子，凡以庶士。小大莫處，御于君所，以燕以射，則燕則譽。質參既設，執旌既戴。大侯既亢，中獲既置。」又云：「弓既平張，四侯且良。決拾有常，既順乃讓。乃揖乃讓，乃隮其堂。乃節其行，即志乃張。射夫命射，射者之聲，獲者之旌，既獲卒莫。」見〔清〕王聘珍撰，王文錦點校：《大戴禮記解詁》（臺北縣：漢京文化事業有限公司，1987年），卷12，頁243〜244。

〈貍首〉在漢代又稱爲〈曾孫〉。鄭注《周禮・春官・樂師》裡有鄭司農的意見云：「〈貍首〉，〈曾孫〉。」〔註98〕鄭玄注《儀禮・大射》時也對此作了說明：

> 〈貍首〉，逸詩〈曾孫〉也。貍之言不來也。其詩有「射諸侯首不朝
> 者」之言，因以名篇，後世失之，謂之〈曾孫〉。曾孫者，其章頭也。
> 〈射義〉所載《詩》曰「曾孫侯氏」是也。以爲諸侯射節者，采其
> 既有弧矢之威，又言「小大莫處，御於君所。以燕以射，則燕則譽。」
> 有樂以時，會君事之志也。

鄭玄認爲〈射義〉所引用的是〈貍首〉的首章，因爲其中有「曾孫侯氏」一句，所以後人誤用「曾孫」來命篇名。「曾孫侯氏」數語，除了有「弧矢之威」之義，〔註99〕又有以時勤王而修職貢的意涵。但是，鄭玄認爲會用「貍首」來命篇，是取其欲射諸侯不來朝者之首的意思。對此，胡培翬解釋說：「貍與來古音相近，不來即貍之合聲，……以貍爲不來首，爲諸侯不朝者。」〔註100〕鄭玄以「不來」來解釋命篇之義是射諸侯不來朝聘天子者，這裡說法或許衍繹於「貍」字的方言合聲，〔註101〕又承襲自《史記》舊說，〔註102〕也可能取義於《周禮・多官・梓人》的「祭侯辭」（詳下文）。

　　《詩經》命篇的常例，大多是取首章數字爲名，〔註103〕少有以義命篇的。漢代人以「曾孫」命篇名，用的可能就是常例。不過，後世學者有所懷疑，有些認爲「曾孫侯氏」一章不是〈貍首〉的首章，有些甚至認爲〈貍首〉未

〔註98〕　見《周禮注疏》，卷23，頁351。
〔註99〕　《周易・繫辭下》有云：「弧矢之利，以威天下。」
〔註100〕見胡培翬：《儀禮正義》，卷15，頁918。
〔註101〕揚雄《方言》卷八云：「貈，陳楚江淮之間謂之豾來，北燕朝鮮之間謂之豾否，關西謂之貍。」郭璞《方言注》云：「今江南呼爲豾否貍。」貍亦作狸。戴震《方言疏證》云：「貍、豾來一聲之轉，豾否貍轉語爲『不來』，故〈大射儀〉『奏〈貍首〉』，鄭《注》云：『貍之言不來也。』」「貍」是不「不來」的合聲，可能「貍」、「豾否貍」、「不來」本是同一詞，原是帶有 pl- 的複輔音，「貍」字僅只保留了邊音聲母。以上資料與意見參引自趙振鐸、黃峰：〈揚雄《方言》裡面的外來語〉，《中華文化論壇》第2期（1998年），頁107。
〔註102〕《史記・封禪書》云：「萇弘以方事周靈王，諸侯莫朝周，周力少，萇弘乃明鬼神事，設射貍首。貍首者，諸侯之不來者，依物怪欲以致諸侯。」見《新校本史記三家注》（臺北：鼎文書局，1999年第11版），卷28，頁1364。
〔註103〕據糜文開的統計，「《詩經》有詩文的詩篇三〇五篇中，其摘取本篇詩中字句爲篇名的共二九九篇，只有六篇不摘取詩中字句爲篇名。」又云：「摘取詩文首句中字爲篇名的共二二四篇。」見糜文開：〈詩經篇名考察四題〉，《詩經欣賞與研究（三）》（臺北：三民書局，1979年初版），頁670。

必就是「曾孫侯氏」數語。〔註104〕眾說紛紜，卻都無法有力地推翻鄭玄的舊說，故不詳述。

再看《周禮・冬官・梓人》的「祭侯辭」：

> 祭侯之禮，以酒脯醢。其辭曰：「惟若寧侯，毋或若女不寧，不屬于王所，故抗而射女。強飲強食，詒女曾孫諸侯百福。」〔註105〕

《大戴禮記・投壺》也有相似的一段祭侯辭：「嗟爾不寧侯，爲爾不朝於王所，故亢而射女，強食食，詒爾曾孫侯氏百福。」〔註106〕盛世佐懷疑鄭玄「射諸侯首不朝者」的說法也是取義於〈梓人〉的「毋或若汝不寧，不屬于王所，故抗而射女」這段祭候辭。〔註107〕《大戴禮記・投壺》的「祭侯辭」之義在於勸戒諸侯不可不朝會於王，否則將張舉而箭射之。其末句又有「曾孫諸侯」一語，辭義雖與〈射義〉記載〈貍首〉詩辭不同，卻與鄭《注》的說法相近。盛氏之說或許爲是？另外，范家相在《三家詩拾遺》中懷疑〈梓人〉與〈投壺〉兩處的「祭侯辭」都是〈貍首〉的逸詩。〔註108〕不過，鄭玄《注》並無此說。

「貍首」兩字又見於《禮記・檀弓》：

> 孔子之故人原壤，其母死，夫子助之沐椁。原壤登木曰：「久矣予之不托於音也。」歌曰：「貍首之班然，執女手之卷然。」〔註109〕

〔註104〕盛世佐認爲「曾孫侯氏」數語未必是〈貍首〉章頭。韋協夢認爲鄭《注》既以〈貍首〉爲逸詩，卻又以「曾孫侯氏」數語當之，本屬矛盾。劉敞認爲篆文「貍」似「鵲」，「首」似「巢」，以爲〈貍首〉應是〈鵲巢〉，與其他三首射詩同《二南》之中。上述三人的意見皆引自胡培翬：《儀禮正義》，卷15，頁919～920。胡培翬皆不以爲然，仍以鄭《注》爲是。另外，孔廣森認爲《周禮・冬官・梓人》所載的「祭侯辭」才是〈貍首〉首章，「曾孫侯氏」數語是次章。孔說轉引自孫詒讓《周禮正義》，卷44，頁1806。孫希旦也不認爲「曾孫侯氏」數語就是〈貍首〉，還批評鄭《注》的說解是附會「樂會時」之義。見孫氏：《禮記集解》，卷60，頁1442。支持鄭玄說法的，則有徐養原、孫詒讓等人，詳細論述見孫詒讓《周禮正義》，卷44，頁1806。

〔註105〕鄭《注》云：「若，猶女也。寧，安也。謂先有功德，其鬼有神。或，有也。若，如也。屬猶朝會也。抗，舉也，張也。詒，遺也。曾孫諸侯，謂女後世爲諸侯者。」見《周禮注疏》，卷41，頁640。

〔註106〕見〔清〕王聘珍：《大戴禮記解詁》（北京：中華書局，1983年初版），卷12，頁245。

〔註107〕見胡培翬：《儀禮正義》，卷15，頁919。

〔註108〕見范家相：《三家詩拾遺》，《詩經要籍集成》第38冊（北京：學苑出版社，2003年初版），卷2，頁277～278。

〔註109〕見《禮記正義》，卷10，頁199。

對於「歌曰」的兩句，鄭《注》僅說是「說人辭也」，不認爲歌辭即是逸詩。王應麟《詩考》、〔註110〕楊慎《風雅逸篇》，〔註111〕與郝懿行的《詩經拾遺》，〔註112〕皆收錄之，且視爲〈貍首〉的逸詩句。范家相《三家詩拾遺》則反駁：「詩無貍首之義，或謂原壤登木之歌，即此篇逸詩，固非。」〔註113〕范說爲是。

鄭玄將〈貍首〉歸爲《召南》，因爲〈射儀〉將〈貍首〉與〈騶虞〉、〈采蘋〉、〈采蘩〉並舉。鄭玄《詩·周南、召南譜》有提及〈貍首〉佚失的原因，他說云：「今無〈貍首〉，周衰，諸侯並僭而去之，孔子錄詩不得也。爲禮樂之記者，從後存之，遂不得其次序。」〔註114〕

（三）〈采蘋〉

卿大夫行射，以〈采蘋〉爲樂節。鄭注〈射義〉云：

> 樂循法者，謂〈采蘋〉曰：「于以采蘋，南澗之濱。」循澗以采蘋，喻循法度以成君事也。

鄭《注》從詩句來說明其禮意，以沿著南澗采蘋、采藻，比喻卿大夫能遵循法度，且樂於盡其所觀所學之事來佐助王事。

（四）〈采蘩〉

士以〈采蘩〉爲行射之樂節。鄭注〈射義〉云：

> 樂不失職者，謂〈采蘩〉曰：「被之僮僮，夙夜在公。」

鄭《注》從詩句來說明其禮意，以早夜勤於祭事，比喻士樂於不失職守。

三、「豳詩、豳雅、豳頌」與其他

（一）豳詩、豳雅、豳頌

《周禮·春官·籥章》有云：

〔註110〕見王應麟：《詩考》，頁 627。
〔註111〕見楊慎：《風雅逸篇》（臺北：廣文書局，1970 年初版），卷 4，頁 42。楊慎在〈序〉中說明該書第 3、4 卷專收「逸詩」，然而收錄「雜歌謳操曲誦祝」的第六章裡（頁 71），卻又收有「貍首之班然，執女手之卷然」二句，且題名爲〈原壤歌〉。可見楊慎對這二句是否爲〈貍首〉逸詩，也是有所遲疑。
〔註112〕見郝懿行：《詩經拾遺》，《郝氏遺書》第 24 冊（清光緒壬午年東路廳署開雕刊本），頁 6。
〔註113〕見范家相：《三家詩拾遺》，卷 2，頁 278。
〔註114〕見《毛詩正義》之《毛詩譜序》，頁 9。

籥章掌土鼓豳籥，中春畫擊土鼓，龡〈豳詩〉以逆暑，中秋夜迎寒亦如之。凡國祈年于田祖，龡〈豳雅〉，擊土鼓，以樂田畯。田祭蜡，則龡〈豳頌〉，擊土鼓，以息老物。

鄭《注》云：

鄭司農云：「豳籥，豳國之地竹。豳詩亦如之。」玄謂豳籥，豳人吹籥之聲章。〈明堂位〉曰：「土鼓蕢桴葦籥，伊耆氏之樂。」〈豳詩〉，《豳風·七月》也。吹之者，以籥爲之聲。〈七月〉言寒暑之事，迎氣歌其類也。此風也，而言詩。詩，總名也。迎暑以畫求諸陽。……祈年，祈豐年也。田祖，始耕田者，謂神農也。〈豳雅〉，亦〈七月〉也。又有「于耜舉趾，饁彼南畝」之事，亦歌其類。謂之雅者，以其言男女之正。……〈豳頌〉，亦〈七月〉也。〈七月〉又有「穫稻作酒，躋彼公堂，稱彼兕觥，萬壽無疆」之事，是亦歌其類也。謂之頌者，以其言歲終人功之成。〔註115〕

籥章的職掌是以龡吹奏〈豳詩〉、〈豳雅〉、〈豳頌〉。鄭《注》認爲這三者皆屬《豳風·七月》，之所以分而言之，是因爲不同的祭事，需要從詩辭中取用各自相應的事類來表達，所以「言寒暑之事」宜風、「言男女之正」宜雅、「言歲終人成之功」宜頌。風、雅、頌在此是事類的分別，即「歌其類」之類，並不是說〈七月〉又可分爲三篇。鄭《注》以詩句來說明：祈年，則取「于耜舉趾，饁彼南畝」，以耕田之事來對應；息老物，則取「穫稻作酒，躋彼公堂……」，以養老之事來對應。相較於〈豳雅〉與〈豳頌〉，鄭《注》沒有爲〈豳風（詩）〉舉出相應的詩句，只說「〈七月〉迎寒暑之事，迎氣歌其類也。」似乎以〈七月〉全篇原來就是描述寒暑之事，不必再特別指明某章某句。

　　鄭《注》爲何要取〈七月〉一詩來分舉〈豳風（詩）〉、〈豳雅〉與〈豳頌〉？大概是因爲《豳詩》諸篇之中，唯有〈七月〉兼言迎寒逆暑、祈田、樂田畯、田蜡、息老物等事。又何以一篇之中可以兼具風、雅、頌？首先，風、雅、頌三者的不同，可由體制、內容、樂調三個角度來看。鄭《注》之意，似乎只以內容爲分，非謂一篇〈七月〉可再析爲三體；至於樂調聲節，鄭玄則未言明。宋翔鳳說：「鄭君於詩中各取其類以明之，非分某章爲雅，某章爲頌，故說各不同。」符合鄭《注》的說法。不過，孫詒讓認爲〈籥章〉所言，應

―――――――――――
〔註115〕經文與鄭《注》俱見《周禮注疏》，頁367～368。

兼有聲節的因素,「其吹之則聲均(韻)雖有殊別,要皆總舉全詩,必不斷章取義。」「吹〈豳詩〉者,謂以豳之土音爲聲,即其本聲也。吹〈豳雅〉者,謂以王畿之正音爲聲;吹〈豳頌〉者,謂以宮廟大樂之音爲聲。其聲雖殊,而爲〈七月〉之詩則一也。」〔註116〕可備一說。

(二)〈采薺〉

〈采薺〉是國君在路門外趨行的樂節。見載於《周禮》的〈樂師〉、〈大馭〉,與《禮記》的〈玉藻〉、〈仲尼燕居〉。〔註117〕〈樂師〉云:

> 教樂儀,行以〈肆夏〉,趨以〈采薺〉,車亦如之。

鄭《注》云:

> 教樂儀,教王以樂出入於大寢朝廷之儀。故書「趨」作「跦」。鄭司農云:「……〈肆夏〉、〈采薺〉皆樂名,或曰皆逸詩。謂人君行步,以〈肆夏〉爲節;趨疾於步則以〈采薺〉爲節。……」玄謂:行者謂於大寢之中,趨謂於朝廷。……王出入既服,至堂而〈肆夏〉作,出路門而〈采薺〉作。其反入至應門、路門亦如之,此謂步迎賓客。如有車出之事,登車於大寢西階之前,反降於阼階之前。

〈大馭〉鄭注云:「〈采薺〉,樂章也。行謂大寢至路門,趨謂路門至應門。」鄭玄的意思是說:人君出入大寢朝廷,步迎賓客或馭路行車之時,以路門爲界,路門外趨則以〈采薺〉爲節,路門內行則以〈肆夏〉爲節。

三《禮》所載「采薺」見於四處,鄭玄僅在注〈樂師〉之時引先鄭之言,以爲〈采薺〉「或曰皆逸詩」且不駁正,其餘三處,則視之爲「樂節」或「樂章」。「樂節」一辭著重在以樂調節之義,「樂章」則隱含有「詩之入樂」的意思,可知鄭玄也認爲〈采薺〉是逸詩。

另外,經文用字,《禮記》皆作「采齊」,《周禮》皆作「采薺」。鄭注〈玉藻〉云:「齊,當爲〈楚薺〉之薺。」以「薺」爲正字。孔穎達〈玉藻疏〉云:「按《詩‧小雅》有〈齊茨〉之篇,此作『齊』字,故讀爲〈楚茨〉之『茨』,音同耳,其義則異。」〔註118〕陸德明在《禮記釋文》說:「齊,本又作薺。」在《周禮釋文》則說:「薺,本齊作薺。」孫詒讓總結說:「《大戴禮記‧保傅

〔註116〕宋翔鳳與孫詒讓的意見,見孫詒讓:《周禮正義》,卷46,頁1908~1909。
〔註117〕見《周禮注疏》,頁350、489;十三經注疏本《禮記正義》,頁564、854。
〔註118〕見《禮記正義》,卷30,頁564。

篇》亦作『茨』。齊、薺、茨，並聲近字通。」〔註119〕

（三）〈雍〉與〈振羽〉

《禮記・仲尼燕居》云：「客出以〈雍〉，徹以〈振羽〉。」鄭《注》云：

> 〈雍〉、〈振羽〉，皆樂章也。〈振羽〉，〈振鷺〉。

《周禮・春官・樂師》云：「及徹，帥學士而歌徹。」鄭《注》云：

> 徹者歌〈雍〉，〈雍〉在《周頌・臣工》之什。

〈雍〉即《周頌・雝》，〈振羽〉即《周頌・振鷺》。兩者是詩篇，也是樂章。〈樂師〉僅言「歌徹」，鄭玄卻知道是歌〈雍〉者，因為《論語・八佾》有云：「三家者以〈雍〉徹。子曰：『相維辟公，天子穆穆。』奚取於三家之堂。」何以〈仲尼燕居〉言徹以歌〈振羽〉，〈樂師〉卻是徹以歌〈雍〉。陳喬樅解釋說，這是使用場合的不同，前者是諸侯自饗時徹器所歌，後者是宗廟之祭及饗諸侯來朝時徹器所歌。〔註120〕

四、鄭《注》對樂詩之禮意的闡釋

周禮在多種典禮中運用樂詩，不僅採其節奏，更重視其所代表的禮意。然而，經文對於各篇樂詩的用義，敘述過簡，也未論及詩句。鄭玄作《三禮注》則援取詩句，配合用樂的節次與場合，以德治思想來詮釋這些樂詩的禮意。這個闡釋的角度，多能與《禮記》的〈樂記〉、〈仲尼燕居〉、〈射義〉等篇論詩、禮、樂關係的內容相合。〈樂記〉有云：「先王制禮樂，人為之節。」又云：「樂者，所以象德也。禮者，所以綴淫也。」禮樂為用，訂立行儀法度，但是這些具體的儀節，不過是「禮之末節」、「樂之末節」，〔註121〕重要的其中所欲傳達的意義——〈樂記〉概括為「德」。至於使用樂詩的各種典儀，參與的人物並非庶人，而是統治階層，因此「德」義應該是統束在治國與君臣、長幼的相事之道上。

以下分別從升歌、管奏、間歌、合樂、射節這五個所用樂詩尚有詩辭見存的部分，探討鄭玄援取詩句，以發揮各篇樂詩之禮意、德義的闡釋方式。

〔註119〕見孫詒讓：《周禮正義》，卷44，頁1800。
〔註120〕見陳喬樅：《齊詩遺說考》，卷4，頁475。
〔註121〕〈樂記〉云：「樂者，非謂黃鐘大呂，弦歌干揚也，樂之末節也，故童者舞之。鋪筵席，陳尊俎，列籩豆，以升降為禮者，禮之末節也。」見《禮記正義》，卷38，頁685。

（一）升歌之詩的禮意

《禮記‧仲尼燕居》：「（兩君相見之大饗）升歌〈清廟〉，示德也。……是故古之君子不必親相與言也，以禮樂相示而已。」表達賓主情志的媒介不僅有樂器，樂聲、還有詩句。鄭《注》云：

> 示德也，相示以德也，〈清廟〉頌文王之德。

〈郊特牲〉：「（大饗）奠酬而工升歌，發德也。」鄭《注》也說：

> 易，和說也。……以《詩》之義，發明賓主之德。

升歌〈清廟〉，鄭玄認爲是由《詩》義——文王之德——來宣揚賓主的德性。〈清廟〉屬於《頌》，是升歌用詩最爲隆重者，亦用於天子大祭祀與養老禮。〈祭統〉云：「夫祭有三重焉：……聲莫重於升歌。」升歌，指〈清廟〉。〈文王世子〉也說：「（天子行養老禮）反，登歌〈清廟〉，既歌而語，以成之也：言父子、君臣、長幼之道，合德音之致，禮之大者也。」〈清廟〉言文王之德，屬「德音」之致，在典儀中唱誦其辭，由詩義中表現出最美好的德行。

升歌之詩，尙有〈鹿鳴〉、〈四牡〉、〈皇皇者華〉。鄭注〈鄕飲酒禮〉云：

> 〈鹿鳴〉，君與臣下及四方賓燕，講道脩政之樂歌也。此采其已有旨酒，以召嘉賓。嘉賓既來，示我以善道。又樂嘉賓有孔昭之明德，可則傚也。

> 〈四牡〉，君勞使臣之樂歌也。此采其勤苦王事，念將父母，懷歸傷悲，忠孝之至，以勞賓也。

> 〈皇皇者華〉，遣使臣之樂歌也。此采其更是勞苦，自以爲不及，欲諮謀于賢知而以自光明也。

〈鹿鳴〉樂嘉賓有明德，〈四牡〉勞使臣有勸苦王事之德，〈皇皇者華〉讚譽使臣有賢知之德。鄭《注》認爲這三者皆是由詩篇本義引申至賓主相示的「講道修政」上。鄭注〈學記〉「宵雅肄三」，論及這三篇樂詩時，也說：「皆君臣宴樂相勞苦之詩，爲始學者習之，所以勸之以官，且取上下相和厚。」另外，鄭玄對這三篇樂詩的詮釋，雖然是根據《國語‧魯語下》而來，﹝註122﹞卻明顯地加重了對詩篇內容的關注。

﹝註122﹞《國語‧魯語下》云：「夫〈鹿鳴〉之所以嘉先君之好也。…〈四牡〉，君之所以章使臣之勤也。……〈皇皇者華〉，君教使臣曰：每懷靡及，諏謀度詢，必咨於周。」見韋昭註：《國語》（臺北：臺灣商務印書館，1956 年初版），卷 5，頁 60～61。

（二）管奏之詩的禮意

〈仲尼燕居〉有云：「（兩見相見之大饗）下而管〈象〉，示事也。」鄭《注》云：「示事也，相示以事也，《武》，象武王之大事也。」《武》，《大武》也。鄭玄是從《大武》這一樂舞組詩來說明管奏之〈象〉的意涵。

《大武》命名之由，鄭注〈樂記〉「名與功偕」有云：「武王作《大武》，名因其得天下之大功。」〔註123〕得天下之功爲何？鄭注〈大司樂〉云「武王伐紂，以除其害，言其德能成武功。」〔註124〕即武王伐紂之功。

〈燕禮・記〉有云：「若舞則〈勺〉。」鄭《注》以此〈勺〉爲《周頌・酌》，屬於《大武》之一成（案：鄭說有誤，見前述），又云：「其《詩》曰：『於鑠王師，遵養時晦』，又曰：『實維爾公允師』，……所以美王侯，勸有功也。」由鄭玄對〈勺〉的闡釋來推測，鄭玄是認爲《大武》用在天子、諸侯的行禮之中，賓主相示以事，象徵的意義之一即是由武王的武功來「美王侯，勸有功」。

（三）間歌之詩的禮意

「間歌」所用，有〈魚麗〉、〈南有嘉魚〉、〈南山有臺〉三篇。鄭《注》云：

> 〈魚麗〉，言大平年豐物多也。此采其物多酒旨，所以優賓也。
>
> 〈南有嘉魚〉，言大平君子有酒，樂與賢者共之也。此采其能以禮下賢者，賢者纍蔓而歸之、與之，燕樂也。
>
> 〈南山有臺〉，言大平之治，以賢者爲本。此采其愛友賢者，爲邦家之基，民之父母。既欲其身之壽考，又欲其名德之長也。（〈鄉飲酒禮〉鄭注）

間歌用於燕享，既言物多酒旨以優待賓客，又宣揚德治用賢的理想。鄭《注》的「采」字以下所說的，即由詩句中擷取部分來闡釋用樂之義。

（四）合樂之詩的禮意

「合樂」用詩，即鄉樂六篇，用於宴饗。鄭玄認爲它們是「王后、國君夫人房中之樂歌」（〈燕禮注〉），其中表現的夫婦之道，是生民之本、王政之端，屬於政治之原，因此國君宴享賓客之時，可用以宣揚王道教化。鄭《注》

〔註123〕見《禮記正義》，卷37，頁668。
〔註124〕見《周禮注疏》，卷22，頁338。

說：

> 〈關雎〉，言后妃之德。〈葛覃〉，言后妃之職。〈卷耳〉，言后妃之志。
> 〈鵲巢〉，言國君夫人之德。〈采蘩〉，言國君夫人不失職。〈采蘋〉，
> 言卿大夫之妻能脩其法度。……夫婦之道，生民之本，王政之端。
> 此六篇者，其教之原也。故國君與其臣下及四方之賓燕用之合樂也。
> （〈鄉飲酒禮〉鄭注）

鄭《注》所謂的「言后妃之德」、「言后妃之職」，顯然是參考《毛詩序》的闡
述，不是直接由詩辭來總結其義。

（五）射禮之詩的禮意

行射禮之時，天子、諸侯、卿大夫、士等人用樂詩以調整節奏，也表現
各自的政治意向。〈射義〉云：

> 〈騶虞〉者，樂官備也；〈貍首〉者，樂會時也；〈采蘋〉者，樂循
> 法也；〈采蘩〉者，樂不失職也。是故天子以備官爲節，諸侯以時會
> 天子爲節，卿大夫以循法爲節，士以不失職爲節。故明乎其節之志，
> 以不失其事，則功成而德行立。德行立，則無暴亂之禍矣，功成則
> 國安。故曰：「射者，所以觀盛德也。」

由明白樂節的意義，進而不失本職，完成王事，以至於德立國安。鄭《注》
對射詩的用義，依然是截取詩句來闡釋「樂官備」等四志，前文已詳，此不
贅述。

其餘的〈南陔〉等六篇笙詩，以及〈新宮〉，詩辭已佚，鄭《注》以「其
義未聞」爲由，沒有說明所象徵的用義。

《禮記・樂記》云：「先王恥其亂，故制《雅》、《頌》之聲以道之，使其
聲足樂而不流，使其文足論而不息。」鄭《注》：「文，篇辭也。」〔註125〕行
禮用樂，首重節制，使人歡娛又不流於放縱；用樂亦取詩辭，使參與典禮的
主賓眾人可以議論詩辭，表述各自的情志，也由詩篇義理中體會各節次所欲
傳達的理想。綜言之，鄭玄注解上述樂詩，多能由詩旨、詩辭來推闡其用義，
不憑空詮釋，這符合了他對「文足論而不息」的理解。在推闡的角度上，也
能遵循著《禮記・樂記》所謂「樂者，所以象德」的思想，〔註126〕將樂詩的

〔註125〕見《禮記正義》，卷39，頁700。
〔註126〕見《禮記正義》，卷38，頁678。

特殊作用表現出來。

第三節　三《禮》與鄭《注》中的逸詩

三《禮》提到的逸詩，有些記載了詩句，有些卻只提及篇名。存有篇名者，有些同時也是典禮用樂的樂章名，計有九〈夏〉、〈新宮〉、〈采薺〉、六篇笙詩，都是有篇名而無詩辭。存有詩辭的，則有三則，一是〈貍首〉，又稱〈曾孫〉，《禮記·射義》記錄了它的詩句，二是《禮記·坊記》的「相彼盍旦，尚猶患之」，三是《禮記·緇衣》的「昔吾有先正，其言明且清，國家以寧，都邑以成，庶民以生。」本節將討論第二、三則逸詩，至於第一則的〈貍首〉已於第二節中先行討論，此處不再贅述。

除了經文之外，鄭《注》裡也記載一則逸詩，是《周禮·春官·樂師》的注語裡由鄭司農所引述的詩句，賈公彥懷疑是逸詩，鄭玄則未明言，此節也一併納入討論。另外，清代劉恭冕懷疑〈孔子閒居〉的「五起」一段的文辭裡，有許多逸詩句。劉氏的問題，所幸有上博簡〈民之父母〉的出土，有較早的版本可供檢視，故在此一同討論。

一、相彼盍旦，尚猶患之

《禮記·坊記》云：

> 子云：天無二日，士無二王，家無二主，尊無二上，示民有君臣之別也。《春秋》不稱楚越王喪。禮，君不稱天，大夫不稱君，恐民之惑也。《詩》云：「相彼盍旦，尚猶患之。」

鄭《注》云：

> 盍旦，夜鳴求旦之鳥也，求不可得也。人猶惡其欲反晝夜而亂晦明，況於臣之僭君，求不可得之類，亂上下惑眾也。〔註127〕

盍旦，《禮記·月令》作「鶡旦」。〔註128〕「患」，厭惡也。〈坊記〉徵引此詩以說明君臣上下有別，不可僭越。鄭《注》以「不可得」來溝通經文與詩

〔註127〕經文與鄭《注》見於十三經注疏本《禮記正義》，卷51，頁865。
〔註128〕〈月令〉云：「（仲冬之月）冰益壯，地始坼，鶡旦不鳴，虎始交。」鄭《注》：
　　　　「求旦之鳥也。」見《禮記正義》，卷17，頁344。郝懿行說：「盍旦，〈月令〉
　　　　作鶡旦，《鹽鐵論》作鴠旦，或作渴旦。」見郝懿行：《詩經拾遺》，頁4。

文之間的比喻關係，即盍旦鳥欲反晝而不可得，猶如臣之僭君之不可得。

　　鄭玄沒有言明這是一首逸詩，孔《疏》則肯定之。若以句法來判斷，「相彼盍旦，尚猶患之」確實可在《詩經》找到許多與其句型相似的句子，例如〈伐木〉的「相彼鳥矣，猶求友聲」、〈小弁〉的「相彼投兔，尚或先之」、〈四月〉的「相彼泉水」。孔穎達的說法應該可信。

二、昔吾有先正，其言明且清，國家以寧，都邑以成，庶民以生

　　《禮記‧緇衣》云：

> 子曰：民以君爲心，君以民爲體，心莊則體舒，心肅則客敬。心好之，身心安之……《詩》云：「昔吾有先正，其言明且清，國家以寧，都邑以成，庶民以生。」「誰能秉國成，不自爲正，卒勞百姓。」

鄭《注》：

> 先正，先君長也。「誰能秉國成」，傷今無此人也。成，邦之「八成」也。誰能秉行之，不自以所爲者正，盡勞來百姓憂念之者與？疾時大臣專功爭美。[註129]

「昔吾有先正」至「庶民以生」五句，不見於《毛詩》，其餘三句見於《毛詩‧小雅‧節南山》第七章，但沒有「能」字。[註130] 鄭《注》沒有指明哪幾句是逸詩。陸德明《釋文》認爲前五句是逸詩，又說八句或許「皆逸詩也」，說法不一。[註131] 孔《疏》只說前五句是逸詩，對於後三句則態度不明。范家相《三家詩拾遺》說：「按三百篇中，如『毋逝我梁』四句，『無競維人』二句，及『翩翩者雖』、『王事靡盬』等句，複見甚多，此所引似自爲一章之詩也。」[註132] 范氏認爲這八句是自爲一章的逸詩。郝懿行《詩經拾遺》也認爲這八句自爲一章，他說：「然不更加『詩云』以別之，或其始本爲一詩，而今逸與？」。[註133] 諸家說法，難以分辨孰是孰非。如今，出土的郭店楚簡與上博楚簡的兩篇〈緇衣〉裡，五句應該是後人所加的逸詩。

[註129] 經文與鄭《注》見《禮記正義》，卷55，頁933。
[註130] 郭店簡〈緇衣篇〉與上博簡〈緇衣〉，皆有這段引詩，文字稍異，亦無「能」字。
[註131] 見《禮記正義》，卷55，頁933。
[註132] 見范家相：《三家詩拾遺》，卷2，頁31。
[註133] 見郝懿行：《詩經拾遺》，頁6。

引《詩》僅見後三句，可知「昔吾有先正」等

三、劝爾瞽，率爾眾工，奏爾悲誦，肅肅雍雍，毋怠毋凶

《周禮·春官·樂師》：「凡樂成，則告備，詔來瞽皋舞。」鄭《注》云：

> 鄭司農云：「瞽當爲鼓，皋當爲告，呼擊鼓者，又告當舞者持鼓與舞俱來也。鼓字或作瞽，詔來瞽，或曰：『來，勸也。』『劝爾瞽，率爾眾工，奏爾悲誦，肅肅雍雍，毋怠毋凶。』」玄謂詔來瞽，詔視瞭扶瞽者來入也。皋之言號，告國子當舞者舞。〔註134〕

賈公彥云：「『奏爾悲誦』等，似逸詩，不知何從而出。」〔註135〕惠士奇對這段逸詩有所解釋：「凶者凶聲，怠者慢聲，大司樂之所禁也。肅肅則敬，故聲無怠，雍雍則和，故聲無凶，蓋逸詩也。」〔註136〕這五句以四言爲主，有押韻，意義又接近《頌》詩裡部分祭歌的內容，即先言樂工或樂器，後又有告戒之語，〔註137〕應是逸詩。

四、劉恭冕〈孔子閒居多逸詩考〉之檢討

〈孔子閒居〉中，孔子與子夏問答何謂「民之父母」，在「五至」、「三無」之後，有一段討論「五起」的文辭。對於五起，鄭《注》云：「君子習讀此詩，起此詩之義，其說有五也。」鄭玄認爲「五起」是君子習讀「三無」與其旨近的三篇詩句後，所興起的五種反覆之論述。賈《疏》也說：「言猶有五種翻覆說其義，興起也。」兩人都沒有提到「五起」當中有逸詩。

「五起」的內容也見於上博楚簡〈民之父母〉，其中的文辭與今本〈孔子閒居〉稍有不同，應是近於原貌。以下先列表呈現〈民之父母〉與〈孔子閒居〉兩處記載「五起」內容的不同。〔註138〕

		一起	二起	三起	四起	五起
無聲之樂	民之父母	氣志不違	塞于四方	施及孫子	氣志既得	氣志既從
	孔子閒居	氣志不違	氣志既得	氣志既從	日聞四方	氣志既起

〔註134〕經文與鄭《注》見於十三經注疏本《周禮注疏》，卷23，頁351。
〔註135〕同上。
〔註136〕轉引自孫詒讓：《周禮正義》，卷44，頁1809。
〔註137〕如《周頌·有瞽》與《商頌·那》。
〔註138〕上博簡〈民之父母〉的譯文，係根據季旭昇的譯釋，見季旭昇主編：《上海博物館藏戰國楚竹書（二）讀本》，頁2～3。

無體之禮	民之父母	威儀遲遲	日逑月相	塞于四海	威儀翼翼	上下和同
	孔子閒居	威儀遲遲	威儀翼翼	上下和同	日就月將	施及四海
無服之喪	民之父母	內恕孔悲	純得同明	爲民父母	施及四國	以畜萬邦
	孔子閒居	內恕孔悲	施及四國	以畜萬邦	純德孔明	施于孫子

由上表可知，兩處的文辭，雖然各「起」所用的四字句有異，卻大多只是順序上不同，例如「威儀翼翼」、「施及四國」、「以畜萬邦」；有些則是用字稍異，例如「日逑月相」與「日就月將」、「施于孫子」與「施及孫子」等等。大體上，這兩篇的「五起」的文辭是雷同的。由此可了解，後人只是在〈孔子閒居〉中變動了五起的順序，對文辭修改的幅度是很小的。

清代的劉恭冕撰有〈孔子閒居多逸詩考〉，認爲〈孔子閒居〉的「五起」文辭，當中有許多逸詩：

> 下文所告以「五起」之語，必皆《詩》辭無疑。故如「以畜萬邦」、「日就月將」、「施於孫子」，皆見今《詩》。其「威儀遲遲」、「內恕孔悲」、「威儀翼翼」、「施及四國」、「上下和同」、「日聞四方」、「純德孔明」、「施及四海」，亦絕似《詩》語，其爲逸詩無疑。惟「氣志不違」、「氣志既得」、「氣志既從」、「氣志既起」四句爲可疑，然以「樂只君子」、「豈弟君子」證之，固有一語而數見者，且《詩》辭前後章相同者甚多，是亦無可疑矣。夫子引詩以證「五起」，而中自成韻，真是絕妙句。若以爲夫子所屬之文，則五節內或《詩》，或不《詩》，於文體不相應矣。〔註139〕

劉恭冕的意見同樣適用於上博楚簡〈民之父母〉的部分。他認爲「三無」各起所用的十五則四字句，有三則見於《毛詩》，有八則的辭彙與語法與《毛詩》幾近，應該視爲逸詩。剩下的「氣志不違」等四句，雖然不見於《毛詩》，但是《毛詩》各章之間，原本就有重複相似辭句的情況，也可推測「氣志不違」等四句可能是某篇逸詩裡的文字。另外，「五起」的文辭有押韻，而且〈孔子閒居〉在提到「五至」、「三無」之時，皆有引《詩》，想見「五起」也屬於《詩》句。上述是劉恭冕的意見。

以下檢驗劉氏所謂與《毛詩》句式用辭相近的幾句。「日聞四方」之「日聞」一詞，也見於先秦古籍，例如《荀子·王制》云：「名聲日聞」，《韓非子》

〔註139〕見劉恭冕：《廣經室文鈔》，《叢書集成續編》第 40 冊（上海：上海書店，1994年），頁 107～108。

有云：「民疾惡而眾過日聞」。「上下和同」者，《管子・五輔》有云：「上下和同，而有禮義」。「和同」兩字，〈月令〉有云：「天地和同」，《左傳・成公十六年》有云：「和同以聽」，《國語・周語上》有云：「民用和同」。「遲遲」與「翼翼」則廣見於《毛詩》。「施及四國」，「施及」與「四國」都是先秦的慣用語。至於「純德孔明」（楚簡作「純得同明」）與「內恕孔悲」，則不見載於今存的先秦古籍。

綜合來說，〈孔子閒居〉所引的十五則句子中，至少有四則是自《詩》三百中取用詞彙。其餘的句子，其用詞也多見於《毛詩》或先秦古籍。由此推測，孔子本人或者其後學在撰作「五起」這段文字時，是大量運用了《詩》三百的句子，有些可能是異文，有些可能是逸詩，有些則是取用詞彙於《詩》與其他典籍，再重組而成。因此，劉恭冕一概以「五起」爲逸詩的講法應有所保留。

第三章　《三禮注》注《詩》、引《詩》之文例

　　鄭玄在《三禮注》裡，既有針對「三《禮》引《詩》」作注，《注》語本身也有引《詩》。對於前者，《詩》句的運用方式是由作三《禮》之人決定的，鄭玄只是站在注家的立場，在解說上必然受到限制。至於後者，當中的《詩》句也不盡然都是鄭玄親自引述，有些是從鄭司農或杜子春的舊注裡轉引而來，應用上有依從的部分，亦有駁斥不取的部分。何況，這些注《詩》或引《詩》的《注》語裡，除了《詩》句本身，相關的說解文字更是理解鄭玄如何說《詩》的關鍵。唯有從這些相隨的說解文字裡，爬梳出與《詩》句有關的部分，才能完備地搜齊鄭玄說《詩》的材料。本章的研究目的，即藉著探討鄭玄注《詩》、引《詩》的文例，進而呈現說《詩》材料在《三禮注》中的分布情形，以及鄭玄對這些《詩》句的解說態度為何？並以此為基礎來開展下文。

第一節　鄭玄注解「三《禮》引《詩》」之文例

　　三《禮》引《詩》（不含樂詩），集中在《禮記》，共有 106 則。這其中，鄭玄不作注者，僅有 8 則。其餘的 98 則鄭《注》的內容，可歸納出四種要素：一是「訓詁字詞」，二是「翻譯《詩》句」，三是「點明用《詩》意旨」，四是「提示《詩》句」。除了第四種可說是特例之外，其他三種在每一則鄭《注》裡交錯應用。下文的討論裡，舉例的部分，每則鄭《注》僅截取與該標題有

關的要素內容。例如討論「訓詁字詞」時，就不再列出該則《語》語的「翻譯詩句」或「點明用詩意旨」的部分，這是爲了讓例子的重點得以突出。

一、訓詁字詞

　　廣義的訓詁，泛指「順釋古字古言的工作」。﹝註1﹞此處所謂的「訓詁字詞」，則局限在詁訓字與詞這兩個較小的語義單位上。鄭玄在注解每則「三《禮》引《詩》」時，是先作訓詁《詩》句字詞的工作，訓詁的方式以「直訓」爲主，「義界」爲輔，﹝註2﹞另有以術語「猶」、「謂」、「某某貌」、「之言」、「聲之助」等行之者。這些例子爲數眾多，卻不是專爲「說《詩》」而作，因此這部分不再舉例贅述。以下僅選擇與《詩》句關係密切的部分來說明。

（一）訓詁《詩》句的比喻義

　　《詩》多用比喻修辭法，鄭《注》則以「喻」字來說明其義。舉三例如下：

> 1・〈緇衣〉：「上人疑則百姓惑，……《詩》云：『上帝板板，下民卒癉。』」鄭《注》云：「上帝，喻君也。」
> 2・〈大學〉：「《詩》云：『菉竹猗猗。』」鄭《注》云：「『菉竹猗猗』，喻美盛。」
> 3・〈大學〉：「《詩》云：『節彼南山，維石巖巖。赫赫師尹，民具爾瞻。』」鄭《注》云：「巖巖，喻師尹之高巖也。」

鄭玄解釋《詩》句的比喻修辭，不僅施行在訓詁字詞之上，在「翻譯《詩》句」或「點明用《詩》之旨」時也會以「如」字來標舉、說明《詩》句的喻義。﹝註3﹞

﹝註1﹞語見齊佩瑢：《訓詁學概論》（臺北：華正書局，1991年），頁15。
﹝註2﹞所謂直訓，即用一個義同或義近的詞直接去解釋另一個詞。所謂義界，即用描述的方式來下定義。例如〈中庸〉引〈常棣〉作「兄弟既翕，和樂且耽。直爾室家，樂爾妻帑。」鄭《注》云：「翕，合也。耽，亦樂也。古者謂子孫曰『帑』。」解釋「翕」與「耽」，即用直訓，解釋「帑」字即用義界。
﹝註3﹞例如〈禮運〉引〈鄘風・相鼠〉：「相鼠有體，人而無禮。」鄭《注》云：「言鼠之有身體，如人而無禮者矣。」又如〈坊記〉：「《詩》云：『采葑采菲，無以下體。』」鄭《注》云：「此詩故親、今疏者，言人之交，當如采葑采菲，取一善而已。」又如〈表記〉：「《詩》云：『豐水有芑，武王豈不仕，詒厥孫謀，以燕翼子，武王烝哉。』」鄭《注》云：「言武王豈有不念天下之事乎，如豐水之有芑矣。」

（二）校正《詩》文用字

先秦典籍引《詩》與漢代四家《詩》在文字上都存有差異，鄭玄對於《禮記》引《詩》的用字也非全然接受，故有改字、正字，或標舉異文的情形。舉例如下：

1・〈樂記〉引「克順克俾，俾于文王。」鄭《注》云：「『俾』當爲『比』，聲之誤也。」

2・〈射義〉引「發彼有的，以祈爾爵。」鄭《注》云：「『爾』或爲『有』。」

3・〈孔子閒居〉引「夙夜其命宥密。」鄭《注》云：「《詩》讀『其』爲『基』，聲之誤也。」

4・〈孔子閒居〉引「帝命不違，至於湯齊。湯降不遲，聖敬日齊。」鄭《注》云：「《詩》讀『湯齊』爲『湯躋』。躋，升也。……齊，莊也。」

第一則以字音來校勘誤字，改「俾」爲「比」，以其爲聲近而誤。第二則以「或爲」來提示異文。第三則裡也字音爲據，改「其」爲「基」。〔註4〕第四改易「湯齊」爲「湯躋」，以有別於「聖敬日齊」之「齊」。

二、翻譯《詩》句

翻譯的方式可區分爲直譯與意譯。前者是指譯文與正文的詞義大致相應，語法結構大致相當的翻譯；後者則是不拘詞義與語法結構的翻譯。〔註5〕舉例如下：

1・〈表記〉：「是故君子與其有諾責也，寧有己怨。《國風》曰：『言笑晏晏，信誓旦旦，不思其反；反是不思，亦已焉哉！』」鄭《注》云：「此皆相與爲昏禮而不終也。言始合會，言笑和說，要誓甚信。今不思其本，恩之反覆，反覆之不思，亦已焉哉。無如此人，何怨之深也。」

2・〈坊記〉：「《詩》云：『伐柯如之何？匪斧不克；取妻如之何？匪

〔註4〕段玉裁云：「凡言『讀爲』者，皆易其字也。……『讀爲』亦言『讀曰』。」《說文解字注》（臺北：黎明文化事業股份有限公司，1996年），一篇上，一部「鑾」字的注解。

〔註5〕對翻譯術語的用法，參考楊端志：《訓詁學》（臺北：五南圖書出版有限公司，1997年），頁96～98。

媒不得。』」鄭《注》云：「言取妻之法，必有媒，如伐柯之必須斧也。」

3.〈孔子閒居〉：「《詩》曰：『帝命不違，至於湯齊。湯降不遲，聖敬日齊……。』」鄭《注》云：「此《詩》云：殷之先君，其爲政不違天之命，至於湯升爲君，又下天之政教甚疾，其聖敬日莊嚴。」

鄭玄在翻譯《詩》句之前，多以「言」字作爲領起，以示區隔。至於第三則例子以「此《詩》云」來領起，則屬唯一的特例。第一則引〈氓〉，譯句與原文在句式結構上大致相應。第二則以取妻由媒爲翻譯重心，譯文僅是擷取大意，與原文的句式不相同，屬於意譯。

三、點明用《詩》意旨

鄭玄在訓詁或翻譯《詩》句之後，有時會再進一步點明《禮記》用《詩》的意旨。先舉例如下：

1.〈中庸〉：「君子之道，辟如行遠必自邇，辟如登高必自卑。《詩》曰：『妻子好合，如鼓瑟琴。兄弟既翕，和樂且耽。宜爾室家，樂爾妻帑。』」鄭《注》云：「琴瑟，聲相應和也。翕，合也。耽，亦樂也。古者謂子孫曰『帑』。此詩言和室家之道，自近者始。」

2.〈緇衣〉：「苟有衣，必見其蔽……〈葛覃〉曰：『服之無斁。』」鄭《注》云：「言己願采葛以爲君子之衣，令君子服之無厭。言不虛也。」

3.〈孔子閒居〉：「其在《詩》曰：『嵩高惟嶽，峻極于天。……四國于蕃，四方于宣。』此文武之德也。」鄭《注》云：「……此宣王詩也。文王之時，其德如此。而《詩》無以言之，取類以明之。」

第一例中，《詩》句僅呈現一家人的和樂融融，鄭玄進而說明〈中庸〉用《詩》之旨在於說明君子行道自近處開始，猶如詩人之所云，欲和遠人，先和其妻子兄弟。第二例中，用《詩》之意在於：「證人之所行終須有效也。」鄭玄在譯文裡僅說：「君子服之無厭」，意思不夠清楚，因此再加上「言不虛也」以補足其意。第三例中，《禮記》以〈嵩高〉來證明文王、武王之德。鄭玄認爲《詩》句的內容其實是屬於宣王時代，《禮記》只是取用內容相類近的《詩》篇來說明。

第三例裡，《注》語提到「《詩》無以言之，取類以明之。」這正是《禮

記》用《詩》，與鄭玄注《詩》的特色之一。《禮記》用《詩》，不全然使用本義，亦有借之比喻、引申，甚至斷章取義者，這些都是《詩》義本「無以言之」，而用《詩》之人取其「類近之義」的表現。鄭玄點明用《詩》之旨，即是將這層「類近之義」說明清楚。

四、提示《詩》句

〈緇衣〉云：「子曰：『好賢如〈緇衣〉，惡惡如〈巷伯〉，則爵不瀆而民作愿，刑不試而民咸服。」鄭《注》云：

> 〈緇衣〉、〈巷伯〉皆《詩》篇名也。〈緇衣〉首章曰：「緇衣之宜兮，敝，予又改為兮。適子之館兮，還，予授子之粲兮。」言此衣緇衣者，賢者也。宜長為國君。其衣敝，我願改制，授之以新衣，是其「好賢」，欲其貴之甚也。〈巷伯〉六章曰「取彼譖人，投畀豺虎。豺虎不食，投畀有北。有北不受，投畀有昊。」此其「惡惡」，欲其死亡之甚也。

這是三《禮》引《詩》中，唯一引用篇名，而不是《詩》句的特例。〈緇衣〉此章論述主題在於「好賢惡惡」，引《詩》篇名後，文意又接續「則民咸力而型不頓」。顯然徵引篇名的目的，在於借取當中的詩辭、詩義為用，效果猶如徵引《詩》句一般，因此歸為「引《詩》」並無不可。

鄭玄在《注》裡提示了與好賢、惡惡之義相應的《詩》句，也註明了所在的章次。鄭玄選取〈緇衣〉首章，是因為全詩三章的句式、用字幾乎雷同，回環復杳，章義無別。至於選取〈巷伯〉的第六章，是因為全詩共七章，前五章正面描寫譖人的醜惡，第七章是作詩者的自白，唯第六章以形象化的方式將「欲其死亡之甚」的痛惡表達得最淋漓盡致。

綜上所述，鄭玄注解「三《禮》引《詩》」的內容，可分為「訓詁字詞」、「翻譯《詩》句」與「點明用《詩》意旨」三個主要要素。這三者在鄭《注》裡混合運用。僅作訓詁者有14則，僅作翻譯者有4則，僅點明用《詩》旨趣者僅有10則；其餘多是混合二至三種為用，訓詁之餘又翻譯者有之，翻譯之後又點明用《詩》之旨者有之，三者兼用者亦有之。而且，三者之中，以「翻譯《詩》句」與「點明用《詩》之旨」最不易區分，後者往往混入前者的「意譯」之中；既作翻譯，也交代了用《詩》的旨趣。

鄭玄注解「三《禮》引《詩》」的注語裡，近五成的內容包含對「用《詩》

意旨」的說明。這透露一個訊息,即鄭玄了解到《詩》句在《禮記》中是依附、輔證的地位;即《禮記》有時不是運用《詩》句的本義,而是引申義、譬喻義,或取字面意思,因此鄭玄也不必交代本義或該句所屬《詩》篇之全旨,只須把禮文與《詩》句之間的說證關係解釋清楚即可。換句話說,鄭玄是站在「用詩」的角度來注解,與鄭玄《毛詩箋》力求本義的立場不同。這是在比較鄭《注》與鄭《箋》兩者說《詩》的內容之時,所必須注意的。(詳本文第四章)

另外,鄭玄注《詩》的目的在於闡明《禮記》用《詩》之意旨,不因為《禮記》有不用《詩》句本義而加以駁正。若再參考《三禮注》的其他材料,就會發現鄭玄注解「三《禮》引《詩》」的說法,不盡然每一則都是他對《詩》句本有的理解,有些只是他配合《禮記》而作的解釋。換言之,這一類鄭《注》,並不適合作為考查鄭玄專守哪一家《詩》說的材料,因為嚴格來說,那其實是《禮記》的意見。(詳本文第五章)

第二節　《三禮注》引《詩》之文例

《三禮注》引用的《詩》句,有些是鄭玄親自徵引,有些是轉引自鄭司農與杜子春的舊注,有些則是轉引於其他典籍中。《三禮注》徵引《詩》句(不含「逸詩」、「樂詩」),共計 173 則。其中,《周禮注》引《詩》句 100則,《儀禮注》引《詩》26 則,《禮記注》引《詩》47 則。這些《詩》句所隸屬的《詩》篇,約有 90 篇。〔註6〕各篇引用次數,以《豳風・七月》引用14 次最多,其次分別是《大雅・緜》的 7 次,與〈生民〉、〈閟宮〉的各 5 次。再依《風》、《雅》、《頌》為分,引《風》詩有 61 則,引《小雅》詩有 49 則,引《大雅》詩有 38 則,引《頌》詩有 25 則。

《三禮注》徵引《詩》句的目的,若依訓解的經文內容而分,計有「訓詁字詞」、「解釋名物」、「說明禮制」、「援引事類」這四類。訓詁字詞者,大

〔註6〕有些被引用的《詩》句同時見存於數篇《詩》。這種情況有四處,皆在《周禮注》。《天官・內宰》鄭注引「黍稷種稑」,見於《豳風・七月》與《魯頌・閟宮》,此取前者計算。《地官・稍人》鄭注引「惟禹敶之」,見於《小雅・信南山》與《大雅・韓奕》,此取前者計算。《春官・小胥》鄭注引「兕觥其觩」,見於《小雅・桑扈》與《周頌・絲衣》,此取前者計算。《秋官・庚人》鄭注引「四牡孔阜」,見於《秦風・小戎》、《小雅・車攻》與《小雅・吉日》,此取首篇計篇。

部分是藉《詩》句來擬音、易字。解釋名物者，大多出現在《周禮注》，說明衣履、冠飾、車馬、武備、器物、宮室等。說明禮制者，藉《詩》句佐證周代的禮儀與制度。援引事類者，援引《詩》句中的史實或同類之事來相證經文。

了解鄭玄引《詩》的「目的」尚不足夠，更重要的是該如何從鄭《注》中發掘鄭玄對《詩》句的理解？因此，下文的重點是討論《三禮注》引用《詩》句之時，如何標誌《詩》句？以及《詩》句與其他解說文字的搭配關係為何？

《三禮注》裡有兩則《詩》句是見載於所轉引的《孟子》與《大戴禮記·衛將軍文子》的文字裡。不過，這兩則只是隨著經文一同引出，不是運用的主體，因此捨棄不論。以下僅就鄭玄親自徵引，以及轉引自鄭司農、杜子春舊注這兩個部分來討論。

一、鄭玄親自徵引的部分

（一）標誌《詩》句的方式

《三禮注》中，鄭玄親自徵引的《詩》句共有 139 則，占全部引《詩》次數的八成。鄭玄標誌這些《詩》句的方式有三種：

第一種是以「《詩》曰」、「《詩》云」來領起，這是最常見的方式。另外少部分會提示書名、類名與篇名，例如「《詩·大雅·公劉》曰」、『詩·國風』曰」、《詩·魯頌》曰」、「〈雲漢〉之詩所謂」等等。

第二種情形是連續徵引兩段分屬不同篇或章的《詩》句時，鄭玄是用「《詩》云（曰）……、又曰（云）……」的方式來領起。唯一的例外是〈明堂位〉注，以「《殷頌》曰……《周頌》曰……」的方式來標註。之所以需要連續徵引兩則《詩》句，是因為僅引一則尚不足以說明經文，需要再用另一則來補足其意。

第三種情形是暗引《詩》句，共計 9 則。所謂「暗引」，即不標誌任何書、類、篇名而直接引用，不易察覺該句屬於《詩》辭。話雖如此，但鄭玄還是會冠以「讀如……」、「讀與……同」，例如「缺讀如『有頍者弁』之頍」、「旬讀如『惟禹敶之』之敶」，可見這類暗引的《詩》句完全是用來擬音或易字。

（二）運用《詩》句的方式

鄭玄引《詩》注解三《禮》經文，與《詩》句相伴的還有其他與之相關

的說解文字。例如《禮記‧檀弓》：「聖人其萎乎？」鄭《注》云：「萎，病也。《詩》云『無木不萎。』」《注》語裡，「萎，病也。」就是相關的說解文字。它與《詩》句所要訓解的對象相同，都是「聖人其萎乎」的「萎」字，兩者相互為用。以下分為「先說解經文，再引《詩》」以「先說解經文，再引《詩》，又說解」兩類來說明。

1、先說解經文，再引《詩》

此類的「引《詩》」，功能有二，一是證明先行的說解文字，此時其地位是附從的；二是補充相關事實，此時其地位是與說解文字平等的。舉兩例如下：

(1)《禮記‧曲禮上》：「很毋求勝。」鄭《注》：「很，鬩也，謂爭訟也。《詩》云：『兄弟鬩於牆。』」

(2)《周禮‧地官‧序官》：「牧人」。鄭《注》：「牧人，養牲野田者。《詩》云：『爾牧來思，何蓑何笠，或負其餱，三十維物，爾牲則具。』」

第(1)則裡，鄭玄先說解「很」是「爭訟」之義，與「鬩」字義同。之後再引《詩》句，證明「很」與「鬩」字義同。顯然，鄭玄引《詩》是為了證明自己的說法。第(2)則裡，經文簡略，鄭玄引《詩》除了證明牧人養牲於野田之事，也補充了他們御寒暑、備飲食的工作內容。在此，引《詩》是為了補充相關事實。兩相比較，第(1)則與第(2)則引《詩》所要釋訓的對象不盡相同，前者是直接針對鄭《注》的其他說解文字，後者則是直接針對經文。

雖然可利用禮文與引《詩》之間的相證關係來推敲鄭玄如何理解《詩》句。然而，我們也可以藉著《注》語當中的「說解文字」來獲得更清楚的線索。

2、先說解經文，再引《詩》，又說解

這類情況，引《詩》之後又再說解的原因有二：一是《詩》句本身需要再講解或補充，才能切合注經之用；三是藉此以疏解《詩》文與禮文或禮注之異同。各舉一例如下：

(1)《夏官‧隸僕》：「掌五寢之埽除糞洒之事。」鄭《注》：「五寢，五廟之寢也。……《詩》云：『寢廟繹繹』，相連貌也。前曰廟，後寢。」

（2）《春官・巾車》：「王后之五路：重翟，錫面朱總；厭翟，勒面
　　繢總；安車，雕面鷖總，皆有容蓋。」鄭《注》：「安車無蔽，后朝
　　見於王所乘，謂去飾也。《詩・國風・碩人》曰：『翟蔽以朝。』謂
　　諸侯夫人始來，乘翟蔽之車，以朝見於君，盛之也。此翟蔽蓋厭翟
　　也。然則王后始來乘重翟乎？」

第（1）則引《詩》的目的，在於說明寢與廟的相對位置。不過，若引《詩》
之後不再說解，則義有不足，故需要再解釋「繹繹」為相貌貌，寢位於廟的
後方。第（2）則裡，〈碩人〉說諸侯夫人「翟蔽以朝」，與鄭《注》所謂「安
車無蔽，后朝見於王所乘」的說法不符。鄭玄於是引出《詩》句，說明此為
「始來」之特例。由上述兩例可以發現，這些「又說解」的部分也有助於我
們更清楚地發掘鄭玄對《詩》句的理解。

二、轉引自鄭司農、杜子春舊注的部分

　　《三禮注》中唯《周禮注》有轉引鄭司農、杜子春兩人的舊注，舊注當
中又引有《詩》句。統計之下，鄭司農引《詩》有 26 則，杜子春有 6 則。他
們兩人「標誌《詩》句的方式」與「運用《詩》句的方式」，因為與鄭玄親自
徵引的部分相同，因此本小節不再重複分析，而是直接探討鄭玄如何取捨鄭
司農與杜子春舊注裡的引《詩》？以下分為「完全取用」、「全然否定」、「部
分駁正」、「增成其義」四類來討論。

（一）完全取用

　　「完全取用」者，即不作任何駁正，也不再補充，完全以先鄭、杜氏兩
人的引《詩》及相關解說為是。例如：

　　《天官・冢宰》：「膳夫。」鄭《注》：「膳夫，食官之長也。鄭司農
　　以《詩》說之，曰『仲允膳夫。』」

（二）全然否定

　　既然「全然否定」，為何還要轉引？可能是舊說盛行，須提出以糾正。例
如：

　　《春官・菙氏》：「掌共燋契，以待卜事。」鄭《注》：「杜子春云：『（燋）
　　謂所熱灼龜之木也，故謂之樵。契謂契龜之鑿也。《詩》云：“爰始
　　爰謀，爰契我龜。”』玄謂〈士喪禮〉曰：『楚焞置于燋，在龜東。』

楚焞，即契，所用灼龜也。燋謂炬，其存火。」

杜子春以契爲鑿龜甲之器，鄭玄認爲應該是灼龜之器，在《毛詩箋》中也說：「契，灼其龜而卜之。」〔註7〕可能鄭眾、杜子春兩人的成說影響甚廣，所以鄭玄提出，加以糾正，並陳述己見。

（三）部分駁正

「部分駁正」者，即對先鄭或杜氏兩人舊注裡的引《詩》與相關解說不全然同意，必須作局部的修正。例如：

> 《夏官・大司馬》：「大獸公之，小禽私之。」鄭《注》：「鄭司農云：『大獸公之，輸之於公；小禽私之，以自畀也。《詩》云："言私其豵，獻肩于公。"一歲爲豵，二歲爲豝，三歲爲特，四歲爲肩……。』玄謂……《爾雅》：『豕生三曰豵。……』」

鄭司農引《詩》證明「獻禽」之事，隨後又說「一歲爲豵」，解釋《詩》句中的「豵」字。鄭玄對於獻禽之事並無異義，但是不同意「一歲爲豵」，因此舉《爾雅》「豕生三曰豵」來糾正先鄭的講法。

（四）增成其義

「增成其義」者，即同意先鄭、杜氏的說法之餘，又再作補充。例如：

> 《春官・甸祝》：「禂牲、禂馬，皆掌其祝號。」鄭《注》：「杜子春云：『禂，禱也。爲馬禱無疾，爲田禱多獲禽牲。《詩》云"既伯既禱"，《爾雅》曰："既伯既禱，馬祭也。"』玄謂禂讀如伏誅之誅，今侏大字也。爲牲祭，求肥充；爲馬祭，求肥健。」

杜子春以《詩》句所云是指馬祭，鄭玄則補充說明舉行馬祭是爲祈求馬匹肥健。

綜合上述，《三禮注》引《詩》的部分，我們若要從中發掘鄭玄對《詩》句的說解內容，途徑有二：一是藉著《詩》句與禮文之間的相證關係來推敲，二是藉著《注》語裡與《詩》句有關的說解文字來搜求。另外，若《詩》句是轉引自鄭司農或杜子春的舊注，則必須先釐清鄭玄取捨的態度；若屬鄭玄取用、修正、補充的部分，自然也可視爲他的意見。

〔註7〕見《毛詩正義》，卷16之2，頁547。

第四章　《三禮注》說《詩》與 《毛詩箋》之比較

　　鄭玄注三《禮》在前，箋《毛詩》在後，兩個時期對《詩》句的理解有些差距。其中的原因，在鄭注「三《禮》引《詩》」的部分，除了所注解的文本不同，與所專主的《詩》說學派有別，最重要的其實是詮釋態度的根本差異。首先，三《禮》引《詩》，與《毛詩》文字不盡相同，又僅擷取《詩》文的某章某段為用，有用其本義、引申義，甚至有斷章取譬與違背本義者，自然與追求本義的《毛傳》不同。其次，鄭《注》在文字或說解上，大量取用今文三家《詩》說，不似《毛詩箋》大致專主於《毛傳》。最後，三《禮》引《詩》，是著述引《詩》，屬於「用詩」，鄭《注》是以解說三《禮》的「用詩之義」為要務，與《毛詩箋》探求「本義」的詮釋態度不同。

　　在《三禮注》引《詩》的部分，《注》、《箋》對《詩》句解說也是有同有異。原因有二，一是兩個時期所專主的《詩》說有別，二是鄭《注》引《詩》有時時也僅是擷取部分字句，或是某一層意涵，並非《詩》句或《詩》義的整體。

　　鄭玄《注》、《箋》的比較工作不宜過為龐雜，否則難以呈現彼此異同的關係與緣由。因此，比較的範圍僅限於詩義，不包括異文。意即，凡是三《禮》經、注引《詩》之用字與《毛詩》相異者，若僅屬於聲韻通假或古今字之關係，不至於改變《詩》義者，一律不視為「義異」。另外，討論的方式不涉及鄭《注》與今文三家《詩》說的關係，以免分析的過程過於繁瑣糾結。

　　以下分為「《注》、《箋》義同」、「《注》、《箋》義近」、「《注》、《箋》相

異」，以及「由《注》語補足《箋》義未詳之處」四小節來討論。每一節裡所舉的例子，皆以三《禮》經、注所引的「《詩》句」做爲標目（篇名則依用《毛詩》）。例子群的排列是依風、雅、頌爲次序。另外，在「義同」與「義近」兩節，僅舉出部分特出的例子；在「互異」與「補足」兩節，則將例子盡數提出。

第一節　《注》、《箋》義同者

　　《三禮注》與《毛詩箋》對《詩》句的解說相同的情形，不必區分爲《禮記》引《詩》以及鄭《注》引《詩》兩種情形來說明，卻必須依照鄭《注》說解內容的詳略，分爲兩部分來討論；一是訓解個別字詞，二是說明整段《詩》句。鄭《注》的內容如果僅是簡單地訓解《詩》句的字詞，此時兩相比較的範圍局限於個別字詞，則較容易發掘它與鄭《箋》相同之處。然而，若鄭《注》詳細地說明整段《詩》句的意旨，此時兩相比較的範圍擴及整段《詩》句，能與鄭《箋》相同的例子就相對地減少許多。

一、訓解個別字詞的部分

　　鄭玄箋《毛詩》的原則，據《六藝論》所云，是「注《詩》宗毛爲主，毛義若隱略，則更表明；如有不同，即下己意。」〔註1〕換句話說，鄭《箋》爲《毛傳》作解釋，並不完全遵從毛說，而是分爲四種情形：一、若《毛傳》義已足，則依從之；二、若《毛傳》沒有作解，《箋》則補足之；三、若《毛傳》意義簡晦，甚至稍嫌籠統，《箋》則申明之，以契合該篇詩旨；四、若不認同《毛傳》說法，《箋》則另下新說而與之相異。以下根據上述四種鄭《箋》與《毛傳》的關係，來討論《注》、《箋》在訓解字詞上的義同情形。

（一）鄭《箋》依從《毛傳》者

1、《小雅・常棣》：「兄弟鬩於牆。」

　　《禮記・曲禮上》：「很毋求勝」，鄭《注》云：「很，鬩也。謂爭訟也。」並引《詩》證明「鬩」是爭訟之事。鄭《注》所謂「很，鬩也」，同時也訓解了《詩》句。《毛傳》云：「鬩，很也。」〔註2〕鄭《箋》依從之，與鄭《注》

────────────

〔註1〕　《六藝論》已佚，此據孔穎達《毛詩正義》所引，見卷1之1，頁12。
〔註2〕　見《毛詩正義》，卷9之2，頁321。

義同。

2、《小雅・甫田》:「以御田祖。」

鄭注《周禮・地官・大司徒》有云:「田主,田神,后土、田正之所依也。《詩》人謂之『田祖』。」引《詩》是為了證明田神非一,除了后土、田正等地示,還包含有「田祖」等人鬼。〔註3〕鄭玄在此沒有說明「田祖」是誰?《周禮・春官・籥章》云:「凡國祈年于田祖。」鄭《注》云:「田祖,始耕田者,謂神農也。」以田祖為神農。鄭注《禮記・郊特牲》也說:「先嗇,若神農者。」又以神農為先嗇。〈甫田〉毛傳云:「田祖,先嗇也。」鄭《箋》依從之。〔註4〕可知,鄭玄以田祖、先嗇、神農為一。〔註5〕

3、《大雅・生民》:「或舂或揄。」

《周禮・地官・司徒》:「女舂抌。」鄭《注》云:「女奴能舂與抌者。抌,抒臼也。」並引《詩》證明舂抌之事。「抌」,《毛詩》作「揄」。兩者音義皆同;抌是本字,揄是借字。〔註6〕《毛傳》云:「揄,抒臼也。」〔註7〕鄭《箋》依從之,與鄭《注》義同。

4、《周頌・有瞽》:「設業設虡,崇牙樹羽。」

《禮記・明堂位》云:「夏后氏之龍簨虡,殷之崇牙,周之璧翣。」鄭《注》云:「簨以大版為之,謂之業。殷又於龍上刻畫之為重牙,以挂縣紞也。周又畫繪為翣,戴以璧,垂五采羽於其下,樹于簨之角上,飾彌多也。」又引《詩》說明業、虡、崇牙、樹羽之制。《毛傳》云:「業,大板也,所以飾栒為縣也。捷業如鋸齒,或曰畫之。植者為虡,衡者為栒。崇牙上飾卷然,可以縣也。

〔註3〕 賈公彥認為鄭玄引《詩》「田祖」,是為了證明田主即神農。孫詒讓駁之,認為〈大司徒〉所云「田主」,「本專為社稷之神所憑依,而鄭引《詩》『田祖』以證之者,蓋謂田神非一,兼有地示人鬼。土穀之神,地示也;田祖及配食社稷之句龍、后稷,人鬼也。仲春祈年於社,亦兼祭田祖。凡眾田神皆以田主為憑依,故鄭亦兼以田祖釋田主也。」見孫詒讓:《周禮正義》,卷18,頁698。

〔註4〕 見《毛詩正義》,卷14之1,頁458。

〔註5〕 對於鄭玄把田祖等於同神農,孫詒讓有所批評。他認為〈籥章〉祈年之祭神與社祭同時,君王不與祭,僅有司泣臨而已,故不得祭古帝及先王,則知非田祖非神農也。見孫詒讓:《周禮正義》,卷46,頁1914。

〔註6〕 《周禮釋文》云:「抌,音由,又音揄。」,見《周禮注疏》,卷9,頁146。許慎云:「抌,深擊也。」「揄,引也。」見段玉裁:《說文解字注》,頁610、615。

〔註7〕 見《毛詩正義》,卷17之1,頁594。

樹羽，置羽也。」〔註8〕鄭《箋》依從之，與鄭《注》義同。

有時，《毛傳》取義於三《禮》的某段禮文，鄭《箋》依從之；若鄭《注》適巧也有引《詩》注解、相證該段禮文，如此一來，《注》、《箋》自然會有義同者。舉兩例如下：

5、《曹風‧候人》：「彼候人兮，何戈與祋。」

《周禮‧夏官‧候人》：「若有方治，則帥而致于朝。及歸，送之于竟。」鄭《注》引《詩》以說明候人在道之事。《毛傳》云：「候人，道路送迎賓客者」。〔註9〕即取義於《周禮》。鄭《箋》依從之，與鄭《注》義同。

6、《大雅‧生民》：「取蕭祭脂。」

《周禮‧天官‧甸師》：「祭祀，共蕭茅」，鄭《注》引〈郊特牲〉「蕭合黍稷，臭陽達於牆屋。故既薦，然後焫蕭合馨香」的段落以及《詩》句來證明祭祀用蕭，又說：「合馨香者，是蕭之謂也。」蕭有香氣，祭祀時以脂焫之。鄭注〈郊特牲〉該段，亦云：「蕭，薌蒿，染以脂，合黍稷燒之。」也有引《詩》「取蕭祭脂」為證。〔註10〕毛傳〈生民〉，內容同於〈郊特牲〉。〔註11〕另外，毛傳〈蓼蕭〉有云：「蕭，蒿也。」鄭《箋》接著說：「蕭，香物之微者。」〔註12〕皆以蕭為香蒿，與鄭《注》義同。

另有一例，是鄭《注》與《毛傳》、鄭《箋》，都不約而同地擷取了《左傳》中的說《詩》材料為用，故訓義相同。該例如下：

7、《大雅‧皇矣》：「莫其德音，其德克明。克明克類，克長克君，王此大邦；克順克俾，俾于文王，其德靡悔。既受帝祉，施于孫子。」

《禮記‧樂記》裡，子夏引《詩》說明「德音之謂樂。」鄭《注》云：「德正應和曰『莫』，照臨四方曰『明』，勤施無私曰『類』，教誨不倦曰『長』，慶賞刑威曰『君』，慈和徧服曰『順』。『俾』當為『比』，聲之誤也。擇善從之曰『比』。施，延也。言文王之德，皆能如此，故受天福，延於後世也。」這段話出自《左傳‧昭公二十八年》文。〔註13〕《毛傳》與鄭《箋》皆同於

〔註8〕見《毛詩正義》，卷19之3，頁731～732。
〔註9〕見《毛詩正義》，卷7之3，頁269。
〔註10〕見《禮記正義》，卷26，頁507。
〔註11〕見《毛詩正義》，卷17之1，頁594。
〔註12〕見《毛詩正義》，卷10之1，頁349。
〔註13〕見《春秋左傳注疏》，卷52，頁914。

鄭《注》，也是引《左傳》為說。〔註14〕

（二）《毛傳》無釋，鄭《箋》補足者

此類情況，沒有《毛傳》可以憑依，鄭《箋》的說法可以視為沿續《注》語而來。

1、《小雅・車攻》：「允矣君子，展也大成。」

《禮記・緇衣》引之，說明「君子寡言而行以成其信」的道理。鄭《注》云：「允，信也。展，誠也。」與鄭《箋》訓辭全同。〔註15〕

2、《小雅・角弓》：「此令兄弟，綽綽有裕；不令兄弟，交相為瘉。」

《禮記・坊記》引之，說明「君子因睦以合族。」鄭《注》云：「令，善也。」與鄭《箋》同。《詩經》中，凡「令」字作形容詞，如「令人」、「令聞」、「令德」、「令儀令色」、「令妻」，《毛傳》皆未解釋「令」字，《箋》則全訓為「善也」。〔註16〕

3、《大雅・韓奕》：「諸娣從之，祈祈如雲。」

《儀禮・士昏禮》：「女從者畢袗玄」，鄭《注》云：「女從者，謂姪娣也」，再引該《詩》句以證明「女從」即姪娣。鄭《箋》云：「朕者必娣姪從之，獨言娣者，舉其貴者。」〔註17〕鄭玄《箋》、《注》皆以「諸娣」為從嫁之「姪娣」。不過，盛世佐認為「女從」不應是〈韓奕〉所謂的諸娣，而是指女方家送親的婦人。〔註18〕

《毛傳》沒有作解而《注》、《箋》相同的另一種現象，是《注》、《箋》兩者皆以三《禮》中的資料為說。換句話說，鄭玄先注三《禮》，當時的意見一直延續至作《毛詩箋》時。而且，這類例子裡集中在《周禮注》與《儀禮注》中，內容多與名物制度有關。舉三例如下：

4、《鄘風・君子偕老》：「瑳兮瑳兮，其之展也。……展如之人兮，邦

〔註14〕　見《毛詩正義》，卷16之4，頁570。

〔註15〕　見《毛詩正義》，卷10之3，頁369。

〔註16〕　「令人」見於《邶風・凱風》之「母氏聖善，我無令人。」「令聞」見於《大雅・文王》之「亹亹文王，令聞不已。」「令德」見於《小雅・湛露》：「顯允君，子莫不令德。」「令儀令色」見於《大雅・烝民》。「令妻」見於《魯頌・閟宮》之「魯侯燕喜，令妻壽母。」

〔註17〕　見《毛詩正義》，卷18之4，頁682。

〔註18〕　盛氏認為「女從」是女方家送親的婦人，鄭玄誤引〈韓奕〉詩證明。見胡培翬：《儀禮正義》，卷3，頁175。

之媛也。」

鄭注《周禮·天官·內司服》王后六服之「展衣」，云：「展衣，以禮見王及賓客之服，字當爲襢，襢之言宣。宣，誠也。」以展衣當爲襢衣，又徵引《詩》句證明展衣爲朝見君王的禮服。《毛傳》僅說：「展，誠也。」鄭《箋》云：「此以禮見於君及賓客之盛服也。『展衣』字誤，《禮記》作『襢衣』。」〔註19〕《注》、《箋》皆易字，以「展」爲假借字，襢爲正字，又皆釋爲「誠」，以服展衣來象徵展誠之德。〔註20〕而且，《注》、《箋》皆據〈內司服〉，說明展衣的用途。

5、《鄘風·定之方中》：「騋牝三千。」

《周禮·夏官·校人》：「五良一駑，凡三千四百五十六匹，然後王馬大備。《詩》云：『騋牝三千』，此謂王馬之大數與？」鄭《箋》云：「國馬之制，天子十有二閑，馬六種，三千四百五十六匹。邦國六閑，馬四種，千二百九十六匹。衛之先君，兼邶鄘而有之，而馬數過禮制。」〔註21〕鄭《箋》據〈校人〉爲釋，〔註22〕也以「三千」之數近於王馬大備之數；且由此可知，衛君用國馬之數，有違禮制。

6、《小雅·采菽》：「君子來朝，何錫予之？雖無予之，路車乘馬。又何予之？玄袞及黼。」

《儀禮·覲禮》記述天子賜給諸侯車馬，「路先設，西上。路下四，亞之。」鄭《注》云：「路謂車也，凡君所乘車曰路。路下四，謂乘馬也。」又引《詩》句證明賜車服之事。鄭箋〈韓奕〉「乘馬路車」亦云：「人君之車曰路車，所駕之馬曰乘馬。」〔註23〕《注》、《箋》對於「路車」的解釋，皆是依據《周禮·夏官·巾車》的職掌記載而來。〔註24〕

（三）《毛傳》簡晦，鄭《箋》申明者

1、《鄭風·緇衣》：「緇衣之宜兮。」

〔註19〕 見《毛詩正義》，卷3之1，頁112。
〔註20〕 馬瑞辰：《毛詩傳箋通釋》云：「下即言『展如之人兮』，謂服展衣者，宜有展誠之德。」見卷5，頁175。
〔註21〕 見《毛詩正義》，卷3之1，頁117。
〔註22〕 〈校人〉有云：「天子十有二閑，馬六種；邦國六閑，馬四種；家四閑，馬二種。」
〔註23〕 見《毛詩正義》，卷18之4，頁681。
〔註24〕 見《周禮注疏》，卷27，頁413。

　　《周禮·春官·司服》:「冠弁服。」鄭《注》云:「冠弁,委貌,其服緇布衣,亦積素以為裳,諸侯以為視朝之服,《詩·國風》曰:『緇衣之宜兮。』」鄭注《儀禮·士冠禮》「玄冠朝服」,亦云:「玄冠,委貌。朝服,十五升布衣而素裳也。衣不言色者,衣與冠同也。」〔註25〕由「委貌」可知,鄭玄以「冠弁服」為玄冠服,也是諸侯視朝之服。「十五升布衣」即與玄冠同色的「緇布衣」,也就是「緇衣」。

　　《毛傳》云:「緇,黑色,卿士聽朝之正服。」鄭《箋》云:「緇衣者,居私朝之服也。天子朝服,皮弁服。」〔註26〕諸侯內臣於王,稱為卿士,視公朝時,與天子同服皮弁服,但是退居私朝時,則服緇衣。《毛傳》沒有講明所謂的「卿士」是指內臣於王的諸侯。鄭《箋》申明之,與鄭《注》義同,皆以「緇衣」為諸侯視(私)朝之服。

　　2、《齊風·猗嗟》:「四矢反兮,以御亂兮。」

　　鄭注《儀禮·大射》司射誘射一節的「射三侯,將乘矢」,云:「將,行也。行四矢,象有事於四方。」又引《詩》句說明射四矢的象徵意義。「御」,《毛詩》作「禦」。《毛傳》云:「四矢,乘矢。」鄭《箋》云:「必四矢者,象其能禦四方之亂也。」〔註27〕鄭《箋》申之以「四方」,與鄭《注》義同。

　　3、《商頌·那》:「植我鼗鼓。」

　　《禮記·明堂位》:「殷,楹鼓」,鄭《注》云:「楹謂之柱,貫中上出也。」又引《詩》證明鼗為殷鼓,可植豎而擊之。《毛詩》作「置我鞉鼓」。《毛傳》云:「殷人置鼓」,鄭《箋》云:「置讀曰植。植鞉鼓者,為楹貫而樹之。……鞉雖不植,貫而搖之,亦植之類。」〔註28〕與鄭《注》義同。

　　同樣地,《毛傳》簡晦而鄭《箋》有所補足或申明的部分,有些也是依據三《禮》為說。舉兩例如下:

　　4、《小雅·信南山》:「惟禹甸之。」

　　《周禮·地官·稍人》:「掌令丘乘之政令。」鄭《注》云:「丘乘,四丘為甸。甸讀與『惟禹甸之』之甸同,其訓曰乘,由是改云。」鄭玄改讀『丘乘』為『丘甸』,因為《司馬法》記載丘出戎馬一匹,甸出長轂一乘,可知「乘」

<hr>

〔註25〕　見《儀禮注疏》,卷1,頁3。
〔註26〕　見《毛詩正義》,卷4之1,頁160。
〔註27〕　見《毛詩正義》,卷5之2,頁202。
〔註28〕　見《毛詩正義》,卷20之3,頁789。

非丘之所出。〔註29〕另外，甸讀與「陳」同，兩者音同，義亦同；所以，「陳」訓爲乘，甸也訓爲乘。井田之制，六十四井爲一甸。一甸出兵車一乘，爲其賦。〔註30〕由此可知，鄭《注》是以「惟禹陳之」之「陳」爲賦法。

「惟禹陳之」，《毛詩》之〈信南山〉與〈韓奕〉皆作「維禹甸之」，毛傳〈信南山〉云：「甸，治也。」鄭《箋》接著說：「禹治而丘甸之。……甸方八里，居一成之中，成方十里，出兵車一乘，以爲賦法。」〔註31〕鄭箋〈韓奕〉亦云：「禹甸之者，決除其災，使成平田，定貢賦於天子。」〔註32〕鄭《箋》沿襲鄭《注》，亦訓「甸」爲出兵車之賦法。

5、《小雅·桑扈》：「兕觵其觩。」

《周禮·春官·小胥》：「觵其不敬者」，鄭《注》云：「觵，罰爵也」，又引《詩》證明。《地官·閭胥》：「凡事掌其比觵撻罰之事。」鄭《注》也說：「觵撻者失禮之罰也。觵用酒，其爵以兕角爲之。」〔註33〕「觵」，《毛詩》作「觥」。〈角弓〉有云：「我姑酌彼兕觥」，其《毛傳》云：「兕觥，角爵也。」鄭《箋》則說：「觥，罰爵也。」鄭箋〈桑扈〉亦云：「兕觥，罰爵也。」〔註34〕鄭玄申明「觥」也作爲「罰爵」。罰人之義，係根據〈小胥〉與〈閭胥〉。在先秦的其他典籍裡，不見有用兕觥作爲罰爵的明文。〔註35〕

（四）鄭《箋》另下己意，異於《毛傳》者

鄭《箋》對於《毛傳》的改易，有些在鄭注三《禮》之時已見其端緒。這類情形，有些是鄭《注》裡所援引的鄭司農意見有與《毛傳》相近者；鄭玄雖然引用這些意見，卻又加以駁正，另下己意。舉三例如下：

1、《衛風·淇奧》：「會弁如星。」

《周禮·夏官·弁師》：「王之皮弁，會五采玉璂。」鄭《注》先引鄭司

〔註29〕 見孫詒讓：《周禮正義》，卷30，頁1169。

〔註30〕 《地官·小司徒》：「四丘爲甸。」鄭《注》云：「甸之言乘也。」又引《司馬法》：「通十爲成，成百井，三百家，革車一乘。」見《周禮注疏》，卷11，頁170。鄭注《坊記》亦云：「古者方十里，其中六十四井出兵車一乘。」皆以甸爲乘。見《禮記正義》，卷51，頁864。

〔註31〕 見《毛詩正義》，卷13之2，頁460。

〔註32〕 見《毛詩正義》，卷18之4，頁679。

〔註33〕 見《周禮注疏》，卷12，頁186。

〔註34〕 見《毛詩正義》，卷14之2，頁481。

〔註35〕 可再參考朱鳳瀚：《古代中國青銅器》（天津：南開大學出版社，1995年初版），頁100～102。

農言，云：「讀如『馬會』之會，謂以五采束髮也。」鄭玄不從，另下己意：「玄謂『會』讀如『大會』之會。會，縫中也。……皮弁之縫中，每貫結五采玉十二以爲飾。」又引《詩》證明皮弁上有結玉爲飾。《毛傳》云：「弁，皮弁，所以會髮。」與先鄭「束髮」義略同。鄭《箋》不從，云：「會謂弁之縫中，飾之以玉。」〔註36〕與鄭《注》義同。

　　2、《豳風・七月》：「言私其豵，獻豜于公。」

　　　　《周禮・夏官・大司馬》有云冬季狩田，獲禽之後，「大獸公之，小禽私之。」鄭《注》裡，鄭司農先引此《詩》句證明，又解釋說：「一歲曰豵。」鄭玄不認同先鄭的說法，不以「豵」爲豬隻年齡大小之名，應是母豕產子的數量之名，故改云「豕生三曰豵」以糾正之。《毛傳》云：「大獸公之，小獸私之。」是依〈大司馬〉爲釋，又云：「豕一歲曰豵」，與先鄭同。鄭《箋》不從，改云「豕生三曰豵」，與鄭《注》義同。〔註37〕

　　3、〈唐風・揚之水〉：「素衣朱襮，……素衣朱繡。」

　　　　《儀禮注》與《禮記注》裡共有四處引用了這段《詩》句：

　　　　甲・注〈士昏禮〉「宵衣」云：「宵，讀爲『素衣朱綃』之綃，《魯詩》以綃爲綺屬也。」

　　　　乙・注〈士昏禮〉「被穎黼」云：「穎，禪也。《詩》云：『素衣朱襮。』《爾雅》云：『黼領謂之襮。』……刺黼以爲領，如今偃領也。」

　　　　丙・注〈特牲饋食禮〉「宵衣」云：「宵（即「綃」），綺屬也。此衣染之以黑，其繒本名曰『宵』。《詩》有『素衣朱宵』。」

　　　　丁・注〈郊特牲〉「繡黼，丹朱中衣，大夫之僭禮也」云：「繡讀爲綃。綃，繒名也。《詩》云：『素衣朱綃』，又云：『素衣朱襮』。襮，黼領也。」

鄭《注》以「綃」爲綺、繪之屬，是一種絲織品。對於「襮」，則解釋爲繡有黼文的領子。〈揚之水〉裡，「素衣朱襮」位於第一章，「素衣朱繡」見於第二章。

　　　　毛傳「素衣朱襮」云：「襮，領也。諸侯繡黼丹朱中衣」，此乃依用〈郊特牲〉文。對於這段〈郊特牲〉文，鄭《注》云：「繡黼丹朱，以爲中衣領緣

────────────

〔註36〕　見《毛詩正義》，卷3之2，頁127。
〔註37〕　見《毛詩正義》，卷8之1，頁283。

也。繡讀爲綃。綃，繪名。」〔註38〕鄭《箋》改易《毛傳》用字，云：「繡當爲綃，綃黼丹朱中衣，中衣以綃黼爲領，丹朱爲純也。」〔註39〕與〈郊特牲〉鄭注相同。對於〈揚之水〉第二章的「素衣朱繡」，《毛傳》云：「繡，黼也。」〔註40〕鄭《箋》不言，不再破「繡」爲「綃」，因爲第一章之《箋》語已有明文。

上述三個例子較爲特殊，不是常態，並非每則鄭《注》都會先出現與《毛傳》義同的說法，再讓鄭玄來駁斥。再舉數例如下：

4、《鄘風·君子偕老》：「副笄六珈。」

鄭注《禮記·明堂位》云：「副，首飾，今之步搖是也」，又引《詩》句說明「副」是首飾。鄭注《天官·追師》「掌王后之首服，爲副編次」，亦云：「副之言覆，所以覆首爲之飾，其遺象若今步搖矣。」〔註41〕何謂步搖？劉熙《釋名·釋首飾》說：「步搖，上有垂珠，步則搖也。」〔註42〕《毛傳》不以「副」爲「步搖」，云：「副者，后夫人之首飾，編髮爲之。」認爲「副」是以假髮編梳成的髮髻，故云「編髮爲之」。鄭《箋》不從，改云：「珈之言加也。副既笄而加飾，如今步搖上飾。」〔註43〕《箋》、《注》同樣以「步搖」來解釋「副」，與《毛傳》不同。

5、《小雅·都人士》：「垂帶如厲。」

《禮記·內則》：「男鞶革，女鞶絲。」鄭《注》云：「鞶，小囊，盛帨巾者。男用韋；女用繪；有飾緣之，則是『鞶裂』與？《詩》云：『垂帶如厲。』紀子帛，名裂繻，字雖今異，意實同也。」鞶是盛裝手巾細物的小囊，垂綴有繪帛之物作爲裝飾，即《左傳·桓公二年》所稱的「鞶裂」（按：《左傳》作「鞶厲」）。〔註44〕鄭玄引《詩》證明「厲」是鞶囊裂帛之飾。

《毛詩》作「垂帶而厲」，《毛傳》云：「厲，帶之垂者」，以厲爲垂帶。鄭《箋》不從，改云：「而，亦如也。而厲，如鞶厲也。鞶必垂厲以爲飾。厲，

〔註38〕 見《禮記正義》，卷25，頁487。
〔註39〕 見《毛詩正義》，卷6之1，頁218。
〔註40〕 見《毛詩正義》，卷6之1，頁219。
〔註41〕 見《周禮注疏》，卷8，頁129。
〔註42〕 見畢沅：《釋名疏證》，《續修四庫全書》經部小學類第189冊（上海：上海古籍出版社，1995年），卷4，頁618。
〔註43〕 見《毛詩正義》，卷3之1，頁110～111。
〔註44〕 見《春秋左傳注疏》，卷5，頁94。

字當作裂。」〔註45〕《注》、《箋》皆以「垂帶如（而）厲」之「厲」爲鞶囊外緣飾的裂帛，也釋「而」爲「如」，改「厲」作「裂」。需要注意的是：詩文中的「垂帶」，是指束衣用的大帶，不是鞶囊。大帶圍於腰間，結於前面，兩端還餘留有相疊下垂的部分。這下垂的部分，形狀猶如鞶囊用以裝飾的裂帛，也呈垂墜貌。

6、《大雅・抑》：「淑愼爾止，不愆于儀。」

《禮記・緇衣》引用這段《詩》句來說明「大人不倡游言。」鄭《注》云：「愆，過也。言善愼女之容止，不可過於禮之威儀也。」「愆」，《毛詩》作「忒」。對於「爾止」之「止」，《毛傳》云：「止，至也。爲人君止於仁，爲人臣於於敬，……與國人交止於信。」乃依〈中庸〉經文爲說。鄭《箋》不從，改訓爲「止」爲「容止」，云：「當善愼女之容止，不可過差於威儀。」〔註46〕與鄭《注》義同。

7、《大雅・烝民》：「德輶如毛，民鮮克舉之；我儀圖之，惟仲山甫舉之，愛莫助之。」

《禮記・表記》引用這段《詩》句來說明「中心安仁者，天下一人而已矣。」鄭《注》云：「儀，匹也。」《毛傳》訓「儀」爲「宜」。鄭《箋》不從，改訓「儀」爲「匹」，〔註47〕與鄭《注》義同。

二、說明整段《詩》句的部分

鄭玄《注》、《箋》義同者，有極少數是屬於說解整段《詩》句的內容。這類資料，在《注》、《箋》的比較工作上，與訓解個別字詞的部分相比，是較有意義的。因爲鄭玄對於個別字詞的解釋，即使《注》、《箋》的說法相同，也不表示對於整段《詩》句的理解也會一樣。舉四例如下：

1、《衛風・氓》：「言笑晏晏，信誓旦旦，不思其反。反是不思，亦已焉哉！」

《禮記・表記》：「君子與其有諾責也，寧有己怨」，之後引這段《詩》句作結。鄭《注》云：「此皆相與爲昏禮而不終也。言始合會，言笑和說，要誓

〔註45〕　見《毛詩正義》，卷 15 之 2，頁 512。
〔註46〕　見《毛詩正義》，卷 18 之 1，頁 648。
〔註47〕　見《毛詩正義》，卷 18 之 3，頁 676。

甚信。今不思其本，恩之反覆，反覆之不思，亦已焉哉。無如此人，何怨之深也。」《注》語的首句點明了〈氓〉的內容是講相與爲婚禮而不終之事。顯然，鄭玄明瞭《禮記》運用的是《詩》句的本事，再引申至「信」的道理上。鄭《箋》云：「女與我言笑晏晏然而和柔，我其以信，相誓旦旦爾。言其懇惻款誠。反，復也。今老而使我怨，曾不念復其前言。」〔註48〕《注》、《箋》大致相同。

2、《大雅・文王有聲》：「考卜惟王，度是鎬京。惟龜正之，武王成之。」

《禮記・坊記》引這段《詩》句以言「善則稱人，過則稱己，則民讓善」的道理。鄭《注》串講《詩》句，云：「言武王卜而謀居此鎬邑，龜則出吉兆正之，武王築成之。此臣歸善於君。」鄭《箋》云：「武王卜居是鎬京之地，龜則正之，謂得吉兆，武王遂居之。」〔註49〕與鄭《注》義同。

上面三則例子裡的鄭《注》，是以類似翻譯的方式來講述《詩》句。下面兩例，則是用簡短的一句話來概括該段《詩》文的意旨。

3、《小雅・無羊》：「誰謂爾無牛，九十其犉。」

鄭注《周禮・地官・司徒》引這段《詩》句，證明「牛人」所牧牛隻甚多，除了犉牛九十，「其餘多矣」，故牧牛之徒需要二百之眾。鄭《箋》云：「誰謂女無牛？今乃犉者九十頭。言其多矣，足如古也。」〔註50〕《注》、《箋》都認爲《詩》句所謂「九十其犉」，言外之意是指尚有其他更多種類的牛隻。

4、《小雅・無羊》：「牧人乃夢，眾維魚矣，旐維旟矣。」

《周禮・春官・占夢》：「季冬，聘王夢，獻吉夢于王。」鄭《注》云：「因獻羣臣之吉夢於王，歸美焉。」又引用這段《詩》句爲證，並且說「牧人乃夢」的夢境，「此所獻吉夢」。鄭《箋》云：「牧人乃夢見相與捕魚，又夢見旐與旟。占夢之官得而獻之於宣王，將以占國事也。」也是持「獻夢」說。另外，〈無羊〉「旐維旟矣」之後，又有「大人占之：眾維魚矣，實維豐年；旐維旟矣，室家溱溱」五句，鄭《箋》有云：「今人眾相與捕魚，則是歲熟相供養之祥也。」〔註51〕由此可知，《箋》語是根據〈占夢〉來解釋，與鄭《注》

〔註48〕 見《毛詩正義》，卷3之3，頁136。
〔註49〕 見《毛詩正義》，卷16之5，頁584。
〔註50〕 見《毛詩正義》，卷11之2，頁388。
〔註51〕 見《毛詩正義》，卷11之2，頁389。

義同，都以牧人之夢爲吉夢，必須上獻于王。

第二節　《注》、《箋》義近者

　　義近者，必須分爲三《禮》引《詩》、鄭《注》引《詩》這兩個部分來討論。

一、三《禮》引《詩》的部分

　　在「《禮記》引《詩》」的部份，鄭《注》若與鄭《箋》義近，意指彼此的解說角度雖然不同，或訓詁字詞的用辭有異，但意思上可以相通。不過，這其中有一種情況，雖然可以列爲義近，卻不值得討論。其情況是這樣：鄭玄有時僅用一、兩句話來概括《詩》句大意，意思過於簡晦、籠統；而《詩》句本身的意思也相當顯明，不容易出現異說。若取之與訓釋完密的鄭《箋》相相較，在大意上自然不會有違異之處；雖看似「義近」，但是對於《詩》文的特定字詞、或進一步的背景，卻無法得知其異同。如此情況之下，《注》、《箋》的比較工作是沒有意義的。例如〈中庸〉：「君子之道，辟如行遠必自邇」，並引〈常棣〉詩「妻子好合，如鼓瑟琴。兄弟既翕，和樂且耽。宜爾室家，樂爾妻帑」爲說。鄭《注》云：「此詩言和室家之道，自近者始。」鄭玄概括《詩》句大意爲「和室家之道」，這層意思不待說明，從《詩》句的字面就可理解。鄭《箋》云：「王與族人燕，則宗婦內宗之屬亦從后於房中。族人和，則得保樂其家中之大小。」這是根據《毛詩序》所謂周公「燕兄弟」爲說。〔註52〕《箋》語所謂燕宴兄弟以和睦親族，與《注》語「和室家之道」之義自然相通，雖然可列爲義近，但這樣的比較工作其實意義不大。

　　另外，〈緇衣〉引〈節南山〉「赫赫師尹，民具爾瞻」與〈下武〉「成王之孚，下土之式」，用以說明「上之所好惡，不可不慎也，是民之表也。」鄭《注》云：「皆言化君也。」民化君行，自是師尹與成王的盛德之功。然而，相較於鄭箋〈節南山〉所云「尹氏女居三公之位，天下之民俱視女之所爲。」〔註53〕與鄭箋〈下武〉所云「王道尙信，則天下以爲法。」〔註54〕《注》語的詮釋

〔註52〕　見《毛詩正義》，卷9之2，頁323。
〔註53〕　見《毛詩正義》，卷12之1，頁393。
〔註54〕　見《毛詩正義》，卷16之5，頁581。

顯然太過簡短、籠統，也不適合拿來做比較。

摒除上述這類材料不論，以下列舉三例說明《注》、《箋》義近的情形。

1、《小雅‧賓之初筵》：「發彼有的，以祈爾爵。」

《禮記‧射義》引用這段《詩》句，並且說：「祈，求也。求中以辭爵也。酒者所以養老也，所以養病也。求中以辭爵者，辭養也。」鄭《注》云：「發，猶射也。的，謂所射之識也。言射的必欲中之者，以求不飲女爵也。辭養，讓見養也。『爾』或爲『有』。」鄭《箋》云：「發矢之時，各心競云：『我以此求爵女。』爵，射爵也。射之禮，勝者飲不勝，所以養病也，故《論語》曰：『下而飲，其爭也君子。』」〔註55〕對於「以祈爾爵」，〈射義〉說「辭爵」，鄭《箋》說「爵女」，兩者之義其實相通。馬瑞辰說：

> 據《箋》云：「我以求爵女」，則經文「以祈爾爵」爲倒文。蓋言求爵女，則己之求不飲自可於言外得之。不言己求不飲，而但言求爵女，此正詩人立言之妙。……〈射義〉引《詩》而釋之云：「祈，求也。求中以辭爵也。」蓋推詩人立言本意。非謂《詩》『以祈爾爵』爲求不飲也。」〔註56〕

「以祈爾爵」，鄭《箋》視之爲倒裝句，解釋爲「以此求爵女」，即「以祈爵爾」。至於《注》語所謂：「以求不飲女爵也。」可能不是直譯，而是意譯《詩》句，甚至是在進一步申明〈射義〉「求中以辭爵」之意。換句話說，它不一定是盡合於「以祈爾爵」的語法來作翻譯或說明。鄭《箋》所謂「求爵女」，意思上當然就是不自飲，言外之意也與《注》語「求飲女」相近，而這些都統攝在「辭養」的禮義之下。王先謙與馬瑞辰的意見相同，但更進一步地認爲鄭《注》是以「爵」釋「女爵」。〔註57〕王、馬對鄭《注》的理解，都是立足在鄭玄採取直譯法的假設之下。其實鄭玄注解《禮記》引《詩》，直譯者有之，意譯者亦有之，甚至大多數的情形是在直譯與意譯的語句當中，適當地再添加一些字眼或語句，以便在解釋《詩》句的同時，也能點明《禮記》用《詩》之旨。因此，王、馬兩氏的意見固然無誤，卻也不必然就是鄭《注》的原意。至於鄭《注》所云：「『爾』或爲『有』。」王先謙解釋說：「箋毛乃云：『我以此求爵女』，並引『下而飲』爲證，是謂以我爵飲汝酒，即『爾』或爲『有』

〔註55〕　見《毛詩正義》卷14之3，頁490。
〔註56〕　見馬瑞辰：《毛詩傳箋通釋》，卷22，頁750。
〔註57〕　見王先謙：《詩三家義集疏》，卷19，頁784。

之義矣。」〔註58〕

2、《大雅・既醉》：「既醉以酒，既飽以德。」

《禮記・坊記》引用這段《詩》句來說明：「食禮，主人親饋則客祭，主人不親饋則客不祭，故君子苟無禮，雖美不食焉」。鄭《注》云：「言君子饗燕，非專爲酒肴，亦以觀威儀，講德美。」鄭玄申明饗燕之儀亦用以觀禮行德，故無禮不食。《毛傳》云：「既者，盡其禮，終其事。」鄭《箋》云：「禮，謂旅酬之屬。事，謂惠施先後及歸俎之類。」〔註59〕旅酬、惠施先後及歸俎等饗燕之禮，即禮儀、威儀可觀之事。《毛詩序》云：「醉酒飽德」，《箋》云：「乃見十倫之義，志意充滿，是謂之飽德。」〔註60〕所謂「見十倫之義」，義亦類近於「講德美」。

3、《大雅・板》：「上帝板板，下民卒癉。」

《禮記・緇衣》引之以說明「上人疑則百姓惑。」鄭《注》云：「上帝，喻君也。板板，辟也。卒，盡也。癉，病也。此君使民惑之詩。」《毛傳》云：「板板，反也。」鄭《箋》云：「王爲政反先王與天之道，天下之民盡病。」〔註61〕《注》、《箋》對於「板板」一詞，一釋爲「辟」，一釋爲「反」。

《爾雅・釋訓》云：「版版，僻也。」〔註62〕辟即邪僻。《新書・道術篇》亦云：「反道爲辟。」〔註63〕可知《注》、《箋》對於「板板」的解釋其實是相近的。〈板〉首章有云：「上帝板板，下民卒癉！出話不然，爲猶不遠。靡聖管管，不實于亶。猶之未遠，是用大諫。」以刺厲王反復其言行，臣民盡疑惑，意旨合於鄭《注》所謂「君使民惑之詩。」

二、《三禮注》引《詩》的部分

這類情形中，鄭玄對《詩》句的應用方式是造成《注》、《箋》義近的原因。鄭玄在此僅擷取《詩》句當中可與三《禮》經文相證的部分爲用，並不遍取《詩》句的全旨；《詩》義在應用時，也只與禮文的意思相似而已，並非

〔註58〕同上。
〔註59〕見《毛詩正義》，卷17之2，頁604。
〔註60〕見《毛詩正義》，卷17之2，頁603。
〔註61〕見《毛詩正義》，見17之4，頁632。
〔註62〕見《爾雅注疏》，卷3，頁56。
〔註63〕見賈誼撰，閻振益、鍾夏校注：《新書校注》（北京：中華書局，2000年初版），卷8，頁304。

全同。若專就這應用的部分而論，《注》、《箋》的解說自然不同，但仍有相通處，故歸為「義近」一類。以下以鄭玄引《詩》的目的，分為訓解字詞與相證事理兩部分討論。

（一）訓解字詞

1、《邶風・泉水》：「出宿于濟，飲餞于禰。」

《儀禮・士虞禮》：「獻畢，未徹，乃餞。」鄭《注》云：「卒哭之祭，既三獻也，餞送行者之酒。《詩》云：『出宿于濟，飲餞于禰。』尸且將始祔于皇祖，是以餞送之。故餞為踐。」《毛傳》云：「祖而舍軷，飲酒於其側曰餞。」〔註64〕鄭《箋》依從之。《詩》句所言，本是為送嫁而餞行，鄭《注》藉以說明祭祀完畢的餞尸儀式，僅取本義中的送行飲酒這一層意涵。

2、《鄘風・芄蘭》：「童子佩觿。」

鄭注《周禮・春官・眡祲》「十煇」之「觿」，云：「觿讀如『童子佩觿』之觿，謂日旁氣刺日也。」觿，《毛詩》作「觿」。《毛傳》云：「所以解結，成人之佩也。」〔註65〕鄭《箋》依從之。《說文》亦云：「觿，佩角，銳𫠆，可以解結。」〔註66〕觿是一種解開環結的工具，「十煇」之「觿」是指雲氣刺日的天文現象。鄭《注》援引《詩》句之「觿」字，不僅用來擬音，也取用「觿」器的「銳𫠆」樣態，來類比十煇之「觿」有刺日之形。

3、《小雅・甫田》：「以社以方。」

《周禮・夏官・大司馬》有云秋季獮田，「羅弊致禽以祀祊。」鄭《注》云：「祊當為方，聲之誤也。秋田主祭四方，報成萬物，《詩》曰：『以社以方。』」《毛傳》：「方，迎四方氣於郊也。」鄭《箋》：「秋祭社與四方，為五穀成熟，報其功也。」〔註67〕鄭《箋》以為〈甫田〉所言屬於大祀，即祀五行之神於四方之正祭。〈大司馬〉獮田祀方僅是告薦四方，不是正祭，與〈甫田〉不同。鄭《注》僅取其中秋季「祭四方」之事來說明「方」祭之實，並以此訂正「祊」字。

4、《魯頌・閟宮》：「實始翦商。」

鄭注《周禮・秋官・序官》之「翦氏」云：「翦，斷滅之言也，主除蠱蠹

〔註64〕見《毛詩正義》，卷2之3，頁101。

〔註65〕見《毛詩正義》，卷3之3，頁137。

〔註66〕見段玉裁：《說文解字注》，第4篇下，頁188。

〔註67〕見《毛詩正義》，卷14之1，頁468。

者」，又引這則《詩》句以證明「翦」字有斷滅之義。《毛傳》云：「翦，齊也。」齊，斬齊也。鄭《箋》云：「翦，斷也。」〔註68〕以「翦商」爲滅亡殷商王朝。「翦氏」之職在於滅除蠹蟲，鄭《注》引《詩》僅取「翦」字滅絕之義，不偏取全句。

（二）相證事理

1、《豳風·七月》：「言私其豵，獻豜于公。」

《周禮·夏官·大司馬》有云：「蒐田」完畢，眾人「獻禽以祭社。」鄭《注》引《詩》證明「獻禽」之事。然而，禮文所云，是仲春蒐田，獻禽於神。〈七月〉所云，則是仲冬狩田，獻禽於公。兩者「獻禽」的時節雖然不同，但獻禽一事相同。何況，獻公亦是爲了獻神，兩事又相因。

2、《大雅·緜》：「縮板以載。」

《禮記·檀弓上》記作墳之法，「一日而三斬板」，鄭《注》云：「斬板，謂斷其縮也。」又引《詩》證明以繩束板是建築的技法，且「縮」即「繩」，故有斬板之意。《毛詩》作「縮版以載」，指建築宗廟。《毛傳》云：「乘謂之縮」，鄭《箋》云：「繩者，營其廣輪方制之正也，既正則以索縮其築版，上下相乘而起。……乘，聲之誤，當爲『繩』也。」〔註69〕雖然一是築墳，一是作廟，但是斬板以築高的方法應該是相近的。

3、《大雅·思齊》：「大姒嗣徽音。」

《儀禮·士昏禮》：「勖帥以敬先妣之嗣。」鄭《注》云：「勉帥婦道以敬其先妣之嗣。」並引《詩》證明新婦有敬愼婦道，繼承先妣之德，並且代姑操持祭事的傳統。《毛傳》云：「大姒，文王之妃也。」鄭《箋》云：「徽，美也。嗣大任之美音，謂續行其善教令。」〔註70〕詩義是說，文王之母大任有德音，能上慕先姑之所行，下又爲文王之妃大姒所承續。鄭《注》借用這件史實，以大姒嗣續大任之美善一事，來說明新婦唯先妣是嗣的道理。

4、《大雅·雲漢》：「靡神不舉，靡愛斯牲。」

《周禮·地官·大司徒》：「以荒政十有二聚萬民：……十有一日索鬼神。」鄭《注》云：「索鬼神，求廢祀而修之」，意即：荒歲之年，有搜索廢缺之祀

〔註68〕　見《毛詩正義》，卷20之2，頁777。
〔註69〕　見《毛詩正義》，卷16之2，頁548。
〔註70〕　見《毛詩正義》，卷16之3，頁561。

典，重新祭之，以求弭災的措施。鄭《箋》云：「言王爲旱之故，求于群神，無不祭也。」〔註71〕雖然沒有明言「求廢祀」，但「求于群神，無不祭」的意思也很接近。

第三節　《注》、《箋》義異者

此節討論鄭《注》與鄭《箋》說《詩》相異的情形。爲了清楚呈現致異的緣由，以下區分爲三《禮》引《詩》，與鄭《注》引《詩》兩個部分來討論。

另外，三《禮》記載「樂詩」多篇，鄭《注》大多是略陳詩句，稍作義譯，再詮釋典禮用《詩》的禮意。其中的〈騶虞〉與〈鹿鳴〉、〈肆夏〉（〈時邁〉）三篇，鄭《注》的解說有與鄭《箋》相異之處；除此之外，鄭玄《注》、《箋》對於《商頌》的創作時代亦存有歧見。因爲這四則例子的《詩》句都是三《禮》引用，故置於第一部分（即三《禮》引《詩》的部分）末尾討論。

一、三《禮》引《詩》的部分

三《禮》引《詩》，集中在《禮記》。鄭玄「據境釋義」，依憑著禮文的語境來詮釋《詩》句；《禮記》如何說《詩》，鄭玄就順勢作解。陳啓源《毛詩稽古篇》之〈康成他注與箋《詩》異同〉有云：

> 康成箋《詩》與注他典之引《詩》者多有異同，蓋因先通《韓詩》，
> 後見毛敍；又他典所引類多斷章，則就文立義故也，其得失亦往往
> 互見。

陳啓源認爲《三禮注》等典籍的引《詩》、說《詩》與鄭《箋》相異的原因有二：一是「先通《韓詩》，後見毛敍」，這個說法有問題，需要再討論（詳本論文第五、六章）；另一個原因是「他典所引類多斷章，則就文立義故也」，這個講法十分確當。鄭玄是「就文立義」，根據禮文的語境來詮釋《詩》句，如果詮釋內容與鄭《箋》相異，查其緣由，有些部分是肇因於《禮記》本身的說《詩》方式。《禮記》說《詩》，若是用其引申義、或藉其喻依而改變喻體，或假借詩文而另下新意，這些情況下，鄭《注》又「就文立義」，其內容自然與鄭《箋》不同。

然而，並非每則禮文的語境都很清楚明確，能對《詩》句的詮釋方向提

〔註71〕 見《毛詩正義》，卷18之2，頁659。

供足夠的線索。若線索充足且明確，鄭《注》必然牽就之，不斥其非，亦不改其義；若線索隱晦不明，鄭《注》則會有較大的詮釋空間，可以在利用自己所本有的、熟習的《詩》說來注經。換句話說，當禮文語境的線索明確，鄭《注》與鄭《箋》義異，實是肇因於《禮記》說《詩》的內容。當禮文語境的線索簡晦，鄭《注》不必盡合禮文，可以依己意來說《詩》，若又與鄭《箋》相異，查其原因，大多是鄭玄在《注》、《箋》兩個時期所用的《詩》說不同所致。因此，以下必須分為「鄭《注》據境釋義，與鄭《箋》義異者」以「鄭《注》不必盡合禮文，仍與鄭《箋》義異者」兩大類來說明。

（一）鄭《注》據境釋義，與鄭《箋》義異者

以下依《禮記》用《詩》的方式，再分為四類來說明：一是用《詩》不違本義者，二是用《詩》違離本義者，三是以《詩》譬喻，改變喻體者，四是引《詩》有異文者。

1、《禮記》用《詩》，不違本義者

《禮記》用《詩》，即使不違本義，也有與《毛傳》、鄭《箋》之義稍異者。這是因為《詩》三百多用比興，不記本事，作者之原意隱晦不明，所以諸家任意詮釋的空間很大，即使彼此相異，也能自圓其說。此時，鄭《注》根據禮境以釋《詩》，自然與鄭《箋》義異。

（1）《小雅·小明》：「靖共爾位，正直是與，神之聽之，式穀以女。」

《禮記·表記》引用這段《詩》句來說明「事君不下達，不尚辭，非其人弗自」的道理。鄭《注》云：「靖，治。穀，祿也。言敬治女之職事，正直之人乃與為倫友，神聽女之所為，用祿與女。」係配合禮文中「事君」之意。《毛傳》：「靖，謀也。」鄭《箋》云：「穀，善也。有明君謀具女之爵位，其志在於與正直之人為治。神明若祐而聽之，其用善人，則必用女。是使聽天任命，不汲汲求仕之辭。」〔註72〕對於「靖共爾位，正直是與。」《注》語符合禮文「事君」的立場，解釋為（臣子應該）恭敬奉行你的職責，正直的人就和他相處。鄭《箋》則解釋為明君將提供你職位，因為他期待求得正直之人臣來治國。另外，對「靖」、「共」、「穀」等字，兩方也有不同的解釋。不過，《注》、《箋》的說法皆能各自成理，不違異〈小明〉第三章的旨義。

（2）《大雅·文王》：「穆穆文王，於緝熙敬止。」

〔註72〕　見《毛詩正義》，卷13之1，頁447。

《禮記》的〈緇衣〉與〈大學〉兩篇都有援引這則《詩》句：

子曰：君子道人以言，而禁人以行。故言必慮其所終，而行必稽其
所敝，則民謹於言而慎於行。……《大雅》曰：「穆穆文王，於緝熙
敬止。」（〈緇衣〉）

《詩》云：「穆穆文王，於緝熙敬止。」爲人君止於仁，爲人臣止於
敬，爲人子止於孝，爲人父止於慈，與國人交止於信。（〈大學〉）

鄭注〈緇衣〉，以「於緝熙敬止」之「止」爲「容止」，即儀容舉止，這是配
合禮文中所強調的謹言慎行來注解。鄭注〈大學〉則說：「此美文王之德光明，
敬其所自止處。」改以「止」爲「自止處」，這是配合禮文中所強調的「止於
仁」、「止於敬」等等來注解。顯然，對於同一則《詩》句，鄭玄是隨著引用
者的語境的改變而賦予的不同解釋。至於鄭《箋》則與兩處《注》語皆異，
以「止」爲語氣助詞。〔註73〕其實，《注》、《箋》對「止」字的三種解釋，皆
能合於〈文王〉該章的意旨。

（3）《大雅・文王》：「上天之載，無聲無臭。」

《禮記・中庸》第三十三章（蔚按：依朱熹《集註》）引這段《詩》句來形容
「以德化民」的最高境界。鄭《注》云：「載讀曰『栽』，謂生物也。……上
天之造生萬物，人無聞其聲者，亦無知其臭氣者。」《毛傳》訓「載」爲「事」，
鄭《箋》不從，云：「天之道，難知也。耳不聞聲音，鼻不聞香臭。」〔註74〕
改以「載」爲「道」。

〈中庸〉第二十六章有云：「天地之道，可一言而盡也：其爲物不貳，則
其生物不測。」第十七章也說：「天之生物，必因其材而焉。」生物不測，與
無聲無臭義近。鄭《注》以「載」爲「栽」，作生物解，應該是配合這幾處禮
文爲說。

（4）《大雅・旱麓》：「莫莫葛藟，施于條枚；凱弟君子，求福不回。」

《禮記・表記》引這段《詩》句來說明君子恭儉畏義，「求以事君，得之
自是，不得自是，以聽天命」的道理；引《詩》之後，又云：「其舜、禹、文
王、周王之謂與！」鄭《注》云：「言樂易之君子，其求福修德以俟之，不爲
回邪之行以要之，如葛藟之延蔓於條杖，是其性也。」鄭《箋》云：「葛也，
藟也，延蔓於木之枝本而茂盛。喻子孫依緣先人之功而起。……不回，不違

〔註73〕 見《毛詩正義》，卷 16 之 1，頁 535。
〔註74〕 見《毛詩正義》，卷 16 之 1，頁 537。

先祖之道。」〔註75〕〈旱麓〉是首祭祀詩,對於葛藟延蔓於樹枝的象徵意義,鄭《箋》的解釋並無不妥。不過,桂文燦說:「夫以回為違先祖之道,必加數字而義始通。《詩》止言不回,何以知其為不違先祖之道乎?《記》注直捷,勝於《箋》矣。」〔註76〕

(5)·《大雅·板》:「先民有言,詢于芻蕘。」

《禮記·坊記》引這段《詩》句來說明「下酌民言,則下天上施。」鄭《注》云:「先民,謂上古之君也。詢,謀也。芻蕘,下民之事也。言古之人君將有政教,必謀之庶民乃施之。」《注》訓「言」為政教,又以「上古之君」與「庶民」相對,係配合禮文「下酌民言」之義。鄭《箋》曰:「古之賢者有言:有疑事當與薪采者謀之。」〔註77〕《箋》以「言」為先賢的遺訓、格言,「先民有言」即「先民有曰」、「先民有云」。

2、《禮記》用《詩》斷章曲說,有違本義者

(1)《邶風·谷風》:「采葑采菲,無以下體,德音莫違,及爾同死。」

《禮記·坊記》云:

> 子云:君子不盡利以遺民。……故君子仕則不稼,田則不漁;食時不力珍,大夫不坐羊,士不坐犬。《詩》云:「采葑采菲,無以下體,德音莫違,及爾同死。」以此坊民,民猶忘義而爭利,以亡其身。

由禮文可知,引《詩》只取「采葑采菲,無以下體」兩句。鄭《注》云:

> 葑,蔓菁也。陳、宋之間謂之「葑」。菲,蕓類也。下體,謂其根也。采葑菲之菜者,采其葉而可食,無以其根美則並取之,苦則棄之。並取之,是盡利也。此詩故親、今疏者,言人之交,當如采葑采菲,取一善而已。君子不求備於一人,能如此,則德美之音不離令名,我願與女同死矣。《論語》曰:「故舊不求備於一人,則不棄也。」

鄭玄首先說明用《詩》之義在於「並取之,是盡利也」,這符合〈坊記〉所謂的「忘義而爭利」。然而,〈谷風〉的本義是藉這兩句來控訴丈夫因妻子年老色衰而棄離她,不顧念夫婦之禮與妻子的其他美德。鄭《箋》云:「此二菜者,

---

〔註75〕 見《毛詩正義》,卷16之3,頁560。
〔註76〕 見桂文燦:〈鄭氏詩箋禮注異義攷〉,頁133。
〔註77〕 見《毛詩正義》,卷17之4,頁633。

蔓菁與葍之類也，皆上下可食。然而其根有美時，有惡時，采之者不可以根惡時並棄其葉。喻夫婦以禮義合，顏色相親，亦不可以顏色衰，棄其相與之禮。」〔註78〕顯然〈坊記〉用《詩》是斷章曲說，與《詩》篇原義不符。

《注》語「此詩故親、今疏者」之後，是鄭玄額外說明的部分，與禮文不相干，只是為了補充《詩》句的本義或引申義是勸誡「君子之交，不求備於一人」。可能鄭《注》是將夫婦離絕之本事，引申到朋友相交的道理上。不過，這也和鄭《箋》相異。值得注意的是，鄭玄在「用詩之義」之後，再補充他所理解的「本義」，顯然他明白《禮記》在此不用《詩》句的原旨。

（2）《曹風·蜉蝣》：「心之憂矣，於我歸說。」

《禮記·表記》引用這段《詩》句來說明「君子不以口譽人，則民作忠」的道理。鄭《注》云：「欲歸其所說忠信之人也。」〈表記〉首章有云：「歸乎！……（君子）不言而信。」〈表記〉引《詩》，斷章曲說，牽合「說」字與「不以口譽人」之意。鄭《注》配合之，又參考〈坊記〉首章之義，以「歸說」為歸說忠信之人。

〈蜉蝣〉共三章，各章末句分別是：「于我歸處」、「于我歸息」、「于我歸說」。處、息、歸三字應當義近，因此鄭《箋》云：「說猶舍息也。」〔註79〕

（3）《小雅·小宛》：「明發不寐，有懷二人。」

《禮記·祭義》說文王於忌日，思親必哀，「如見親之所愛，如欲色然，其文王與？《詩》云：『明發不寐，有懷二人。』文王之詩也。」鄭《注》云：「二人，謂父母也。」係依禮文為釋，並非本義。鄭《箋》認為〈小宛〉是大夫刺厲王，而感懷於文、武二王，因此以「二人」為文王與武王。

〈小宛〉詩，當如朱熹《詩集傳》所言，是「大夫遭時之亂，而兄弟相戒以免禍之詩。」故首章所謂「我心憂傷，念昔先人。明發不寐，有懷二人」之「二人」，應該是周室祖先中的兩位賢人聖君。〈祭義〉顯然斷章曲說。

王念孫有不同的意見，云：『『文王之詩也』，『詩』當作『謂』。鄭於此句無注，則所見本必作『文王之謂』，若作『文王之詩』，則與《詩》義不合，不得無注。《家語·哀公問政篇》：『《詩》云："明發不寐，有懷二人。"則文王之謂與？』王肅注曰：『假此詩以喻文王』，是肅所見本尚不誤。」〔註80〕

〔註78〕 見《毛詩正義》，卷2之2，頁89。
〔註79〕 見《毛詩正義》，卷7之3，頁269。
〔註80〕 轉引自朱彬：《禮記訓纂》（北京：中華書局，1996年），卷24，頁704。

（4）《大雅·皇矣》：「予懷明德，不大聲以色。」

《禮記·中庸》有云：君子「不怒而民威於鈇鉞」，又引《詩》說明「聲色之于化民，末也。」鄭《注》云：「言我歸有明德者，以其不大聲爲嚴厲之色以威我也。」以「聲」與「色」爲粗聲厲色。《毛傳》與鄭《注》相同，亦云：「不大聲見於色。」鄭《箋》不從，改云：「不虛廣言語，以外作容貌。」〔註81〕

〈皇矣〉第七章：「帝謂文王，予懷明德，不大聲以色，不長夏以革。」不論是不虛廣言語，或不大聲作嚴厲色以威民，都是「明德」之君的作爲。然而「予懷明德」之予，是天帝所言，《注》以爲是民言，顯然是配合〈中庸〉斷章爲說。

（5）《大雅·桑柔》：「民之貪亂，寧爲荼毒。」

《禮記·坊記》引用這段《詩》句來論述人們好亂，須用制度加以防範。鄭《注》云：「言民之貪亂者，安其荼毒之行。惡之也。」〈桑柔〉第七章有云：「天降喪亂，滅我立王。」第十一章又云：「民之貪亂，寧爲荼毒。」鄭《箋》解釋說：「天下之民，苦王之政，欲其亂亡，故安爲苦毒之行，相侵暴慍恚使之然。」〔註82〕〈桑柔〉本義，係指人民性好安寧，然苦於厲王暴政，欲以天下亂而喪滅此王。這種玉石俱焚，以求暴政滅亡的思想，與《尚書·湯誓》所謂「時日曷喪·予及汝皆亡」接近，〔註83〕可知鄭《箋》的解釋應無不妥。〈坊記〉係斷章取義，鄭《注》申說之，與原旨無關。

3、《禮記》以《詩》譬喻，改變喻體者

（1）《豳風·伐柯》：「伐柯伐柯，其則不遠。」

《禮記·坊記》引之以說明「道不遠人，人之爲道而遠人，不可以爲道。」鄭《注》云：「則，法也。言持柯以伐木，將以爲柯近。以柯爲尺寸之法，此法不遠，人尚遠之。明爲道不可以遠。」《毛傳》云：「以其所願乎上交乎下，以其所願乎下事乎上，不遠求也。」以治國之法，當以禮義。鄭《箋》不從，改云：「伐柯者必用柯，其大小長短取法於柯，所謂不遠求也。王欲迎周公使還，其道亦不遠，人心足以知之。」〔註84〕是以持柯伐木來說明成王

〔註81〕　見《毛詩正義》，卷16之4，頁573。
〔註82〕　見《毛詩正義》，卷18之2，頁657。
〔註83〕　見《尚書注疏》，卷8，頁108。
〔註84〕　見《毛詩正義》，卷8之3，頁301。

－99－

欲迎周公以還，觀民心即知可行。何以《注》、《傳》、《箋》三者的詮釋不同，可能是詩句本是設譬之辭，其上下詩文也未交代明確事件背景或用義，因此〈中庸〉取之以喻道不遠人；《毛傳》取之，以喻禮義由己；鄭《箋》取之，以說明成王觀民心，可知百姓欲還迎周公。

（2）《小雅・正月》：「潛雖伏矣，亦孔之昭。」

《禮記・中庸》引之以說明「君子之道闇然而章」與「君子內省不疚，無惡於志。」鄭《注》：「言聖人雖隱遯，其德亦甚明明矣。疚，病也。君子自省，身無愆病，雖不遇世，亦無損害於已志。」以聖人之德，不因隱遯不遇世而有損，依舊昭然若揭。

〈正月〉第十一章云：「魚在于沼，亦匪克樂，潛雖伏矣，亦孔之炤。憂心慘慘，念國之為虐！」鄭《箋》解釋說：「池魚之所樂而非能樂，其潛伏於淵，又不足以逃，甚炤炤易見。以喻時賢者在朝廷，道不行無所樂，退而窮處，又無所止也。」〔註85〕所謂「亦孔之炤」，《注》配合禮文，解釋為其德自彰明，《箋》則解釋為水清自現而無處藏躲安身，兩者不同。〈中庸〉係斷章取譬，喻義難以符合全章詩義。

（3）《大雅・旱麓》：「鳶飛戾天，魚躍于淵。」

《禮記・中庸》云：「故君子語大，天下莫能載焉；語小，天子莫能破焉。《詩》云：『鳶飛戾天，魚躍于淵。』」言其上下察也。」引《詩》以喻君子之道既廣大又隱微。鄭《注》云：「言聖人之德至於天，則『鳶飛戾天』；至於地，則「魚躍于淵」，是其著明於天地也。」《毛傳》曰：「上下察也。」係根據〈中庸〉為說。鄭《箋》不從，改云：「鳶，鴟之類，鳥之貪惡者也，飛而至天，喻惡人遠去，不為民害也。魚跳躍於淵中，喻民喜得所。」〔註86〕

〈旱麓〉第三章云：「鳶飛戾天，魚躍于淵。豈弟君子，遐不作人。」作人，指培育人材，鳶飛魚躍應是比喻人材各得其所。鄭《箋》的解釋顯然較符合全章的意旨。〈中庸〉顯然是斷章取譬，《注》語又申說之，自然與鄭《箋》相異。

4、《禮記》引《詩》有異文者

《禮記》所引《詩》文，與《毛詩》相較，若屬於聲韻通假或古今字之

〔註85〕 見《毛詩正義》，卷12之1，頁400。
〔註86〕 見《毛詩正義》，卷16之3，頁560。

關係，通常是字異義同，或義近。以下所談的，並非這一類，而是文字相異，句義也隨之大相逕庭的情況。舉五例如下：

（1）《邶風・谷風》：「我今不閱，皇恤我後。」

《禮記・表記》引這段《詩》句以說明「終身之仁」。鄭《注》云：「我今尚恐不能自容，何暇憂我後之人乎。」今，《毛詩》作「躬」；今、躬雙聲。鄭《箋》訓「躬」爲「身」，言「我身尚不能自容，何暇憂我後所生子孫也。」〔註87〕禮文作「今」，鄭《注》解釋爲現今。《毛詩》作「躬」，鄭《箋》解釋爲自身。

（2）《衛風・氓》：「爾卜爾筮，履無咎言。」

《禮記・坊記》云：「善則稱人，過則稱己，則民不爭」，並引《詩》說明。鄭《注》云：「爾，女也。履，禮也。言女鄉卜筮，然後與我爲禮，則無咎惡之言矣。言惡在己，彼過淺。」《爾雅・釋言》亦有云：「履，禮也。」〔註88〕履，《毛詩》作「體」，《毛傳》曰：「體，兆卦之體」〔註89〕，鄭《箋》依從之，與鄭《注》相異。桂文燦說：「『履，禮』雖爲古義，然男女相奔尚云爲禮，豈其然邪？《箋》說得之。」〔註90〕

（3）《小雅・隰桑》：「心乎愛矣，瑕不謂矣？中心藏之，何日忘之？」

《禮記・表記》引之以言「事君欲諫不欲陳。」鄭《注》云：「瑕之言胡也。謂，猶告也。」瑕不，即胡不，表疑問。瑕，《毛詩》作「遐」，《箋》訓爲「遠」。「謂」，《注》訓爲「告」，符合禮文諫君之說；《箋》則訓爲「勸」、勤思。鄭《箋》云：「我心愛此君子，君子雖遠在野，豈能不勤思之乎？」〔註91〕其實，遐與瑕皆從「叚」得聲，可相通借。《箋》從本字解釋，顯得牽強，不若《注》語爲勝。

（4）《大雅・假樂》：「嘉樂君子，憲憲令德。」

《禮記・中庸》引之。鄭《注》云：「憲憲，興盛之貌。」《毛詩》作「顯顯」，鄭《箋》云：「顯，光也。」〔註92〕兩者文、義雖異，仍可相通。

〔註87〕　見《毛詩正義》，卷2之2，頁90。
〔註88〕　見《爾雅注疏》，卷3，頁39。
〔註89〕　見《毛詩正義》，卷3之3，頁135。
〔註90〕　見桂文燦：〈鄭氏詩箋禮注異義攷〉，頁129。
〔註91〕　見《毛詩正義》，卷15之2，頁515。
〔註92〕　見《毛詩正義》，卷17之3，頁615。

（5）《商頌・烈祖》：「奏假無言，時靡有爭。」

《禮記・中庸》引用這段《詩》句來說明「君子不動而敬，不言而信。」鄭《注》云：「假，大也。此《頌》也。言奏大樂於宗廟之中，人皆肅敬。金聲玉色無有言者，以時太平，和合無所爭也。」〈中庸〉引《詩》，側重於「無言」、「靡有爭」，至於「奏假」一詞該如何解釋，不影響對「不言而信」的引證效果。

奏，《毛詩》作「鬷」，兩者雖然一聲之轉，但《毛傳》以「鬷」為「總」之假借。《毛傳》云：「鬷，總。假，大也。總大無言，無爭也。」總大，指諸侯齊聚。〈烈祖〉首章有云：「既載清酤，賚我思成。亦有和羹，既戒既平，鬷假無言，時靡有爭。」既言「清酤」，又言「和羹」，故鄭《箋》改以「鬷假」為裸獻助祭，諸侯總升堂獻酒之事。《箋》云：「（其在廟中）至於設荐進俎，又總升堂而齊一，皆服其職，勸其事，寂然無言語者，無爭訟也。」〔註93〕另外，《商頌・那》有云：「湯孫奏假，綏我思成。鞉鼓淵淵，嘒嘒管聲。」既言鼓與管，故《鄭箋》云：「湯孫太甲又奏升堂之樂。」〔註94〕與鄭《注》略同。

5、附帶討論者

以下這四則，是附帶提出，與上文的分類無關。

（1）《召南・騶虞》：「于嗟乎騶虞。」

「騶虞」，歷來有兩解，一是天子的掌鳥獸官，一是傳說中白虎黑文、不食生物、不履生草的義獸。鄭玄注解〈鄉射禮〉與〈射義〉兩處樂詩之時，以「嘆思至仁之人以充其官」來闡釋「于嗟乎騶虞」，既言「至仁之人」，又說「充其官」，顯然有以「騶虞」為官名。《禮記》的〈月令〉與〈檀弓〉也有提及「騶」與「虞」，鄭《注》皆作官職解〔註95〕。鄭玄對於「騶虞」，主要取義於鳥獸之官，以賢人、仁者能擔任眾官職，甚至及於甚為微賤的鳥獸之官，來表現天子喜悅官員充備。〔註96〕

〔註93〕　見《毛詩正義》，卷20之3，頁791。
〔註94〕　見《毛詩正義》，卷20之3，頁789。
〔註95〕　〈月令〉云：「令野虞毋伐桑柘。」鄭《注》云：「野虞，主田及山林之官。」〈月令〉又云：「命僕及七騶咸駕。」鄭《注》云：「七騶，謂趣馬主為諸官駕說者也。」〈檀弓〉云：「虞人」，鄭《注》云：「掌山澤之官。」見《禮記正義》，頁304、339、196。
〔註96〕　陳喬樅、王先謙也以鄭注「騶虞」是取其官職之名，與韓、魯說同。見《齊

《毛傳》云：「騶虞，義獸也。白虎黑文，不食生物，有至信之德則應之。」孔穎達〈射義疏〉認爲鄭玄《注》取義於義獸，以騶虞不食生物，是仁的表現，來比喻仁人。〔註97〕孔氏的說法值得商榷，他的闡釋是以《毛傳》的說法爲準。

（2）《小雅・鹿鳴》：「人之好我，示我周行。」

《儀禮・鄉飲酒禮》有云：「工歌〈鹿鳴〉。」鄭《注》：「〈鹿鳴〉，君與臣下及四方之賓燕，講道修政之樂歌也。此釆其已有旨酒，以召嘉賓，嘉賓既來，示我以善道。」最後一句即〈鹿鳴〉中的「示我周行」。鄭《注》以「善道」解釋「周行」。《毛傳》云：「周，至。行，道也。」鄭《箋》不從，云：「『示』當作『寘』。寘，置也。周，周之列位也。好猶善也。人有以德善我者，我則置之於周之列位。言己維賢是用。」〔註98〕以「周行」爲「周之列位」，與鄭《注》不同。

另外，《禮記・緇衣》也有引用〈鹿鳴〉「人之好我，示我周行」來說明「私惠不歸德，君子不自留焉」的道理，意即君子不把不符德義又私下施恩惠之人留在身邊。鄭《注》云：「行，道也。言示我以忠信之道。」以「周行」爲「忠信之道」，這與〈鄉飲酒禮注〉所謂的「善道」相近。

（3）〈肆夏〉（〈時邁〉）：「我求懿德，肆於時夏。」

《周官・春官・鍾師》提及「九〈夏〉」，鄭《注》先引呂叔玉的意見，認爲當中的〈肆夏〉即《周頌》的〈時邁〉，鄭玄不從，認爲九〈夏〉雖是「《頌》之族類」，卻已隨著「樂崩亦從而亡」。然而，在《儀禮・大射》注語裡，鄭玄卻援引呂叔玉的意見爲用，不加反駁。爲何兩處的說法不同？賈公彥解釋說：「以無正文，叔玉或爲一義，故兩解之。」〈大射〉注引呂叔玉的意見，云：「『我求懿德，肆于時夏。』奏此以延賓，其著宣王德，勸賢與！」鄭《箋》云：「我武王求彼之辭，故知求美德之士而用之。」鄭《注》認爲〈時邁〉是顯揚宣王之德，鄭《箋》認爲講武王之事；彼此義異。

詩遺説考》，卷1，頁347；《詩三家義集疏》，卷2，頁119。

〔註97〕 孔穎達云：「『于嗟乎騶虞，歎仁人也』，與《詩》義同也。以騶虞不食生物，故云于嗟乎其仁人。」這裡所謂的「與《詩》義同」，指與《毛詩序》與《毛傳》同。見《禮記正義》，卷62，頁1015。

〔註98〕 見《毛詩正義》，卷9之2，頁315。事實上，《周南・卷耳》首章有云：「寘彼周行」，《毛傳》云：「寘，置；行，列也。思君子官賢人，置周之列位。」〈緇衣〉的鄭《箋》應該是根據〈卷耳〉的《毛傳》爲説。

（4）《商頌》

《禮記·樂記》云：「愛者宜歌《商》。」鄭《注》云：「《商》，宋詩也。」關於《商頌》的創作時代，《毛詩》說認為作於殷商之時，之後由西周後期的宋國大夫正考甫從周大師處得到，〔註99〕鄭《注》則直接說是西周後期宋國的詩歌。

（二）鄭《注》不必盡合禮文，仍與鄭《箋》義異者

鄭玄雖然是根據禮文語境的線索在解釋《詩》句，但是禮文若過於簡晦，無法明確地約束《詩》句的詮釋方式，鄭玄則會根據自己的理解來注解《詩》句，當中的意見不必盡合於禮文。另一種情況，是《禮記》僅是應用《詩》句的大意，雖有明確的語境，卻沒有針對《詩》文當中部分的字、詞或句子之意義提供明確的線索。此時，鄭《注》若翻譯全段《詩》句，或訓解字詞，自然會加入他自己的理解，也就是他本有的、熟習的《詩》說。以下舉例說明：

1、《周南·采葛》：「服之無射。」

《禮記·緇衣》引之以言「人苟或言之必聞其聲，苟或行之必見其成」，即人凡有行，必有其驗。鄭《注》云：「言己願采葛以為君子之衣，令君子服之無厭。言不虛也。」孔穎達解釋說：「言君子實得其服而不虛也。」〔註100〕射，《毛詩》作「斁」；射為斁之假借字。〈采葛〉第二章云：「是刈是濩，為絺為綌，服之無斁。」鄭《箋》云：「服，整也。女在父母之家，未知將所適，故習之以絺綌煩辱之事，乃能整治之無厭倦，是其性貞孝。」〔註101〕鄭《箋》是配合《毛詩序》為說，認為「服之無射（斁）」是指女兒在父母家，未出嫁之事。鄭《注》之意，似以此為出嫁以後之事。然而，將《注》語的意思置於〈采葛〉一詩之中，乃不違本旨，因為《詩》篇末句是「歸寧父母」。而且，「服」字也可解釋為服用、穿戴，不必然是作「整治」解釋。

2、《周南·桃夭》：「桃之夭夭，其葉蓁蓁。之子于歸，宜其家人。」

《禮記·大學》引之以言「治國在齊其家」。鄭《注》云：「『之子』者，是子也。」〈大學〉只說齊家治國，對於「之子」的解釋，自然是鄭玄本有的

〔註99〕 見《商頌·那》詩序。

〔註100〕 見《禮記正義》，卷55，頁934～935。

〔註101〕 見《毛詩正義》，卷1之1，頁30～31。

理解。《毛傳》云：「之子，嫁子也。」鄭《箋》依從之。馬瑞辰以《注》語為勝，云：「《爾雅‧釋詁》如、適、之、嫁並訓為往，《傳》以之與嫁同義，故以之子為嫁子。然《詩》言『之子』甚多，如『之子于征』之類，不得訓為嫁，當從《釋訓》為『是子』。」〔註102〕

3、《邶風‧燕燕》：「先君之思，以畜寡人。」

《禮記‧坊記》引之以說明「利祿先死者而後生者，則民不偝。」鄭《注》云：「此衛夫人定姜之詩也。定姜無子，立庶子衎，是為獻公。畜，孝也。獻公無禮於定姜，定姜作詩，言獻公當思先君定公，以孝於寡人。」獻公無禮於定姜之事，見於《左傳‧襄公十四年》，卻未明言定姜作此詩。鄭《注》的說法，不是來自於〈坊記〉，應是他本有的《詩》說。

畜，《毛詩》作勖，《毛傳》：「勖，勉也。」《毛詩序》以〈燕燕〉為衛莊姜送歸妾戴媯之詩，鄭《箋》云：「戴媯思先君莊公之故，故將歸猶勸勉寡人以禮義。寡人，莊姜自謂也。」〔註103〕與鄭《注》義異。

4、《鄘風‧鶉之奔奔》：「鵲之姜姜，鶉之賁賁；人之無良，我以為君。」

《禮記‧表記》引之以說明「君命順則臣有順命，君命逆則臣有逆命。」鄭《注》云：「姜姜、賁賁，爭鬥惡貌也。良，善也。言我以惡人為君，亦使我惡如大鳥『姜姜』於上，小鳥『賁賁』於下。」意即：君主若有違背義理的命令，臣下應該違命不從，不可像鵲、鶉爭鬥一般，君上為惡，臣下亦隨之為惡。事實上，「鵲之姜姜，鶉之賁賁」的意思如何解釋，禮文語境的線索並不明確，鄭玄是依自己的理解為說。

《毛詩》作「鵲之彊彊，鶉之奔奔。」《毛詩釋文》云：「彊音姜」，《禮記釋文》云：「賁音奔」。〔註104〕鄭《箋》根據《毛詩序》，以〈鶉之奔奔〉為宣姜與公子頑淫亂之詩，云：「奔奔，彊彊，言其居有常匹，飛則相隨之貌。刺宣姜與頑非匹耦。」〔註105〕與鄭《注》義異。另外，「我以為君」之「君」，鄭《箋》解釋為為「小君」，即定姜。鄭《注》配合禮文，以「君」為士受命於君之君。

5、《鄘風‧相鼠》：「相鼠有體，人而無禮；人而無禮，胡不遄死。」

〔註102〕見馬瑞辰：《毛詩傳箋通釋》，卷2，頁54～55。
〔註103〕見《毛詩正義》，卷2之1，頁78。
〔註104〕見《禮記正義》，卷54，頁919。
〔註105〕見《毛詩正義》，卷3之1，頁114。

《禮記・禮器》引之以說明禮的重要，「失之者死，得之者生。」鄭《注》云：「言鼠之有身體，如人而無禮者矣。人而無禮，可憎賤如鼠，不如疾死之愈。」《毛傳》云：「體，支體也。」〔註106〕鄭《箋》依從之，與鄭《注》以「體」為身體、全體者不同。

〈禮器〉引《詩》的重點在「人而無禮，胡不遄死」兩句，至於「體」字該如何理解，上下文都沒有提供線索。由此可知，鄭玄以「體」為「身體」，是他在當時本有的理解。〈相鼠〉共三章，各章首句依次為「相鼠有皮」、「相鼠有齒」、「相鼠有體」。孔穎達《毛詩正義》認為皮與齒不指全體，因此末章之「體」，亦不為「遍體」，故以《毛傳》之義為勝。

6、《曹風・侯人》：「惟鵜在梁，不濡其翼；彼記之子，不稱其服。」

《禮記・表記》引之以言「君子恥服其服而無其容」。鄭《注》云：「鵜胡，污澤也。污澤善居泥水之中，在魚原以不濡其翼為才，如君子以稱其服為有德。」鄭《箋》云：「鵜在梁，當濡其翼，而不濡者，非其常也。以喻小人在朝亦非其常。不稱者，言德薄而服尊。」〔註107〕鄭《注》以鵜為善，居於梁而能不濡其翼為才，以喻君子稱其服。鄭《箋》以鵜為惡鳥，不濡其翼是反常的，以喻小人德薄服尊，不稱其服。事實上，〈表記〉的作者對於鵜鳥的觀感是善是惡？無法從禮文中得知；而且引《詩》的重點在末二句，對於前兩句興譬之辭是正喻或反喻，鄭《注》顯然不受其影響，應當是他本有的看法。

7、《小雅・節南山》：「誰能秉國成，不自為正，卒勞百姓。」

《禮記・緇衣》引之以說明「民以君為心，君以民為體」，君主若不莊重肅敬，人民將使他滅亡。鄭《注》云：「成，邦之『八成』也。誰能秉行之，不自以所為者正，盡勞來百姓憂念之者與？疾時大臣專功爭美。」鄭玄對「八成」的解釋，係根據《周官・小宰》所謂「掌官府之八成」，〔註108〕〈緇衣〉的上下文沒有提供這層線索。《毛傳》云：「成，平也。」鄭《箋》云：「誰能持國之平乎？」即執國政，與鄭《注》義異。另外，「不自為正」之「正」，《毛詩》字作「政」，故鄭《箋》云：「昊天不自出政教」，〔註109〕與鄭《注》亦異。

〔註106〕見《毛詩正義》，卷3之2，頁123。
〔註107〕見《毛詩正義》，卷7之3，頁270。
〔註108〕見《周禮注疏》，卷3，頁44。
〔註109〕見《毛詩正義》，卷12之1，頁396。

8、《小雅・正月》:「彼求我則,如不我則;執我仇仇,亦不我力。」

《禮記・緇衣》引之以言「大人不親其所賢」。鄭《注》云:「言君始求我,如恐不得我。既得我,持我仇仇然不堅固,亦不力用我。」所謂「不堅固」,即不急切地任用賢人。對於「執我仇仇」該如何解釋,〈緇衣〉沒有提供明確的線索。《毛傳》云:「仇仇,猶警警也。」鄭《箋》云:「王既得我,執留我,其禮待我警警然,亦不問我在位之功力。」〔註110〕《爾雅・釋訓》云:「仇仇,敖敖,傲也。」〔註111〕警警有傲慢賢者之意。綜上所述,《注》、《箋》對「仇仇」的解釋不同,一是指不堅固貌,一是指敖慢貌。對於「不我力」的解釋也不同,一是指「不力用我」,一是指「不問我在位之功力。」

9、《小雅・巧言》:「匪其止共,惟王之邛。」

《禮記・緇衣》有云:「下難知則君長勞」,又引《詩》以說明「臣儀行,不重辭,不援其所不及,不煩其所不知,則君不勞矣。」鄭《注》云:「言臣不止於恭敬其職,惟使王之勞。此臣使君勞之詩。」鄭《箋》云:「小人好為讒佞,既不共其職事,又為王作病。」〔註112〕《注》、《箋》相異,在於對「止」字的解釋;鄭《箋》以「止」為語氣助詞,鄭《注》則訓為停止,作動詞。〈緇衣〉引《詩》,重是「匪共」及「王邛」的部分,沒有對「止」字的詮釋造成約束,鄭《注》對「止」字的解釋應該是他本有的《詩》說。

10、《小雅・都人士》:「彼都人士,狐裘黃黃,其容不改,出言有章,行歸于周,萬民所望。」

《禮記・緇衣》引之以言「長民者,衣服不貳,從容有常。」對於「狐裘黃黃」的意思,〈緇衣〉的上下文沒有交代。鄭《注》:「黃衣,則狐裘大蜡之服也。」鄭《注》係根據〈郊特牲〉與《論語》為說。〈郊特牲〉有云:「黃衣、黃冠而祭,息田夫。」〔註113〕主祭者穿著大蜡之服,即象徵草木黃落的黃衣,來饗祭先祖,慰勞農民以休息之。《論語・鄉黨》亦云:「黃衣狐裘」。〔註114〕鄭《箋》云:「冬則衣狐裘,黃黃然取溫裕而已。」〔註115〕衣裘之上,尚須有褐衣,故知取其溫裕而已。此與鄭《注》義異。

〔註110〕見《毛詩正義》,卷12之1,頁399。
〔註111〕見《爾雅注疏》,卷4,頁56。
〔註112〕見《毛詩正義》,卷12之3,頁424。
〔註113〕見《禮記正義》,卷26,頁501。
〔註114〕見《論語注疏》,頁10。
〔註115〕見《毛詩正義》,卷15之2,頁510。

11、《大雅・文王》:「殷之未喪師,克配上帝。儀監于殷,峻命不易。」

《禮記・大學》引之以言「道得眾則得國,失眾則失國。」鄭《注》云:「言殷王帝乙以上,未失其民之時,德亦有能配天者,謂天享其祭祀也。及紂爲惡,而民怨神怒,以失天下。監視殷時之事,天之大命,得之誠不易也。」《毛詩》作「宜鑒於殷,駿命不易。」鄭《箋》云:「殷自紂父之前,未喪天下之時,皆能配天而行,故不亡也。宜以殷王賢愚爲鏡。天之大命,不可改易。」〔註116〕《注》、《箋》相異,集中於後兩句。《注》以「不易」之「易」爲難易之易,《箋》則作「改易」。至於「宜鑒」與「儀監」,則因異文而解釋不同。

12、《大雅・大明》:「惟此文王,小心翼翼,昭事上帝,聿懷多福,厥德不回,以受方國。」

《禮記・表記》引之以說明君子「有君民之大德,有事君之小心。」鄭《注》解釋甚詳,唯「懷」字與鄭《箋》相異。《注》訓「懷」爲至,「言述行上帝之德,以至於多福也。」鄭《箋》訓爲「思」,言述行天之道,欲思得多福。〔註117〕《爾雅・釋詁》裡,「懷」字也有「至」與「思」兩義。〔註118〕

13、《大雅・文王有聲》:「匪棘其猶,聿追來孝。」

《禮記・禮器》引之以言「禮,時爲大。」對《詩》句的詮釋,沒有提供具體的線索。鄭《注》云:「革,急也。猶,道也。聿,述也。言文王改作者,非必欲急行己之道,乃追述先祖之業,來居此爲孝。」《毛詩》作「匪棘其欲,遹追來孝。」革與棘皆爲亟的借字,遹與聿則是古今字;彼此字異而義同。鄭《箋》云:「遹,述也。所述者,謂大王、王孝也。……棘,急;來,勤也。文王受命而猶不自足,築豐邑之城,……此非急成從己之欲,欲廣都邑,乃述追王季勤孝之行,進其業也。」〔註119〕

《注》、《箋》相異,在於「猶/欲」與「來」兩處。皮錫瑞云:「一云行己之道,一云從己之欲,『猶』、『欲』二字,於義稍殊。」〔註120〕桂文燦云:「猶、欲爲通字,而《箋》、《注》隨文異訓。」〔註121〕不過,馬瑞辰認爲猶

〔註116〕見《毛詩正義》,卷16之1,頁537。
〔註117〕見《毛詩正義》,卷16之2,頁542。
〔註118〕見《爾雅注疏》,頁7與22。
〔註119〕見《毛詩正義》,卷16之5,頁583。
〔註120〕見皮錫瑞:《鄭志疏證》,卷6,頁14。
〔註121〕見桂文燦:〈鄭氏詩箋禮注異義攷〉,頁133。

是欲的假借,《注》誤訓爲道。〔註122〕其實,猶、猷音同通用,〈板〉「爲猶不遠」、〈抑〉「遠猶辰告」、〈巧言〉「秩秩大猷」、〈角弓〉「君子有徽猷」這幾處,《毛傳》或鄭《箋》都訓爲「道」。〔註123〕另外,《注》以「來」爲「來居」,《箋》訓爲「勤」,即誠懇努力的意思。

14、《大雅・文王有聲》:「豐水有芑,武王豈不仕,詒厥孫謀,以燕翼子,武王烝哉。」

《禮記・表記》引之,僅用以說明「數世之仁」,即施及好幾代人的仁義。〈表記〉對此沒有再交代其他歷史背景,因此鄭玄有很大的空間可以詮釋,不必侷限於禮文。鄭《注》云:「芑,枸檵也。仕之言事也。詒,遺也。燕,安也。烝,君也。言武王豈有不念天下之事乎?如豐水之有芑矣,乃遺其後世之子孫以善謀,以安翼其子也。君哉武王,美之也。」

《注》、《箋》的不同集中在「詒厥孫謀,以燕翼子」兩句。《毛傳》云:「翼,敬也。」不同於《注》語以「翼」爲保護。鄭《箋》云:「詒,猶傳也。孫,順也。……傳其所以順天下之謀,以安其敬事之子孫,謂使行之也。」〔註124〕《箋》以「孫」爲「順」,即順服治理之義,不作「子孫」解釋。唯下文有「以翼燕子」,已指子孫,則「孫謀」之孫不必是子孫之孫,故《箋》義爲優。

15、《大雅・生民》:「后稷兆祀,庶無罪悔,以迄于今。」

《禮記・表記》引之以言「后稷之祀易富也,其辭恭,其欲儉,其祿及子孫。」以后稷祭祀,態度恭儉。陳啓源《毛詩稽古編》云:「六章『以歸肇祀』,末章『后稷肇祀』,兩肇祀相應,而中間（蔚按:指第七章）皆言祭祀,則定指一祭而言,不得分七章所言爲后稷主祭,末章首五句所言爲人祭后稷也。」〔註125〕陳氏所批評的,正是《注》、《箋》的不同。鄭《注》云:「兆,四郊之祭也。言祀后稷於郊以配天。」〈表記〉原意是后稷舉行祭祀,鄭《注》對《詩》句的解釋卻是:「祀后稷」,這顯然是他本有的《詩》說。

兆,《毛詩》作「肇」。鄭《箋》云:「肇,郊之神位。后稷肇祀上帝於郊,而天下眾民咸得其所,無有罪過也。子孫蒙其福,以至於今,故推以配天焉。」

〔註122〕見馬瑞辰:《毛詩傳箋通釋》,卷24,頁866。
〔註123〕四處詩文分別見於十三經注疏本《毛詩正義》,頁632、645、424、504～505。
〔註124〕見《毛詩正義》,卷16之5,頁584。
〔註125〕見陳啓源:《毛詩稽古編》,頁65。

〔註126〕《注》言祭祀后稷配天，《箋》言后稷祭祀上帝。

16、《大雅・抑》：「無言不讎，無德不報。」

《禮記・表記》引之以言「以德報德則民有所勸，以怨報怨則民有所懲。」鄭《注》云：「讎，猶答也。」〈表記〉用《詩》的重點是放在「無德不報」，對於「無言不讎」的解釋沒有提供線索。《毛傳》訓「讎」為「用」，鄭《箋》不從，改云：「教令之出如賣物，物善則其售賈貴，物惡則售賈賤。德加於民，民則以義報之。」〔註127〕《箋》以「言」為「教令」，以「讎」為讎報物價；意思是說：君王出教令，人民則從其善惡，以應答王也。如同售價隨著商品優劣而有高低之分。鄭《箋》的解釋過於曲迂，不如《注》語直截。

17、《大雅・抑》：「相在爾室，尚不愧于屋漏。無曰不顯，莫予于覯！神之格思，不可度思，矧可射思。」

這段《詩》句被《禮記・中庸》徵引兩次。前兩句被引用來說明「君子不可者，其唯人之所不見」的道理。後三句被引用來說明祭神之事，盡敬而已的道理。《注》、《箋》相異，在於「爾室」的解釋。鄭《注》云：「視女在室獨居者，猶不愧于屋漏。」鄭《箋》云：「諸侯卿大夫助祭，在女宗廟之室，尚無肅敬之心，不慙媿於屋漏。」〔註128〕《注》以「室」為居家室內，《箋》以為「廟室」。觀察〈抑〉詩第七章，《注》、《箋》的講法都說得通。黃山認為：「《詩》以『爾室』言，自指近地。鄭〈中庸注〉：『……』，明非就廟言，……箋《毛》改為『助祭』，反覺其窒。」〔註129〕

18、《大雅・崧高》：「嵩高惟嶽，峻極于天。惟嶽降神，生甫及申。惟申及甫，惟周之翰。四國于蕃，四方于宣。」

《禮記・孔子閒居》引之以言「文、武之德」。鄭《注》云：「言周道將興，五嶽為之生賢輔佐仲山甫及申伯，為周之幹臣，天下之蕃衛，宣德於四方，以成其王功。『此文、武之德也』，是文王、武王奉天地無私之德也。此宣王詩也。文王之時，其德如此，而《詩》無以言之，取類以明之。」鄭《注》以「甫」為「仲山甫」，以「申」為「申伯」，兩人為宣王時臣。

鄭《箋》云：「申，申伯也。甫，甫侯也。皆以賢知入為周之楨幹之臣。……

〔註126〕見《毛詩正義》，卷17之1，頁596。
〔註127〕見《毛詩正義》，卷18之1，頁647。
〔註128〕見《毛詩正義》，卷18之1，頁647。
〔註129〕轉引自王先謙：《詩三家義集疏》，卷23，頁937。

甫侯相穆王，訓夏贖刑，美此俱出四嶽，故連言之。」〔註130〕《箋》以「申」
爲「申伯」，宣王時大臣，同於鄭《注》；以「甫」爲「甫侯」，周穆王時大
臣，與鄭《注》所說不同。另外，「惟嶽降神」，《注》作「五嶽」（山岳名），
以申、甫兩人爲五嶽降神所生。《毛傳》則解釋爲「四嶽」，以申、甫兩人爲
唐虞時四嶽（官名）的後裔。

19、《周頌・清廟》：「不顯不承，無斁於人斯。」

《禮記・大傳》引之以說明尊祖敬宗，「禮俗刑然後樂」的道理。鄭《注》
云：「言文王之德，不顯乎？不承成先人之業乎？言其顯而承之，人樂之無厭
也。」「斁」，《毛詩》作「射」。《毛詩序》以〈清廟〉爲周公祭祀文王。鄭《箋》
云：「是不光明文王之德與？言其光明之也。是不承順文王志意與？言其承順
之也。此文王之德，人無厭之。」〔註131〕《注》認爲是文王能承顯先人之業，
《箋》則說是周公與助祭的諸侯們光明承順文王的志意；《注》是承顯先人，
《箋》是承顯文王，兩者不同。胡承琪云：「《詩》頌文王，當是美文王之德。
下篇即云『於乎不顯，文王之德之純。』則以『不顯不承』爲美文王者，於
義爲優也。」〔註132〕

20、《周頌・烈文》：「不顯惟德，百辟其刑之。」

《禮記・中庸》引之以言「君子不賞而民勸，不怒而民威於鈇鉞。」鄭
《注》訓「辟」爲「君」，又云：「言不顯乎文王之德，百君盡刑之，謂諸侯
法之也。」《注》以「辟」爲君，即諸侯。根據《毛詩序》，〈烈文〉是成王
祭祖，又誡勉助祭的諸侯。〔註133〕〈烈文〉云：「無競維人，四方其訓之。
不顯維德，百辟其刑之。」鄭《箋》訓「四方」爲天下諸侯，訓「百辟」爲
卿大夫。〔註134〕與《注》訓爲「君／諸侯」不同。馬瑞辰分析說：「《爾雅・
釋詁》：『辟，君也。』天子諸侯皆有君號，故通稱爲辟。天子曰『辟王』，《詩》
『載見辟王』是也。諸侯則曰『辟公』，此詩『烈文辟公』、〈雍〉詩「相維
辟公」是也。」〔註135〕可知鄭《箋》以辟爲卿大夫，不若《注》語爲勝。

〔註130〕見《毛詩正義》，卷18之3，頁669。
〔註131〕見《毛詩正義》，卷19之1，頁707。
〔註132〕見胡承琪：《毛詩後箋》，《續修四庫全書》經部詩類第67冊（上海：上海古
　　　　籍出版社，1995年），卷26，頁712。
〔註133〕〈烈文〉序云：「成王即政，諸侯助祭也。」見《毛詩正義》，卷19之1，頁
　　　　710。
〔註134〕見《毛詩正義》，卷19之1，頁712。
〔註135〕見馬瑞辰：《毛詩傳箋通釋》，卷28，頁1048。

21、《周頌‧昊天有成命》:「夙夜其命宥密。」

《禮記‧孔子閒居》引之以說明「三無」之「無聲之樂」。鄭《注》云:「《詩》讀『其』為『基』,聲之誤也。基,謀也。密,靜也。言君夙夜謀為政教以安民,則民樂之,此非有鐘鼓之聲也。」其,《毛詩》作「基」。《毛傳》曰:「基,始。命,信。」鄭《箋》曰:「(文王、武王)早夜始信順天命,不敢解倦,行寬仁安靜之政以定天下。」〔註136〕對於於「基命」兩字,鄭《注》解釋為「謀為政教」,鄭《箋》解釋為「始信順天命」。

22、《商頌‧長發》:「帝命不違,至於湯齊。湯降不遲,聖敬日齊。昭假遲遲,上帝是祇。帝命式於九圍。」

《禮記‧孔子閒居》引之以言「湯之德。」鄭《注》云:「帝,天帝也。《詩》讀『湯齊』為『湯躋』。躋,升也。降,下也。齊,莊也。昭,明也。假,至也。祇,敬也。式,用也。九圍,九州之界也。此《詩》云:殷之先君,其為政不違天之命,至於湯升為君。又下天之政教甚疾,其聖敬日莊嚴,其明道至於民遲遲然安和,天是用敬之,命之用事於九州,謂使王也。」

《毛詩》用字,唯「聖敬日躋」與《禮記》不同。毛傳「至於湯齊」曰:「至湯而與天心齊。」傳「聖敬日躋」曰:「躋,升也。」鄭《箋》云:「帝命不違者,天之所以命契之事,世世行之,其德浸大,至於湯而當天心。降,下。假,暇。祇,敬。式,用也。湯之下士尊賢甚疾,甚聖敬之德日進。然而以其德聽明寬暇天下之人遲遲然。言急於已而緩於人,天命是故愛敬之也。天於是又命之,使用事於天下。言王之也。」〔註137〕

《注》、《箋》義異,有下列幾處。「至於湯齊」,《注》改讀為「湯躋」,解釋為湯升為君;《毛傳》、《箋》則解釋為與天心齊。「湯降不遲」,《注》解釋為下天之政教甚疾,《箋》解釋為「下士尊賢甚疾」。「聖敬日齊」,《注》訓「齊」為莊,《箋》訓「齊」為升進。「昭假遲遲」,《箋》訓「假」為「至」,云「以明道至於民」;《箋》訓「假」為「暇」,云「聽明寬暇天下之人」。

二、《三禮注》引《詩》的部分

鄭玄《三禮注》引《詩》,對《詩》句的理解與應用是根據他本有的、熟習的《詩》說,而非受限於三《禮》的語境。因此,若《注》、《箋》義異,

〔註136〕見《毛詩正義》,卷19之2,頁716。
〔註137〕見《毛詩正義》,卷20之4,頁801。

原因應是兩個時期所用的《詩》說不同。

1、《邶風·旄丘》：「必有似（以）也。」

《儀禮·特牲饋食禮》：「祝曰：嘏，有以也。」鄭《注》云：「以，讀如『何其久也，必有以也』之以。祝告嘏，釋辭以戒之，言女嘏於此，當有所以也。以先祖有德而享於此祭，其坐嘏其餘，亦當以之也。」祝是代替主人詔告參與祭祀之人，他向與祭的眾人說：因為先祖有德，故諸位得以享飫於此。這些話是告誡子孫應當思嗣先祖之德。

《毛詩》作「必有以也。」《毛傳》云：「必以有功德。」鄭《箋》云：「我君何以久留於此乎？必以衛有功德故也。又責衛國今不務功德也。」〔註138〕這兩句詩，《毛詩》說認為是黎臣責備衛伯不能救黎；我黎人投靠衛國，是以衛有功德，期盼能助我復國，今日卻非如此，反不相救。胡培翬認為「以」字有許多意思，《注》云「讀如」，只是標明兩處「以」字的意義相同，並非為了改字。〔註139〕換句話說，鄭《注》引《詩》是為了說明「以」字的作用在於提起下文，提示理由、原因；即「以有德」——因為有德。然而，一作先祖有德，一作衛有功德，本事其實不同。

不過，阮元在《儀禮注疏校勘記》根據盧文弨的意見，分析賈公彥疏語與陸德明《釋文》的矛盾，認為鄭《注》引《詩》屬於三家《詩》，應作「必有似也。」〔註140〕然而，若作「似」字，「嘏，有以也」的意思會轉變為：「似先祖有德而享於此祭」，稍嫌曲折難通。若說今文三家以〈旄丘〉作「何其久也，必有似也」，詩義將更難明白。因此，阮元的說法是需要存疑的。

2、《鄘風·君子偕老》：「玼兮玼兮，其之翟也。鬒髮如雲，不屑髢也。玉之瑱也。」

《周禮·天官·追師》說王后之首服有「衡」，鄭《注》云：「唯祭服有衡，垂於副之兩旁，當耳，其下以紞縣瑱」，又引《詩》說明翟衣的首服有懸飾玉瑱。《毛傳》云：「瑱，塞耳也。」〔註141〕《注》云當耳，《毛傳》云塞耳，兩者義近，意指將玉石懸掛在耳旁，擋在耳孔之前。

《毛詩》唯有〈君子偕老〉提到「瑱」，屬於王后首服的玉飾。〈旄丘〉、

〔註138〕見《毛詩正義》，卷2之2，頁94。
〔註139〕見胡培翬：《儀禮正義》，卷35，頁2183。
〔註140〕見《儀禮注疏》，卷46，頁553。
〔註141〕見《毛詩正義》，卷3之1，頁111。

〈淇奧〉、〈著〉、〈都人士〉則提到「充耳」，屬於男子冕冠的飾物。《毛傳》於各篇皆以瑱與充耳為一物，即塞耳。〔註142〕鄭《箋》除在〈著〉詩另起異說之外，在其他各篇都依從《毛傳》。《齊風·著》:「充耳以素乎而，尚之以瓊華乎而。」《鄭箋》云:「充耳，謂所以縣瑱者，或名為紞。」又說:「飾以之瓊華者，謂縣紞之末，所謂瑱也。」鄭玄在此改以「充耳」為「紞」，即懸掛瑱的繩子，不再等同於瑱。由上述可知，鄭《箋》對於「瑱」，有「充耳」與「紞」兩義。若取「紞」義，則與鄭《注》義異。

3、《衛風·碩人》:「翟蔽以朝。」

《周禮·夏官·巾車》記王后之五路，其中有「厭翟」。鄭《注》以為「后從王賓饗諸所乘」，又引「翟蔽以朝」，云:「諸侯夫人始來，乘翟蔽之車，以朝見於君，盛之也。此翟蔽蓋厭翟也。」鄭《注》以〈碩人〉莊姜所乘為厭翟。

蔽，《毛詩》作「茀」。《毛傳》云「茀，蔽也。」又云:「翟，翟車也。夫人以翟羽飾車。」〔註143〕鄭《箋》依從之，以「翟茀」為羽飾，不為羽蓋，這一點與鄭《注》相同。然而，《毛傳》以莊姜所乘為五路之「翟車」，則與鄭《注》相異。《傳》與《注》孰是孰非？〈碩人〉詩中，莊姜嫁至衛國，衛國為同姓諸侯，依《周禮》之制，莊公結婚當乘第二級的金車，莊姜與之相對，當乘厭翟。《注》說較妥。〔註144〕

4、《曹風·候人》:「荷戈與綴/何戈與祋。」

《禮記·樂記》:「行列綴兆。」意即按照舞蹈的行列位置行進。鄭《注》云:「綴，表也，所以表行列也。詩云:『荷戈與綴。』兆，域也，舞者進退所至也。」《禮記釋文》:「(荷)本又作何。」《毛詩》作「何戈與祋。」《毛傳》云:「何，揭。祋，殳也。」〔註145〕以殳為兵器。鄭《箋》依從之。《注》、《箋》義異，在於《詩》文用字不同。《注》作「綴」，釋為「表」;《箋》作「祋」，釋「殳」。

《說文》云:「祋，軍中士所持殳也。」「殳，殳也。從殳，示聲。或說

〔註142〕四篇詩文，分別見於十三經注疏本《毛詩正義》，頁94、127、189、511。

〔註143〕見《毛詩正義》，卷3之2，頁130。

〔註144〕《注》、《傳》的比較，參考自陳溫菊:《詩經器物考釋》(臺北:文津出版社，2001年初版)，頁206～207。

〔註145〕見《毛詩正義》，卷7之3，頁269。

城郭市里，高縣羊皮，有不當入而欲入者，暫下以驚牛馬曰役。《詩》曰：『何戈與役』。」段玉裁認爲許愼引《詩》僅是證明「役，殳也」，無關「高縣羊皮」之義。〔註146〕不過，馬瑞辰、陳喬樅、桂文燦、王先謙等人皆認爲《說文》古今義皆收，鄭《注》引作「綴」，「綴表」也，即高縣羊皮之義，屬今文《詩》說。〔註147〕

不過，《周禮・夏官・候人》：「各掌其方之道治，與其禁令，以設候人。」在此，鄭《注》也徵引這則《詩》句以證其職守，卻作「何戈與役。」用字與《毛詩》相同。

5、《曹風・鳲鳩》：「其弁伊騏。」

《周禮・夏官・弁師》：「王之皮弁，會五采玉璂。」鄭《注》云：「璂讀如『薄借綦』之綦。綦，結也。皮弁之縫中，每貫結五采玉十二以爲飾，謂之綦。」並引《詩》證明皮弁以結玉爲飾。「綦」，《毛詩》作「騏」。《毛傳》云：「騏，騏文也。」鄭《箋》不從，改云：「騏當作璂，以玉爲之。」〔註148〕以璂爲所飾之玉。鄭《注》讀「璂」爲「綦」，義取於結，鄭《箋》改「騏」爲「璂」，義取於玉，二者稍異。

6、《豳風・七月》：「稱彼兕觥，受福無疆。」

《禮記・月令》：「（孟冬）大飲烝。」鄭《注》引用這段《詩》句，並且說是「頌大飲之詩」。《毛詩》作「稱彼兕觥，萬壽無疆」，不見其他今文三家有輯佚者。鄭《箋》云：「欲大壽無竟」，孔穎達《毛詩正義》認爲這是「慶君之辭」。所謂「大飲」，鄭《注》云：「十月農功畢，天子、諸侯與其群飲酒於太學，以正齒位，謂之大飲。」孔穎達《禮記正義》認爲「受福」是「臣下慶君命受福無疆也」，也是慶君之辭。然而，王先謙認爲「受福無疆」是自祝之詞，非祝君之詞。〔註149〕何者爲是？尚待檢驗。另外，《周禮・籥章》鄭注也有引用這段《詩》句，卻作「稱彼兕觥，萬壽無疆」，與《毛詩》相同。

〔註146〕見段玉裁：《說文解字注》，第3篇下，頁120。
〔註147〕馬氏的說法見於《毛詩傳箋通釋》，卷十五，頁438。陳氏的說法見於《齊詩遺說考》，卷1，頁384。杜氏的說法見於〈鄭氏詩箋禮注異義攷〉，頁129～130。王氏的說法見於《詩三家義集疏》，卷12，頁496～497。
〔註148〕見《毛詩正義》，卷7之3，頁271。
〔註149〕見王先謙：《詩三家義集疏》，卷13，頁525。

7、《小雅・小宛》:「宜犴宜獄。」

《周禮・夏官・射人》:「士以三耦射犴侯。」鄭《注》云:「〈大射禮〉犴作干,讀如『宜犴宜獄』之犴。犴,胡犬也。」鄭玄引《詩》的目的除了校正〈大射禮〉用字,又說明「犴侯」是用犴(胡犬)皮作成的箭靶。「犴」,《毛詩》作「岸」,《毛傳》云:「訟也。」鄭《箋》依從之。《毛詩釋文》云:「《韓詩》作『犴』,音同,云:『鄉亭之繫曰犴,朝廷曰獄。』」〔註150〕地方縣屬的監獄稱作「犴」,犴與犴同。馬瑞辰認為:「獄從二犬,象所以守,犴為野犬,亦善守,故獄又謂之犴。犴本為獄,又訓為訟,猶獄亦得訓訟也。」〔註151〕

《毛詩》作「岸」,於義不通,應是「犴」或「犴」的假借字。根據馬瑞辰的說法可知,《毛傳》訓為「訟」,是取「犴」字的引申義,鄭《注》則取「犴」字的本義——胡犬——來說明犴侯的形制。

8、《小雅・頍弁》:「有頍者弁。」

《儀禮・士冠禮》:「緇布冠,缺項」,鄭《注》云:「缺讀如『有頍者弁』之頍。緇布冠無笄者,著頍,圍髮際,結項中,隅為四綴,以固冠也。」依胡培翬的說法,「缺項」在冠武之下,圍髮際以固冠。〔註152〕鄭《注》以「頍」為缺項,是固冠之物。《毛傳》云:「頍,弁貌。」〔註153〕解釋為戴弁的樣子。鄭《箋》依從之。《毛傳》之所以不釋為「缺項」,因為皮弁、爵弁皆有「笄」可以固冠,不必用頍或缺項。

9、《大雅・棫樸》:「周王于邁,六師及之。」

《周禮・夏官・序官》:「凡制軍,萬有二千五百人為軍。王六軍……二千有五百人為師。」鄭《注》引〈棫樸〉與〈常武〉「整我六師」來證明周天子制為六軍。換句話說,鄭《注》以這兩處詩文的「六師」為「六軍」,是周天子之制。毛傳〈棫樸〉之「六師」為:「天子六軍」,與鄭《注》義同。鄭《箋》不從,改云:「二千五百人為師。今王興師行者,殷末之制,未有周禮。周禮五師為軍,軍萬二千五百人。」〔註154〕鄭《箋》與鄭《注》不同,以詩〈棫樸〉「六師」屬於殷末之制,不是周制的「六軍」。

〔註150〕見《毛詩正義》,卷12之3,頁420。
〔註151〕見馬瑞辰:《毛詩傳箋通釋》,卷20,頁640。
〔註152〕見胡培翬:《儀禮正義》,卷1,頁46。
〔註153〕見《毛詩正義》,卷14之2,頁483。
〔註154〕見《毛詩正義》,卷16之3,頁557。

　　《詩經》不見「六軍」一詞，卻有三篇提到「六師」。除了〈棫樸〉、〈常武〉，之外，還有〈瞻彼洛矣〉的「以作六師」。對於〈棫樸〉的「六師」，鄭《箋》認爲是殷末之制；其餘兩篇的「六師」，鄭《箋》卻解釋爲「天子六軍」，是周制。三處「六師」，鄭《箋》有兩種解釋。

　　若以〈棫樸〉鄭箋爲標準，〈瞻彼洛矣〉與〈常武〉，一言周宣王事，一言周幽王事，詩文用辭何以不寫周制之「六軍」一辭，卻沿用屬於殷制的「六師」？《鄭志》記載趙商以此事問於鄭玄。鄭玄回答：「師乃眾之通名，六師者，六軍之師。」與鄭玄同時期的臨碩也以《詩》的三處「六師」文，來懷疑《周禮》是末世之書，鄭玄解釋說：「春秋之兵，雖累萬之眾皆稱師，《詩》之六師謂六軍之師。」〔註155〕在此，鄭玄改以三處詩文之「六師」爲「六軍」，皆爲周制。可知，鄭玄對於〈棫樸〉的「六師」是否爲周制之「六軍」？說法有矛盾。

　　錢玄認爲：《春秋》、《左傳》凡泛指軍隊，可稱師，亦可稱軍。這在《尚書》、《國語》與西周金文中也可得到證明。而且，《周禮》較《詩》晚出，兩書用詞自有差異，鄭玄卻深信「周禮」是周公所作，以文王時期的軍制爲殷代遺制，所以無法自圓其說。〔註156〕另外，孫詒讓認爲鄭《注》以及回答臨碩的問難之時，又以六師皆爲六軍，「足證彼《箋》之不爲定論矣。」〔註157〕

　　10、《大雅・既醉》：「威儀孔時。」

　　《禮記・玉藻》認爲君子應該「山立，時行」。山立，即站立穩重如山。時行，鄭《注》云：「時而後行也。《詩》云：『威儀孔時』。」時行，即應時而動、觀時而行。以「時」爲時機、時節。鄭《箋》云：「言成王之臣威儀甚得其宜。」〔註158〕以「時」爲「宜」。馬瑞辰認爲：「《廣雅・釋詁》：『時，善也。』時、善以雙聲爲義，『威儀孔時』猶言『飲酒孔嘉』也。《箋》訓爲宜，宜亦善也。」〔註159〕鄭《箋》以「時」爲合宜、嘉善，與鄭《注》義異。

　　11、《大雅・公劉》：「汭坘之即。」

　　《夏官・職方氏》：「其川涇汭」，鄭《注》以「汭」爲水名，云：「涇在

<hr />

〔註155〕趙商的問難，與鄭玄回應臨碩的記載，見《毛詩正義》，卷16之3，頁557。
〔註156〕見錢玄：《三禮通論》（南京：南京師範大學出版社，1996年初版），頁379～380。
〔註157〕見孫詒讓：《周禮正義》，卷54，頁2248。
〔註158〕見十三經注疏《毛詩正義》，卷17之2，頁606。
〔註159〕見馬瑞辰：《毛詩傳箋通釋》，卷25，頁894。

涇陽，汭在豳地」，並引《詩》證明汭水在豳地。《毛詩》作「芮鞫之即」，《毛詩釋文》云：「芮，本又作汭」，《毛傳》云：「芮，水厓也。鞫，究也。」鄭《箋》云：「芮之言內也，水之內曰隩，水之外曰鞫。」〔註160〕《傳》、《箋》皆不以「芮」或「汭」為水名。

《說文》云：「芮，艸生皃。讀若汭。」又云：「汭，水相入皃。」〔註161〕可知〈公劉〉應作「汭」字為正。朱珔撰有〈釋汭〉一篇，詳細分析各家意見，認為「汭」非水名，應該作「內」解，以鄭《箋》為是。他說：「蓋汧有二源分流，一入渭，一入涇。入渭者謂之『渭汭』，入涇者謂之『涇汭』，然則汭非水名，信矣。」〔註162〕

12、《周頌・清廟》：「駿奔走在廟。」

《禮記・大傳》言武王伐紂而還告廟，「遂率天下諸侯，執豆籩，逡奔走。」鄭《注》云：「逡，疾也。疾奔走，言勸事也。」並引《詩》說明疾奔走在於告廟。逡，《毛詩》作「駿」。《毛傳》云：「駿，長也。」孔穎達說：「此奔走在廟，非唯一時之事，乃百世長然，故言長也。」鄭《箋》與《毛傳》不同，云：「駿，大也。諸侯與眾士，於周公祭文王，俱奔走而來，在廟中助祭。」〔註163〕以駿為俱、大之義。駿、逡音同。《爾雅》對於駿字，有三解，一作大、二作長，三作速也。〔註164〕《注》、《傳》、《箋》三者適巧各取一義，也都能符合詩旨。

13、《魯頌・泮水》：「既作頖宮。」

《禮記・禮器》：「魯人將有事於上帝，必先有事於頖宮」，鄭《注》云：「頖宮，郊之學也。《詩》所謂『頖宮』也。字或為郊宮。」〔註165〕鄭注〈王

〔註160〕見《毛詩正義》，卷17之3，頁621。

〔註161〕「芮」字參見段玉裁：《說文解字注》，第1篇下，頁40；「汭」字見於第11篇上，頁551。

〔註162〕見〔清〕朱珔：〈釋汭〉，《小萬卷齋文稿》（清光緒十一年，嘉樹山房藏板），卷2，頁1～3。

〔註163〕見《毛詩正義》，卷19之1，頁707。

〔註164〕三者分別見於十三經注疏本《爾雅注疏》，頁7、11、21。

〔註165〕王引之云：「《注》言『《詩》所謂頖宮也』，則正文必不作『頖宮』，而作『郊宮』。蓋經言『郊宮』，即《魯頌》之『頖宮』，故曰『郊宮，郊之學也。《詩》所謂頖宮也。』『郊之學也』，正釋『郊宮』二字。『字或為郊宮』，當作『字或為頖宮』。蓋郊宮即頖宮，故本亦有作『頖宮』者。後人多聞『頖宮』，罕聞『郊宮』，故改字以從之。而《詩》所謂頖宮一語，遂以『頖宮』釋『頖宮』，重複不可通矣。」王引之的意見不致於影響對《注》語說《詩》的內容。

制〉「諸侯曰頖宮」有云：「頖，班也，所以班政教。」《毛詩》作「泮宮」，鄭《箋》云：「泮之言半也。半水者，蓋東西門以南通水，北無也。」〔註166〕一作頖，一作泮，雖然都是諸侯學宮之異名，但是《箋》、《注》對於命名之由有不同的解釋。孔穎達認為，《箋》言其形制，《注》解其義，兩者可相接成。

14、《魯頌・閟宮》：「寢廟繹繹。」

鄭注《周禮・夏官・隸僕》有云：「《詩》云：『寢廟繹繹』，相連貌也。前曰廟，後曰寢。」寢與廟不同，廟為宗廟，寢不為路寢。金鶚云：「廟後之寢，以藏衣冠、祭器。」〔註167〕《毛詩》作「新廟奕奕」。鄭《箋》云：「奕奕，姣美也。」〔註168〕因字異而義異。

15、《商頌・長發》：「為下國畷郵。」

《禮記・郊特牲》天子大蜡祭，所祭的八神之中有「郵表畷」。鄭《注》云：「謂田畷所以督約百姓於井間之處也。《詩》云：『為下國畷郵』。」錢玄解釋說：「郵，屋宇。表、畷，指田間相連之道路。言始創廬舍、道路以利人者，故也作為祭祀之對象。」〔註169〕〈商頌〉第四章稱讚商湯「受小球大球，為下國綴旒，何之休，不競不求。」《毛詩》作「綴旒」，《毛傳》云：「綴，表。旒，章也。」鄭《箋》云：「綴，猶結也。旒，旌旗之垂者也。……（湯既為天所命）以與諸侯會同，結定其心，如旌旗之旒縿著焉。」〔註170〕用字與釋義皆與鄭《注》不同。

鄭《注》引《詩》的目的為何？他是否以為《詩》文「畷郵」就是所謂的「郵表畷」，情況不明。孔穎達《禮記正義》云：「言成湯施布仁政，為下國諸侯在畷民之處所，使不離散。」〔註171〕這是就鄭《注》來重新解釋詩文，以之為今文《詩》說。阮元〈釋郵表畷〉認為「郵表畷」之古義，是「立木綴毛衰之物垂之，分間行列遠近，使人可準視望止行步而命名者也。」〔註172〕

　　　轉引自朱彬：《禮記訓纂》。
〔註166〕見《毛詩正義》，卷20之1，頁767。
〔註167〕轉引自孫詒讓：《周禮注疏》，卷60，頁2519。
〔註168〕見《毛詩正義》，卷20之2，頁783。
〔註169〕見錢玄：《三禮通論》，頁510。
〔註170〕見《毛詩正義》，卷20之4，頁802。
〔註171〕見《禮記正義》，卷26，頁500。
〔註172〕見阮元：〈釋郵表畷〉，《詁經精舍文集（五）》，（臺北：藝文印書館，1967年。

他不以《毛傳》、鄭《箋》為是，而另立新說，義近於鄭《注》，以「郵表畷」為田間分界的標誌或設施，詩文取之為喻，指商湯作為諸侯們的表率、指標。另外，桂文燦以郵表畷三者皆是古人饗祭之處，「是《禮注》引《詩》為證者，以《詩》以『畷郵』喻湯之辭，以證所饗郵表畷之義，非以《詩》之『畷郵』為即《禮》所饗之畷郵也。」〔註173〕藉此批評孔穎達的說法有誤。

第四節　由《注》語補足《箋》義未詳之處

此節所述，皆屬《三禮注》引《詩》的部分。鄭《注》對這些《詩》句的解說，有些比鄭《箋》更為詳細、明白，甚至有鄭《箋》未提及的。這些材料雖然發明、補足《箋》語未詳之處，但另一方面，卻也引發了一個問題：為何鄭玄在作《毛詩箋》之時，解釋的方式反而轉為簡略？縱觀這類鄭《注》，引《詩》的目的大部分是說明名物制度，少數是訓詁字詞。三《禮》記載有大量的名物與禮制，這些是禮文的主要內容，鄭玄《三禮注》引用《詩》文來輔證說明，自然要說解地詳細一些。但是，箋《毛詩》時，對於當中提到的名物或制度，解說的詳略與否，有時並不大影響對詩篇意旨、句義的理解，因此可以較為簡略。

隨著時間推移，鄭《箋》的某些內容，尤其是說明名物制度的部分，也變成簡晦難懂的文字。此時，若能從鄭《注》說《詩》中找出相對應，又較詳細、明白的解說為用，當能更清楚明白鄭《箋》的意思。以下分訓詁字詞，與說解名物制度兩部分說明。

一、訓詁字詞

1、《衛風‧氓》：「漸車帷裳。」

《周禮‧冬官‧鍾氏》：「染羽，以朱湛丹秫三月。」鄭《注》先引鄭司農言，云：「湛，漬也。」鄭玄接著說：「『湛』讀如『漸車帷裳』之『漸』。」先鄭解釋「湛」字之義，後鄭則改易其字。《說文》以「漸」為河川名。〔註174〕段玉裁《周禮漢讀考》說：「湛者，今之沈溺字，於義無施，故易為

百部叢書集成影印本），卷8，頁1～5。
〔註173〕見桂文燦：〈鄭氏詩箋禮注異義攷〉，頁139。
〔註174〕許慎云：「漸，漸水出丹陽黟南蠻中，東入海。」見段玉裁：《說文解字注》第11篇上，頁537。

漸漬之漸。」〔註175〕《毛傳》與鄭《箋》沒有針對「漸」字作解釋，《注》語正好補充「漸」字有浸漬、漬濕之義。

2、《小雅・楚茨》：「我蓺黍稷。」

《周禮・地官・大司徒》：「教稼穡樹蓺」，鄭《注》云：「《詩》云：『樹之榛栗』，又曰：『我蓺黍稷。』蓺猶蒔也。」禮文並提「樹」與「蓺」，因此鄭玄引《詩》以細分「樹」是種植樹木，「蓺勳」是種植五穀。兩字可通用。《毛詩》「蓺」字見於多篇，《毛傳》或鄭《箋》皆以「樹」字釋之，不再細分兩者的差別。〔註176〕在此可由鄭《注》了解其中的些微差異。

3、《大雅・文王》：「侯服于周。」

《周禮・夏官・職方氏》：「乃辨九服之邦國」，鄭《注》云：「服，服事天子也」，又引「侯服于周」以證明服事天子之義。〈文王〉第四章末句有云：「侯于周服」，鄭《箋》以此「服」為「周之九服。」第五章首句則是：「侯服于周」，《毛傳》、鄭《箋》都沒有解釋，可藉由鄭《注》的「服事天子」來了解「服」字的意思。

4、《大雅・大明》：「惟師尚父，時惟鷹揚。」

《周禮・夏官・環人》記環人之職有「揚軍旅」一事，鄭《注》云：「為之威武以觀敵」，並引《詩》說明。所謂觀敵，即向敵人顯示軍力威嚴。《毛傳》僅說：「鷹揚，如鷹之飛揚也。」〔註177〕義有未明。若合《注》語觀之，可更明確了解詩句是說，尚父統領軍隊（協助武王），軍力威嚴，如鷹之飛揚。〔註178〕

二、說解名物制度

以下分為天象、耕獵、服飾、酒器、樂舞、宮室、射具、祭祀、職官等幾類來說明。

〔註175〕見段玉裁《周禮漢讀考》，《續修四庫全書》經部禮類第80冊（上海：上海古籍出版社，1995年），卷6，頁355。
〔註176〕除〈楚茨〉外，另有〈南山〉「蓺麻如之何」、〈鴇羽〉「不能蓺稷黍」、〈生民〉「蓺之荏菽」。
〔註177〕見《毛詩正義》卷16之2，頁544。
〔註178〕《大雅・大明》末章云：「牧野洋洋，檀車煌煌，馬四騵彭彭。維師尚父，時維鷹揚。涼彼武王，肆伐大商，會朝清明！」

（一）天象類

1、《鄘風‧蝃蝀》：「朝隮于西。」

《周禮‧春官‧眡祲》：「掌十煇之法……九曰『隮』」。鄭《注》先引鄭司農言，云：「隮，升氣也。」鄭玄接著說：「隮，虹也」，並引這段《詩》證明。《毛傳》云：「隮，升也。」鄭《箋》云：「朝有升氣於西方。」與先鄭同，只說「隮」是升氣，意思不明曉。孫詒讓說：「虹者本名，因其為雨氣上升，映日成采，故又謂之隮。」〔註179〕由《注》語可知，「隮」即是虹。

（二）耕獵類

1、《齊風‧敝笱》：「敝笱在梁。」

鄭注《周禮‧天官‧鱉人》云：「梁，水偃也。偃水為關空，以笱承其空。」又引《詩》句證明梁上有笱。〈敝笱〉的《毛傳》、鄭《箋》沒有解釋梁與笱。不過，毛傳《衛風‧有狐》有云：「石絕水曰梁。」〔註180〕毛傳《邶風‧谷風》也說：「梁，魚梁。笱，所以捕魚也。」〔註181〕至於笱與梁的搭配方式，從鄭《注》的解說可以知曉。

2、《小雅‧大田》：「彼有遺秉，……此有不斂穧。」

《儀禮‧聘禮‧記》：「四秉曰筥」，鄭《注》云：「此秉謂刈禾盈手之秉也。筥，穧名也。若今萊陽之間，刈稻聚把，有名為筥者。」以「秉」和「筥」皆為量詞，一把禾稱為秉，四把禾稱為筥或穧，又引《詩》句說明。《毛傳》云：「秉，把也。」〔註182〕即一把禾束，義與「盈手之秉」同。對於「穧」字，《傳》、《箋》沒有解釋。所以由《注》語可知，「穧」本指聚斂收束的四把禾穗，故詩文以其「不斂」、不收束而有可供矜寡者撿拾之義。

（三）服飾類

1、《鄘風‧君子偕老》：「玼兮玼兮，其之翟也。……胡然而天也？胡然而帝也。瑳兮瑳兮，其之展也，……展如之人兮，邦之媛也。」

《周禮‧天官‧內司服》記載有王后六服之「褘衣、揄狄、闕狄」，鄭《注》先引鄭司農言：「褘衣，畫衣也。……揄狄、闕狄，畫羽飾。」鄭玄接著說：

〔註179〕見孫詒讓：《周禮正義》，卷48，頁1983。
〔註180〕見《毛詩正義》，卷3之3，頁141。
〔註181〕見《毛詩正義》，卷2之2，頁90。
〔註182〕見《毛詩正義》，卷14之1，頁474。

「狄當爲翟。翟，雉名。伊雒而南，素質，五色皆備成章曰翬；江淮而南，青質，五色皆備成章曰搖。王后之服，刻繪爲之形而朵畫之，綴於衣以爲文章。褘衣畫翬者，揄翟畫搖者，闕翟刻而不畫，此三者皆祭服。從王祭先王則服褘衣，祭先公則服揄翟，祭群小祀則服闕翟。」又引《詩》句說明「狄」當作「翟」，翟服爲祭衣。《注》語「伊雒而南」至「曰搖」一段，是用《爾雅·釋鳥》文。

毛傳「其之翟也」云：「揄翟、闕翟，羽飾衣也。」鄭《箋》認爲此篇所指是「侯伯夫人之服」〔註183〕，因此不提王后專用的褘衣。對於兩種翟衣的形制，《毛傳》僅說「羽飾衣」，至於揄翟與闕翟的差別，則語焉不詳，可由鄭《注》補充。

另外，鄭箋「胡然而天也？胡然而帝也」云：「何由然女尊敬如天帝乎？非由衣服之盛，顏色之莊與？」箋「展如之人兮，邦之媛也」云：「邦人所依倚以爲媛助也。疾宣姜有此盛服而以淫昏亂國。」〔註184〕鄭《注》云：「言其德當神明」、「言其行配君子」，雖然不是藉著祭服的盛重來責斥衛夫人的淫昏之行，卻也說明了翟衣的功能在於祭神，其象徵在於敬重之德。

2、《鄭風·緇衣》：「緇衣之宜兮。」

《周禮·冬官·鍾氏》說染羽成色，受染的程度，以「七入爲緇」。鄭《注》云：「玄謂此色同耳。染布帛者，染人掌之。凡玄色者，在緅緇之間，其六入者與？」所謂「此色同」，是說染布帛與染鳥羽的各入之顏色是相同的。《毛傳》云：「緇，黑色。」鄭《箋》云：「緇衣者，居私朝之服也。」〔註185〕由鄭《注》可知緇色的受染程度是七入，與玄色只差一入，兩者都是黑色，因此鄭《箋》才會以此判斷「緇衣」就是天子燕居的朝服「玄端」。

3、《大雅·韓奕》：「王錫韓侯，……玄袞赤舄。」

鄭注《周禮·天官·屨人》有云：「王吉服有九，舄有三等。赤舄爲上，冕服之舄。」又引《詩》證明諸侯與君王同有三等之舄，其中以赤舄爲上。〈韓奕〉的傳、箋都沒有解釋「赤舄」。〈狼跋〉詩有云：「赤舄几几。」《毛傳》說：「赤舄，人君之盛屨也。」〔註186〕僅言「盛屨」，義有未明。透過

〔註183〕見《毛詩正義》，卷3之1，頁111。
〔註184〕見《毛詩正義》，卷3之1，頁111～112。
〔註185〕見《毛詩正義》，卷4之2，頁160～161。
〔註186〕見《毛詩正義》，卷8之3，頁304。

鄭《注》可以了解「舄」是貴族足服中最尊貴者，以赤、白、黑三色依次爲貴，是王、后、諸侯祭祀或穿著冕服、翟服時所穿。

（四）酒器類

1、《大雅·行葦》：「洗爵奠斝。」

《禮記·明堂位》：「爵，夏后氏以琖，殷以斝，周以爵。」鄭《注》云：「斝，畫禾稼也。」並引《詩》以證。《毛傳》僅說：「斝，爵也。」〔註187〕鄭《箋》依從之。鄭《注》認爲斝的紋飾是「禾稼」，嫁、斝音近，鄭玄以聲訓之。《說文》云：「禾之秀實爲稼。」〔註188〕「畫禾稼」即斝器之上有禾穗的紋飾。鄭玄是否見過實際的器物而有此說法，目前不得而知。

（五）樂舞類

1、《小雅·鼓鍾》：「以雅以南，以籥不僭。」

《禮記·明堂位》云：「〈任〉，南蠻之樂也。」鄭《注》引《詩》說明〈南〉即〈任〉。鄭注《春官·鞮鞻氏》亦云：「四夷之樂，……南方曰〈任〉，……《詩》云：『以雅以南』是也。」鄭注《禮記·文王世子》「胥鼓〈南〉」，也引《詩》以證，並且說：「〈南〉，南夷之樂。」〈任〉、〈南〉音近，異名實一。《毛傳》僅說：「南夷之樂曰〈南〉。」〔註189〕鄭《箋》也沒有提及〈任〉名。由鄭《注》可以了解南夷之樂有二名。

2、《周頌·有瞽》：「應田縣鼓。」

鄭注《春官·大師》云：「棘，小鼓也。先擊小鼓，乃擊大鼓。小鼓爲大鼓先引，故曰棘。棘讀爲道引之引。」「棘」，《毛詩》作「田」。《毛傳》云：「田，大鼓也。」鄭《箋》云：「田當作『棘』。棘，小鼓，在大鼓旁，應鞞之屬也，聲轉字誤，變而作田。」〔註190〕對於「田」字，鄭《箋》改易爲「棘」，作小鼓解，與《毛傳》不同。「棘」的功能爲何？《箋》語未明，卻可由《注》語得知「棘」是大鼓演奏時的前導樂器。這也是「應田（棘）」所以與「縣鼓」配合的原因。

（六）宮室類

〔註187〕見《毛詩正義》，卷 17 之 2，頁 600。
〔註188〕見段玉裁：《說文解字注》，第 7 篇上，頁 323。
〔註189〕見《毛詩正義》，卷 13 之 2，頁 452。
〔註190〕見《毛詩正義》，卷 19 之 3，頁 731～732。

1、《豳風・七月》：「嗟我婦子，曰為改歲，入此室處。」

鄭注《周禮・天官・大司徒》有云：「城郭之宅曰室」，並引《詩》句證明「室」在城郭之內。鄭《箋》只說：「當避寒氣，而入所穹窒墐戶之室而居之。」〔註191〕沒有指明寒冬所居之「室」是否就是春夏農耕所居住的地方，也沒有說明「室」是在田野，或是城郭之內？

《小雅・信南山》：「中田有廬。」鄭《箋》云：「中田，田中也。農人作廬焉，以便其田事。」〔註192〕《說文》云：「廬，寄也。秋冬去，春夏居。」〔註193〕可知農人春夏農耕之時居於田中之廬，秋冬避寒而遷居城內之室。鄭《注》與《說文》的說明讓上述兩處《箋》語的意思更為清楚。

（七）射具類

1、《鄭風・女曰雞鳴》：「弋鳧與雁。」

《周禮・夏官・司弓矢》：「矰矢、茀矢用諸弋射。」鄭《注》云：「結繳於矢謂之矰。……茀矢象焉，茀之言刜也。二者皆可以弋飛鳥，刜羅之也。」又引《詩》說明弋飛鳥之義。矢尾端繫上繩子，以弓射之，稱為矰矢；若用於弩，則稱為茀矢。鄭《箋》僅說：「弋，繳射也。」〔註194〕《注》語的解釋則更為明白。

2、《秦風・小戎》：「竹䪐（柲）緄縢。」

《周禮・冬官・弓人》：「辟如終絀」，鄭《注》云：「弓有䪐者，為發弦時備頓傷」，以䪐釋絀，又引《詩》證明弓有䪐。䪐，《毛詩》作「閉」。《毛傳》云：「閉，紲」，〔註195〕鄭《箋》依從之，與鄭《注》以䪐為紲相同。「發弦」，戴震云：「謂解去弦。」〔註196〕「䪐」是弓卸弦後縛在弓裡，防損傷的用具。《毛傳》的說解簡晦，鄭《注》較為明曉。

另外，《儀禮・既夕禮》云：弓矢「有柲」，鄭《注》云：「柲，弓檠。弛則縛之於弓裡，備損傷，以竹為之。」也引用《詩》句，卻作「竹柲緄縢。」鄭注〈士喪禮〉引《詩》，也作「柲」。閉、䪐、柲，三者音近義同。

〔註191〕見《毛詩正義》，卷8之1，頁284。
〔註192〕見《毛詩正義》，卷13之2，頁461。
〔註193〕見段玉裁：《說文解字注》，第9篇下，頁447。
〔註194〕見《毛詩正義》，卷4之3，頁169。
〔註195〕見《毛詩正義》，卷6之3，頁238。
〔註196〕轉引自孫詒讓：《周禮正義》，卷86，頁3551。

3、《小雅・車攻》：「決拾既次。」

　　鄭注《儀禮・喪服・記》有云：「決，猶闓也。挾弓以橫執弦。《詩》云：『決拾既佽。』」鄭注《夏官・繕人》也引有「《詩》家說」云：「抉謂『引弦彄』也，拾謂『韝扞』也。」鄭玄接著說：「抉，挾矢時所以持弦飾也，著右手巨指。……韝扞著左臂裡，以韋爲之。」「抉（決）」是射箭開弓時，戴在右手大拇指上，用以扣弓弦的物品。「拾」是射箭時套在左臂上的皮革護袖。

　　《毛詩》作「決拾既佽」，《毛傳》云：「決，鉤弦也。拾，遂也。」〔註197〕《衛風・芄蘭》有云：「童子佩韘。」《毛傳》云：「韘，玦也，能射御則佩韘。」鄭《箋》云：「韘之言沓，所以彄沓手指。」〔註198〕彄沓，也是指射箭時戴在大拇指上的環狀物。可知「韘、決、玦」同爲一物。關於「拾」，〈鄉射禮〉注也有說：「遂，射韝也，以韋爲之，所以遂弦也。」〔註199〕即用以保護手臂。　綜合上述，鄭《注》的重要性，在於說明了「決」與「拾」的使用方式與異名。

4、《大雅・桑柔》：「載櫜弓矢。」

　　鄭注《禮記・祭統》有云：「兵甲之衣曰櫜」，並引《詩》證明。《毛傳》云：「櫜，韜也。」〔註200〕《說文》云：「韜，劍衣也。」〔註201〕由此可知，鄭《注》的解釋更符合詩義所用。

（八）祭祀類

1、《小雅・大田》：「來方禋祀。」

　　《禮記・曲禮下》：「（天子）祭四方」，鄭《注》：「祭四方，謂祭五官之神于四郊也。句芒在東，祝融、后土在南，蓐收在西，玄冥在北。《詩》云：『來方禋祀。』」鄭注《春官・大宗伯》也說：「五祀者，五官之神在四郊，四時迎五行之氣于四郊，而祭五德之帝，亦食此神焉。」依鄭玄的意思，所謂祭四方，即五行之祀，祀五官之神於四郊。鄭箋「來方禋祀」僅說「禋祀四方之神。」〔註202〕不如《注》語詳細。

〔註197〕見《毛詩正義》，卷10之3，頁368。
〔註198〕見《毛詩正義》，卷3之3，頁138。
〔註199〕見《儀禮注疏》，卷17，頁201。
〔註200〕見《毛詩正義》，卷10之1，頁353。
〔註201〕見段玉裁：《說文解字注》，第5篇下，頁237。
〔註202〕見《毛詩正義》，卷14之1，頁474。

2、《大雅·生民》：「載謀載惟，取蕭祭脂，取羝以軷。」

對於「軷祭」，《夏官·大馭》有職掌「犯軷」，鄭《注》云：「行山曰軷。犯之者，封土爲山象，以菩芻棘柏爲神主，既祭之，以車轢之而去，喻無險難也。」又引杜子春的意見：「（軷）謂祖道、轢軷，磔犬也。《詩》云：『載謀載惟，取蕭祭脂，取羝以軷。』《詩》家說曰：『將出，祖道，犯軷之祭也。』」

《儀禮·聘禮·記》也說：「出祖釋軷，祭酒脯，乃飲酒于其側。」鄭《注》云：「祖，始也。既受聘享之禮，行出國門，止陳車騎，釋酒脯之奠於軷，爲行始也。《詩傳》曰：『軷，道祭也。謂祭道路之神。』《春秋傳》（按：襄公傳二十八年）曰：『軷，涉山川。』然則『軷』，山行之名也。道路以險阻爲難，是以委土爲山，或伏牲其上。使者爲軷祭，酒脯祈告也。卿大夫處者於是餞之飲酒於其側。禮畢，乘車轢之而遂行，舍於近郊矣。其牲，犬、羊可也。古文軷作祓。」

古時爲求遠行平安，或順利通過山路而有行祭。依鄭玄的說法，行山之祭稱爲「軷」。祭儀中「封土爲山象」，並以山柴棘茅做爲神主，象徵山神。祭拜之後，再把犬牲或羊牲置於地，由車輛輾過，表示走山路猶如行坦途。「軷」祭又稱爲「祖」或「道」，皆指祭祀行道之神。〔註203〕至於餞行、送行，也會同時出現軷祭場合。另外，《禮記·月令》有：「（多）祀行。」〔註204〕不論是群姓的「七祀」、諸侯的「五祀」、大夫的「三祀」、士的「二祀」，皆有行祭，不限於遠行跋山之時。〔註205〕

《毛詩》與《毛傳》、鄭《箋》中有出現軷祭或祖祭者，計有〈泉水〉、〈生民〉、〈烝民〉、〈韓奕〉四篇。〈泉水〉記載衛女遠嫁之時，曾「出宿于泲，飲餞于禰。」《毛傳》云：「祖而舍軷，飲酒於其側曰餞，重始有事於道

〔註203〕《禮記·曾子問》云：「孔子曰：諸侯適天子，必告于祖，奠于禰，冕而出，視朝，命祝、史告于社稷、宗廟、山川、乃命國家五官而後行，道而出。」對於「道而出」，鄭《注》云：「祖道也。」孔穎達云：「明諸侯將行，爲祖祭道神而後出行。」孫希旦《集解》云：「道，祭行道之神於國城之外也。」見《禮記正義》，卷18，頁360；孫希旦：《禮記集解》，卷18，頁510。關於祖道軷祭，也可參考陶思炎：〈祖道軷祭與入山鎮物〉，《民族藝術》，2001年第4期。

〔註204〕見《禮記正義》，卷17，頁341。

〔註205〕《禮記·祭法》：「王爲群立『七祀』，曰司命、曰中霤、曰國門、曰國行、曰泰厲，曰戶、曰竈。王自爲立七祀。諸侯爲國立『五祀』：……曰國行，……。大夫立『三祀』：曰族厲，曰門，曰行。適士立『二祀』，曰門，曰行。」鄭《注》云：「行，主道路行作。」見《禮記正義》，卷46，頁801～802。

也。」〔註206〕因爲行遠路而行載祭。〈生民〉記載后稷在歲終之祭，有「取羝以軷」，《毛傳》云：「軷，道祭也。」〔註207〕〈烝民〉記載周王命令仲山甫往東方齊國築城，「仲山甫出祖，四牡業業。」鄭《箋》云：「祖者，將行犯軷之祭也。」〔註208〕以仲山甫遠行，故有祖祭。〈韓奕〉記載韓侯朝覲周天子之後，回程路上，「韓侯出祖，出宿于屠。」鄭《箋》云：「祖，將去而犯軷也。既覲而反國，必祖者，尊其所往，去則如始行焉。」〔註209〕不論是出遠門，或歸返的回程，都有祖道之祭。綜觀這四篇《詩》的《傳》與《箋》，都沒有詳細說明行祭之道的儀式過程，這些部分可藉由鄭《注》來了解。

3、《周頌・豐年》：「爲酒爲醴，烝畀祖妣，以洽百禮。」

《禮記・郊特牲》：「順成之方，其蜡乃通，以移民也。」鄭《注》云：「移，羨也。《詩・頌・豐年》曰：『爲酒爲醴，烝畀祖妣，以洽百禮。』此其羨之與？」年成豐收之國，才舉行蜡祭，是爲了「移民」。鄭玄以「羨」釋「移」。何謂羨？王念孫云：「羨者，寬衍之意。」孫希旦《集解》說：「順成之方，則通其蜡祭，蓋百姓終歲勤動，恐其倦怠，使之因蜡祭而聚會飲食，所以移其厭倦之心，而予以豐饒之樂，一張一弛之道也。」〔註210〕〈豐年〉本是秋冬報祭的詩歌，鄭《箋》沒有說明這一活動對於百姓的影響爲何？《注》語羨民之說，可作補充。

4、《小雅・賓之初筵》：「既立之監，或佐之史。」

《儀禮・鄉射禮》在獻酢奏樂之後，行射儀之前，有立「司正」。鄭《注》云：「爵備樂畢，將留賓以事，爲有解倦之禮，立司正以監之，察儀法也。」又引《詩》句說明所立之「監」，即此司正之屬，用以監察射儀與旅酬中的失禮者。

〈賓之初筵〉記大射禮及先行的燕禮，但根據《詩序》，是刺幽王政荒治亂，酒宴無度，君臣上下沈湎淫液。《毛傳》云：「立酒之監，佐酒之史。」鄭《箋》云：「飲酒，於有醉者有不醉者，則立監使視之，又助以史，使督酒，欲飲皆醉也。」《傳》、《箋》認這兩句詩是諷刺立監、立史竟然是爲了勸酒，

〔註206〕見《毛詩正義》，卷2之3，頁101。
〔註207〕見《毛詩正義》，卷17之1，頁594。
〔註208〕見《毛詩正義》，卷18之3，頁676。
〔註209〕見《毛詩正義》，卷18之4，頁681。
〔註210〕見孫希旦：《禮記集解》，卷25，頁698。

令不醉者皆醉，又以未醉爲恥。《注》、《箋》雖然不同，卻可由《注》語了解：詩文裡所謂的「監」，即司正之屬，其職守本爲察儀法，並非督酒。

第五節 小 結

比較《三禮注》與《毛詩箋》的說《詩》內容，若有義同者，大多限於字詞的部分，甚少遍及整句或整段《詩》義。不過，僅是字詞的解釋相同，無法保證《注》、《箋》對於整句或整段《詩》義的解釋也會相同。另外，從「義同」的現象也可以發現，許多鄭《箋》的意見，在鄭玄作《三禮注》之時已經建立，尤其是《毛傳》沒有提及或簡晦不明的部分。

《注》、《箋》義近者，在鄭注「《禮記》引《詩》」的部分，意指彼此的解說的角度雖然不同，或訓詁字詞的用辭有異，但意思上可以相通。至於「《三禮注》引《詩》」的部分，鄭《注》僅擷取《詩》句當中可與三《禮》字詞或事理相通的部分爲用，不遍取全旨，故與本義雖不相同，卻不相違，故歸爲「義近」。

《注》、《箋》義異者，在鄭注「《禮記》引《詩》」的部分，鄭玄是根據禮文的語境來說《詩》。當語境提明確且線索充足，鄭玄自然是據境釋義；此時，若《注》、《箋》義異，實是肇因於《禮記》說《詩》的內容有與鄭《箋》不同。當語境所提供的線索不足，無法全面地約束對《詩》句的詮釋，鄭玄便會加入自己本有的、熟習的《詩》說，來解釋該段《詩》句；此時，若《注》、《箋》義異，大多是彼此所用的《詩》說不同所致。至於在《三禮注》引《詩》的部分，若《注》、《箋》義異，也是起因於彼此所用的《詩》說不同。

另外，《三禮注》與《毛詩箋》對於一些《詩》句的解說雖然在大意上相同或相近，內容上卻有詳略之別。此時，若《注》語較爲詳細，甚至有鄭《箋》所沒有提及的，則可以利用這些鄭《注》來補足鄭《箋》未詳之處。

在比較的過程中也會發現，鄭《箋》因爲多以美刺說《詩》，或援史說《詩》，有些內容反而不如鄭《注》的意見直捷、合理。所以，這些鄭《注》的價值不只是呈現鄭玄早期說《詩》的樣貌而已，更可從中發掘更適切的《詩》說資料。

第五章 《三禮注》說《詩》與三家《詩》說之比較

鄭玄《三禮注》中的《詩》說，與《毛詩箋》相比較，相異之處甚多。後世學者認爲原因之一，是鄭玄注三《禮》之時是用今文三家《詩》說，當時尙未見得《毛詩》說。〔註1〕的確，鄭《注》說《詩》，有援用今文《詩》說，但究竟屬於齊、魯、韓哪一家詩《說》？始終衆說紛紜。

本章討論的內容，分爲四個方向：一是檢討前人如何判別鄭《注》的《詩》說家數，以及重新研究這個問題時所將面臨的困難或局限爲何？二是從「《詩》文」出發，列表格展示三《禮》經、注引《詩》與《毛詩》用字相異的情形，並進一步說明：若從《詩》文來釐清鄭《注》所宗守的《詩》說家數是不可行的。三是從「《詩》義」來討論，暫時不將鄭《注》的《詩》說歸屬於任何一家，再取之與目前輯佚所得的三家《詩》遺說做比較，並藉此考查鄭《注》究竟專主於某家《詩》說？最後，是鑒別鄭《注》裡的六則「《詩》家說」與「詩傳」所屬的家數。

第一節 前人的意見與研究的局限

孔穎達與賈公彥爲三《禮》經注與《毛詩》傳箋作疏，對於《注》、《箋》的不同，有多種的解釋，除了「斷章取義」〔註2〕、「未詳詩義」〔註3〕、「各

〔註1〕 鄭玄是否「未見《毛詩傳》」？這個問題將在第六章第一節中綜合討論。

〔註2〕 孔穎達《禮記正義》裡曾用「斷章取義」的說法來解釋《禮記》說《詩》之義與《詩》句本義之間的差異，其中有標註爲「斷章取義」者，亦有作「引

—131—

有所證」〔註4〕之外，另一種是關乎今文《詩》說，其云：「不同者，彼蓋是三家《詩》，故與此不同。」〔註5〕或「與此不同者，齊、魯、韓《詩》與《毛詩》不同故也。」〔註6〕不過，孔、賈兩人沒有強調鄭《注》說《詩》是專主於哪一家？也沒有鉅細靡遺地交代每一則鄭《注》所用的《詩》說家數。

　　從宋代的王應麟，直至清代范家相、阮元、魏源、陳壽祺父子、王先謙等眾多學者，因為進行漢代三家《詩》遺說的輯佚工作，才開始針對鄭玄《三禮注》的《詩》說家數作了較全面且有系統的鑑別。這些前賢用以鑑別的方法大致上有四種：一是根據鄭玄的師承關係，二是依據鄭《注》、陸德明《經典釋文》或孔、賈氏的《疏》裡少數幾則已經言明的資料，三是從三《禮》的傳承譜系來判斷，四是將鄭《注》與輯佚而來的三家《詩》遺說做比對。以下依次說明這四種鑑別方法，並且討論其中的局限。

一、根據鄭玄的師承關係

　　對於《三禮注》中的《詩》說家數之鑑別，可從鄭玄作《注》之前的從師問學情況來判斷。《後漢書·鄭玄傳》有云：

> （鄭玄）太學受業，師事京兆第五元先，始通《京氏易》、《公羊春秋》、《三統歷》、《九章算術》。又從東郡張恭祖受《周官》、《禮》、《記》、《左氏春秋》、《韓詩》、《古文尚書》。以山東無足問者，乃西入關，因涿郡盧植，事扶風馬融。……玄自游學，十餘年乃歸鄉里。……及黨事起，乃與同郡孫嵩等四十餘人俱被禁錮，遂隱修經業，杜門不出。〔註7〕

《詩》斷章」、「斷章為義」、「斷章」者，共計14處。然而，孔穎達對於這些引《詩》之義的理解，仍是透過鄭《注》的詮釋，可見他同時認為這部分的鄭《注》說《詩》也是斷章取義，故與鄭《箋》不同。

〔註3〕《夏官·職方式》引〈公劉〉「汭𣲷之即」，詩文與釋義均與《毛詩》說相異。孔穎達《毛詩正義》（卷17之3，頁622）認為這是「注《禮》之時，未詳詩義，蓋為別解。」

〔註4〕《禮記》的〈緇衣〉與〈大學〉俱有引〈文王〉詩：「於緝熙敬止。」然而，鄭《注》對於「止」字，前者釋為「容止」，後者釋為「自止處」，皆與鄭《箋》視為語氣助詞者不同。對於鄭《注》有兩解，孔穎達《毛詩正義》（卷16之1，頁535）說：「彼各有所證，故與此不同。」

〔註5〕見《周禮注疏》，卷6，頁92。

〔註6〕見《禮記正義》，卷52，頁885。

〔註7〕見《後漢書·鄭玄傳》（臺北：鼎文書局，1978年），卷35，頁1207～1208。

鄭玄注解三《禮》是在「坐黨禁錮」的時期，已過不惑之年。〔註8〕在此之前，他已經熟習《韓詩》說。王應麟即根據《後漢書》，認爲《三禮注》說《詩》是用《韓詩》說。《詩攷·後序》云：

> 鄭康成注《禮記》以「于嗟乎騶虞」爲嘆仁人，以〈燕燕〉爲定姜之詩，以「生甫及申」爲仲山甫、申伯，以《商》爲宋詩。「維鵜在梁」，以不濡其翼爲才。「上天之載」，讀曰載。「至於湯齊」，讀爲躋。注《周禮》云：「旬讀與『惟禹敶之』之敶同。」康成從張恭祖受《韓詩》，注《禮》之時未得見《毛傳》，所述蓋《韓詩》也。〔註9〕

《詩攷》將所輯錄的遺詩說，分爲「韓詩」、「魯詩」、「齊詩」，以及「詩異字異義」四部分。〈後序〉雖然以鄭《注》所述爲《韓詩》說，但是在「魯詩」的部分，王應麟卻也收錄了兩則鄭《注》說《詩》的材料，一是〈坊記〉鄭注以〈燕燕〉爲定姜之詩，《禮記釋文》云：「此是《魯詩》」。一是〈士昏禮〉鄭注引〈揚之水〉「素衣朱綃」，鄭玄自云：「《魯詩》以『綃』爲綺屬也。」

在輯錄的比例上，被王應麟歸爲「韓詩」的鄭《注》有十餘則，歸爲「魯詩」的只有兩則，「齊詩」則無。至於古籍無明文，或無資料可供比對的鄭《注》，王應麟收錄有五十餘則，則一併歸入「詩異字異義」，不強分入某家。可惜，《三禮注》中引《詩》、說《詩》的數量大約三百則，王氏所輯未全，又無法搜遍足夠的三家遺說以做比較，因此只能就《後漢書》本傳所言，大致推測鄭玄的《三禮注》「蓋述《韓詩》」。

另外，惠棟《九經古義》說：「本傳云：『又從東郡張恭祖受《韓詩》，故《記注》多依韓說。」〔註10〕馮登府《三家詩異文疏證》說：「鄭先通《韓詩》，注《禮》皆用韓說也。」〔註11〕王引之《經義述聞》說：「鄭爲《記注》時，

〔註8〕《後漢書·鄭玄傳》收錄的〈戒子益恩書〉，是鄭玄的家書，其中有云：「年過四十，乃歸供養，假田播殖，以娛朝夕。遇閹尹擅執，坐黨禁錮，十有四年，而蒙赦令。」漢靈帝建寧二年（西元一六九年），黨錮之禍又起，二年後，鄭玄也被捲入這場禍難。鄭玄〈自敍〉亦云：「逃難注禮。」鄭珍在〈後漢書鄭玄傳注〉也說：「如康成〈自敍〉，則遭禁杜門十四年中，其精力全在《三禮》也。」上述的鄭玄〈自敍〉與鄭珍旳意見，見鄭珍：《鄭學錄》，《續修四庫全書》史部傳記類第 515 冊（上海，上海古籍出版社，1995 年），頁 9～10。

〔註9〕見王應麟：《詩攷》，頁 632。

〔註10〕見《九經古義：詩經古義》，《詩經要籍集成》第 26 冊（北京：學苑出版社，2003 年），頁 48。

〔註11〕見馮登府：《三家詩異文疏證》，《詩經要籍集成》第 40 冊（北京：學苑出版

多取《韓詩》也。」〔註12〕胡承珙《毛詩後箋》說:「鄭注《禮》時,用《韓詩》。」〔註13〕馬瑞辰《毛詩傳箋通釋》說:「鄭君注《禮》,多本《韓詩》,是知箋《詩》與《禮》注同者亦《韓詩》也。」〔註14〕魏源《詩古微‧齊魯韓異同論(上)》說:「鄭君注《禮》,皆顯用《韓詩》。」〔註15〕這些人的意見也都是根據《後漢書》所謂「從張恭祖受《韓詩》」的記載而來。

　　不過,從《後漢書》本傳可以發現,鄭玄是在出遊四方,從賢師友,向馬融問過學之後歸來,才完成《三禮注》。作《注》之時,應該也受到了馬融《詩》說的影響。《後漢書‧馬融傳》說:「(馬融)著《三傳異同說》,注《孝經》、《論語》、《詩》、《易》、三《禮》、《列女傳》。」〔註16〕《後漢書‧儒林列傳》也說:「馬融作《毛詩傳》。」〔註17〕他曾自敘:「少而好問,學無常師。」〔註18〕馬融師從何人?史傳記述不詳,僅知道曾經受業於摯恂,以及班固之妹班昭。班固撰著《漢書》,陳喬樅以班固之從祖伯少受《詩》於師丹,家學應屬《齊詩》說,阮元、魏源卻認為是《魯詩》說。由此推測,班昭的家學也是如此,馬融受習的《詩》說也有可能是如此。另外,陳壽祺考證馬融亦治《韓詩》。〔註19〕鄭玄因山東賢者已「無足問者」而從學於馬融,怎會不知悉魯、齊、韓三家《詩》說。何況,張恭祖、盧植、馬融都兼習今古文,是當世之「通儒」。〔註20〕鄭玄在〈戒子益恩書〉中也說自己在四十歲之前「獲

社,2003 年),頁 277。

〔註12〕　見王引之:《經義述聞》,《續修四庫全書》經部群經總義類第 174 冊(上海:上海古籍出版社,1995 年),卷 8,〈劉向述韓詩〉條,頁 431。

〔註13〕　見胡承珙:《毛詩後箋》,《詩經要籍集成》第 29 冊(北京:學苑出版社,2003年初版),卷五,頁 17。

〔註14〕　見馬瑞辰:《毛詩傳箋通釋》,卷一,〈鄭箋多本韓詩考〉,頁 32。

〔註15〕　見魏源:《詩古微》,《詩經要籍集成》第 36 冊(北京:學苑出版社,2003 年),頁 4。

〔註16〕　見《後漢書‧馬融傳》,卷 60,頁 1972。

〔註17〕　見《後漢書‧儒林列傳》,卷 79,頁 2576。

〔註18〕　此段自敘,見載於〔梁〕劉孝標為《世說新語‧文學第四》「鄭玄在馬融門下」一條所作的注語裡。參見徐震堮:《世說新語校箋》(臺北:文史哲出版社,1989 年),頁 103。

〔註19〕　陳壽祺云:「馬雖治《毛詩》,而『南有樛木』,與《韓詩》本樛並作杸,見《釋文》。其所作〈廣成頌〉一篇,尤多用《韓詩》。曰『詩詠圃草』,本於《韓詩》之『東有圃草』;曰『駬駬諜諜』,本於《韓詩》之『駬駬駿駬』;曰『縱特肩』,本於《韓詩》之『並驅從兩肩兮』……由此觀之,馬亦先習《韓詩》也。」見陳壽祺:〈答臧拜經論鄭學書〉,卷 4,頁 161~162。

〔註20〕　《後漢書‧盧植傳》云:「少與鄭玄俱事馬融,能通古今學,好研精而不守章

觀乎在位通人、處逸大儒」,「博稽六藝,精覽傳記。」可知在從友從師,以及對學問的抱負上,鄭玄的態度並非墨守家法、僅攻一家之言。因此,我們不能單憑《後漢書》所謂「從張恭祖受《韓詩》」而斷定鄭玄《三禮注》即是專主《韓詩》說。

二、依據鄭《注》與前賢已鑒別的記錄

前人用以鑒別的第二種憑據,是鄭《注》裡已經言明家派的記錄,以及陸德明《經典釋文》與孔穎達、賈公彥的疏語裡少數幾則已經有所鑒別的資料。由於《齊詩》亡於三國,《魯詩》亡於西晉,《韓詩》亡於北宋,陸、孔、賈等人離魯、齊兩家《詩》說亡佚之日未遠,又有前人義疏或種種異本可供增損修訂,自當比清代的學者有更豐富且正確的遺說資料可供鑒別。以下分別說明之。

鄭玄自己言明所用家數的僅有兩則,一則見於《儀禮・士昏禮》鄭注:

> 「宵」讀爲詩「素衣朱綃」之「綃」,《魯詩》以綃爲綺屬也。

另一則見於《禮記・經解》鄭注:

> 《韓詩內傳》曰:「鸞在衡,和在軾。前升車則馬動,馬動而鸞鳴,鸞鳴則和應。」

從第一則可以了解,鄭玄也治《魯詩》學。不過,鄭《注》僅在這兩處有所註明,實在無法由此推測鄭玄究竟專守或側重哪一家?

陸德明《經典釋文》裡,僅在一處說明鄭《注》有用《魯詩》說,即〈坊記〉引《邶風・燕燕》,鄭《注》:「此衛夫人定姜之詩。」《禮記釋文》云:

> 定姜之詩,此是《魯詩》。《毛詩》爲莊姜。〔註21〕

另外,《毛詩釋文》有五處提及《韓詩》說,可用來比對《三禮注》的《詩》說。

> 甲、《儀禮・士虞禮》鄭注引《邶風・泉水》:「飲餞于禰。」《毛詩》亦作「禰」。《毛詩釋文》云:「(禰)《韓詩》作坭。」〔註22〕
>
> 乙、《禮記・表記》引《鄘風・鶉之奔奔》「鵲之姜姜,鶉之賁賁。」鄭《注》云:「姜姜、賁賁,爭鬭惡貌也。」《毛詩釋文》云:「《韓

　　　句。」見該書,卷64,頁2113。
〔註21〕　見《禮記正義》,卷51,頁866。
〔註22〕　見《毛詩正義》,卷2之3,頁101。

詩》云：奔奔、彊彊，乘匹之貌。」〔註23〕

丙、《禮記・坊記》引《衛風・氓》「履無咎言」，鄭《注》云：「履，禮也。」《毛詩》作「體」。《毛詩釋文》云：「《韓詩》作履，幸也。」〔註24〕

丁、《儀禮・特牲饋食禮・記》鄭注引《大雅・緜》「周原膴膴。」《毛詩釋文》云：「膴音武，《韓詩》同。」〔註25〕

戊、《禮記・明堂位》鄭注引《大雅・緜》「皋門有伉。」《毛詩釋文》云：「伉本又作亢，苦浪反，《韓詩》作閌。」〔註26〕

由這五處《釋文》可知：《三禮注》引《詩》的用字或說解不一定與《韓詩》全然相符，鄭玄並不專守《韓詩》說。

孔穎達在《毛詩正義》與《禮記正義》裡有兩則相關的記錄：

甲、〈孔子閒居〉引〈長發〉「至於湯齊」，鄭《注》：「《詩》讀『湯齊』爲『湯躋』。」《毛詩正義》云：「言三家《詩》有讀爲『躋』者。」〔註27〕

乙、〈中庸〉引〈假樂〉：「憲憲令德」，《禮記正義》：「《詩》本文憲憲爲顯顯，與此不同者，齊、魯、韓《詩》與《毛詩》不同故也。」〔註28〕

孔穎達僅寬泛地劃分爲今文三家《詩》說與《毛詩》說，沒有明確指出鄭《注》或《禮記》用《詩》，是專主哪一家。

賈公彥《周禮注疏》裡有兩處也試圖鑒別《注》、《箋》差異之由：

甲、《天官・宮人》鄭注引〈天保〉：「吉蠲爲饎。」《秋官・蜡氏》鄭注也徵引，改作「吉圭惟饎。」《毛詩》作「吉蠲爲饎。」賈公彥云：「此云蠲，彼《注》云圭，不同者，彼蓋是三家詩，故與此不同。」〔註29〕

乙、《地官・稍人》引〈信南山〉：「維禹敶之。」賈公彥云：「《毛詩》

〔註23〕　見《毛詩正義》，卷3之1，頁114。
〔註24〕　見《毛詩正義》，卷3之3，頁135。
〔註25〕　見《毛詩正義》，卷16之2，頁547。
〔註26〕　見《毛詩正義》，卷16之2，頁549。
〔註27〕　見《毛詩正義》，卷20之4，頁802。
〔註28〕　見《禮記正義》，卷52，頁885。
〔註29〕　見《周禮注疏》，卷6，頁91。

云：『惟禹甸之』，不言豳者，鄭先通《韓詩》，此據《韓詩》而言豳。」

〔註30〕

賈公彥對於「維禹豳之」的說明，被後世學者視爲定論。然而，孔、賈兩人都無意以鄭《注》依從三家《詩》說或其中的某一家來盡數概括《注》、《箋》的不同。事實上，孔穎達還提供了其他的原因（上文已詳，如「斷章取義」說）。

　　綜合上述兩種鑒別方式，以下介紹並檢討范家相的意見。范氏在《三家詩遺說》卷二「燕燕」條有云：

　　　　《鄭志·答炅模》云：「爲《記》注時，就盧君注耳，先師亦然。後乃得《毛公傳》，記古書，義又當然，記注已行，不復改之。」按：盧君即盧植，與鄭共師馬融，其云「先師」，即馬融也；融注《列女傳》，皆《魯詩》說。〔註31〕

《三家詩遺說》卷首〈三家詩源流〉之「漢魏說詩不著傳授者」條亦有云：

　　　　鄭康成未箋《毛傳》時，其注三《禮》多用《魯詩》，兼出《齊》、《韓》。

〔註32〕

范家相一方面依據《禮記釋文》的意見，以鄭《注》治《魯詩》說，故以〈燕燕〉爲定姜之詩。另一方面，又根據《鄭志》「答炅模」的記錄以及鄭玄的師承關係，以馬融治《魯詩》，鄭玄亦從之，故注三《禮》多用《魯詩》說。事實上，范家相從《鄭志·答炅模》的記錄來推測鄭玄「注三《禮》多用《魯詩》」，是有問題的。首先，《鄭志》所謂「爲《記》注時」，僅指《禮記注》，是否也能推及《儀禮注》與《周禮注》？第二，鄭玄是在什麼情況下回答炅模這段話的，不得而知。這段話原本是由孔穎達在《毛詩·南陔疏》引用，因爲〈南陔〉等六篇笙詩雖有篇無辭，但《毛詩序》仍存其序，而《儀禮·鄉飲酒禮》鄭注裡卻說〈南陔〉等笙詩「今亡，其義未聞」。對此，孔穎達引用《鄭志》「答炅模」這段話的「後乃得《毛公傳》」來說明其緣由。從這裡可以發現，孔穎達對於《毛詩傳》與《儀禮注》的差異，竟然使用鄭玄原本回答《禮記注》與鄭《箋》相異的說明文字，顯然《鄭志》「答炅模」這段話原本所解釋的標的問題，與孔穎達所借用的目的不同。這段話是否能夠全面

〔註30〕　見《周禮注疏》，卷16，頁243～244。
〔註31〕　見范家相：《三家詩拾遺》，卷4，頁292。
〔註32〕　見范家相：《三家詩拾遺》，頁264。

解釋《三禮注》說《詩》與鄭《箋》的不同，是應該存疑的。

　　另外，范家相以「先師」爲馬融，又以馬融注《列女傳》，劉向世傳《魯詩》，故馬融也是治《魯詩》說的推論，也有問題。范氏除了過分重視家法，也忽略了注家可以另闢新意，取用他說的可能性。何況，劉向不僅治《魯詩》，也通《韓詩》（詳下文）。而且，范家相所謂的「多用《魯詩》」，這個數量統計之辭從何而來？他也沒有詳說。陶方琦《漢孳室文鈔》也說：「疑鄭君注《禮》引《詩》文，亦多《魯詩》。」同樣犯了猜臆數量的毛病。〔註33〕

三、從三《禮》的傳承譜系來判斷

　　這個方式是由陳喬樅所提出，他在《齊詩遺說考‧自敘》中說：

　　　夫轅生以治《詩》爲博士，諸齊以《詩》貴顯者，皆固之弟子，而昌邑太傅夏侯始昌最明。始昌通五經，后蒼事始昌，亦通《詩》、《禮》，爲博士，訖孝宣世，禮學后蒼最明，戴德、戴聖、慶普皆其弟子，三家立于學官。《詩》、《禮》師傳既同出后氏，則《儀禮》及二戴《禮記》中所引佚詩皆當爲《齊詩》之文矣。鄭君本治小戴《禮》，注《禮》在箋《詩》之前，未得《毛傳》，《禮》家詩說均用《齊詩》，鄭君據以爲解，知其所述多本《齊詩》之義。故《鄭志》答炅模云：「〈坊記〉注以〈燕燕〉爲夫人定姜之詩，先師亦然」。「先師」者，謂《禮》家詩說也。〔註34〕

陳喬樅在《齊詩遺說考》的《邶風‧燕燕》「先君之思，以畜寡人」的「案語」也說：

　　　攷二戴之學，傳自后蒼。蒼治《齊詩》，故《禮記》引《詩》多從《齊詩》之文。至後漢馬融、盧植考諸家同異，附戴聖篇章，去其繁重，及所敘略而行於世，即今之《禮記》是也。鄭君依盧、馬之本而注焉。（見《釋文‧敘錄》）是《禮記》舊說多主《齊詩》傳義。鄭云：「注《記》時就盧君。」又云：「先師亦然。」則〈坊記〉注是述《齊詩》之說也。〔註35〕

〔註33〕　見陶方琦：《漢孳室文鈔》，《續修四庫全書》集部別集類第 1567 冊（上海：上海古籍出版社，2002 年），卷三，頁 5277。

〔註34〕　見陳壽祺、陳喬樅：《齊詩遺說考》，頁 325。

〔註35〕　見陳壽祺、陳喬樅：《齊詩遺說考》，頁 351。

王先謙與皮錫瑞也同意他的看法。〔註36〕陳喬樅鑒別的步驟是先考訂經籍文本的師授源流,當他確定了《禮記》、《儀禮》是源於后蒼,便推斷這兩部典籍的說《詩》也屬於《齊詩》說。接著他又假設鄭玄爲之作《注》,是抱持申而不破,述而不駁的態度,因此也是依循《齊詩》說;換句話說,後世注家的師學傾向或學術態度不被陳氏考慮,陳氏忽略了注家有自主的可能性。這樣的鑒別標準是有問題的,在第三章裡已經說過:在鄭注「《禮記》引《詩》」的部分,禮文語境對於所徵引的《詩》句,無法做全面且鉅細靡遺的約束,禮文本身既缺乏足夠的訓詁說解,也極少有針對《詩》篇歷史或相關背景做交代。這時,鄭《注》便有很大的詮釋空間,不必也無法處處牽就禮文的語境。所以陳喬樅所謂「《禮》家詩說均用《齊詩》,鄭君『據以爲解』,知其所述多本《齊詩》之義。」這種講法忽略了鄭玄《三禮注》的文例特質。

何況,《經典釋文·序錄》也說鄭玄是使用馬融、盧植考訂諸家異同,附戴聖篇章,又去其繁重之後的《小戴禮記》來作注解。馬、盧兩人的考訂變動幅度有多大,今雖不得而知,但他們都是兼習今古文的通儒,是否會謹守后蒼的《詩》學,大可存疑。尤其《後漢書·儒林列傳》也有記載:「玄本習小戴《禮》,後以古經校之,取其義長者,故爲鄭氏學。」〔註37〕鄭玄並未墨守后蒼、小戴之學,也曾參校《禮古經》而自主地選擇了「義長」者。可見陳喬樅與王先謙等人都「過份重視家法、師法的重要性,而忽略了經師能夠綜合諸說而斷以己意或逕創新義的可能性。」〔註38〕

還有一個問題,是《周禮》經、注是否也專主《齊詩》說?后蒼至二戴所傳,《周禮》不在其列,《周禮》屬古文經。陳喬樅在上述〈自敘〉或〈案語〉裡所謂用《齊詩》說的《禮》書,也未包含《周禮》。陳喬樅是否也認爲《周禮注》說《詩》屬於《齊詩》說呢?他的態度是猶疑的。《周禮·職方氏》鄭注徵引《大雅·公劉》「汭坜之即」,《毛詩》作「芮鞫之即」。《漢書·地理志》本注引《詩》作「芮阢」,顏師古《注》又引有《韓詩》,亦作「芮阢」,陳喬樅以班固治《齊詩》學,故以齊、韓兩家俱作「芮阢」,而鄭《注》作「汭坜」也就歸類爲《魯詩》說。對此,陳喬樅解釋說:

〔註36〕　見王先謙:《詩三家義集疏·序例》,頁 9。另外,皮錫瑞在《經學通論》的「論毛義不及三家,略舉典禮數端可證」條也據以爲說。見《經學通論》,頁 21。
〔註37〕　見《後漢書·儒林列傳》,頁 2577。
〔註38〕　見葉師國良:〈詩三家說之輯佚與鑒別〉,頁 100。

> 鄭君注《禮》多用《齊詩》，間採《魯》、《韓》訓義。此〈職方氏〉
> 注蓋據《魯詩》，故文與《齊》、《韓》異義。〔註39〕

乍看之下，陳氏似乎認為《周禮注》也「多用《齊詩》，間採《魯》、《韓》。」事實上，《周禮注》引《詩》一百則，被收入《齊詩遺說考》的數量卻不到五則，被收錄至《魯詩遺說考》與《韓詩遺說考》的也不及十則。《周禮注》引《詩》，大多是取用《詩》文中的禮制、名物，或者以「讀如」、「讀為」等方式來擬音、改字，少有在《注》語裡再針對《詩》義做進一步的說明。即使如此，與《毛詩》相較，《周禮注》引《詩》也存在不少的異文，甚至異義，陳喬樅大多數都未能收錄，更遑論鑒別。大概是因為《周禮》為古文經的事實，牴觸了陳喬樅以經籍的師授關係來判別作注疏者的《詩》學家數的理路，因而暫不收錄，僅存數則可明顯鑒別的資料。至於王先謙的《詩三家義集疏》也僅比陳喬樅的多收錄幾則而已。

　　最後，《三家詩遺說考》雖題為「陳壽祺撰，陳喬樅述」，但輯錄成書與鑒別家數的工作，主要完成於陳喬樅。陳喬樅以為《三禮注》多用《齊詩》說，陳壽祺的主張卻非如此。他在〈答臧拜經論鄭學書〉中有云：

> 鄭君先受《韓詩》，實已兼通三家，後乃治毛氏。《禮注》所據，未
> 嘗專守一師也。《禮記・緇衣》引〈都人士〉首章，注曰：「此詩，
> 毛氏有之，三家則亡。」此鄭參稽四家之驗。〔註40〕

陳壽祺所謂鄭《注》「未嘗專守一師」的說法，實為確論。陳喬樅雖是秉承父親遺命而著書，卻是另下己說。這一點需要分辨清楚。

四、與三家《詩》遺說做比對

　　將鄭玄《三禮注》的說《詩》意見與目前輯佚的三家《詩》遺說做比對，這個方法是較可行的。因為由實際可見的《詩》說與《詩》文來比對各家異同，自然比上述三種方法來得具體、有效。本論文用以比對的遺說材料，主要參考自陳喬樅《三家詩遺說考》與王先謙的《詩三家義集疏》，這雖然是目前輯錄最為完整的兩部著作，卻也有使用上的局限。首先，陳、王兩人將收集到的遺說悉數分別歸入三家，這樣的態度是有盲點的，因為家數的鑒別有四個困難：

〔註39〕 見陳壽祺、陳喬樅：《魯詩遺說考》，卷5，頁267。
〔註40〕 見陳壽祺：〈答臧拜經論鄭學書〉，卷4，頁161。

甲、某人治某詩，有時古籍並無明言。

乙、一人可能兼通二家或三家《詩》說。

丙、學者有時亦能擺脫師說，獨創新義。〔註41〕

丁、典籍有時集合眾說，不專主一家之言。

另外，遺說資料本身也有三種特質，限制了比對的可能性或有效性：

戊、同一《詩》句，不一定齊、魯、韓三家遺說俱存。

已、遺說僅存《詩》文，或《詩》義不明者。

庚、利用異文來比較，難以查明所根據之版本。

以下就這七種局限或困難做說明。其中作爲例子的人物或典籍，都將與判別鄭玄《三禮注》說《詩》家數的工作有關。

（一）某人治某詩，有時古籍並無明言

以賈誼爲例，《新書》當中引《詩》有 16 則，分屬十三篇《詩》。陳喬樅認爲「賈太傅時，惟有《魯詩》。」〔註42〕但是賈誼的一生（公元前 220～前 168 年），歷經高祖、惠帝、呂氏、文帝（公元前 180～前 157 年）四個時期，這同時也是申培活動的時期，韓嬰至文帝時已立爲博士，轅固生則遲至景帝時才立爲博士。乍看之下，賈誼可能已知曉《魯詩》說，甚至是《韓詩》說。不過，阜陽漢簡《詩經》的出土，代表在西漢初期在民間流行著另一家《詩》學。阜陽漢簡的年代下限是漢文帝十五年，由此可知，在賈誼之世，不僅只有《魯詩》說或《韓詩》說傳世而已。另外，西漢初年還未形成系統嚴密的家法或師法，賈誼是否有必要專主某一家？〔註43〕

《經典釋文·序錄》記載賈誼的《春秋》之學傳自荀子、張蒼。〔註44〕王先謙據此又補充說：「賈子本經學大師，與荀卿淵源相接，其言可信，當其

〔註41〕　甲、乙、丙三條文字，係借用葉師國良：〈詩三家說之輯佚與鑒別〉的意見。見該文，頁 103。

〔註42〕　見陳壽祺、陳喬樅：《魯詩遺說考》，卷 1，頁 75。

〔註43〕　劉躍進撰有〈賈誼《詩》學尋踪〉，《周口師範學院學報》第 20 卷第 1 期（2003 年 1 月），文中將《新書》裡的 16 則引《詩》，與魯、齊、韓、毛四家詩作比較。劉氏的結論是認爲賈誼不屬《魯詩》系統，卻也不易判斷到底專主哪一家？

〔註44〕　《經典釋文·序錄·注解傳述人》：「左丘明作《傳》，以授曾申，申傳衛人吳起，起傳其子期，期傳楚人鐸椒，椒傳趙人虞卿，卿傳同郡荀卿名況，況傳武威張蒼，蒼傳洛陽賈誼。」見《經典釋文》（臺北：鼎文書局，1975 年），頁 13。

時惟有《魯詩》。」〔註45〕賈誼並非親炙於荀子，《經典釋文》也未提及《詩》學傳授的關係；同樣地，戰國末年、漢代初年的師法、家法關係，也未臻嚴密。王先謙的說法，不宜採信。

　　《新書》引用的 16 則《詩》句，其中有兩則在與鄭《注》說《詩》做比較之時。因爲賈誼《詩》說所屬的家數不明，故有推論上的限制。說明如下：首先，《新書·禮》引〈騶虞〉「吁嗟乎騶虞」，又云：「騶者，天子之囿也；虞者，囿之司獸者也。」鄭《注》與之相同，也以「騶虞」爲官職名。鄭《注》雖然與賈誼的說法相合，卻因爲賈誼的《詩》說家數未明，所以不宜在此下判斷。不如利用許愼《五經異義》所云「今詩《韓》、《魯》說：騶虞，天子掌鳥獸官」來當判斷的依據，將鄭《注》歸爲魯、韓兩家《詩》說，更爲洽當。〔註46〕

　　另外，《新書·容經》引《邶風·柏舟》，云：「《詩》曰：『威儀棣棣，不可選也。』棣棣，富也。」〔註47〕《毛傳》云：「棣棣，富而閑習。」王先謙認爲「富而閑習」四字「文不成義，竊取連綴之迹顯然。」〔註48〕《禮記·孔子閒居》引作「威儀逮逮」，鄭《注》：「逮逮，安和之貌。」如今尚未輯得其他的相關遺說，無法判斷賈誼的說法是接近《毛傳》？抑或有與其他家相合？而且，也不宜將賈誼的意見歸爲《魯詩》說，進而將鄭《注》視爲與之相異的其他家《詩》說。

（二）一人可能兼通二家或三家《詩》說

　　《後漢書》只記載鄭玄治《韓詩》，但是從《三禮注》裡可發現他兼治《魯詩》。即使是西漢經師，也不一定墨守家法。《漢書》說匡衡傳《齊詩》說，但是根據葉師國良的研究，匡衡其實也兼通《魯詩》。「可見即使是專門名家也未必篤守師法。」〔註49〕以下再舉劉向爲例來說明這種情況。

　　陳喬樅認爲劉向治《魯詩》，《魯詩遺說考·自敘》說：

　　　　攷〈楚元王傳〉言「元王好《詩》，諸子皆讀《詩》。」王子郢客與
　　　　申公俱卒學（蔚按：指向浮邱伯學《詩》）。申公爲《詩傳》，元王亦次之

〔註45〕　見王先謙：《詩三經義集疏》，卷 3 下，頁 311。
〔註46〕　《新書》與《五經異義》的資料，據轉引自陳壽祺、陳喬樅：《魯詩遺說考》，卷 1，頁 74～75。
〔註47〕　轉引自陳壽祺、陳喬樅：《魯詩遺說考》，卷 1，頁 77。
〔註48〕　見王先謙：《詩三家義集疏》，卷 3 上，頁 131。
〔註49〕　詳細說明，見葉師國良：〈詩三家說之輯佚與鑒別〉，頁 104。

《詩傳》，號《元王詩》。向爲元王子休侯富曾孫。漢人傳經，最重家學，知向修其業，著《說苑》、《新序》、《列女傳》諸書，其所稱述，必出於《魯詩》無疑矣。〔註50〕

宋代的王應麟、范處義，清代的范家相、王先謙都與陳喬樅的意見相同。然而，王引之認爲「向所述者，乃《韓詩》也。」〔註51〕陳奐認爲「劉子政習《魯詩》，兼習《韓詩》也。」〔註52〕今人向宗魯在《說苑校證‧敍例》中也說：「今《說苑》等書，取《韓詩外傳》文甚多。陳氏《魯詩遺說考》於用《外傳》者亦以爲《魯詩》，說大謬。」〔註53〕全祖望認爲〈楚元王傳〉的記載不可信，他說：「劉氏父子皆治《春秋》，而歆已難向之說矣。安在向必守交（蔚按：指楚元王劉交）之說也？向之學極博，其說《詩》考之〈儒林傳〉，不言所師，在三家中未敢定其爲何詩也。」〔註54〕眾說紛紜。

　　陳喬樅鑒別的依據仍是「漢人傳經，最重家學」的原則。但是，這並不意味著父祖修某派，子孫也必同之。劉向曾「領校中五經秘書」，〔註55〕博及群書。史籍雖然說他受宣帝詔而習《穀梁春秋》，根據向宗魯《說苑校證》的統計，《說苑》當中引用《左傳》就多達六十餘處，引《公羊》三十多處，引《穀梁》卻僅有五處。鄭玄《六藝論》也說劉向是董仲舒的三傳弟子，亦治《公羊春秋》。〔註56〕可知他在著述中引用經說時，不全然受到家派的影響。由劉向治《春秋》學的態度，可以推想他的《詩》學也可能不拘一家。今人吳正嵐撰有〈論劉向《詩經》學之家法〉一文，〔註57〕檢驗劉向的著述與上疏中的用《詩》，發現與齊、魯、韓詩諸家，有合者，亦有不合者，並以此認爲劉向對各家《詩》說是兼收並蓄。如果僅考量劉向的家學，與《說苑》中大量引用《韓詩外傳》的事實，保守地說，劉向就至少兼通魯、韓兩家《詩》說。

〔註50〕　見陳壽祺、陳喬樅：《魯詩遺說考‧自敍》，頁43。
〔註51〕　見王引之：《經義述聞》，卷八，〈劉向述韓詩〉條，頁431。
〔註52〕　見陳奐：《詩毛氏傳疏》，《詩經要籍集成》第34冊（北京，學苑出版社，2003年），卷3，頁96。
〔註53〕　見向宗魯：《說苑校證》（北京：中華書局，1987年），頁5。
〔註54〕　見全祖望：《經史問答》（臺北：廣文書局，1971年），頁78。
〔註55〕　見《漢書‧劉向列傳》，卷36，頁1950。
〔註56〕　見皮錫瑞：《六藝論疏證》，《續修四庫全書》經部群經總義類第171冊（上海：上海古籍出版社，1995年），頁286。
〔註57〕　見吳正嵐：〈論劉向詩經學之家法〉，《福州大學學報》（哲學社會科學版）第14卷第2期，2000年4月。

（三）學者有時亦能擺脫師說，獨創新義

例如〈生民〉、〈玄鳥〉、〈長發〉、〈閟宮〉四篇，三家皆主張聖人無父感天而生之說，《毛傳》則主張有父不感天而生。然而，習《魯詩》的司馬遷與褚少孫，甚至是鄭玄，都主張有父又感天，可見學者未必墨守師說。〔註 58〕《禮記·緇衣》有引〈關雎〉「君子好仇」，鄭《注》的解釋就與三家有異（詳下文），這也是他獨創新義的證明。

對於上述第（二）、（三）兩點，葉師國良撰有〈師法家法與守學改學——漢代經學史的一個側面考察〉一文，提出「守師法」、「改師法」、「守家法」、「改家法」來描述漢代經師治學除了「守學」，亦常有「改學」，即經師時有參考他家學說，或另創新義的現象，並非如晚清經學家所預設的「漢人重師法家法」的斷論。〔註 59〕可惜清代輯佚《詩》說的學者，多未能注意此一關鍵，依舊強入「改學」的新說為某家《詩》學，致使每一家《詩》說之特例甚多，影響了援以判別的有效性。

（四）典籍有時集合眾說，不專主一家之言

最顯著的例子，是《白虎通》與《鹽鐵論》兩書的《詩》說。陳喬樅與王先謙將前者歸為《魯詩》說，後者歸為《齊詩》說。《魯詩遺說考·自敘》云：

> 今於《白虎通》引《詩》，皆定為《魯詩》，以當時會議諸儒如魯恭、魏應皆習《魯詩》，而承制專掌問難又出於魏應也。〔註 60〕

《白虎通》是諸儒共同討論，並由皇帝裁決同異的記錄，不能代表單一個人的意見。何況，《白虎通》引用禮書最多。劉師培說此書「以禮名為綱，不以經義為區。」〔註 61〕依照陳喬樅「禮家師說，均用《齊詩》」的說法，

〔註 58〕 這段敘述是參考自葉師國良的說明，見〈詩三家說之輯佚與鑒別〉，頁 101。至於詳細的說明，可參考皮錫瑞：《經學通論》之〈論詩齊韓魯說聖人皆無父感天而生太史公諸先生鄭君以為有父又感天乃調停之說〉與「論生民玄鳥長發閟宮四詩當從三家不當從毛」二條。見該書，頁 38～43。

〔註 59〕 見葉師國良：〈師法家法與守學改學——漢代經學史的一個側面考察〉，《經學今詮四編》（即《中國哲學》第 25 輯。瀋陽：遼寧教育出版社，2004 年 8 月），頁 34～59。第 47 頁裡，葉師舉出漢末文士張超在〈誚青衣賦〉內，既守《魯詩》說，又另有改學之處為例，可供參考。

〔註 60〕 見陳壽祺、陳喬樅：《魯詩遺說考》，頁 43。

〔註 61〕 見劉師培：〈白虎通義源流考〉，收錄在陳立撰、吳格點校：《白虎通疏證》（北京：中華書局，1997 年 1 版 2 刷。）的《附錄》，頁 784。

豈不是應該將它也列入《齊詩》說？再者，《白虎通》的〈爵篇·諸侯襲爵〉、〈誅伐篇·誅佞人〉、〈姓名篇·論名〉皆引有《韓詩內傳》文，〔註62〕可見參與討論的諸儒當中，亦有習《韓詩》者。若要將此書盡歸入任何一家，都是不可行的，何況今日已經不能確定某篇某篇是何人之說？《鹽鐵論》的情況亦然。〔註63〕因此，對於這兩部典籍的《詩》說資料，除非有明確記載家數者，否則視爲「今文《詩》說」即可。

　　集合眾家《詩》說的典籍，尚有《說文解字》。《說文》引《詩經》例句約有380條，其中用以注音者15條，用以釋義者365條。〔註64〕許慎的解說雖然兼具今、古文四家《詩》說，卻沒有在每則引《詩》裡都註明取自哪一家？陳喬樅與王先謙雖然沒有強分《說文》爲某一家《詩》說，但是應用《說文》的資料的方式，仍有可議之處。陳、王兩人，多是先確定其他典籍的《詩》說派別之後，再以《說文》的資料來補足不見存的部分。例如《禮記·玉藻》鄭注徵引《鄭風·丰》：「衣錦絅衣，裳錦絅裳。」絅，《毛詩》作「褧」。《列女傳·齊女傳母》引《衛風·碩人》也作「衣錦絅衣」。《說文》「襯」字下引《詩》，作「衣錦襯衣。」〔註65〕依照陳喬樅的態度，鄭《注》爲《齊詩》文，《列女傳》爲《魯詩》文，如此一來，《說文》作「襯」自然歸爲《韓詩》文。這種應用或推論方式很容易被推翻，只要當中某一典籍的《詩》說家數的鑒別結果改變了，《說文》裡某則被選用的《詩》說也將改變家派。例如上文所提到的，劉向至少兼通《魯》、《韓》二家《詩》說，鄭《注》也非專屬《齊》詩說，如此一來，《說文》作「襯」的部分，就無法確定屬於何家？因此，面對這些集合眾家《詩》說的典籍，不如將其中的《詩》說概括爲「今文《詩》說」即可；除非有充份的證據，否則不應強分當中個別的說法爲某家。

（五）同一《詩》句，不一定齊、魯、韓三家遺說俱存

　　以鑒別鄭玄《三禮注》的工作爲例，當中大部分的說《詩》資料只能尋獲齊、魯、韓中的任一、兩家以供比對。若只存《魯詩》說，鄭《注》即使與之相異，也無法判定鄭《注》該歸爲《齊詩》說或《韓詩》說。若只存魯

〔註62〕　三處引文，可分別參見陳立撰、吳則虞點校：《白虎通疏證》，頁 29、217、408。
〔註63〕　詳細的說明可參考葉師國良：〈詩三家說之輯佚與鑒別〉，頁 102～103。
〔註64〕　此數據是根據楊合鳴：〈《說文》引《詩》略考〉，《第五屆詩經國際學術研討會論文集》（北京：學苑出版社，2002 年 7 月），頁 482。
〔註65〕　此處各家引《詩》，見王先謙：《詩三家義集疏》，卷 3 下，頁 278。

與韓兩家，鄭《注》又與之俱異，也無法完全肯定鄭《注》一定與《齊詩》說相同，因為這也可能是鄭玄另創的新說。若只存《魯詩》說，鄭《注》與之相合，也不代表就與齊、韓兩家相異，因為有可能是三家的說法皆同。這種情形將在下兩節中分類並舉例呈現。

（六）遺說有僅存《詩》文，或《詩》義不明者

例如《禮記·坊記》引《大雅·板》：「先民有言，詢于芻蕘」以說明「上酌民言，則下天上施」的道理。鄭《注》云：「先民，謂上古之君也。詢，謀也。芻蕘，謂下民之事也。言古之人君將有政教，必謀及之於庶民乃施之。」鄭《箋》云：「古之賢者有言：有疑事當與薪采者謀之。」《注》、《箋》的不同在於對「先民有言」的解釋。這段詩句被前人頻頻引用來說明君王應該禮賢下士，廣納諫言。即使依照鄭《箋》對「詢于芻蕘」的詮釋來理解，也可以引申至禮賢下士，廣納諫言這層意涵；「先民有言」不過是用來點明：這是先人前賢的遺訓格言。現在先陳列諸家遺說：

> 1·《說苑·尊賢篇》云：「泰山不讓壞石，汪海不逆小流，所以成大也。《詩》曰：『先民有言，詢于芻蕘。』言博謀也。」
>
> 2·《潛夫論·明闇篇》：「人君通心兼聽，則聖日廣矣；庸說偏信，則過日甚矣。《詩》云：『先民有言，詢于芻蕘。』」
>
> 3·《鹽鐵論·刺議篇》：「多見者博，多聞者知，距諫者塞，專己者孤。故謀及天下者無失策，舉及下者無頓功。《詩》云：『詢于芻蕘。』」
>
> 4·《韓詩外傳》：「明王使賢臣輻輳並進，所以通中正而致隱居之士。
>
> 《詩》曰：『先民有言，詢于芻蕘。』」〔註66〕

這四部典籍引《詩》的目的，在於說明君王必須「博謀」、「通心兼聽」、「謀及天下者」或「致隱居之士」。不論是哪一種道理，其實僅用「詢于芻蕘」一句話都足以表示。那到底「先民有言」在這四部典籍中是如何解釋呢？是偏向鄭《注》，抑或鄭《箋》？可惜它們沒有像鄭《注》一般，也針對「先民有言」做仔細的解釋，因此無從得知，也無從比較。這種情況十分普遍，有時難得一見的遺說，內容卻僅存《詩》文，或義有未明；即使鄭《注》與之文同，也不必然義同。

〔註66〕 各家遺說轉引自王先謙：《詩三家義集疏》，卷22，頁915～916。

（七）利用異文來比較，難以查明所根據之版本

漢代三家《詩》和《毛詩》在文字上也存有差異。齊、魯、韓三家之間也不一致。陸德明《經典釋文》開始注意三家《詩》的異文，但所引限於《韓詩》。宋代王應麟《詩攷》是收集三家《詩》異文的第一部專著。清代學者的輯錄與研究達到高峰，周邵蓮的《詩考異字箋餘》、馮登府的《三家詩異文疏證》、李富孫的《詩經異文釋》、陳喬樅的《詩經四家異文考》及其《補遺》、江瀚的《詩經四家異文考補》，對異文的搜羅，十分可觀。〔註67〕

清人利用「異文」的比較來作鑒別三家遺說的工作。應用方式之一，是當遺佚的遺說僅存《詩》文，不見《詩》義的解說時，「異文」便成爲唯一可供判別的依據。另一種應用方式，是數則遺說的對《詩》義的解說相似，所用《詩》文相有差異時，便可依據異文來區分彼此。乍看之下，利用「異文」來鑒別《詩》說家數，似乎可行，其實不然。三家《詩》流行於漢代，直至清代，雖仍殘存於眾多典籍中。但是這些典籍歷時久遠，抄刻傳寫不斷，當中引用的《詩》句即便有異文，是否就是原貌，仍難以確定。何況《毛詩》自鄭玄作《箋》之後更成爲主流，廣爲習授，三家《詩》卻迅速沒落，後世抄刻傳寫之人，極可能會依順《毛詩》而改動今文三家的文字。因此，利用「異文」來鑒別家數，是不夠精確的。而且異文若屬於「異體字」、「古今字」、「正俗字」或「通假字」，通常是字異義同，就更添加鑒別工作的困難。

另外，清代輯佚《詩經》異文的學者，雖有註明《詩》句是出自哪一部典籍，卻幾乎不再說明典籍的版本爲何？例如《毛詩·曹風·候人》「何戈與祋」，《周禮·候人》鄭注引作「何戈與祋」，阮元《校勘記》僅說：「嘉靖本、閩本同。《釋文》亦作『祋』。監本、毛本作『祋』，誤從衣。」〔註68〕李富孫

〔註67〕 所謂異文，黃沛榮定義爲：「古書在不同版本、注本或在其他典籍中被引述時，同一段落或文句中所存在字句之異，此外並包括相關著作中（關係書）對於相同的人、事、物作敘述時所產生的異辭。」見黃沛榮：〈古籍異文析論〉，《漢學研究》第9卷第2期（臺北：漢學研究中心，1991年12月），頁414。「異文」有下列幾類：「異體字」、「古今字」、「訛誤字」、「通假字」、「異義字」，以及「倒文」、「衍文」與「脫文」。除了「脫文」外，均可在《三禮》或鄭《注》的引《詩》當中發現。所謂「異義字」，黃沛榮說：「它可以對古書的字句提供一種新的理解；但從另一方面看，『異文』（蔚按：指異義字）的本身也可能是個單純的訛字或借字而已。換句話說，這類『異義字』其實只能視爲一種『可能的異義』，而不是『必然的異義』。」見〈古籍異文析論〉，頁408。

〔註68〕 見《周禮注疏》，卷30，頁467。

《詩經異文釋》所引錄的《周禮·候人》鄭注，作「荷戈與役」，〔註69〕卻沒有註明是哪一版本？

陳喬樅與王先謙等人為了區分三家的不同，甚至會刻意挑選符合己用的異文，而忽略其他版本的用字，或是任意冠上「順毛改之」的理由來解釋不符合自己分類結果的用字。例如《毛詩·大雅·緜》「應門將將」，陳喬樅所輯錄的張衡〈七辯〉作「鏘鏘」，視為《魯詩》；所輯錄的班固〈西都賦〉作「將將」，視為《齊詩》；《禮記·明堂位》鄭注卻作「應門將將」，與班固引《詩》不符。陳喬樅認為鄭玄注《禮記》是用《齊詩》說，如今文字卻與《毛詩》相同，是「後人順毛而改之」。〔註70〕

因此，靠著異文來鑑別（尤其是直接取用清人輯佚的材料），僅能了解《毛詩》與今文三家《詩》之間的大致區別，若要進一步釐析齊、魯、韓用字的不同？恐怕難以獲得有效的結果。

由上述七種局限或困難可知，《三禮注》裡近三百則引《詩》、說《詩》所用的家數為何？僅有零星幾則是確定的。若要進一步鑑別其他每一則，工作將會相當繁瑣，成效也是有限的，更遑論要將《三禮注》定位於某一家《詩》說。

第二節　由「《詩》文」比較異同

本節將分為「《禮記》引《詩》」與「鄭《注》引《詩》」兩部分來與三家《詩》文做比較。為何需要比較《禮記》引《詩》，因為陳喬樅認為凡禮家《詩》說皆用《齊詩》文，但陸德明《經典釋文·序錄》卻有記載：

> 後漢馬融、盧植考諸家同異，附戴聖篇章，去其繁重及所敘略而行
> 於世，即今之《禮記》是也。鄭玄亦依盧、馬之本而注焉。〔註71〕

既然鄭玄所注解的《禮記》版本已經先由兼通今、古文的馬、盧兩人博考諸本異同，不再是戴聖所傳的原貌，至少在《詩》文用字上就不可能是陳喬樅所講的「禮家《詩》說，均用《齊詩》」，因此需要另行討論，以推翻陳氏的說法。

〔註69〕　見李富孫：《詩經異文釋》，《詩經要籍集成》第40冊（北京：學苑出版社，2003年），卷6，頁64～65。
〔註70〕　見陳壽祺、陳喬樅：《齊詩遺說考》，卷3，頁438。
〔註71〕　見陸德明：《經典釋文》，頁11。

在三《禮》經、注所引《詩》文與三家《詩》的比較工作上，「維」與「惟」、「于」與「於」、「匍匐」與「扶服」、「棣棣」與「逮逮」、「斁」與「射」、「牖」與「誘」、「蚤」與「早」、「鱻」與「觬」等等這些異文，是屬於聲韻近同的虛詞、聯綿詞，或是古今字、正俗字；彼此形異，卻無關異義。它們不僅在《毛詩》或三《禮》的不同版本裡是互存的，在三《禮》經、注裡也並非一致地使用某一個。因此下文裡不再討論這些異文，而僅在附錄六：「三《禮》經、注引《詩》所見異文（與《毛詩》相較）一覽表」中呈現。

至於用以比較的齊、魯、韓三家《詩》文，主要是根據陳喬樅《三家詩遺說考》與王先謙《詩三家義集疏》輯錄的材料與意見，而略有修正。

以下的分類標題，所謂的「與《韓詩》同者」，表示援以比對而輯得的資料包含僅見《韓詩》文而不見齊、魯兩家者，或其他的遺說難以判別家數。所謂「與《魯詩》、《韓詩》文異者」，是表示比對的資料包含僅輯得魯、韓兩家《詩》文而不見《齊詩》文者，或其他遺說難以鑒別家數。所謂「與今文《詩》說文同者」，表示輯得的《詩》說均難以確定所屬家數。其餘類推。

一、《禮記》引《詩》的部分

（一）與三家《詩》「文同」者

1、與《韓詩》文同者

《衛風・氓》：「履無咎言」，《禮記・坊記》所徵引。履，《毛詩》作「體」，《毛詩釋文》：「《韓詩》作『履』」。

2、與今文《詩》說文同者

《邶風・柏舟》：「不可選也」，《禮記・孔子閒居》所徵引，與《毛詩》文同。今本《後漢書・朱穆傳》注有朱穆〈絕交論〉，引《詩》作「不可選也」，但是王應麟《詩攷》引作「不可算也」，可知三家有作「算」者。〔註72〕

（二）與三家《詩》「文異」者

1、與《魯詩》文異者

《小雅・常棣》：「樂爾妻帑」，《禮記・中庸》所徵引，與《毛詩》文同。趙岐《孟子章句》引作「樂爾妻孥。」《毛詩釋文》：「經典通為『妻孥』。」

〔註72〕　轉引自王先謙：《詩三家義集疏》，卷3上，頁130。

〔註73〕

2、與《齊詩》文異者

《大雅・大明》：「聿懷多福」，《禮記・表記》所徵引，與《毛詩》文同。《春秋繁露・郊祭篇》引《詩》，「聿」作「允」。王先謙認爲「聿懷多福」是《齊詩》文的「又作」本。王氏的說法是建立在《禮記》用《齊詩》的偏見上，在此不取。〔註74〕

3、與《韓詩》文異者

（1）《衛風・淇奧》：「菉竹猗猗」，《禮記・大學》所徵引。《毛詩》作「綠竹猗猗。」《毛詩釋文》云：「竹，《韓詩》作『藚』。」〔註75〕

（2）《曹風・候人》：「彼記之子」，《禮記・表記》所徵引。記，《毛詩》作「其」。《後漢書》李賢注、《後漢書・明帝紀・永平二年詔》與曹植〈求自試表〉俱作「己」，是用《韓詩》。〔註76〕

（3）《小雅・小明》：「靖共爾位」，《禮記・表記》所徵引，《釋文》云：「共，本亦作恭。」毛詩》作「靖共」。《韓詩外傳》作「靜恭」，又作「靖恭。」〔註77〕

（4）《大雅・旱麓》：「施于條枚」，《禮記・表記》所徵引，與《毛詩》文同。《韓詩外傳》引之，則作「延」。〔註78〕

（5）《大雅・板》：「下民卒癉」，《禮記・緇衣》所徵引，與《毛詩》文同。卒，《韓詩外傳》引作「瘁」。〔註79〕

（6）《商頌・長發》：「聖敬日齊」，《禮記・孔子閒居》所徵引。齊，《毛詩》作「躋」。《韓詩外傳》引作「躋」。〔註80〕

4、與《魯詩》、《韓詩》文皆異者

《大雅・抑》：「無言不讎」，《禮記・表記》所徵引，與《毛詩》文同。蔡邕〈太尉橋公廟碑〉與張衡〈思元賦〉作「酬」，是用《魯詩》。《韓詩外傳》

〔註73〕　轉引自王先謙：《詩三家義集疏》，卷14，頁568～569。
〔註74〕　見王先謙：《詩三家義集疏》，卷21，頁829。
〔註75〕　見《毛詩正義》，卷3之2，頁127。
〔註76〕　轉引自陳喬樅：《韓詩遺說考》，卷2，頁595。
〔註77〕　轉引自陳喬樅：《韓詩遺說考》，卷3，頁642。
〔註78〕　轉引自陳喬樅：《韓詩遺說考》，卷4，頁673。
〔註79〕　轉引自陳喬樅：《韓詩遺說考》，卷4，頁687。
〔註80〕　轉引自陳壽祺、陳喬樅：《韓詩遺說考》，卷5，頁740～742。

亦作「醻」。〔註81〕

　5、與齊、魯、韓三家《詩》文皆異者

　　（1）《大雅・文王有聲》：「詒厥孫謀，以燕翼子」，《禮記・表記》所徵引，與《毛詩》文同。《列女傳・陳嬰母傳》作「貽厥孫謀，以燕翼子。」是《魯詩》文。《後漢書・班彪傳》作「詒厥孫謀，以宴翼子。」是用《齊詩》。《韓詩外傳》引作「貽厥孫謀，以燕翼子。」〔註82〕

　　（2）《大雅・抑》：「有梏德行」，《禮記・緇衣》所徵引。梏，《毛詩》作「覺」。王逸《楚辭章句》、《新序・雜事》、《列女傳・公姑大姊傳》、《春秋繁露・郊祭篇》、《韓詩外傳》引《詩》，俱作「覺」。〔註83〕

　（三）與三家《詩》文「有同有異」者

　1、與《韓詩》文同，卻與《魯詩》文異者

　　《鄘風・相鼠》：「胡不遄死」，《禮記・禮運》所徵引，與《毛詩》、《韓詩外傳》文同。《史記・商君傳》引作「何不遄死」，是用《魯詩》。〔註84〕

　2、與《齊詩》文同，卻與《韓詩》文異者

　　《大雅・崧高》：「嵩高惟嶽，峻極于天。……四國于蕃」，《禮記・孔子閒居》所徵引。嵩、峻，《毛詩》作「崧」、「駿」。何休《公羊傳解詁》引《詩》，與〈孔子閒居〉文同。王應麟《詩攷》載《韓詩外傳》引《詩》，作「嵩、峻」，蕃則作「藩」。〔註85〕

　3、與《齊詩》文同，卻與《詩韓》文異者

　　《大雅・江漢》：「弛其文德，協此四國。」《禮記・孔子閒居》所徵引。弛、協，《毛詩》作「矢」、「洽」。《韓詩外傳》引《詩》與《毛詩》同。《春秋繁露・竹林篇》引《詩》，與〈孔子閒居〉所引相同。〔註86〕

　4、衍文、句序顛倒、斷截《詩》文

　　《禮記》引《詩》所出現的異文，有三例分別屬於衍文、句序顛倒，與斷截詩文等情形，遍及整句或整段《詩》文，不屬於個別字辭的相異。

〔註81〕　轉引自王先謙：《詩三家義集疏》，卷23，頁935。
〔註82〕　轉引自王先謙：《詩三家義集疏》，卷21，頁873～874。
〔註83〕　轉引自王先謙：《詩三家義集疏》，卷23，頁930。
〔註84〕　轉引自王先謙：《詩三家義集疏》，卷3中，頁249～250。
〔註85〕　轉引自王先謙：《詩三家義集疏》，卷23，頁959～960。
〔註86〕　轉引自王先謙：《詩三家義集疏》，卷23，頁984～985。

（1）衍　文

《禮記・坊記》引《豳風・伐柯》，作「伐柯如之何？匪斧不克。取妻如之何？匪媒不得。」目前尚未輯得其他三家《詩》説，《毛詩》則沒有「之」字。另外，〈南山〉詩有作「析薪如之何，匪斧不克，取妻如之何？匪媒不得。」〈坊記〉的作者可能是受到〈南山〉詩的影響，誤植入「之」字。〔註87〕

（2）句序顛倒

《禮記・坊記》引《小雅・大田》，作「彼有遺秉，此有不斂穧。伊寡婦之利」《毛詩》的句序不同，作「彼有不穫穉，此有不斂穧。彼有遺秉，此有滯穗。」由此可以推測，〈坊記〉應該是將「彼有不穫穉」與「此有滯穗」二句相連屬。另外，用《齊詩》的《春秋繁露・制度篇》雖然有記載：「君子不盡利以遺民。《詩》云：『彼有遺秉，此有不斂穧，伊寡婦之利。』」卻明顯是引自〈坊記〉。〔註88〕

（3）斷截《詩》文

《禮記・中庸》引詩「衣錦尚絅」，《毛詩・碩人》作「衣錦褧衣」。由鄭《注》對該《詩》句的解釋與鄭《箋》雷同來看，〈中庸〉所引當是〈碩人〉。孔穎達說：「此云『尚絅』者，斷截《詩》文也。又俗本云：『衣錦褧裳』，又與定本不同者。」〔註89〕這是站在《毛詩》本位的看法，不一定是如此。劉向《列女傳》引作「衣錦絅衣」，《說文》有作「衣錦襂衣」者，可知四家《詩》文差異頗大。

二、《三禮注》引《詩》的部分

（一）與三家《詩》「文同」者

1、與《魯詩》文同者

《周頌・有瞽》：「應𤲞縣鼓」，《禮記・明堂位》鄭注與《春官・大師》鄭注皆有徵引。𤲞，《毛詩》作「田」。《爾雅・釋樂》郭璞注引《詩》與鄭《注》文同。〔註90〕

〔註87〕陳喬樅卻認爲〈坊記〉所引，應該是〈南山〉詩的異文，是改易「析薪」爲「伐柯」。見《齊詩遺說考》卷1，頁372。
〔註88〕轉引自王先謙：《詩三家義集疏》，卷19，頁767。
〔註89〕見《禮記正義》，卷五十三，頁902。
〔註90〕轉引自王先謙：《詩三家義集疏》，卷25，頁1027。

2、與《齊詩》文同者

《周頌‧時邁》：「載櫜弓矢」，《禮記‧樂記》鄭注所徵引，與《毛詩》同。《漢書‧藝文志》引《詩》，與鄭《注》文同。〔註91〕

3、與《韓詩》文同者

《大雅‧棫樸》：「追琢其璋」，《天官‧追師》鄭注所徵引。璋，《毛詩》作「章」。《玉篇‧辵部》引《詩》作「追琢其璋」，是用《韓詩》。

4、與今文詩說「文同」者

《邶風‧泉水》：「出宿于濟」，《儀禮‧士虞禮》鄭注所徵引，與《列女傳‧魯之母師》引《詩》文同，〔註92〕但無法確定屬於哪一家。濟，《毛詩》作「沛」。

（二）與三家《詩》「文異」者

1、與《魯詩》文異者

（1）《衛風‧淇奧》：「會弁如星」，《周禮‧夏官‧弁師》鄭注所徵引，與《毛詩》文同。《呂覽‧上農篇》高誘注引《詩》，「會」作「冠」，是用《魯詩》。另外，《說文》「䯤」下引《詩》，作「䯤弁如星」，無法確定所屬家數。〔註93〕

（2）《魏風‧葛屨》：「好人提提」，《禮記‧檀弓上》鄭注所徵引，以「提提」爲「安舒貌。」文與《毛》同。《毛傳》：「提提，安諦也。」王逸《楚辭章句》引作「媞媞」，解釋爲「好貌」，是用《魯詩》。〔註94〕

（3）《小雅‧都人士》：「垂帶如厲」，《禮記‧玉藻》鄭注所徵引。如，《毛詩》作「而」。《淮南子‧氾論》高誘注引作「垂帶若厲」，是用《魯詩》。〔註95〕

2、與《齊詩》文異者

（1）《豳風‧七月》：「言私其豵，獻肩于公。」《夏官‧大司馬》注語裡，鄭司農與鄭玄兩人皆有引用。肩，《毛詩》作「豜」。《易林‧晉之歸妹》引作「獻豜及豵。」是拚合「言私其豵」兩句，可知《齊詩》作「豜」。

〔註91〕　轉引自王先謙：《詩三家義集疏》，卷25，頁1014。
〔註92〕　轉引自王先謙：《詩三家義集疏》，卷3上，頁193。
〔註93〕　轉引自王先謙：《詩三家義集疏》，卷3下，頁270～271。
〔註94〕　轉引自王先謙：《詩三家義集疏》，卷7，頁399。
〔註95〕　轉引自王先謙：《詩三家義集疏》，卷20，頁804。

3、與《韓詩》文異者

（1）《邶風‧泉水》：「飲餞于禰」，《儀禮‧士虞禮》鄭注所徵引，與《毛詩》文同。阮元《校勘記》云：「劉本作『泥』。」（蔚按：即劉昌宗本）《毛詩釋文》：「《韓詩》作坭。」不過，陳喬樅以劉昌宗本爲根據，認爲鄭《注》原本作「泥」，作「禰」者爲後人「順毛改之」，又云：「泥、坭古通。」〔註96〕

（2）《齊風‧猗嗟》：「以御亂兮」，《儀禮‧大射》鄭注所徵引。御，《毛詩》作「禦」，《毛詩釋文》云：「《韓詩》作『變』。」〔註97〕

（3）《大雅‧縣》：「周原膴膴」，《儀禮‧特牲饋食禮》鄭注所徵引，與《毛詩》文同。《文選‧魏都賦》：「腜腜坰野」，李善《注》引《詩》作「周原腜腜」，晉朝張載《注》云：「腜腜，美也。」〔註98〕《毛詩釋文》有云：「膴膴，美也。《韓詩》同。」陳喬樅認爲《釋文》所講，「謂《韓詩》說同，非謂字同也。」〔註99〕 雖然無法察證《釋文》與張載的用字之間的矛盾，卻可以了解，《韓詩》或今文三家之中，有作「腜腜」者。

（4）《大雅‧縣》：「皋門有伉」，《禮記‧明堂位》鄭注所徵引，與《毛詩》文同。《玉篇‧門部》作「高門有閌。」《毛詩釋文》亦云：「《韓詩》作『閌』，云：『盛貌。』」《毛傳》以「伉」爲「高貌」。陳喬樅云：「《韓》釋爲『盛貌』者。《毛》作『皋門』，皋之言高也，故以『伉』爲『高貌』。《韓詩》作『高門』，則高義已顯，故以『閌』爲『盛貌』。」〔註100〕

（5）《大雅‧公劉》：「汭坈之即」。《周禮‧夏官‧職方式》鄭《注》所徵引。《毛詩》作「芮鞫之即。」《毛詩釋文》：「芮，又作汭。」《漢書‧地理志》顏師古注云：「《韓詩》作『芮阮』。」〔註101〕

（6）《商頌‧長發》：「爲下國畷郵」，《禮記‧郊特牲》鄭注所徵引。《玉篇‧田部》作「爲下國畷流」，是用《韓詩》。〔註102〕

4、與今文《詩》說「文異」者

（1）《周南‧樛木》：「葛藟縈之」，《儀禮士喪禮》鄭注所徵引，與《毛

〔註96〕 見陳壽祺、陳喬樅：《齊詩遺說考》，卷1，頁356。

〔註97〕 見《毛詩正義》，卷5之2，頁202。

〔註98〕 轉引自王先謙：《詩三家義集疏》，卷21，頁837。

〔註99〕 見陳壽祺、陳喬樅：《韓詩遺說考》，卷4，頁671。

〔註100〕見陳壽祺、陳喬樅：《韓詩遺說考》，卷4，頁672。

〔註101〕轉引自王先謙：《詩三家義集疏》，卷22，頁901。

〔註102〕見陳壽祺、自陳喬樅：《韓詩遺說考》，卷5，頁743。

詩》文同。《說文》「蘽」字下引《詩》，作「葛藟蘽之」。《說文》「縈」字亦引
之，卻作「葛藟縈之」。作「蘽」者，三家《詩》文也。王先謙云：「《說文》：
『縈，收卷也。』葛藟緣木暢茂，言『收卷』則非其義。『蘽』訓『草旋貌』，
謂草之盤旋而上達。詳《詩》義，『蘽』正字，『縈』借字。」〔註103〕

（2）《小雅·出車》：「執訊獲醜」，《禮記·王制》鄭注所徵引，與《毛
詩》文同。洪适《隸釋》有「執訊獲首」之語，當是三家《詩》文。馬瑞辰
云：「醜爲首之假借。」〔註104〕

（3）《小雅·小宛》：「螟蛉有子，蜾蠃負之」，《禮記·中庸》鄭注所徵
引，與《毛詩》文同。《說文》「蠕」字云：「蠕，或从果。」之下又引《詩》，
作「螟蠕有之，蠕蠃負之。」蛉、蠕同音通用。〔註105〕

（4）《大雅·生民》：「或舂或抗」，《儀禮·有司徹》鄭注與《地官·序
官》鄭注皆有徵引。抗，《毛詩》作「揄」。《說文》云：「舀，抒臼也。从爪，
臼聲。《詩》曰：『或簸或舀。』抗，或从手、冘。㖤，　从舀或宂。」陳喬樅
云：「『揄』者，『舀』之假借字。……《詩文》『舀』下兼收『抗』、『㖤』二形，
即三家之異文。」〔註106〕

（5）《大雅·韓奕》：「諸娣從之，祈祈如雲」，《儀禮·士昏禮》鄭注所
徵引。《白虎通·嫁娶篇》引作「姪娣從之」，未能確定是用哪一家《詩》文。
〔註107〕

5、與《魯詩》、《韓詩》文皆異者

（1）《王風·大車》：「有如皦日」，《儀禮·覲禮》鄭注所徵引，與《毛
詩》文同。《列女傳·息君夫人》引之，作「有如曒日」。同書《貞順傳·梁
寡高行》引之，「皦」卻作「皎」。《文選·寡婦賦》李善注有云：「《韓詩》
曰：『謂余不信，有如皎日。』」是魯、韓有作「皎」者。陳喬樅云：「《說文》：
『皎，月之白也。』『曒，日之白也。』『皦，玉石之白也。』是皎、皦皆曒
之假借。」〔註108〕

（2）《豳風·七月》：「日爲改歲」，《地官·序官》鄭注所徵引，與《毛

〔註103〕見王先謙：《詩三家義集疏》，卷1，頁35。
〔註104〕轉引自王先謙：《詩三家義集疏》，卷14，頁588。
〔註105〕轉引自王先謙：《詩三家義集疏》，卷17，頁694。
〔註106〕見陳壽祺、陳喬樅：《魯詩遺說考》，卷5，頁262。
〔註107〕轉引自王先謙：《詩三家義集疏》，卷23，頁979。
〔註108〕轉引自王先謙：《詩三家義集疏》，卷4，頁331。

詩》同。陳喬樅《三家詩遺說考》與王先謙《詩三家義集疏》都沒有收錄此則鄭《注》。《漢書·食貨志》引作「聿為改歲」。陳喬樅云:「聿、曰皆詞,古多通用。《毛詩·角弓》『見晛曰消』,魯、韓作『聿』。〈抑〉『曰喪厥國』,《韓詩》作『聿』。〈大明〉『曰嬪于京』,《爾雅》注作『聿』,是三家文多以『聿』為『曰』也。」〔註109〕

(3)《魯頌·閟宮》:「寢廟繹繹」,《周禮·夏官·隸僕》鄭注所徵引。《毛詩》作「新廟奕奕。」揚雄〈太常箴〉作「寢廟奕奕」,《淮南子·時則》高誘注與《呂覽·季春紀》皆引作「寢廟奕奕」,是用《魯詩》。《文選·兩都賦·序》李善注引作「新廟奕奕」,是用《韓詩》。〔註110〕

6、與魯、齊、韓三家《詩》文皆異者

《大雅·緜》:「應門將將」,〈明堂位〉鄭注所引,與《毛詩》文同。張衡〈七辯〉云:「應門鏘鏘」,〈東京賦〉亦云:「立應門之鏘鏘。」是用《魯詩》。班固〈西都賦〉有云:「激神嶽之㙊㙊」,是用《齊詩》。崔琰治《韓詩》,他的〈述初賦〉有云:「觀秦門之㙊㙊。」〔註111〕可知齊、韓兩家俱作「㙊」。

(三)與三家《詩》文「有同有異」者

如《小雅·小宛》:「宜犴宜獄」,《周禮·夏宮·射人》鄭注所徵引。犴,《毛詩》作「岸」。《毛詩釋文》云:「《韓詩》作『犴』,音同,云:『鄉亭之繫曰犴,朝廷曰獄。』」《漢書·刑法志》引作「犴獄不平」,是用《齊詩》。《鹽鐵論·五刑論》引作「宜犴宜獄」,〔註112〕可知三家《詩》有作「犴」與「犴」者。

(四)與《毛詩》文異,卻未輯得三家《詩》以供比對者

1、《衛風·碩人》:「翟蔽以朝」,《周禮·春官·巾車》鄭注所徵引。蔽,《毛詩》作「茀」。

2、《曹風·鳲鳩》:「其弁伊綦」,《周禮·夏官·弁師》鄭注所徵引。綦,《毛詩》作「騏」。

3、《小雅·信南山》:「嘗嘗原隰」,《周禮·地官·均人》鄭注所徵引。嘗嘗,《毛詩》作「畇畇」。

〔註109〕轉引自王先謙:《詩三家義集疏》,卷13,頁519。
〔註110〕轉引自王先謙:《詩三家義集疏》,卷28,頁1087~1088。
〔註111〕轉引自王先謙:《詩三家義集疏》,卷21,頁840。
〔註112〕轉引自王先謙:《詩三家義集疏》,卷17,頁695~696。

4、《周頌‧良耜》:「其餉伊黍」,《禮記‧郊特牲》鄭注所徵引。餉,《毛詩》作「饟」。

5、《周頌‧良耜》:「其鎛斯捆」,《周禮‧冬官‧考工記》鄭注所徵引。捆,《毛詩》作「趙」。

6、《商頌‧那》:「植我鼗鼓」,《禮記‧明堂位》鄭注所徵引。植,《毛詩》作「置」。

（五）屢屢徵引同一《詩》句,文字卻互異者

有些《詩》句在《三禮注》裡被引用多次,文字卻不盡相同,與《毛詩》文字亦有同有異。這種情況共有五處:

1、《毛詩‧唐風‧揚之水》:「素衣朱繡」。鄭《箋》:「繡當為綃。」

甲、《儀禮‧特牲饋食禮》鄭注徵引之,繡作「宵」。

乙、《儀禮‧士昏禮》鄭注徵引之,繡作「綃」。鄭《注》自云:「《魯詩》以綃為綺屬。」

丙、《禮記‧郊特牲》鄭注徵引之,繡作「綃」。

案:如今尚未輯得其他三家《詩》文,不過可以判斷鄭玄不僅治《魯詩》而已。

2、《毛詩‧秦風‧小戎》:「竹閉緄縢。」

甲、《周禮‧冬官‧弓人》鄭注徵引之,閉作「柲」。

乙、《儀禮‧既夕禮》鄭注徵引之,閉作「柲」。

丙、《儀禮‧士虞禮》鄭注徵引之,閉作「柲」。

案:《詩》文「閉」字指弓檠,正字為「柲」,其餘皆是同音假借字。王先謙認為作「柲」者是《齊詩》文,作「柲」者是用《魯詩》文。〔註113〕事實上,目前尚未輯得其他三家《詩》文,不知王氏所據為何?

3、《毛詩‧豳風‧七月》:「稱彼兕觥,萬壽無疆。」

甲、《周禮‧春官‧籥師》鄭注徵引之,作「稱彼兕觥,萬壽無疆」。

乙、《禮記‧月令》鄭注徵引之,作「稱彼兕觵,受福無疆」。

案:《毛詩釋文》:「觥,本亦作觵。」

4、《毛詩‧小雅‧天保》:「吉蠲為饎。」

甲、《周禮‧天官‧宮人》鄭注徵引之,作「吉蠲為饎」,與《毛詩》

〔註113〕見王先謙:《詩三家義集疏》,卷9,頁447。

文同。

　　乙、《周禮・秋官・蜡氏》鄭注徵引之，作「吉圭惟饎」。

　　丙、《儀禮・士虞禮》鄭注徵引之，作「吉圭爲饎」。

案：《呂覽》高誘注、《淮南子》高誘注、趙岐《孟子章句》俱有「圭潔」一辭，推測《魯詩》可能是「蠲」字作「圭」。〔註114〕至於〈宮人〉注的部分，王先謙認爲是後人依《毛詩》改寫。這是站在鄭《注》未見得《毛詩傳》的立場，未必是如此。

　　5、《毛詩・小雅・車攻》：「決拾既佽。」

　　甲、《周禮・夏官・繕人》鄭注徵引之，作「抉拾既次。」（鄭司農徵引）

　　乙、《儀禮・士喪禮》鄭注徵引之，作「決拾既次。」

案：《毛詩釋文》：「決，或作抉。」張衡〈東京賦〉作「決拾既次」，用《魯詩》文。《玉篇・手部》引作「決拾既佽」，用《韓詩》文。可知鄭司農所引用，可能是《齊詩》或《毛詩》文。然而，抉與決形近、佽與次音同，這些典籍的不同也有可能是後人轉改誤抄所致。

　　由上述五則例子可知，鄭《注》引《詩》，不專主某一家《詩》文。

第三節　由「《詩》義」比較異同

　　以下的分類標題，所謂的「與《魯詩》說義同者」，表示援以比對的資料包含僅輯得《魯詩》說而不見齊、韓兩家者，或其餘的遺說難以判別家數。所謂的「與《魯詩》說、《韓詩》說俱異者」，包含未輯得《齊詩》說，或其他家的遺說難以判別家數者。其餘類推。

一、與三家《詩》說「義同」者

（一）與《魯詩》說義同者

1、《大雅・旱麓》：「莫莫葛藟，施于條枚。凱弟君子，求福不回。」

　　《禮記・表記》徵引之，鄭《注》云：「言樂易之君子，其求福修德以俟之，不爲回邪之行以要之，如葛藟之延蔓于條枚，是其性也。」葛藟延蔓，鄭《注》以喻君子求福不回，鄭《箋》則以喻子孫依緣先人之功。《呂覽》高

──────────────

〔註114〕見王先謙：《詩三家義集疏》，卷14，頁577～578。

誘注引《詩》，又云：「延蔓于條枚之上，得其性也。樂易之君子，求福不以邪道，順于天性，以正直受大福。」〔註115〕順于天性，與《注》語所謂「是其性也」義同，是用《魯詩》說。

2、《大雅・崧高》：「惟獄降神，生甫及申。惟申及甫，惟周之翰。」

《禮記・孔子閒居》徵引之，鄭《注》以「甫」及「申」爲「仲山甫」與「申伯」，以申、甫兩人爲五嶽降神所生。《毛傳》、鄭《箋》改以「甫」爲「甫侯」，是唐虞時四嶽（官名）的後裔。《後漢書・張衡傳》載〈應間賦〉曰：「申伯樊仲，實幹周邦。」樊仲，即周宣王時臣「仲山甫」。蔡邕〈薦太尉董卓表〉云：「是故申伯、山甫，列於《大雅》。」〔註116〕亦以「甫」爲仲山甫。張、蔡兩人是用《魯詩》說。

（二）與《齊詩》說義同者

1、《邶風・谷風》：「采葑采菲，無以下體。德音莫違，及爾同死。」

《禮記・坊記》徵引之，鄭《注》云：「此詩故親、今疏者，言人之交，當如采葑采菲，取一善而已。君子不求備於一人。」《春秋繁露・竹林篇》引《詩》以說明「取其一美，不盡其失」，與鄭《注》義合。同書〈度制篇〉也取用了〈坊記〉引〈谷風〉詩的整段文字，可知鄭《注》與《齊詩》說相合。另外，《列女傳・晉趙衰姬》引《詩》，云：「與人同寒苦，雖有小過，猶與之同死，況於安新忘舊乎？」〔註117〕尚未確定是用《魯》或《韓詩》說？亦與鄭《注》相合。

（三）與魯、齊、韓三家《詩》說俱同者

1、《召南・騶虞》：「吁嗟乎騶虞」

鄭《注》認爲「騶虞」是官職名，《毛傳》則視爲仁獸。許慎《五經異義》云：「今詩韓、魯說：騶虞，天子掌鳥獸官」，《易林》亦云：「陳力就列，騶虞喜悅。」〔註118〕是用《齊詩》說。可知今文三家俱以騶虞爲官名。

2、《邶風・燕燕》：「先君之思，以畜寡人。」

〔註115〕轉引自王先謙：《詩三家義集疏》，卷21，頁848。
〔註116〕轉引自王先謙：《詩三家義集疏》，卷23，頁963。
〔註117〕轉引自王先謙：《詩三家義集疏》，卷3上，頁171～172。
〔註118〕《新書》與《五經異義》的遺說，俱轉引自陳壽祺、陳喬樅：《魯詩遺說考》，卷1，頁74～75。

　　《禮記‧坊記》徵引之，鄭《注》云：「此衛夫人定姜之詩也。定姜無子，立庶子衎，是爲獻公。畜，孝也。獻公無禮於定姜，定姜作詩，言獻公當思先君定公，以孝於寡人。」《禮記釋文》認爲這則鄭《注》是用《魯詩》說。《列女傳‧母儀傳‧衛姑定姜》云：

> 衛姑定姜者，衛定公之夫人，公子之母也。公子既娶而死，其婦無子，畢三年之喪，定姜歸其婦，自送之至於野，恩愛哀思，悲以感慟，立而望之，乃賦詩曰：「燕燕于飛，……泣而望之。」又作詩曰：「先君以思，以畜寡人。」……頌曰：衛姑定姜，送婦作詩。恩愛慈惠，泣而望之。數諫獻公，得其罪尤。

　　〈衛姑定姜〉的內容與鄭《注》皆取資於《左傳》對定姜的記載。然而，鄭《注》從全詩末兩句來解釋，認爲〈燕燕〉詩也是定姜因獻公無禮而作，《列女傳》則以〈燕燕〉第二章而言定姜送其子婦歸而作。兩者的說法是否可以相通？王先謙云：「《詩》云：『先君，知在定沒獻立之際。定姜慟子思婦，煢獨悲傷，專爲獻公不能孝養。末二句追美去婦，即以深責獻公，詩恉甚明，齊義非與魯異。」〔註119〕兩者相通，可判斷《列女傳》的這則說明也是用《魯詩》說。

　　《易林‧萃之賁》云：「泣涕長訣，我心不快。遠送衛野，歸寧無子。」由「無子」來判斷，獻公之婦無子而大歸，戴嬀有生子名完（桓公），可知《易林》也以〈燕燕〉詩是寫定姜送子婦。王應麟《詩攷》引李迂仲說：「〈燕燕〉，《韓詩》以爲定姜歸其娣，送之而作。」史傳不見有定姜送娣。〔註120〕娣，應做「婦」。《韓詩故》有云：「范處義補傳篇目引作『定姜歸其婦』。」蔣日豫《韓詩輯》也以娣字作「婦」。作「婦」字爲是，王先謙批評李迂仲的話是「多出臆撰，不足傳信。」〔註121〕綜合上述，三家皆以〈燕燕〉爲定姜所作。至於全詩末兩句「先君以思，以畜寡人」，尚未輯得三家的說解，無法判斷鄭《注》的解釋從何而來？

〔註119〕見王先謙：《詩三家義集疏》，卷3上，頁138。

〔註120〕《左傳‧隱公三年》：「衛莊公娶于齊東宮得臣之妹，曰莊姜，美而無子，衛人所爲賦〈碩人〉也，又娶于陳，曰厲嬀，生孝伯，早死，其娣戴嬀，生桓公，莊姜以爲己子。」可見李迂仲是誤合定姜與莊姜之事。

〔註121〕見王先謙：《詩三家義集疏》，卷3上，頁138。

二、與三家《詩》說「義異」者

（一）與《魯詩》說義異者

1、《大雅·文王》：「自求多福」

《禮記·禮器》：「祭祀不祈」，鄭《注》云：「祭祀不爲求福也。《詩》曰：『自求多福。』福由己耳。」以「自求」爲自己求取。趙岐《孟子章句》云：「長我周家之命，配當善道，皆內自求責，故多福也。」〔註122〕以「自求」爲內自求責。趙岐治《魯詩》，其說與《注》異。

2、《大雅·大明》「時維鷹揚」

《周禮·夏官·環人》：「揚軍旅」，鄭《注》：「爲之威武以觀敵」，又引《詩》說明。鄭玄以「鷹揚」之「揚」爲顯揚軍威。王逸治《魯詩》，以揚爲鸞鳥。《楚辭·天問》曰：「蒼鳥羣飛，孰使萃之？」《楚辭章句》云：「蒼鳥，鷹也。言武王伐紂，將帥勇猛如鷹揚羣飛，誰使武王集聚之者乎？《詩》曰：『維師尚父，時維鷹揚』也。」孫星衍說：「『揚』當讀如《爾雅》『鸞，白鷢』之鸞，謂如鷹與鸞。作『揚』者，省借字耳。」《後漢書》高彪作箴曰：「尚父七十，氣冠三軍。《詩》人作歌，如鷹如鸞。」馬瑞辰云：「鷢與『鸞，白鷢』同類，似亦分鷹揚爲二鳥，鷹揚猶云鷹鷢耳。……則古說《詩》者蓋已有以揚爲鸞之假借者，異《毛傳》以爲飛揚矣。」〔註123〕

（二）與《齊詩》說義異者

1、《周南·葛覃》：「服之無厭」

《禮記·緇衣》徵引之。鄭《注》云：「言己願采葛以爲君子之衣，令君子服之無厭。言不虛也。」《鄭箋》云：「服，整也。女在父母之家，未知將所適，故習之以絺綌煩辱之事，乃能整治之無厭倦，是其性貞孝。」鄭《注》以爲是女兒在父母家之事，鄭《箋》以爲是出嫁後之事。《易林·兌之謙》云：「葛生衍蔓，絺綌爲願。家道篤厚，父兄悅喜。」〔註124〕既言「絺綌」，又言「父兄悅喜」，是以「服之無厭」爲女在父母家中之事，是用《齊詩》說，與

〔註122〕《孟子·公孫丑上》云：「今國家閒暇，及是時般樂怠敖，是自求禍也。禍福無不自己求之者！《詩》云：『永言配命，自求多福。』趙岐《章句》提及「長我周家之命」，顯然不僅是配合經文爲釋，也同時是他所屬家派的詩說。

〔註123〕諸家意見俱轉引自馬瑞辰：《毛詩傳箋通釋》，卷24，頁810。

〔註124〕見鄧球柏譯注：《白話集氏易林》下冊（長沙：岳麓書社，1996年），第15卷，頁508。

鄭《注》義異。

王先謙引《易林》，僅載錄前兩句，遺漏後兩句，又云：「焦用《齊詩》。言『為願』，與《注》言『己願』同。」〔註125〕王氏以《易林》與鄭《注》義同，實是誤解。

2、《鄘風‧蝃蝀》：「朝隮于西」

《周官‧春官‧眡祲》：「掌十煇之法。……九日隮。」鄭《注》云：「隮，虹也」，並引用這段《詩》句來說明。荀爽《易注》曰：「雲上升極則降而為雨，故《詩》云：『朝隮于西，崇朝其雨。』」〔註126〕隮，作『躋』，訓為「上升」，是用《齊詩》說，與鄭《注》義異。

（三）與《韓詩》說義異者

1、《衛風‧氓》：「爾卜爾筮，履無咎言。」

《禮記‧坊記》徵引之，鄭《注》訓「履」為「禮」。《毛詩釋文》：「體，《韓詩》作『履』，幸也。」馮登府《三家詩異文疏證》說：「訓履為幸，幸無咎言，義較順，然履之訓幸，于古無徵。」〔註127〕其實可以徵驗，《爾雅》：「履，福也。」郝懿行《義疏》云：「幸者，趨吉而免凶，亦福之意。」〔註128〕

2、《商頌‧長發》：「聖敬日齊」

《禮記‧孔子閒居》徵引之。齊，《毛詩》作「躋」，訓為「升」。鄭《注》云：「齊，莊也。……其聖敬日莊嚴。」《韓詩外傳》引作「躋」，《文選‧閒居賦》李善注引《韓詩》說，言「湯聖敬之道上聞于天。」〔註129〕以「齊」為上、升之意，亦與鄭《注》義異。

（四）與《魯詩》、《韓詩》說俱異者

1‧《鄘風‧鶉之奔奔》：「鵲之姜姜，鶉之賁賁；人之無良，我以為君。」

《禮記‧表記》徵引之。鄭《注》以「姜姜、賁賁」為「爭鬥惡貌。」《呂

〔註125〕見王先謙：《詩三家義集疏》，卷1，頁21。

〔註126〕王先謙云：「荀爽師事陳寔，寔子紀傳《齊詩》，見陸德明《經典釋文》。《後漢書》言荀爽嘗著《詩傳》，爽之《詩》學，太邱所受，其為齊學明矣。」見《詩三家義集疏‧序例》，頁8。

〔註127〕見馮登府：《三家詩異文疏證》，《詩經要籍集成》第40冊（北京：學苑出版社，2003年），卷3，頁265。

〔註128〕轉引自王先謙：《詩三家義集疏》，卷3下，頁295。

〔註129〕諸家遺說轉引自王先謙：《詩三家義集疏》，卷28，頁1109～1110。

覽‧壹行篇》高誘注引《詩》，云：「賁賁，色不純也。」《說文》：「賁，飾也。」《易經‧賁卦釋文》引王肅《注》：「賁，有文飾，黃白色。」可知高誘用賁字的本義爲訓，與郝懿行《爾雅義疏》所謂「鶉黃黑雜文」義合，此爲《魯詩》說。〔註130〕另外，《毛詩釋文》有引《韓詩》，云：「奔奔、彊彊，乘匹之貌。」也與鄭《注》義異。

（五）與魯、齊、韓三家《詩》說俱異者

1、《周南‧關雎》：「君子好仇」

《禮記‧緇衣》云：「唯君子能好其正，小人毒其正。……《詩》：『君子好仇』。」鄭《注》云：「正當爲匹，字之誤也。匹謂知識朋友，……仇，匹也。」〈緇衣〉引〈關雎〉，將詩義「引申」至君子朋友相交，好其匹之道。鄭《注》以「仇」爲匹，再具體地指向知識朋友，可能是遷就〈緇衣〉的用《詩》之義，也可能是他自己對《詩》句原有的理解。在下判斷之前，再看另一則例子。

《禮記‧坊記》引《邶風‧谷風》「采葑采菲，無以下體，德音莫違，及爾同死」，說明「君子不盡利以遺民」的道理。鄭《注》先配合〈坊記〉用《詩》之義而作解，之後又闡釋己意，補充他所認爲的《詩》句原意，云：「此詩故親、今疏者，言人之交，當采葑采菲，取一善而已。君子不求備於一人，能如此，則德美之音不離令名，我願與女同死矣。」從這段話可以了解，鄭玄認爲〈谷風〉詩義是講「君子之交，不求備於一人」。

〈關雎〉是有關男女情思之作，〈緇衣〉鄭注卻賦予朋友相交，好其匹之義。〈谷風〉寫夫婦離絕之事，〈坊記〉鄭注引申至朋友相交，不求備之義。這兩則同是描寫男女、夫婦關係的詩篇，鄭《注》都引申至朋友交誼之道。由這種巧合來推想，或許〈緇衣〉鄭注以「君子好仇」爲朋友相交，好其匹之義，是他作《三禮注》時所秉持的《詩》說，不盡然是遷就〈緇衣〉的用《詩》之義。

《毛詩》作「君子好逑」，《毛傳》云：「后妃有關雎之德，是幽閒貞專之善女，宜爲君子好匹。」鄭《箋》云：「能爲君子和好眾妾之怨者。」《毛傳》以「逑」爲「匹」，鄭《箋》以「逑」爲怨耦，兩者雖有不同，都指向后妃之事，與鄭《注》皆異。《漢書‧杜欽傳》有云：「作〈關雎〉之人，歎在上之

好色無度，冀得淑女配君子也。」此爲《魯詩》說，以〈關雎〉爲刺詩。《列
女傳·湯妃有藝》云：「《詩》曰：『窈窕淑女，君子好仇。』言賢女能爲君子
和好眾妾也。」與《魯詩》說相合，與鄭《箋》亦同。《漢書·匡衡上疏》：「后
夫人之行不侔乎天地，則無以奉神靈之統而理萬物之宜，故《詩》曰：『窈窕
淑女，君子好仇。』言能致其貞淑，不貳其操。情欲之感無介乎容儀，宴私
之意不形乎動靜，夫然後可以配至尊而爲宗廟主，此綱紀之首、王教之端也。」
匡衡以有德之后妃，可配至尊而奉侍神靈，故爲「好仇」。《太平御覽·皇親
部》引緯書《詩推度災》文：「〈關雎〉有原，冀得賢妃正八嬪。」與匡衡說
同，皆爲《齊詩》說。《韓詩章句》云：「《詩》人言雎鳩貞潔慎匹，以聲相求，
必於河之洲隱蔽無人之處。故人君退朝入於私宮，后妃御見有度。」〔註131〕
同樣解釋爲后妃之事。無論是《毛傳》、鄭《箋》或齊、魯、韓三家，都不見
有將「君子好仇」引申至朋友相交之道上。由此可知，鄭《注》亦有異於今
文三家的說法。

第四節　《詩》家說與「詩傳」

　　《周禮注》提及 2 則《詩》家說，徵引者是鄭司農與杜子春，鄭玄的態
度是依從之。另外又有 4 則「詩傳」，散見於《三禮注》，鄭玄也以肯定的態
度來引用。這 6 則資料也是判斷鄭玄《三禮注》與三家《詩》說之關係的重
要材料。

一、《詩》家說

　　1、《周禮·夏官·繕人》：「抉、拾。」鄭《注》：「鄭司農云：……《詩》
　　　　云：『抉拾既次。』《詩》家說或謂：抉謂『引弦彄』也，拾謂『韝
　　　　扞』也。」

　　《毛詩·小雅·車攻》作「決拾既佽」，《毛傳》云：「決，鉤弦也。拾，
遂也。佽，利也。」〔註132〕與《詩》家說文異義近，孫詒讓認爲：「此所引或
三家《詩》傳文。」〔註133〕沒有再判別是屬於哪一家。王先謙、陳喬樅也持

〔註131〕諸家遺說俱轉引自王先謙：《詩三家義集疏》，卷1，9～11。
〔註132〕見《毛詩正義》，卷 10 之 3，頁 368。
〔註133〕見孫詒讓：《周禮正義》，卷 61，頁 2571。

同樣看法。〔註134〕

　　2、《周禮・夏官・大馭》：「犯軷。」鄭《注》云：「杜子春云：……《詩》
　　　云：『載謀載惟，取蕭祭脂，取羝以軷。』《詩》家說曰：『將出，
　　　祖道，犯軷之祭也。』」

　　引《詩》屬《大雅・生民》，《毛傳》云：「軷，道祭也。」此《詩》家說
與《毛傳》文異義同，但未輯得其他家詩說，無法判別是屬於哪一家，故孫
詒讓僅視爲「三家《詩》說」。〔註135〕

二、詩傳

　　1、《天官・玉府》：「佩玉。」鄭《注》云：「《詩傳》曰：『佩玉，上有
　　　葱衡，下有雙璜，冲牙，蠙珠以納其間。』」

　　此則《詩傳》是解說《鄭風・女曰雞鳴》的「雜佩以贈之」一句。〔註136〕
賈《疏》云：「引《詩傳》曰，謂是《韓詩》。」〔註137〕孫詒讓說：「〈月令〉
孔疏引《韓詩外傳》文，與此同。然今本《外傳》無此語，疑出《韓詩內傳》
也。」〔註138〕王先謙認爲《詩傳》對形制的解釋，與《大戴禮・保傅篇》和
蔡邕〈月令章句〉的意思一致，敘述方式也相當接近，因此不以賈《疏》爲
然，認爲這則《詩傳》也可能是《齊詩》說，或《魯詩》說。〔註139〕

〔註134〕陳喬樅根據〈東京賦〉引《詩》作「決拾既次」，薛綜曰：「決以象骨，著右
　　　　手巨指，所以鉤弦也。拾，轉捍著左臂也。」兩者皆與鄭眾引《詩》與《詩》
　　　　家說相合，進而判斷：「仲師（鄭眾）雖治《毛詩》，亦未嘗不兼採魯義也。」
　　　　見《魯詩遺說考》卷3，頁186。在《齊詩遺說考》卷2，頁402中又說：「鄭
　　　　仲師兼傳《毛詩》，而《周官解詁》所引《詩》，『決』作『抉』，『佽』作『次』，
　　　　與《毛詩》文異，則注《周官》時尚用三家之詩也。」王先謙的意見與陳氏
　　　　相同。
〔註135〕見孫詒讓：《周禮正義》，卷61，頁2587。另外，陳喬樅《遺說考》與王先謙
　　　　《集疏》對於《大雅・生民》收錄的說解中，不僅沒有這則「《詩》家說」，
　　　　也不見今文三家可資對照的資料。在與毛《傳》文字相異的對比下，暫定爲
　　　　三家詩說。
〔註136〕這是根據馬國翰輯錄的《韓詩內傳》中的篇章歸屬。見《韓詩故》（古經解彙
　　　　函，台北：中新書局，1973年。）中附的《韓詩內傳》1卷，頁4587。
〔註137〕見《周禮注疏》，卷6，頁96。
〔註138〕見孫詒讓：《周禮正義》卷12，頁452。
〔註139〕《大戴禮記・保傅篇》：「珮玉，上有雙衡，下有雙璜，衡牙、玭珠以納其間，
　　　　琚瑀以雜之。」蔡邕〈月令章句〉：「佩上有雙衡，下有雙璜，琚瑀以雜之，
　　　　衡牙、蠙珠以納其間。」王先謙又說：「鄭於《詩》兼通三家，唐時《齊》、《魯》

2、《春官·小宗伯》:「遂頒禽。」鄭《注》:「頒禽,謂以予群臣。《詩傳》曰:『禽雖多,擇取三十焉,其餘以予大夫、士、以習射於澤宮而分之。』」

《小雅·車攻》云:「徒御不驚,大庖不盈。」《毛傳》與這則《詩傳》幾乎相同,唯末句有異;《毛傳》作「禽雖多,擇取三十焉,其餘以與士大夫、士,以習射于澤宮。田雖得禽,射不中不得取禽。田雖不得禽,射中則得取禽。」〔註140〕孫詒讓認為這則《詩傳》的末句是「檃括其義(蔚按:指《毛傳》),非其原文也。」〔註141〕《穀梁傳》與《尚書傳》中也有與《詩傳》相似的敘述,〔註142〕故孔穎達認為「此當有成文」。〔註143〕陳喬樅《三家詩遺說考》與王先謙《詩三家義集疏》未收錄這一則資料,也不見今文三家的其他說法。

3、《儀禮·聘禮·記》:「出祖,釋軷。」鄭《注》:「《詩傳》曰:『軷,道祭也。』」

《大雅·生民》:「取羝以軷」,《毛傳》云:「軷,道祭也。」與鄭《注》文同。然而,這段《詩傳》的敘述太過簡短,現今也未輯得其他的《詩》說,無法確定這則《詩傳》就是《毛傳》,抑或同於今文三家《詩》的某家說法?

4、《禮記·經解》:「升車,則有鸞和之音。」鄭《注》:「鸞、和,皆鈴也,所以為車行節也。《韓詩內傳》曰:『鸞在衡,和在軾前。升車則馬動,馬動則鸞鳴,鸞鳴則和應。』」

這則《韓詩內傳》是解釋《小雅·蓼蕭》的「和鸞雝雝」一句。〔註144〕《禮記·玉藻》鄭注有云:「鸞在衡,和在式。」孔穎達認為這也是《韓詩外傳》文。〔註145〕《周官·夏官·大馭》鄭注云:「鸞在衡,和在軾。」賈公彥云:「鄭知『鸞在衡,和在軾』者,鄭見《韓詩傳》云:『升車則馬動,馬動

〔註140〕見《毛詩正義》,卷10之3,頁368。

〔註141〕見孫詒讓:《周禮正義》,卷36,頁1452。

〔註142〕《春秋穀梁傳·昭公八年》:「禽雖多,天子取三十焉,其餘與士,以習射於射宮,射而中,田不得禽則得禽;田得禽而射不中,則不得禽。」《儀禮·鄉射禮》鄭注引《尚書傳》云:「凡祭,取餘獲陳於澤,然後卿大夫士相與射也。中者,雖不中也取;不中者,雖中也不取。」

〔註143〕見《毛詩正義》,卷10之3,頁369。

〔註144〕這是根據《韓詩內傳》的篇章歸屬,收錄在《韓詩故》,頁4588。

〔註145〕見《禮記正義》,卷30,頁564。

詩》亡,故賈氏止據所見《韓詩傳》為證耳。」見《詩三家義集疏》,卷5,頁352。

而鸞鳴，鸞鳴則和應』。」〔註146〕《外傳》作「式」，《內傳》作「軾」，文異義同。

上述這六則資料，有兩則可以確定是《韓詩》說，有兩則不易判別家數。剩下的兩則，與《毛傳》文字幾乎相同，須再配合其他資料的輔證，才可以確定它們就是《毛傳》。這個問題將在第六章第一節再做詳細的討論。

第五節 小 結

鄭玄《三禮注》說《詩》，究竟屬於魯、齊、韓哪一家《詩》說？首先，從鄭玄的師承關係，可知鄭注三《禮》之時，不只通《韓詩》。再從《三禮注》中已註明《詩》說派別的記錄，可知鄭玄亦通《魯詩》。至於陳喬樅所謂「禮家《詩》說均用《齊詩》」，雖然過爲武斷，不可盡信，但是鄭玄兼治《齊詩》說的事實，在與諸家遺說做比較之時仍可發現。整體來說，鄭玄作《三禮注》，已兼用三家《詩》說，不專守一家，不是遲至作《毛詩箋》之時才如此。

鄭玄《三禮注》說《詩》是兼用三家。不過，若要具體地鑑別當中每一則引《詩》、說《詩》所屬的家派，其過程相當不易，成效也很有限。如今較可行的辦法，是利用三家《詩》遺說與《三禮注》的比對工作來鑑別。然而，這些遺說是輯佚而來，本身也必須先經過鑑別家派的步驟，才能作爲比對的依據。然而，這也有困難存在，諸如某些漢代學者是專治哪一家《詩》說，古籍並未明言；有時一人會兼通二至三家，甚至擺脫師說，獨創新義；有些典籍更是集合眾家《詩》說，不專守一家之言。這些因素造成許多遺說無法確切歸入某家之言，也造成學者們的鑑別意見紛歧，若逕取之與《三禮注》比較，成果必然矛盾百出。即使有些遺說可以清楚鑑別其所屬家派，卻不一定齊、魯、韓三家說法俱存。有時，甚至僅輯得《詩》文用字，而義有未明。若無法俱見三家的說法，則難以明確辨明該則鄭《注》究竟是用哪一家《詩》說；若僅得《詩》文，更會受到版本、改字、字異義同等因素的影響而降低鑑別的效度。

本章又從《詩》文與《詩》義來比較數十則《三禮注》說《詩》與三家《詩》的異同。結果發現，《三禮注》說《詩》與魯、齊、韓這三家，皆有相同、相異的情況，由此更具體地證明了鄭玄在當時確實是兼通三家《詩》說。

〔註146〕見《周禮注疏》，卷32，頁489。

不過，據以比較的材料，主要取自陳喬樅《三家詩遺說考》與王先謙《詩三家義集說》。然而，這兩部輯佚書的鑒別結果，受到上述幾點限制或困難的影響，不一定完全正確。因此在使用上，僅能盡量選取其中較無爭議的材料爲用。儘管如此，某些鄭《注》的鑒別結果，相信日後仍會受到新的證據或研究的影響而有變動。

第六章　其他相關問題的討論

第一節　《三禮注》是否已參用《毛詩》說問題重探

　　鄭玄注三《禮》在先，箋《毛詩》在後，兩處《詩》說存有許多歧異，對於其中原因，歷來學者大多是根據《毛詩正義》與《禮記正義》引用的五則《鄭志》「答炅模」之言來解釋，認爲鄭玄先注三《禮》，當時尚未見得《毛詩》說，僅取於魯、齊、韓三家《詩》說爲釋。以下先檢討《鄭志》的說法，再從鄭玄注三《禮》的時間點，以及三《禮》中見載的《毛詩》說這兩個方向來重新探討這個問題。

一、對《鄭志》「答炅模」之言的檢討

　　以下先引出這五則《鄭志》之言：

　　1、《毛詩·邶風·燕燕疏》：「〈坊記〉引此詩，《注》以爲『夫人定姜之詩』。不同者，《鄭志》答炅模云：『爲《記注》時就盧君，先師亦然。後乃得《毛公傳》，既古書，義又當，然《記注》已行，不復改之。』」〔註1〕

　　2、《毛詩·小雅·南陔疏》：「此云有其義，而〈鄉飲酒〉、燕禮〉注皆云今亡，其義未聞。《鄭志》答炅模云：『爲《記注》時，就盧君耳，先師亦然。

〔註 1〕見《毛詩正義》，卷 2 之 1，頁 78。此則《鄭志》原本誤脱「執就」之「執」字，「既古書，義又當」原本寫作「記古書，義又且」。如今引文已根據〈南陔疏〉所引的《鄭志》「答炅模」之言，加以訂正。

後乃得《毛公傳》，既古書，義又當。然《記注》已行，不復改之。』是注《禮》之時未見此《序》，故云義未聞也。」〔註2〕

3、《禮記‧禮器疏》：「今詩本革作棘，猶作欲，聿作遹，字不同者，鄭荅炅模云：『爲《記注》之時，依循舊本，此文是也。後得《毛詩傳》而爲《詩注》（按：指鄭《箋》），更從毛本，故與《記》不同。』」〔註3〕

4、《禮記‧孔子閒居疏》：「此云仲山甫者，案：《鄭志》：『注《禮》在先，未得《毛詩傳》。』然則此《注》在前，故以甫爲仲山甫。在後箋《詩》，乃得《毛傳》，知甫侯、申伯同出伯夷之後，故與《禮》別也。」〔註4〕

5、《禮記‧坊記疏》：「此衛夫人定姜之詩，……與《詩注》不同者。案：《鄭志》荅炅模云：『注《記》時，執就盧君，後得《毛傳》，乃改之。』凡《注》與《詩》不同，皆倣此。」〔註5〕

孔穎達使用這五則引文的重點，在於「後／未得《毛詩傳》」這句話，並以此擴大解釋《三禮注》中的引《詩》，說《詩》與《毛詩箋》在《詩》文與《詩》義上的不同，故云「皆倣此」。

事實上，這五則「答炅模」存在一些矛盾。矛盾之一，是第 2 則「答炅模」之言本身所要說明的問題與孔穎達的認知有差距。因此《儀禮注》中說〈南陔〉等六笙詩「今亡，其義未聞」，但是《毛詩序》對這六篇笙詩仍然存有序，可概見《詩》義，於是孔穎達引用《鄭志》「答炅模」之言來說明這是因爲鄭玄注《儀禮》時尚未見得《毛詩傳》。然而，《鄭志》是說「爲《記》注時」，指的是注《禮記》，而非注《儀禮》，孔穎達對於《毛詩序》與《儀禮注》的差異，竟然借用鄭玄回答《禮記注》與《毛傳》的說明文字，兩者原本所要解釋的標的問題就已不同。

矛盾之二，是第 1、2、3 則都說鄭玄注《禮記》時，尚未見得《毛公傳》（《毛詩傳》），之後才見得，但《記》注已行，所以「不復改之」，即不再更改《注》中的《詩》說。但是第 5 條卻說鄭玄得到《毛傳》後，「乃改之」。所謂「乃改之」，孔穎達的理解是：在作《毛詩箋》時，乃改變對《詩》篇的

〔註2〕 見《毛詩正義》，卷9之4，頁343。「而〈鄉飲酒〉、〈燕禮〉注皆云今亡」一句，原本作「鄉飲酒之禮注皆云今亡」，有誤，今據阮元《校勘記》引浦鏜之說，加以訂正。

〔註3〕 見《禮記正義》，卷23，頁450。

〔註4〕 見《禮記正義》，卷51，頁863。

〔註5〕 見《禮記正義》，卷51，頁866。

解釋。但是「乃改之」，楊天宇與李雲光認爲也可以理解爲：注《禮記》的初期未得《毛傳》，見得之後才又修改《注》中的《詩》說。〔註6〕兩造的看法都合理。

　　再看這五則「答炅模」之言，詳略不同，第1、2則的文字相近，內容完整，第4則像是經由《禮記正義》再轉述之後的樣貌，第5則似乎是刪節後的版本；這四則皆是針對「異義」而發。第3則又是專就《禮記》引《詩》之「異文」而論，並非《禮記注》引《詩》，而且從其中所謂的「依循舊本，此文是也」一句，可以判斷該則「答炅模」之言即是針對《禮記》「異文」的問題所作的回答，不似第1、2、4、5則的問題標的較爲不明，無法確知炅模的原問題爲何？同時也無法確定它們是否原屬於同一則問答之言，在孔穎達的轉引改寫之下而稍有不同？或者彼此原本就分屬不同的問答，只是都由「炅模」所提問而已？另外，所謂「先師亦然」之「先師」指的是誰？〔註7〕是張恭祖？馬融？或禮家說？「《記注》已行」是指鄭玄在注《禮記》期間，抑或是《禮記注》完成問世、通行之時？〔註8〕學者都試圖爲這些問題作解，卻又衆說紛紜，沒有定論。

　　對於五則「答炅模」之言互有詳略或辭意有所出入的問題，可由檢討《鄭志》流傳成書的過程中發現端倪。《後漢書·鄭玄傳》記載：「門人相與撰玄答諸弟子問五經，依《論語》作《鄭志》八篇。」〔註9〕可知《鄭志》是由鄭玄的門人所撰輯。《隋書·經籍志》有云：「《鄭志》十一卷，魏侍中鄭小同撰。」〔註10〕卻與《後漢書》的記載有異。對此，《四庫全書提要》說：「疑追錄之者，諸弟子。編次成帙者，則小同。《後漢書》原其始，《隋志》要其終。觀

〔註6〕 見〈鄭玄《注》、《箋》中詩說矛盾原因考析〉，頁64。李雲光在《三禮鄭氏學發凡》（臺北：嘉新水泥公司文化基金會，1966年）中也抱持這種理解，見該書第1章，頁13。

〔註7〕 陳喬樅云：「『先師者』，謂禮家說也」，見《齊詩遺說考·自敘》，頁325。范家相與桂文燦皆以「先師」爲馬融。范家相的說法見《三家詩拾遺》，卷2，〈燕燕〉條。杜文燦的說法見〈鄭氏《詩箋》、《禮注》異義攷〉，頁129，〈燕燕〉條。丁晏、朱琦與惠棟則以「先師」爲張恭祖。丁晏的說法轉引自王利器：《鄭康成年譜》（濟南：齊魯書社，1983年初版），頁84。朱琦的說法見〈鄭康成箋《詩》與注《禮》異說考〉，頁1。惠棟的說法見《九經古義·詩經古義》，《詩經要籍集成》第26冊（北京：學苑出版社，2003年），頁48。

〔註8〕 孔穎達認爲「《記注》已行」，是指《禮記注》已經完成。王利器認爲這是說《禮記注》已完成通行，見《鄭康成年譜》，頁86。

〔註9〕 見《後漢書》（臺北：鼎文書局，1987年），卷35，頁1212。

〔註10〕 見《隋書》（臺北：鼎文書局，1973年），卷32，頁938。

八篇分爲十一卷，知非諸弟子之舊本也。」〔註11〕可知，鄭小同所整理過的《鄭志》已與舊本不同。《鄭志》到了唐代，又有散佚，新、舊《唐書》皆僅言「《鄭志》九卷」，又不載撰作之人，〔註12〕因此，它的內容是否仍與鄭小同所整理的本子相同，已無從得知。皮錫瑞《鄭志疏證・自序》云：「唐人宗鄭，既專守一經之注，其餘若《鄭志》等，棄之弗顧。」〔註13〕或許是因爲唐人的這種態度，使得《鄭志》漸至散亡，《崇文總目》即已不見著錄。今人楊天宇認爲由此可以推知：「孔穎達作《疏》時，《鄭志》已決非一種本子，抑或所引之文已成佚文，而據所聞或據他書轉引，因此同一條《鄭志》，在孔穎達筆下，卻有詳略不同、義亦有異的幾種不同的記載。」〔註14〕

　　楊天宇的推想須要再稍做修正與補充說明。修正的是，這五則「答炅模」之言不一定屬於「同一條《鄭志》」而有詳略之不同，也有可能分屬兩條（第3則可能有別於其他則）。補充說明的是，楊氏所謂「據所聞或據他書轉引」，意指孔穎達作《毛詩正義》與《禮記正義》時，參用大量魏晉六朝時的舊注爲底本，故《正義》中所見的《鄭志》「答炅模」之言有詳略不同，可能它們原本出現在這些舊注之中，而孔氏轉引時未作整合以劃一，故有如此。

　　綜上所述，從《鄭志》散佚以及孔穎達引用紛亂不齊的情形來看，「答炅模」之言的可信度是需要保留的。而且，「答炅模」之言僅談及「爲《記注》時」，是專就《禮記注》而說，在未參佐其他證據時，不可直接擴大解釋《三禮注》的情況。

二、從鄭玄注三《禮》的時間點來判斷

　　雖然《後漢書・鄭玄傳》說鄭玄年少時曾就張恭祖受《周禮》與《禮》、《記》，〔註15〕但是根據其他資料，鄭玄爲三《禮》作注的時間應該是集中在師事馬融之後，身遭黨錮之禍的十四年間。林平和綜考諸家說法，將鄭玄遭禁的起始時間繫於東漢靈帝建寧二年（公元169年），這時鄭玄已達不惑之年。

〔註11〕　見清・永瑢、紀昀等撰：《四庫全書提要》（臺北：臺灣商務印書館，1983年）卷33，頁661。

〔註12〕　見《舊唐書》（臺北：鼎文書局，1979年再版），卷46，頁1983。以及《新唐書》（臺北：鼎文書局，1979年再版），卷57，頁1445。

〔註13〕　見皮錫瑞：《鄭志疏證・自敘》（臺北：世界書局，1963年初版），頁2。

〔註14〕　見楊天宇：〈鄭玄《注》、《箋》中詩說矛盾原因考析〉，頁64。

〔註15〕　鄭珍《鄭學錄》云：「《禮》，《儀禮》也；《記》，《小戴記》也。非今稱《禮記》一書。」

〔註16〕《經典釋文》引陳邵《周禮論序》說：「後漢馬融、盧植考諸家同異，附戴聖篇章，去其繁重及所敘略而行於世，即今之《禮記》是也。鄭玄亦依盧、馬之本而注焉。」〔註17〕《後漢書・儒林傳》說：「馬融作《周官傳》，授鄭玄。玄作《周官注》。」〔註18〕《鄭志》答張逸問也說：「當爲《記注》之時，在文網中。」〔註19〕鄭玄〈自敘〉也說：「逃難注《禮》。」〔註20〕所謂「文網」及「逃難」，均指逃避黨錮之禍。所謂「注《禮》」，指注三《禮》。〔註21〕

　　由上述可知，鄭玄注三《禮》的時間在師事馬融之後。《後漢書・儒林傳》云：「馬融作《毛詩傳》。」《隋書・經籍志》也說他曾經注《毛詩》十卷。〔註22〕鄭玄在〈戒子益恩書〉中自述「年過四十，乃歸供養」，即辭別馬融而東歸。在這之前，己「獲觀乎在位通人、處逸大儒」，且「博稽六藝，精覽傳記。」〔註23〕既然博覽傳記，鄭玄必然也知悉馬融的學問，當然也包括《毛詩》說。〔註24〕何況，東漢之後，衛宏、鄭眾、賈逵、許慎、盧植等人都曾經研習《毛詩》。〔註25〕賈逵曾奉命撰述齊、魯、韓、毛四家《詩》之異同。〔註26〕許慎的《說文》與《五經異義》，當中都見存《毛詩》說。〔註27〕盧植更

〔註16〕　見林平和：〈試論鄭玄注禮記的年代〉，《孔孟月刊》第 20 卷第 10 期（1982年 6 月），頁 51。

〔註17〕　見陸德明：《經典釋文・序錄》，卷 1，頁 11。

〔註18〕　見《後漢書》，卷 79，頁 2577。

〔註19〕　見皮錫瑞：《鄭志疏證》，卷二，頁 7。

〔註20〕　見鄭珍：《鄭學錄》，《續修四庫全書》史部傳記類第 515 冊，頁 9～10。

〔註21〕　例如段玉段云：「年四十遭黨錮，又十四年而黨錮乃解，此十四年中注《禮》，故《三禮》爲最精。」（《經韻樓文集補編》卷下〈與劉端臨第四書〉）黃以周亦云：「〈自敘〉注《三禮》，不別先後。」（《儆季文鈔・卷 4・答鄭康成學業次第問》）以上兩段轉引自王利器：《鄭康成年譜》（濟南：齊魯書社，1983年初版），頁 83。另外，鄭珍《後漢書鄭玄傳注》也說：「如康成〈自敘〉，則遭禁杜門十四年中，其精力全在《三禮》也。」見《鄭學錄》，頁 9～10。不過，李雲光認爲所謂「逃難注《禮》」僅指注《儀禮》。李雲光的說法見《三禮鄭氏學發凡》，第一章，頁 11。

〔註22〕　見《隋書・經籍志》，卷 32，頁 916。

〔註23〕　見《後漢書・鄭玄本傳》所載〈戒子益恩書〉，卷 35，頁 1209。

〔註24〕　《後漢紀》卷二十九記載鄭玄學成東歸之後，馬融嘆道：「《詩》、《書》、《禮》、《樂》，皆己東矣。」

〔註25〕　《後漢書・儒林列傳》云：「中興後，鄭眾、賈逵傳《毛詩》，後馬融作《毛詩傳》，鄭玄作《毛詩箋》。」見該書，卷 79，頁 2576。

〔註26〕　《後漢書・賈逵傳》云：「帝善之，復令撰齊、魯、韓《詩》與毛氏異同。」

在馬融去世後不久，上書說：「今《毛詩》、《左氏》、《周官》各有傳記，其與《春秋》共相表裡，宜置博士，為立學官，以助後來，以廣聖意。」〔註28〕可見當時《毛詩》已有一定的流行，鄭玄又怎會在師事馬融之後，仍未知《毛詩》說？何況，《三禮注》中也有引用鄭眾、賈逵與《說文》的意見，著《駁五經異義》也在遭黨錮之禍之前，〔註29〕鄭玄又怎會完全不知悉《毛詩》說的內容？

上述推論在於強調鄭注三《禮》時應該知曉《毛詩》說。這卻與《鄭志》「答炅模」之言相衝突。對此，王利器解釋說：「蓋鄭君逃難注《禮》，挾書必不多，未見《毛傳》，參互難周；適盧君亦于是時著《三禮解詁》，他山之助，功錯必多，故時就盧君用《魯詩》耳。」〔註30〕王利器以鄭玄逃難匆促，沒有攜帶《毛傳》為由來說明《三禮注》不用《毛傳》。根據李雲光的統計，鄭注三《禮》所引用的書籍數量相當大，舉凡五經、字書、典制、子書、兵書皆有，〔註31〕不像是匆促間挾攜所能辦到，又怎麼會單單遺漏《毛傳》？

三、《三禮注》中見載的《毛詩》說

檢索《三禮注》，當中推信是《毛詩》說的數量很少，僅有數則。

（一）《周禮注》的部分

如《春官‧小宗伯》：「若大旬，則師有司而臚獸于郊，遂頒禽。」鄭《注》云：「《詩傳》曰：『禽雖多，擇取三十焉，其餘以予大夫、士，以習射於澤宮而分之。』」這則《詩傳》是針對《小雅‧車攻》「徒御不驚，大庖不盈」而說，與《毛傳》的敘述內容相同，唯末句沒有「而分之」三字。孫詒讓認為

見該書，卷 36，頁 1239。

〔註27〕 《說文‧敘》：「其稱《易》孟氏、《書》孔氏、《詩》毛氏、《禮》、《周官》、《左氏》、《論語》、《孝經》，皆古學也。」見段玉裁：《說文解字注》，第 15 卷，頁 772。另外，可再參考馬宗霍：《說文解字引經考》（臺北：臺灣學生書局，1970 年初版），頁 279～646。

〔註28〕 見《後漢書‧盧植本傳》，卷 64，頁 2116。

〔註29〕 王利器認為鄭玄 23 歲時，許慎卒。「及駁許君，許君不及致辨者，以康成為此書（按:指《駁五經異義》），當在桓帝中年，許君卒於桓帝初者也。」見王利器：《鄭康成年譜》，頁 45。

〔註30〕 見王利器：《鄭康成年譜》，頁 86。

〔註31〕 見李雲光：《三禮鄭氏學發凡》第 4 章〈鄭氏對三禮之訓詁〉第 36 節〈引書以釋之〉的統計，頁 288～297。

這則《詩傳》就是《毛傳》文，末句是「隱括其義，非其原文也。」〔註32〕
意即這部分是鄭玄在轉引時所添加，所以與《毛傳》有些許差異。《穀梁傳》
與《尚書傳》中也有與該則《詩傳》相似的敘述，〔註33〕故孔穎達認爲「此
當有成文」。〔註34〕不過，李雲光肯定：「此明引《詩傳》，是《毛傳》之文
也。」〔註35〕事實如何，尚待更多證據。

（二）《儀禮注》的部分

1、〈鄉飲酒禮〉：「乃合樂：《周南・關雎》、〈葛覃〉、〈卷耳〉、《召南・鵲
巢》、〈采蘩〉、〈采蘋〉。」〈燕禮〉云：「遂歌鄉樂」，也提及這六篇詩，鄭《注》
云：

> 〈關雎〉，言后妃之德。〈葛覃〉，言后妃之職。〈卷耳〉，言后妃之志。
> 〈鵲巢〉，言國君夫人之德。〈采蘩〉，言國君夫人不失職。〈采蘋〉，
> 言卿大夫之妻能修其法度。

這段話的解釋與《毛詩序》幾同。《毛詩序》云：「〈關雎〉，后妃之德也。」「〈葛
覃〉，后妃之本也。」「〈卷耳〉，后妃之志也。」「〈鵲巢〉，夫人之德也。」「〈采
蘩〉，夫人不失職也。」「〈采蘋〉，大夫妻能循法度也。」〔註36〕

2、〈鄉飲酒禮〉提到升歌之〈四牡〉、〈皇皇者華〉，與間歌之〈魚麗〉、〈南
有嘉魚〉、〈南山有臺〉，鄭《注》對於這些樂詩的解釋也與《毛詩序》的意義
相同，在用辭上更是相似。陳列如下：

> 〈四牡〉──鄭《注》：「君勞使臣之樂歌也。」
>
> 　　　《毛詩序》：「勞使臣之來也。」
>
> 〈皇皇者華〉──鄭《注》：「遣使臣之樂歌也。」
>
> 　　　《毛詩序》：「君遣使臣也。」

〔註32〕　見孫詒讓：《周禮正義》，卷36，頁1452。

〔註33〕　《春秋穀梁傳・昭公八年》：「禽雖多，天子取三十焉，其餘與士，以習射於
　　　　射宮，射而中，田不得禽則得禽；田得禽而射不中，則不得禽。」《儀禮・鄉
　　　　射禮》鄭注引《尚書傳》云：「凡祭，取餘獲陳於澤，然後卿大夫士相與射也。
　　　　中者，雖不中也取；不中者，雖中也不取。」

〔註34〕　見《毛詩正義》，卷10之3，頁369。

〔註35〕　見李雲光：《三禮鄭氏學發凡》第1章〈導言〉，頁12。

〔註36〕　對於〈采蘋〉，鄭《注》云：「言卿大夫之妻能修其法也。」修，《毛詩序》作
　　　　「循」，《禮記・射義》也說：「〈采蘋〉，樂循法也。」都作「循」。王先謙認
　　　　爲鄭《注》之脩「當爲『循』字傳寫之言爲，古書『循』、『修』字多相亂。」
　　　　見《詩三家義集疏》，卷2，頁77。

〈魚麗〉——鄭《注》：「言太平年豐物多也。」

　　《毛詩序》：「美萬物盛多。」

〈南有嘉魚〉——鄭《注》：「言太平君子有酒，樂與賢者共之也。」

　　　　《毛詩序》：「太平之君子至誠，樂與賢者共之也。」

〈南山有臺〉——鄭《注》：「言太平之治，以賢者爲本。」

　　　　《毛詩序》：「樂得賢也。得賢則爲邦家立太平之基矣。」

這五則《注》語與《毛詩序》的用語與意涵相似，再配合上述六則與《毛詩序》幾乎雷同的鄭《注》，十一則全巧合地出現〈鄉飲酒禮注〉裡，顯然鄭《注》是依用《毛詩序》。

　　3、〈鄉射禮〉提到天子以〈騶虞〉爲射節，義取「樂官備」。鄭《注》云：

其詩有「壹發五豝、五豵，于嗟騶虞」之言，樂得賢者眾多，嘆思至仁之人以充其官。

鄭注〈射義〉時亦云：

樂官備者，謂〈騶虞〉曰：「壹發五豝」，喻得賢者多也，「于嗟乎騶虞」，嘆仁人也。

　　上述兩則引文中，鄭玄提及：「至仁之人」與「嘆仁人」。再看《毛詩序》也有說：「仁如騶虞，則王道成也。」筆者在論文第二章（頁48）已提出疑問：這是否表示鄭玄在當時已參考過《毛詩序》？因爲先於鄭玄的典籍當中，儘管不乏有描述「騶虞」爲不食生物之獸者，卻唯有《毛詩序》以「仁」字來說明這一特性。如今，藉著其他證據的一同呈現，筆者相信鄭玄在作《儀禮注》時確實已參考《毛詩序》對「騶虞」之「仁」的描述，唯對於「騶虞」仍視爲官職，不作義獸解釋。

　　4、〈聘禮·記〉：「出祖，釋軷。」鄭《注》云：「《詩傳》曰：『軷，道祭也。』」《大雅·生民》：「取羝以軷」，《毛傳》亦云：「軷，道祭也。」雖然兩方文字相同，但是現今未輯得其他家《詩》說，而《詩傳》的文字也太過簡短，無法完全肯定這一定是參用自《毛傳》而來。

　　5、〈士冠禮〉：「始加，祝曰……介爾景福。」鄭《注》云：「介、景皆大也。」毛傳《小雅·小明》之「介爾景福」，云：「介、景皆大也。」鄭《箋》不從，云：「介，助也。」今不見三家《詩》說，無法完全肯定這則鄭《注》是否就是《毛傳》。

（三）《禮記注》的部分

1、〈文王世子〉：「凡學，春，官釋奠於其先師，秋多亦如之。」鄭《注》云：

> 官謂禮樂之官。……若漢，《禮》有高堂生，《樂》有制氏，《詩》有
> 毛公，《書》有伏生。〔註37〕

2、〈緇衣〉：「《詩》云：『彼都人士，狐裘黃黃。其容不改，出言有章。
行歸于周，萬民所望。』」鄭《注》云：

> 此詩，毛氏有之，三家則亡。

〈緇衣〉所引用的是《小雅・都人士》的首章，但今文三家沒有此章。
顯然鄭玄注《禮記》時已知曉此段屬於《毛詩》文。

3、〈射義〉：「天子以〈騶虞〉爲節，……卿大夫以〈采蘋〉爲節，士以
〈采繁〉爲節。」鄭《注》云：

> 〈騶虞〉、〈采蘋〉、〈采繁〉，《毛詩》篇名。〔註38〕

今本《毛詩》作〈采蘩〉，但是《毛詩釋文》說：「蘩，音煩，本亦作繁。」
魯、齊、韓三家對於這三篇「篇名」的用字皆與《毛詩》相同，阮元《校勘
記》也沒有針對這則《注》語提供不同的版本文字。既然四家《詩》無異，
鄭《注》僅需說明是「《詩》篇名」即可，爲何要添加「毛」字？這是後人誤
植？抑或原本即是如此？不得而知。因此，這則鄭《注》是否能作爲檢驗鄭
玄參用《毛詩》說的證據，需要保留，以待其他版本的查證。

綜合上述資料來判斷，似乎鄭玄在注三《禮》時已經見過《毛詩》文及
《毛詩序》。不過，有一處矛盾存在，即《儀禮》的〈鄉飲酒禮〉與〈燕禮〉
裡提到笙歌〈南陔〉、〈白華〉、〈華黍〉、〈由庚〉、〈崇丘〉、〈由儀〉，鄭《注》
皆云：「《小雅》篇也，今亡，其義未聞。」令人疑惑的是：當〈鄉飲酒禮〉
及〈燕禮〉裡提及〈關雎〉等六篇合樂之詩時，鄭《注》皆能引用《毛詩序》
來說解，何以換成了〈南陔〉等六篇笙詩，鄭《注》卻說「其義未聞」？而
未見他再度引用《毛詩序》來說解？可能的推測，是六篇笙詩已經不存其辭，
空有篇名，與〈關雎〉等的情形有異，即使存有《毛詩序》對詩旨的概說，
卻無詩辭以詳證其實，因此鄭玄說「其義未聞」，即詩辭之義已不見聞。然而，
鄭玄眞正的取捨態度爲何？目前不得而知。

〔註37〕　見《禮記正義》，卷20，頁395。
〔註38〕　見《禮記正義》，卷62，頁1014。

四、《三禮注》至少已參用《毛詩》文與《詩序》

不過，即便有上述證據，前人仍然有些異議存在。首先，清人朱琦抱持懷疑的態度，認為這些見載於《三禮注》中的《毛詩》說，只是鄭玄在著成之後，又「追而正之」的增補資料。〔註 39〕朱琦的說法不太可信。首先，鄭玄若根據「既古書，義又當」的《毛傳》「追而正之」，為何只修正這幾處「樂詩」的解說？尤其是對於六篇笙詩依然維持「其義未聞」的舊說，而沒有根據《毛詩序》補足其義。其次，對於其餘的、大量的《詩》說異義，何以不作訂正？特別是以《商頌》為宋詩，以〈燕燕〉為定姜詩，以〈崧高〉之甫侯為仲山甫等關鍵差異。這些都不是朱琦所謂「得《毛傳》後，大誤者追而正之，可知者不復改定」的說法能夠合理解釋。最後，朱琦的說法是根據《禮記‧坊記疏》的《鄭志》答炅模之言「後得《毛傳》，乃改之」而來。然而，《鄭志》答炅模之言有五則（詳見上文），彼此稍有矛盾，前文已論及。何者為是？何以有異？朱琦未能釐清，就據以為說，自然無法鞏固立論的基礎。綜合上述理由，本文不採用朱琦「追而正之」的說法。〔註 40〕

李雲光提出另一個異議，他認為《禮記注》的寫作時間甚長，初始時間最早，也最先完成。〔註 41〕再由《鄭志》「答炅模」之言的「為《記注》時，執就盧君」推想，鄭玄注《禮記》的初始時間應提前至與盧植交游之時，當時大約是東漢桓帝建和或和平年間，鄭玄方二十餘歲；之後師事馬融，見得《毛傳》，故又據馬融的本子加以修訂，直到禁錮逃難之時才完成。〔註 42〕換

〔註 39〕 朱琦對於《三禮注》中見載的《毛詩》說，只提及鄭注《儀禮》之〈關雎〉、〈鵲巢、〈鹿鳴〉、〈四牡〉，以及鄭注《禮記‧緇衣》「此《詩》有之，毛家則亡」。

〔註 40〕 朱琦的說法，見於〈鄭成康箋《詩》與注《禮》異說考〉，收錄在《小萬卷齋文集》卷 6。

〔註 41〕 李氏所謂《禮記注》最先完成的說法是承繼自胡元儀與黃以周的意見。胡元儀《北海三考》云：「鄭君《小戴記注》成于從事馬融之門時也。……《三禮注》唯《禮記》先成。」黃以周《儆季文鈔‧答鄭康成學業次第問》亦云：「《三禮注》之先後，初無明文可考，今以注義求之，約略可定。鄭先治三家《詩》，後習《毛詩》。其注《禮記》多用三，注《禮經》升歌、笙入、間歌、合樂諸《詩》，純用毛義，是注《禮記》之先也。……而《周官注》引《禮記》，又多仍舊誤，……是注《周官》又在注《禮記》之先也。」兩人以鄭注《禮記》在先，黃以周甚至以此推測《周官注》與《禮記注》未參用《毛詩》說，唯《儀禮注》則已經參用。胡氏的說法，參見胡元儀：《北海三考》，《續修四庫全書》史部傳記類第 549 冊（上海：上海古籍出版社，1995 年），卷 1〈事跡考〉，頁 623。黃以周的說法，轉引自王利器：《鄭康成年譜》，頁 83。

〔註 42〕 見李雲光：《三禮鄭氏學發凡》，頁 9～10。

言之，《鄭志》「答炅模」的說法僅指鄭玄早年與盧植交遊時，初作《禮記注》，當時尚未見得《毛傳》。另外，《鄭志》「答炅模」既言「不復改之」，又說「乃改之」的矛盾，李雲光也解釋說：「此可見《禮記注》中有與《毛傳》不合者，多不追改，亦間有改之者。」〔註43〕表示鄭玄作《禮記注》的後期有根據《毛傳》作小幅度的修改。修改的痕跡見於何處？即〈文王世子〉及〈緇衣〉兩處《注》語裡所出現的「毛公」、「毛氏」。不過，討論至此，李雲光態度卻轉為謹慎保留，認為這兩處材料是「特殊現象」，不盡然就是《禮記注》用《毛傳》的證據，並且提出材料解讀上的「兩種可能」：

> 此《禮記・文王世子》注云：「《詩》有毛公」，顯有宗毛之意；〈緇衣〉注云：「此詩，毛氏有之」，似已見《毛傳》者，此特殊現象，似有二種可能，一為既得《毛傳》，而後改之。一為《記注》之時，於《詩》學傳授，知毛公為大宗；於三家詩不見者，知毛氏有是詩，而不必親見毛公之書也。〔註44〕

第一種「可能」是認同鄭玄注《禮記》時已見過《毛傳》，第二種「可能」則是抱持否定的態度。楊天宇認為李雲光的態度「意甚游移，而傾向於否定」，「李氏既認為『《三禮注》之完成，在禁錮中』，也就不得不承認《禮記注》完成之前已習通《毛傳》了。」〔註45〕

　　雖然李雲光「意甚游移」，但是楊天宇認為鄭玄作《三禮注》之時「已『習通』《毛傳》」的講法，似乎也推論太過。若暫時擱下容易因傳抄轉寫而改動的「《詩》文」不論，從本文第四章、第五章的討論就會發現，在「詩義」上的分析上，《三禮注》仍以今文詩說為大宗，鮮少有與《毛傳》相合者。而且，若如《鄭志》所言，《毛傳》是「既古書，義又當」，何以已「習通」《毛傳》的鄭玄，在注三《禮》時不使用說義較為妥當的《毛傳》？

　　對於《鄭志》「答炅模」的說法與《三禮注》已見存《毛詩》說的矛盾，上述諸家的意見，主要有五種：一是認為那是鄭玄作《三禮注》之後，又「追而正之」的增補資料，此為朱珔的說法；二是認為《周禮注》與《禮記注》較早完成，當時尚未見得《毛傳》，唯《儀禮注》較晚完成而有參用《毛詩》說，此為黃以周的說法；三是認為《禮記注》寫作歷時長久，《鄭志》所謂「未

〔註43〕　同上，頁13。
〔註44〕　同上，頁13。
〔註45〕　見楊天宇：〈鄭玄《注》《箋》中詩說矛盾原因考析〉，頁66。

見《毛公傳》」是指寫作早期與盧游交遊之時的情形，後期師事馬融而見得《毛傳》，卻僅更動少部分的注語，此爲李雲光的意見；四是認爲《禮記注》中見存的《毛詩》說，僅是鄭玄輾轉聽聞而來，不必然有親眼目睹，此爲李雲光的另一個意見；五是不採信《鄭志》的記載，直接由《三禮注》中見存的資料爲據，認爲鄭玄作《三禮注》之時，已「習通」《毛傳》，這是楊天宇的意見。

筆者認爲，若僅僅考慮鄭玄注三《禮》之前的交游、學習狀況與當時《毛詩》說的流行情形，再加上《三禮注》裡已經出現的資料來判斷，鄭玄在注三《禮》之時應當已經「見得」《毛詩》、《毛詩序》，也有可能包含《毛詩故訓傳》，只是當時依然專守於今文《詩》說，未宗主《毛詩》說。換言之，鄭玄在當時僅是「見得」與「知曉」，尙未「專研」、「深究」整個《毛詩》的體系，即箋《毛傳》，作《毛詩譜》，〔註46〕因此應用甚少。胡承珙《毛詩後箋》對於〈緇衣〉鄭注所謂「此《詩》，毛氏有之，三家則無」，也有類似的看法：

> 鄭爲《記注》時，竝非不見《毛詩》，但其時未爲毛學，故用三家《詩》。
> 〔註47〕

因此，筆者也不認同楊天宇所謂已「習通」《毛傳》的說法。

再進一步觀察，雖然確定鄭玄注三《禮》時已「見得」並「參用」《毛詩》說，但是應用甚少，而且三部禮書參用的程度亦各自有別，並非完全一致。首先，如果我們正視《鄭志》「答炅模」之言的記載，並採信之，便會發現孔穎達與陳喬樅、王先謙等人對這則《鄭志》的解讀與應用也是需要檢討的。因爲《鄭志》「答炅模」是說：「爲《記注》時」，僅指《禮記注》，非指《周禮注》與《儀禮注》。孔穎達在《毛詩·小雅·南陔疏》中利用《鄭志》的記載來解釋《儀禮注》的問題（見前述），實屬過份解讀與應用；至於陳、王兩人利用它來解釋《三禮注》皆不見《毛詩》說的態度，更屬草率。

接著看《禮記注》中所見存與《毛詩》說有關的資料，嚴格來說，只有兩則（見前文），一則是講論《毛詩·小雅·都人士》首章文字與其他三家的不同，一則是提到傳《詩》者有毛公。李雲光認爲這有可能是鄭玄輾轉聽聞

〔註46〕 鄭玄坐禁黨錮十有四年，事後才開始注《毛詩》，鄭玄〈自敍〉云：「黨錮事解，注《古文尚書》、《毛詩》。」又撰《毛詩譜》。根據王利器《年譜》，鄭玄當時已年過五十八。

〔註47〕 見胡承珙：《毛詩後箋》，卷3頁313～314。

而來，不必然有親見《毛傳》。李雲光的推測固然可能，但鄭玄在作《禮記注》時也可能已見得《毛詩》經文。因為漢代的經籍，在馬融注《周禮》之前，經與傳是分別為書，《漢書・藝文志》就記載：「《毛詩》二十九卷」，〔註 48〕又「《毛詩故訓傳》三十卷」，〔註 49〕此即經、傳別行的情況。對此，孔穎達〔註 50〕、王引之〔註 51〕、王先謙〔註 52〕等人亦認為《毛詩故訓傳》原本亦不與本經相連。〔註 53〕故僅有《詩》文與《詩序》相附的《毛詩》經，流傳甚久，鄭玄大有機會見得，所以注《禮記》時得以知曉〈都人士〉首章文字的諸家異同。

至於《儀禮》見載的「合樂」、「升歌」之樂詩共 11 處，鄭《注》的解釋應是參用《毛詩序》無疑。王引之、王先謙、范文瀾、〔註 54〕陳子展〔註 55〕等人，從《漢書・藝文志》對四家《詩》之經篇卷數的差異來判斷，認為《毛詩序》原本合為一卷，附於《毛詩》經中，故有二十九卷而與齊、魯、韓三家《詩》之二十八卷不同。若是如此，則鄭玄作《儀禮注》之時，應已見得《毛詩》文與《毛詩序》。

若如上段所述，漢代的《毛詩》文與《詩序》合刊流傳，那麼綜觀《三

〔註 48〕　見《漢書・藝文志》，卷 30，頁 1707。

〔註 49〕　見《漢書・藝文志》，卷 30，頁 1707。

〔註 50〕　孔穎達云：「漢初為傳訓者，皆與經別行。……〈藝文志〉云：『《毛詩》二十九卷、《毛詩故訓傳》三十卷。』是毛為《詁訓》亦與《經》別也。及馬融為《周禮》之註（蔚按：即作《周官傳》十二卷），乃云欲省學者兩讀，故具載本文，然則後漢以來始就經為註。未審此《詩》引《經》附《傳》是誰為之。」見《毛詩正義》，卷 1 之 1，頁 12。

〔註 51〕　王引之云：「《毛詩》經文當為二十八卷，與魯、齊、韓三家同；其序別為一卷，則二十九卷矣。」見《經義述聞》毛詩卷之〈毛詩經二十九卷〉（北京：學苑出版社據嘉慶 22 年南昌盧宣旬刊本影印，2003 年），頁 113。

〔註 52〕　王先謙云：「古經、傳別行，毛作《詩傳》，取二十八卷之經，析〈邶、鄘、衛風〉為三卷，故為三十卷也。」見《漢書補注》，《續修四庫全書》史部正史類第 269 冊（上海：上海古籍出版社據上海辭書出版社圖書館藏清光緒二十六年王氏虛受堂刻本影印，1995 年），頁 216。

〔註 53〕　詳細的說明，可參考程元敏：《詩序新考》（臺北：五南圖書出版股份有限公司，2005 年初版）第四章，頁 35〜50。

〔註 54〕　范文瀾云：「考《漢書・藝文志》『《詩》，經二十八卷，魯、齊、韓三家；《毛詩》二十九卷』，此多出一卷，即《序》也。」見《群經概論》（臺北：學海出版社，1985 年），第四章第五節〈詩序〉，頁 121。

〔註 55〕　陳子展云：「《毛詩》有二十九卷者，較三家《詩》卷數增一，殆即子夏所傳《詩》別為一卷歟！」見陳子展撰述，范祥雍、杜月村校閱：《詩經直解》（臺北：書林出版有限公司，1992 年）附錄一〈論《詩序》作者〉，頁 10。

禮注》中所引用的《詩》句，部分有與《毛詩》文同而異於三家者（蔚按：見本論文第五章第二章之二，以及附件六），就可能是鄭玄參用《毛詩》文的證據，而不應該像陳喬樅與王先謙等一般，皆視爲後人「順毛改之」的結果。

　　最後，是《周禮注》與《儀禮注》裡見載的三則與《毛傳》（蔚按：指《毛詩故訓傳》）幾同的文字，〔註56〕因爲三者皆未輯得其他三家《詩》說以供鑒別，故暫時無法完全確信是否就是參用自《毛傳》。至於李雲光則肯定這些材料是鄭玄作《周禮注》與《儀禮注》時，已見得《毛傳》的證據。〔註57〕

　　綜上所述，故筆者能在前人的種種說法之外，再提出一說：鄭玄於遭黨錮之禍時的十餘年間完成《三禮注》，當時至少已經見得《毛詩》文與《毛詩序》，並參用之。唯當時尚宗守今文《詩》說，未專研、深究《毛詩》學，故應用甚少。至於《鄭志》「答炅模」所言，僅止於《禮記注》，而其中所謂「未得《毛詩傳》」，應指《毛詩故訓傳》而言；這一部分在《禮記注》當中，確無顯著的資料可尋。然而，在《周禮注》或《儀禮注》中卻有三則與《毛傳》相同的文字記載，這是否代表鄭玄在注解這兩部典籍時就已見得《毛傳》？尚待更多資料的輔佐與進一步的研究，方能釐清。

第二節　《三禮注》的《詩》論

　　三《禮》當中有許多論《詩》的資料，舉凡《周禮》的「風、賦、比、興、雅、頌」等「六詩」，《禮記》提到的「陳《詩》以觀風」（〈王制〉）、「不學博依，不能安《詩》」（〈學記〉）、「《詩》言其志也」、《詩》與樂的關係（〈樂記〉）、「溫柔敦厚、《詩》教也」（〈經解〉）、「五至」之「志之所至，《詩》亦至焉」（〈孔子閒居〉）等等，都是後世學者開展《詩》學理論的根據。鄭玄也藉此推闡他的《詩》論。不過，鄭玄對於三《禮》所提及的論《詩》資料，

〔註56〕　至於楊天宇在〈鄭玄《注》《箋》中詩說矛盾原因考析〉一文所提出的另一則《毛傳》文的例子，其實也不是毫無疑問的證據。例子是《禮記・曲禮上》有云：「很毋求勝，分毋求多。」鄭《注》云：「很，閱也。謂爭訟也。《詩》云：『兄弟閱於牆。』」楊天宇認爲：「三家於『閱』字訓義不詳。《毛傳》曰：『閱，很也。』鄭《注》顯據《毛傳》而以『閱，很』互訓也。」事實上，關於這則《詩》句，魯、齊、韓三家尚未輯得相關資料，無法證實今文三家是否與《毛傳》義異。何況，《爾雅》有云：「閱，恨也。」孫炎作「很」。或許鄭《注》是參用《爾雅》。因此，這則鄭《注》也不足以證明鄭玄即是根據《毛傳》。

〔註57〕　見李雲光：《三禮鄭氏學發凡》，第一章，頁12～13。

不是每一則都作詳細的說明，並影響後世學者對禮文的解讀。因此，以下僅討論「六詩」、「不學博依，不能安《詩》」、「五至」等三個鄭玄闡論較多，影響較爲深遠的主題。

一、六　詩

（一）《周禮注》與《鄭志》對「六詩」的闡釋有異

「六詩」，見於《周禮·春官·大師》：

> 大師掌六律六同，以合陰陽之聲。陽聲：黃鍾、大蔟、姑洗、蕤賓、夷則、無射。陰聲：大呂、應鍾、南呂、函鍾、小呂、夾鍾。皆文之以五聲：宮、商、角、徵、羽；皆播之以八音：金、石、土、革、絲、木、匏、竹。教六詩：曰風、曰賦、曰比、曰興、曰雅、曰頌。以六德爲之本，以六律爲之音。大祭祀，帥瞽登歌，令奏擊拊，下管播樂器，令奏鼓棜。大饗亦如之。大射，帥瞽而歌射節。大師執同律以聽軍聲，而詔吉凶。大喪，帥瞽而廞，作柩謚。凡國之瞽矇正焉。

針對「教六詩」，鄭《注》云：

> 教，教瞽矇也。風，言賢聖治道之遺化也。賦之言鋪，直陳今之政教善惡。比，見今之失，不敢斥言，取比類以言之。興，見今之美，嫌於媚諛，取善事以喻勸之。雅，正也，言今之正者以爲後世法。頌之言誦也、容也，誦今之德，廣以美之。鄭司農云：「古而自有風、雅、頌之名，故延陵季子觀樂於魯時，孔子尚幼，未定《詩》、《書》，而爲之歌《邶》、《鄘》、《衛》，曰：『是其《衛風》乎！』又爲之歌《小雅》、《大雅》，又爲歌《頌》。《論語》曰：『吾自衛反魯，然後樂正，《雅》、《頌》各得其所。』時禮樂自諸侯出，頗有謬亂不正，孔子正之。曰比、曰興：比者，比方於物；興者，托事於物。」

風、賦、比、興、雅、頌，又見於《毛詩大序》，但是改稱爲「六義」。其文曰：

> 故《詩》有六義焉：一曰風，二曰賦，三曰比，四曰興，五曰雅，六曰頌。上以風化下，下以風刺上，主文而譎諫，言之者無罪，聞之者足戒，故曰風。……是以一國之事，繫一人之本，謂之風；言天下之事，形四方之風，謂之雅。雅者，正也，言王政之所由廢興

也。政有小大，故有《小雅》焉，有《大雅》焉。頌者，美盛德之
形容，以其成功告於神明者也。〔註58〕

《毛詩大序》沒有詳述「賦、比、興」的內容。鄭玄也沒有說明〈大師〉的
「六詩」與此「六義」是否相同？孔穎達認為兩者是同一回事，又援引鄭玄
解釋「六詩」的《注》語來解說「六義」，並提出「三體三用」之說，以「風、
雅、頌」為體，「賦、比、興」為用，云：「用彼三事，成此三事。是故同稱
為義，非別有篇卷也。」〔註59〕然而，這是否符合鄭《注》的原義？

今人黃振民認為歷來學者對「六義」（按：也包括「六詩」）的解釋，大體可
分為三說，一是「以六義俱為《詩》之作法」，二是「以六義俱為《詩》之體
別」，三是「以六義僅風、雅、頌為《詩》之體別，而賦、比、興為《詩》之
作法。」〔註60〕第一種說法見於《二程全書》，但是程氏「持論不堅，且無
其他佐證」，又「無別人附和」，〔註61〕故在此不論。第三種說法是由孔穎達
肇其始。至於第二種說法，即「六詩皆體」，則開端於《鄭志》的張逸之問：

> 張逸問：「何詩近於比、賦、興？」答曰：「比、賦、興，吳季札觀
> 樂已不歌也；孔子錄《詩》，已合《風》、《雅》、《頌》中，難復摘別，
> 篇中義多興。」〔註62〕

今人董運庭認為張逸與鄭玄的問答之間，透露了幾個信息：一、季札觀樂之
前，比、賦、興曾經是可歌之詩；二、季札之後，雖已不歌，其詩尚存；三、
至孔子刪詩，才取消比、賦、興的獨立地位，並且將它們併入《風》、《雅》、
《頌》之中。〔註63〕其實，《鄭志》這段話意思含混，也存有矛盾。首先，如
果賦、比、興在「不可歌」之後仍然存在，又得以併入《風》、《雅》、《頌》
之中，是否表示在季札之時的「風、雅、頌」之分類方式無法含括所有的《詩》
篇，日後卻因為孔子重新定義「風、雅、頌」，而又能納入？《鄭志》又說孔
子之後，「篇中義多興」，這是否暗示孔子的「合」是以「義」為標準？如此
以來，賦、比、興三者在早期的區別豈不與「歌」有關，之後轉變成以「義」

〔註58〕　見《毛詩正義》，卷 11 頁 15～18。
〔註59〕　見《毛詩正義》，卷 11 頁 15。
〔註60〕　見黃振民：〈詩風、雅、頌、賦、比、興六義考釋（上）〉，《中華文化復興月
　　　　　刊》第 6 卷第 7 期（1973 年 7 月），頁 39。
〔註61〕　同上，頁 39。
〔註62〕　見《毛詩正義》，卷 1 之 1，頁 15。
〔註63〕　見董運庭：〈從「六詩」到「六義」〉，《重慶師院學報‧哲社版》（2001 年第 4
　　　　　期），頁 35。本文引用董氏的文字，僅保留原意，文字略有修改。

來分類？鄭玄的回答裡，對於季札之前與孔子之後的《詩》篇分類轉變，講解得不夠清晰，致使學者對於《鄭志》的解讀，若是著重在孔子的「合」與「篇中義多興」，則容易將「風雅頌」與「比賦興」視為兩組不同的分類方式，如孔穎達就理解說：

> 鄭以比、賦、興直是文辭之異，非篇卷之別，故遠言從本來不別之意。言「吳札觀詩已不歌」，明其先無別體，不可歌也。「孔子錄《詩》，已合《風》、《雅》、《頌》之中」，明其先無別體，不可分也。元來合而不分，今日「難復摘別」也。言「篇中義多興」者，以《毛傳》於諸篇之中每言興也。以興在篇中，明比、賦亦在篇中，故以興顯比、賦也。若然，比、賦、興元來不分，則唯有《風》、《雅》、《頌》三詩而已。〔註64〕

孔穎達的解釋無法清楚說明鄭玄所謂「已不歌」的意思，因為「已」字背後，表示曾經可歌。相反地，學者若是側重在「已不歌」來理解《鄭志》，則容易視「六詩」為六種平行存在的《詩》體分類。例如孔穎達在提出己見之後，又說：

> 或以為鄭云孔子已合於《風》、《雅》、《頌》中，則孔子以前，未合之時，比、賦、興別為篇卷。〔註65〕

所謂「別為篇卷」，即以「六詩」皆為篇卷之別，不容相混，可見《鄭志》語句本身的矛盾與含混，在唐代以前就已產生不同的解讀。

現在將焦點擺回《三禮注》，鄭玄注《周禮》「六詩」之時，是否也以六詩俱為文體分類，皆是可歌之詩？或如孔穎達的二分？細閱〈大師注〉，鄭玄是由「體制」和「內容」來區分「風、雅、頌」。在體制上，他以季孔觀樂的史實來說明風、雅、頌是篇卷的分別；在內容上，他分別以「言賢聖治道」、「言今之正者」、「頌今之德」來說明三大類詩篇的內容基調。對於「比、賦、興」，鄭玄則偏向於修辭方式上的區別；他以「取比類」言「比」，以「直陳」言「賦」，以「喻勸」言「興」，即使援引鄭司農的意見，也是以比、興為「比方於物」及「托事於物」，這與解釋「風、雅、頌」的方式有異。從這裡可以理解孔穎達何以將「風、雅、頌」與「賦、比、興」分為「異體」與「異辭」了，因為〈大師注〉的解說已作了類似的區格。

〔註64〕 見《毛詩正義》，卷1之1，頁16。
〔註65〕 同上。

　　鄭玄《周禮注》對「六詩」的理解，可能是立基在春秋時期賦詩言志與典禮歌詩的用詩情境中展開的。瞽矇即《左傳》與《儀禮》裡所稱的「樂人」或「工」，〔註66〕他們在大師的指導之下，於大祭祀、大饗、大射、大喪等典儀中演奏與歌唱。從〈大師〉的原文來看，大師是「以六德為之本，以六律為之音」來「教六詩」，瞽矇不僅須要了解音律，也要能明白唱奏樂歌、詩篇的道理，即樂與詩的倫理與政治意義。從《左傳》的記載可知，「賦詩」是種歌詠行為，賓客可以「自賦」，也可以命樂人（即瞽矇）代「歌」——代為賦詩。無論是何者，瞽矇都參與其中，或奏樂，或代賦。〔註67〕賦詩之時，對詩句的應用除了本義，也有引伸義，甚至是斷章取義，這些都必須從詩篇的內容與修辭上來進行詩義的轉化與詩章的揀選，才能合用於特定時空環境的需要。因此，瞽矇若無法了解貴族與執政階層之間的特殊溝通媒界——詩——的體制、內容，與修辭方式，如何能在典儀中適切地代賦或演奏出恰當的情感與意涵。

　　由上述也可以發現，《鄭志》裡張逸所問的「何《詩》近於賦、比、興」，在鄭注「六詩」裡是找不著答案的。但是張逸的疑問，似乎又與《周禮》以「六詩」又名「六詩之歌」的情況有所關連。鄭《注》認為大師教六詩的對象是瞽矇，因為《周禮·瞽矇》有云：「瞽矇掌播鼗、柷、敔、簫、管、弦、歌。諷誦詩，世奠系，鼓琴瑟。掌九德、六詩之歌，以役大師。」顯然鄭玄也認為「六詩」即「六詩之歌」。「教六詩」既與「以六律為之音」有密切的關係，「六詩」又名「六詩之歌」，這是否暗示「六詩」原先的分類與音律有密切的關係呢？這或許是張逸的疑問所在？不過，《周禮》沒有提供更多可供辨明「六詩」名義的資料，而鄭《注》也沒有再針對「六詩」又名「六詩之歌」作解釋，對於「以六律為之音」的注解顯然也與〈大師〉與〈瞽矇〉的原意有違，〔註68〕因此暫時無法釐清張逸何以有此疑問。

〔註66〕　《儀禮·燕禮》（卷14，頁158）有云：「樂人縣。」《儀禮·鄉飲酒禮》：「工四人」（卷九，頁91），鄭《注》云：「凡工，瞽矇也。」《禮記·玉藻》：「御瞽幾聲之上下」（卷29，頁545），鄭《注》云：「瞽，樂人也。」

〔註67〕　例如《春秋左氏·文公四年傳》（卷18，頁306）記載「衛甯武子來聘，公與之宴，為賦〈湛露〉及〈彤弓〉。」《注》云：「公特命樂人以示意。」孔穎達云：「知公特命樂人歌此以示意也。」又如《襄公十六年》（卷38，頁655）記載：「叔孫穆子食慶封，慶封氾祭，穆子不說。使工誦〈茅鴟〉，亦不知。」所謂「使工為通〈茅鴟〉」，即由樂工代賦。

〔註68〕　《周禮·大師》云：「以六律為之音」，鄭《注》云：「以律視其人為音，知

（二）《周禮注》與鄭《箋》對於「比、興」的界定不同

《周禮・大師》「六詩」有言「比」、「興」，鄭《注》云：

> 比，見今之失，不敢斥言，取比類以言之。興，見今之美，嫌於媚
> 諛，取善事以喻勸之。

鄭玄以美刺作爲區別比、興的標準，比者斥今之失，興者頌今之美。然而，他所謂的「興」是以「取」善事以「喻」勸之，其實與修辭上的比喻相似，與他所謂的「比」也僅是使用目的上的不同。鄭玄在《注》語裡雖然以美、刺來區別比、興，但是在箋《毛詩》時卻沒有繼續延用這個標準。凡《毛傳》訓爲「興」者，有諛今之美者，亦有斥言今之失者，但是鄭《箋》卻不加以分別，一律遵從，俱釋爲「興」。〔註 69〕從此處也可以發現，《毛傳》所標舉的「興」，與鄭《注》的理解是不同的。

鄭《箋》雖然不再以美、刺區別比、興，卻仍以「喻」字釋「興」，這倒是與鄭《注》相同的部分。首先，《毛傳》標「興」之處，鄭《箋》多以「若」、「如」、喻」、「猶」等比喻之詞來解釋。〔註 70〕鄭玄在〈毛詩譜序〉亦云：「〈騶虞〉，歎國君之仁心，自取獸名，別爲興喻。」何以「興喻」連言？鄭《箋》有云：「嘆國君仁心如騶虞」，認爲此詩篇是以騶虞「不食生物」來比喻君王之仁心。另外，《周禮・大司樂》云：「以樂語教國子：興、道、諷、頌、言、語。」對於「興」，鄭《注》仍然解釋爲「以善物喻善事」。可知，以「喻」解「興」是鄭玄《注》、《箋》一致的態度。

其宜何歌。子貢見師乙而問曰：『賜也聞樂歌各有宜，若賜者宜何歌？』此問人性也。本人之性，莫善於律。」鄭玄在此引《禮記・樂記》之文來解說，將「以六律爲之音」視爲「大師」能辨視何人適宜歌何詩的一種能力與職掌。《儀禮・燕禮》（卷 15，頁 173）也說：「大師告於樂正曰：正歌備。」鄭《注》云：「大師，上工也。掌合陰陽之聲，教六詩，以六律爲之音者也。子貢問師乙曰：『吾聞聲歌各有宜也，如賜者，宜何歌也？』是明其掌而知之也。」換句話說，鄭玄沒有將「以六律爲之音」與教瞽矇連繫起來，這其實與〈大師〉所謂執掌「六律六同」，以及〈瞽矇〉所強調的「掌播鼗、柷、敔、簫、管、弦、歌」的原意相違。〈大師〉的原意在於強調大師與瞽矇的職掌是奏唱詩樂，需要學習音律，「教六詩」也需要以音律爲本，並不是說用音律來視其人宜何歌。

〔註 69〕 相關的例子甚多，詳細的整理可參考黃振民：〈詩風、雅、頌、賦、比、興六義考釋〉（下），《中華文化復興月刊》第 6 卷第 8 期（1973 年 8 月），頁 49～52。

〔註 70〕 同上。

二、不學博依，不能安《詩》

《禮記・學記》云：

> 大學之教也，時教必有正業，退息必有居學。不學操縵，不能安弦；
> 不學博依，不能安《詩》；不學雜服，不能安禮；不興其藝，不能樂
> 學。〔註71〕

鄭注「學博依」，云：「廣譬喻也」。何以訓「依」為「譬喻」，孔穎達只說：「依
謂依倚也，謂依附譬喻也。」沒有清楚說明「依」與「譬喻」的關係。焦循
《禮記補疏》認為，這是因為「依」字乃「讔」字的假借。讔，廋語、隱語
也。焦循云：

> 《說文》：「衣，依也。」《白虎通》云：「衣者，隱也。」《漢書・藝
> 文志》詩賦家有隱書十八篇。師古引劉向《別錄》云：『隱書者，疑
> 其言以相問對者，以慮思之，可以無不諭。」《韓非子・難篇》云：
> 「人有設桓公隱者云：一難二難三難。」《呂氏春秋・重言篇》云：
> 「莉莊王立三年，不聽而好讔。」高誘注云：「讔，謬言。」下載成
> 公賈之讔云：有鳥止於南方之阜，三年不動不飛不鳴，是何鳥也？
> 王曰：其三年不動，將以定志意也。不飛，將以長羽翼也。不鳴，
> 將以覽民則也。是鳥雖無飛，飛將沖天，雖無鳴，鳴將駭人，賈出
> 矣，不穀知之矣。明日朝，所進者五人，退者十人，群臣大悅。《史
> 記・楚世家》亦載此事，為伍舉曰願有進隱。裴駰《集解》云：「隱
> 謂隱藏其意，時楚莊王拒諫，故不直諫，而以鳥為譬喻，使其君相
> 悅以受，與詩人比興正同，故學《詩》必先學隱也。〔註72〕

《文心雕龍・諧隱篇》亦云：「讔者，隱也；遜辭以隱意，譎譬以指事也。」
今人陳新雄先生在焦循的基礎上，又補充說：「鄭《注》『博依』之『依』，或
作『衣』。依、衣與殷、隱聲多相通。」「讔就是廋語，就是譬喻。字或作讘，
亦通作隱。」「廋語就是隱語，也就是不明說出來，用別的事物來作譬喻。」
由此理解鄭《注》，即「博依就是博讔，也就是廣泛的譬喻。作《詩》之法有

〔註71〕 此段的句讀，依陳澔：《禮記集說》：「舊說，大學之教也時，句絕，退息必有
居，句絕。今讀時字連下句，學字連上句，謂四時之教，各有正業，如春秋
教以禮樂，冬夏教以詩書，春誦夏弦之類是也。」見《禮記集說》（臺北：世
界書局，1967 年再版），卷 6，頁 200。

〔註72〕 見焦循：《禮記補疏》，《續修四庫全書》經部禮類第 105 冊（上海：上海古籍
出版社，1995 年），卷 3，頁 22～23。

三，就是賦、比、興。譬喻就是比，如果學《詩》不先學會廣泛譬喻之法，就不善於作《詩》，也就是不能把《詩》作好。不善於比，絕任就賦，自然就不能安善於《詩》了。」〔註73〕

　　何謂「譬喻」？在修辭方法上的定義，是「思想的對象同另外的事物有了類似點，文章上就用那另外的事物來比擬這思想的對象的，名叫譬喻。」〔註74〕其實，譬和諭（或作喻）字有異義，亦有相通處。《說文》：「譬，諭也。」「諭，告曉也。」段玉裁《注》卻說：「譬與諭非一事，此亦統言之也。」〔註75〕譬字有「譬如、譬喻」和「使告曉」兩種解釋，〔註76〕所以也義同於「喻」字。《禮記・學記》云：「善教者，使人繼其志。其言也約而達，微而臧，罕譬而喻，可謂繼志矣。」〔註77〕所謂「罕譬而喻」，指教師少用比喻，使語言明白易曉。可知譬與喻本非一事。

　　另外，在《三禮注》裡，「喻」字除了「告曉」的意思，也有「比喻、譬喻」之義。例如《禮記・三年問》鄭注有云：「駟之過隙，喻疾也。」〔註78〕《禮記・射義》鄭注云：「〈騶虞〉曰：『壹發五豝』，喻得賢者多也。」《禮記・大學》引〈節南山〉詩「維石巖巖」，鄭注亦云：「巖巖，喻師尹之高嚴也。」至此可知，〈學記〉鄭注所講的「譬喻」，義即修辭法上的比喻。

　　陳澔《禮記集說》認為鄭玄所講的「廣譬喻」可兼言比興，〔註79〕陳新雄卻認為鄭玄所講，僅指「賦比興」的「比」。〔註80〕其實，陳澔與陳新雄所講的比、興，意思近於朱熹所下的定義：「興者，先言他物，以引起所詠之詞也。」「比者，以彼物比此物也。」這與鄭玄在〈大師〉「六詩」之「比、興」所作的解釋不同。不過，若能夠比較「廣譬喻」與鄭注「六詩」的「比興」之間的關係，便可以更清楚了解鄭玄的意思。

〔註73〕　見陳新雄：〈禮記學記「不學博依不能安詩」解〉，《孔孟月刊》，第18卷第9期（1980年5月）。頁40。

〔註74〕　見陳望道：《修辭學發凡》（臺北：文史哲出版社，1989年1月再版），頁77。

〔註75〕　見段玉裁：《說文解字注》，卷3，頁91。

〔註76〕　例如《禮記・仲尼燕居》有云：「治國而無禮，譬如瞽之無相與。」《論語・為政》：「為政以德，譬如北辰。」

〔註77〕　見《禮記正義》，卷36，頁653～654。

〔註78〕　見《禮記正義》，卷58，頁961。

〔註79〕　陳澔云：「詩人比興之辭，多依託於物理，而物理至博也，故學者但講之於學校，而不能於退息之際，廣求物理之所依附者，則無以驗其實，而於詩之辭，必有疑殆而不能安者矣。」見《禮記集說》，頁200。

〔註80〕　見陳新雄：〈禮記學記「不學博依不能安詩」解〉，頁40。

之前提到，鄭玄對於「六詩」之「比」、「興」的理解都等同於譬喻。鄭《注》云：「比，見之失，不敢斥言，取比類以言之。」鄭《箋》云：「風化、風刺，皆謂譬喻，不斥言也。」可知「比」即「譬喻」。另外，鄭玄〈毛詩譜序〉亦云：「〈騶虞〉，歎國君之仁心，自取獸名，別爲興喻。」「興喻」連言，可知「興」也有譬喻的意涵。綜上所述，鄭玄對於「博依」的理解是「廣譬喻」，同時也指向他「比」、「興」的修辭法，以及其中的「美、刺」意涵。譬喻雖然是構成《詩》篇的重要元素，但僅視爲修辭法來看待是不足以「安《詩》」的。同時，「博依」是大學之教，自然也不能僅從「作詩」的層面的解讀。作詩之人使用譬喻是爲了以微婉的方式表現出政教上的得失；後人必須先明白這種「美、刺」，以及「不斥言」、「嫌於媚諛」的創作態度，才能適切地解讀《詩》義與運用《詩》句。

三、五至，以及《詩》與情

《禮記·孔子閒居》裡，子夏問：「何如斯可謂民之父母矣？」孔子說：「夫民之父母乎，必達於禮樂之原，以致『五至』而行『三無』。」所謂五至：

> 孔子曰：志之所至，詩亦至焉；詩之所至，禮亦至焉；禮之所至，
> 樂亦至焉；樂之所至，哀亦至焉。〔註81〕

上博簡〈民之父母〉篇第 3~5 簡也有同樣的內容，唯文字稍異。根據季旭昇的隸定並改易爲今字與通假字，其文作：

> 孔子曰：五至乎，勿（物）之所至者，志亦至焉；志之所至者，禮
> 亦至焉；禮之所至者，樂亦至安焉；樂之所至者，哀亦至焉。〔註82〕

兩者最大的不同在於〈孔子閒居〉的「五至」依序是：「志－詩－禮－樂－哀」，〈民之父母〉則作「物－志－禮－樂－哀」（蔚按：《孔子家語·論禮》亦是如此）。季旭昇認爲〈民之父母〉的文字才是正確的，在五至的相承關係上也比〈孔子閒居〉與〈論禮〉的邏輯更講得通。然而，這段文字到了漢代爲何會有如此的更動或訛誤？季旭昇提出的原因有二，首先，是「詩」與「志」同音，都從「之」得聲，在楚簡裡，詩字又可寫作「寺」、「時」、「𣄼」，因此後人很容易將第二至「志」錯寫成「詩」；又受到「詩言志」觀念的影響，進

〔註81〕 見《禮記正義》，卷51，頁860。
〔註82〕 見季旭昇主編：《上海博物館藏戰國楚竹書（二）讀本》，頁2。

而將第一至「物」改成「志」。另外，漢初獨尊儒術，五經的觀念流行，也容易將「志－禮－樂」改變爲「詩－禮－樂」。〔註83〕

　　既然漢儒在「詩言志」的思想下更動了典籍的文字，後世學者自然也多以如此的理路來詮釋〈孔子閒居〉的五至。然而，這樣的理路其實是偏向詩學理論，反而不容易解釋清楚兩個問題：一是由「志」發動的五至，與「民之父母」的必然關係爲何？二是何以同屬「經」的詩、禮、樂，會與屬於人情的「哀」並列？季旭昇認爲上博簡〈民之父母〉的發現，可以解答這個問題。他說：

> 「物」者，最寬的定義是「我」以外的萬事萬物（《郭店·性自命出》簡 12：「凡見者之謂物。」）「物至」應指天地萬物之理、當然包括人民之所欲，「志」（心之所之爲志，這裡指執政者的心之所之）也要跟著知道：完全了解天地萬物之理及人民的好惡之情就是「志至」，《孟子·離婁下》：「舜明於庶物，察於人倫。」與本簡所説相近。能完全了解天地萬物之理及人民的好惡之情，就能制定各種政策、規定來導正人民，使之趨吉避凶、各遂所生，這就是「禮至」。禮是外在的規範，要以樂來調和，才能恭敬和樂，《禮記·文王世子》説：「樂所以脩内也，禮所以脩外也。禮樂交錯於中，發形於外，是故其成也懌，恭敬而溫文。」這就是「樂至」（「樂」音岳）。音樂能夠傳達人民最直接的情感，人民苦多樂少，要由此了解他們心中的哀痛，這就是「哀至」。古代採詩以觀民風，若得其情，則哀矜而勿喜，這就是鄭《注》説的「凡言至者至於民也」。能至於民，當然就能成爲「民之父母」了。〔註84〕

上博簡的出土與季先生的闡釋，都爲「五至」問題提供了進一步討論的材料與空間。回到本論文關注的焦點──鄭玄的《注》語本身，鄭注「五至」云：

> 凡言「至」者，至於民也。志，謂恩意也。言君恩意至於民，則其《詩》亦至也。《詩》謂好惡之情也。自此以下，皆謂民之父母者，善推其所有，以與民共之。〔註85〕

〔註83〕　見季旭昇主編：《上海博物館藏戰國楚竹書（二）讀本》，頁 7，注⑩。
〔註84〕　見季旭昇：〈《上博二》小議（二）：《民之父母》『五至』解〉，刊載於「簡帛研究」網，網址是：http://www.jianbo.org
〔註85〕　見《禮記正義》，卷 51，頁 860。

《說文》說：「志，意也。」「意，志也。」〔註86〕鄭注《儀禮·大射》「不以樂志」，亦云：「志，意所儗度也。」〔註87〕儗度，是所有判斷的價值「意向」。恩，惠也。恩意兩字，界定了君王的這一意向是良善的。鄭玄以「志」為君王的「恩意」，是以「五至」皆為民之父母——君王——善推其所有，以與民共之的表現。意即，君王將已之志推至於人民，凡己所欲，亦施於百姓。鄭玄是以《論語》「推己及人」的觀念來推闡這段政治理論，雖然嵌合了「五至」與「民之父母」的關係，卻仍是以「志」統攝詩、禮、樂、哀四者，這與五至本身所呈現的遞進關係顯然有扞格。以下暫且不論鄭《注》是否能符合五至的本意，僅專就鄭玄的理路來探討他對「《詩》」與「情」的關係。

鄭玄注「詩亦至焉」云：「《詩》謂好惡之情也。」所謂「《詩》謂好惡之情也」的內涵為何？若從鄭注「志之所至，《詩》亦至焉」的關係來看，此「情」必然與君王之志——善推之恩意——有關。然而，鄭玄如何理解志、《詩》、情三者關係？這還需要參佐其他資料。首先，〈孔子閒居〉裡，孔子說「民之父母」，「必達禮樂之原，以致五至，而行三無。」孔子提出「三無」之後，子夏隨即求教：「『三無』既得略而聞之矣，敢問何詩近之？」鄭玄注解這段話，云：

　　於意未察，求其類於《詩》。《詩》長人情。〔註88〕

「三無」與「五至」其實有其對應關係。孫希旦認為：「三者（蔚按：指「三無」）存乎心，由是而之焉而為志，發焉則為《詩》，行之則為禮、為樂、為哀。」〔註89〕孫希旦以志為中心，統攝詩、禮、樂、哀的思路與鄭玄相同，又云：「蓋五至者禮樂之賓，而三無者禮樂之原也。」〔註90〕鄭玄注解「五至」時提到「《詩》謂好惡之情」，注解「三無」時又言「《詩》長人情」，兩相比較，可發現鄭玄是從政教的角度來論《詩》之「情」。

《禮記·禮器》云「何謂人情，喜、怒、哀、懼、愛、惡、欲。」〔註91〕何謂「長」？「長」音掌，有尊長、排列居首、長育、增進、執掌的意思，所謂「《詩》長人情」，大致是強調「情」為《詩》體的主要構成要素之一，

〔註86〕　見段玉裁：《說文解字注》，卷10，頁506
〔註87〕　見《儀禮注疏》，卷18，頁217。
〔註88〕　見《禮記正義》，卷51，頁861。
〔註89〕　見孫希旦：《禮記集解》，卷49，頁1276。
〔註90〕　同上。
〔註91〕　見《禮記正義》，卷22，頁431。

《詩》的內涵由感性經驗的「情」而來，其功能之一也在於表現人情。不過，此「情」與魏晉六朝時所提出的「詩緣情」不同，它不是以個人情意為中心，而是停留在以政教為主的群體情感。試看子夏向孔子請救「三無」與「何詩近之？」孔子回答：「『夙夜其命宥密』，無聲之樂也。『威儀逮逮，不可選也』，無體之禮也。『凡民有喪，匍匐救之』，無服之喪也。」鄭玄對這三段《詩》句的注解，反映他仍然是以君王恩意——《詩》——好惡之情來闡述的一貫理路。鄭《注》云：

> 言君夙夜謀為政教以安民，則民樂之。
>
> 言君之威儀，安和逮逮然，則民效之。
>
> 言君於民有喪，有以賙恤之，則民效之。

君王「安民」、有「威儀」、「賙恤」，都屬於君王善推其恩意於民的表現，至於人民的「樂之」、「效之」，則是「好惡之情」的回饋。鄭玄強調情的「好惡」，可知此「情」不僅僅只是感性的欲求，當中又包含了價值取向，它是隨著君王政治教化的良莠而由人民所反映而出的群體情感。其傳達媒介則是通過《詩》體，致使《詩》句得以體現了君民上下的志、情關係。由此了解鄭玄所謂的「君恩意至於民，則其《詩》亦至也。」意即君王的施政意向落實在人民身上，人民也會隨之將好惡反映在詠嘆的《詩》篇裡。唯〈孔子閒居〉所談的「民之父母」屬於凱弟君子主持下的善政，因此鄭玄的解釋依順著經文，側重《詩》情中「好」的一面，故僅以「恩意」、「善推」來表達。事實上，此「情」兼顧了美與刺、好與惡。

《鄭志》答張逸有云：「國史采眾詩時，明其好惡，令瞽矇歌之。」〔註92〕其中「好惡」一詞本可兩讀，或為名詞讀法，或為動詞讀法。若從前讀，則其意似不當指詩作本身之良窳，因為眾詩篇於采錄之際恐怕已先經過篩選。孔穎達疏之曰：「言『明言好惡，令瞽矇歌之』，是國史選取善者，始付樂官也。」〔註93〕所謂「選取善者」，是從內容及作用言之，如皮錫瑞所云：「鄭云國史采詩，……好惡如字，讀猶善惡也。明其好者為美，明其惡者為刺。國史其為美為刺，乃令瞽矇歌之，以為勸戒。」〔註94〕由孔穎達、皮錫瑞的解讀，再將這則《鄭志》的記載與上述「《詩》與情」相連結，可以更清楚地

〔註92〕　見載於十三經注疏本《毛詩正義》，卷1之1，頁17。

〔註93〕　同上。

〔註94〕　見皮錫瑞：《鄭志疏證》，卷3，頁3。

發現：鄭玄所謂的《詩》情，是由當政者以外的眾人在面對所遭遇的政治環境時，相應而起並蘊含在《詩》篇當中的感性經驗與價值取捨；此情有好、惡之別，目的也有美、刺之分。

　　鄭玄將《詩》之情與政教結合的觀念，承襲自《禮記・樂記》，其文曰：「凡音者，生人心者也。情動於中，故形於聲；聲成文，謂之音。是故治世之安以樂，其政和；亂世之音怨以怒，其政乖；亡國之音哀以思，其民困。聲音之道，與政通矣。」〔註95〕詩、樂結合，故以上的原理可以相通。《禮記・祭義》鄭注有云：「樂以統情。」《儀禮・燕禮》：「樂〈南陔〉、〈白華〉、〈華黍〉。」鄭《注》亦云：

　　　　周公制禮作樂，采時世之詩以爲樂歌，所以通情，相風切也。

此則《注》語雖然專就「樂歌」或樂詩而論，但依舊以「通情」作爲效用，並聚焦在「相風切」的政教內涵上。鄭玄《六藝論》裡也說：「箴諫者希，情志不通，故作《詩》者以頌其美而譏其惡。」〔註96〕頌美譏惡，即《詩》所反映的好惡之情。顯然，鄭玄在注三《禮》當時對《詩》與情的觀念，既承襲自〈樂記〉，也能與〈毛詩大序〉相合，都是將「情」的實質義涵，限定爲「感」於關乎「政教」的外境而生的情感和價值判斷，即以政教經驗爲其內容。〔註97〕

〔註95〕　見《禮記正義》，卷37，頁663。
〔註96〕　見《毛詩正義》，引言，頁4。
〔註97〕　「將情的實質」至「爲其內容」兩句話，參考自顏崑陽：〈從〈詩大序〉論儒系詩學的「體用」觀〉，《第四屆漢代文學與思想學術研討會論文集》（臺北：政治大學中國文學系，2003年4月），頁314。

第七章　結　論

　　關於鄭玄《三禮注》說《詩》、引《詩》的研究，筆者先從搜集三《禮》經、注當中與《詩》有關的資料開始，再將這些資料分為《禮記》引《詩》以及與之相應的鄭《注》、《三禮注》引《詩》，還有樂詩、逸詩、論《詩》等六種類別。接著探討五個主要論題，分別是：鄭玄如何詮釋三《禮》中見載的各類《詩》篇？鄭玄如何運用《詩》句來注解三《禮》？《三禮注》說《詩》與《毛詩箋》相異的原因？《三禮注》說《詩》與齊、魯、韓、毛四家《詩》的關係？以及《三禮注》中較特出的論《詩》意見。以下先大致介紹最主要的研究成果：

　　首先，《詩》句在《禮記》引用的過程中，部分已被賦予新義，或限制了再次詮釋的方向。鄭玄就在這層約束下，抱持著順而釋之，注而不駁的立場，著力於《禮記》「用《詩》之義」的解釋。這與試圖求本義的《毛詩箋》相較，自然有同有異。另外，《注》、《箋》相異，也肇因於所用的《詩》說不同。《三禮注》博采三家，稍稍涉及《毛詩》說，至少已有《毛詩》文與《毛詩序》；《毛詩箋》則專主《毛詩》說，旁及三家。不過，若要細部釐清每則鄭《注》說《詩》的家派，則會遭遇諸多困難。例如據以比較的學者專守哪一家《詩》說，有時史籍並未明言。又如有些學者兼通數家，另創新義；有些典籍集合眾說，不作區別。更有甚者，同一《詩》句並非三家說法俱存；或僅存《詩》文，而義有未明；或俱見《詩》文，卻礙於版本、改字、通假等因素而無法盡信。因此，本文的判別工作趨於保守，雖然知道《三禮注》兼通三家，卻不盡數鑒定每則鄭《注》說《詩》所屬的家派。

　　在論《詩》方面，《周禮》提及「六詩」，鄭《注》是以體制和內容來解

釋「風、雅、頌」，以修辭方式來解釋「比、賦、興」。至於「比、興」之義，鄭《注》以美、刺區分之，但是在《毛詩箋》中卻又不以美、刺爲別。對於《禮記・學記》「不學博依，不能安《詩》」的闡述，鄭玄不僅以「博依」爲「廣譬喻」，同時也指向比、興的修辭方法，以及當中的美、刺意涵。另外，《三禮注》多處提到《詩》與情的關係，綜合言之，鄭玄認爲《詩》情是眾人面臨所遭遇的政治環境時，相應而起並蘊含在《詩》篇當中的感性經驗與價值取捨；此情有好、惡之別，目的也有美、刺之分。

上文只是概述，尚不足以突顯研究成果的全貌與意義，以下擬再就三個方面，綜合詳述之。

一、以《詩》證禮與以禮說《詩》

鄭玄作《毛詩箋》，多據禮制、儀節、禮意來解釋相關篇什，故歷來有鄭玄「以禮說《詩》」之說。兩漢倡議禮治，標榜禮學，又以《詩》爲教，鄭玄受此時代思想影響，欲以通經致用，故特顯其禮學專長，以注《毛詩》。《六藝論》有云：「禮者，尊卑之制，崇敬讓之節也。禮初起蓋與《詩》同時。」〔註1〕可知，鄭玄認爲《詩》中本多敘古禮，若從此背景著眼，可以更適切地掌握《詩》旨。學者研究鄭玄「以禮說《詩》」，多從鄭《箋》入手，〔註2〕較少觸及《三禮注》中的引《詩》、說《詩》材料，而不知從此處也可發掘鄭玄以此種方式說《詩》的傾向。

《周禮・夏官・序官》說周天子有六軍，鄭《注》引鄭司農言，以《春秋傳》與《大雅》之〈常武〉與〈棫樸〉兩詩來證明，並且說：「此周爲六軍之見于經也。」《詩》經本身自能反映古人的典制禮文，鄭玄引以證禮；從另一個角度看，卻也是以禮來解釋《詩》篇。再看《周禮・天官・內司服》言其職掌：「王后之六服，褘衣、揄狄、闕狄、鞠衣、展衣……。」鄭《注》云：

> 狄當爲翟。……從王祭先王則服褘衣，祭先公則服揄翟，祭群小祀
> 則服闕翟。……展衣以禮見王及賓客之服，字當爲襢，襢之言亶，
> 亶，誠也。《詩・國風》曰：『玼兮玼兮，其之翟也。』下云：『胡然

〔註1〕見皮錫瑞：《六藝論疏證》，頁283。

〔註2〕彭美玲撰有《鄭玄毛詩箋以禮說詩研究》（臺北：臺灣大學中國文學研究所碩士論文，1992年），對歷來學者對該議論的評論，有詳細的整理，見該論文第5章第1節〈前人對鄭玄以禮說詩之評價〉，頁215～221。

> 　　而天也？胡然而帝也？』言其德當神明。又曰：『瑳兮瑳兮，其之展
> 　　也』。下云：『展如之人兮，邦之媛也』，言其行配君子。二者之義與
> 　　禮合矣。

鄭玄引〈君子偕老〉詩，以《詩》篇所謂王后服「翟衣」而言尊事天帝，服
「展衣」而爲邦之援助的記載，來證明翟衣與展衣確實爲祭祀之服與禮見王
及賓客之服。另外，他又對《詩》句稍作解釋，由外在的服裝禮制導引出內
在相應的德行，即「其德當神明」、有展誠之德而「其行配君子」。事實上，〈君
子偕老〉是藉著服飾之盛來諷刺衛夫人宣姜淫亂，穿戴其服而無相應之德。
鄭玄引用卻不詳述本事，將重點聚焦在當中反映的服制與禮意之上。這種引
《詩》方式，重心毋寧是「（詩）義與禮合」的部分。

　　三《禮》中，唯《禮記》有引《詩》（蔚按：此處不指樂詩），引用的目
的大多是說明禮意與德治修身之理，重在概念的層次。例如〈禮運〉引〈相
鼠〉：「相鼠有體，人而無禮；人而無禮，胡不遄死」以說明禮可以「治人之
情」，「失之者生，得之者死」。又如〈中庸〉引〈烈文〉：「不顯惟德，百辟其
刑之」來說明「君子不賞而民勸，不怒而民威于鈇鉞」的德治之道。反觀鄭
玄《三禮注》引《詩》，與禮有關的目的多是藉此佐證具體的名物制度，甚少
援用有觸及禮意或反映德治的《詩》句，這是與《禮記》引《詩》在用途上
最明顯的區別。至於鄭《箋》以禮說《詩》，除了名物制度，更有在崇禮的思
想上，評判詩文所敘述的人事是「得禮之宜」，或「無禮義」、「過禮」、「失禮」，
〔註3〕這一層應用是《禮記》引《詩》的繼承與延伸，卻是鄭《注》引《詩》
所未能發揮的。鄭《箋》與鄭《注》雖然稍有不同，然而，不論是前者的以
禮說《詩》，或後者的以《詩》證禮，其數量之大，〔註4〕次數之頻繁，其實
都反映了鄭玄追求通貫《詩》、禮的治經態度。

二、《三禮注》詮釋《詩》句的方式

　　東漢的經注至今完整流傳者，唯鄭玄《三禮注》、《毛詩箋》、何休《春秋

〔註3〕 「得禮之宜」之敘述見《毛詩正義》，卷19之3，頁730；「無禮義」見卷5
　　　 之2，頁220；「過禮」見卷3之2，頁122；「失禮」見卷13之2，頁452。
〔註4〕 賴炎元：《毛詩鄭箋釋例》有云：「鄭氏引經傳群書釋《詩》者，凡十有六；
　　　 其引據《禮》者，凡百二十有一條。蓋鄭氏禮家也，精於《三禮》，故釋《詩》
　　　 多引禮書。」見《毛詩鄭箋釋例》（臺北：臺灣師範大學國文學研究所碩士論
　　　 文，1958年），頁117。

公羊傳解詁》，與趙岐《孟子章句》等六部。〔註5〕其中，《毛詩箋》是專門說《詩》之作，非關引《詩》。三《禮》所載的《詩》篇則可分為兩類，一是西周時與樂、舞結合，應用於各式典禮中的樂詩；一是戰國時期儒家學者藉《詩》論理述學的著述引《詩》。鄭玄作《三禮注》，對這兩類的注解方式不盡相同，在《注》語中也另有引《詩》以解釋禮文。《孟子》引《詩》同屬著述引《詩》的範圍，趙岐在注語裡也有引《詩》。《春秋公羊傳解詁》僅有注語引《詩》。以下一方面總結鄭玄《三禮注》詮釋《詩》句的方式，一方面也藉著與趙岐、何休經注說《詩》或引《詩》方式的比較，以突顯鄭《注》的特色。

（一）從《詩》辭來推闡樂詩的用義

對於典禮所用的樂詩，鄭玄認為是由周公及大師們所采集、創作，〈鄉飲酒禮〉鄭注云：「昔周之興也，周公制禮作樂，采時之詩以為樂歌，所以通情，相風切也。」樂詩可觀民風，更可以傳達治國與君臣、賓主之間的相事之道。然而，三《禮》對於這些樂詩的敘述過簡，僅載篇名，未論及《詩》句。鄭玄作《注》闡釋，從具體的《詩》辭出發，配合用樂的節次、場合，以及德治思想，秉持「歌《詩》，所以通禮意」（〈仲尼燕居注〉）的認識，從《詩》義中發明樂詩的禮治意涵。另外，對於同是樂詩的逸詩，如九〈夏〉、〈新宮〉、〈貍首〉、〈采薺〉，雖不知篇次，鄭玄仍根據《左傳》或《國語》的記載，以奏唱之時與之同時應用的現存《詩》篇來斷定它們該屬歸於《雅》或《頌》。

（二）依禮文語境來詮釋《禮記》引《詩》

《禮記》引《詩》，不盡然皆是運用《詩》句的本義，亦有用其引申義，或改變譬喻的對象，以及假借詩句而另下新義等情形。不論是何者，這些不錄全篇、僅見數句的《詩》辭，都必須立足在與之並存的整段禮文的語境底下，才能適切地理解其義，也就是引《詩》者用《詩》的意旨。鄭玄顯然意識到這種「用詩」的情況，因此在作注之時，能夠隨文釋義，〔註6〕將重心放在全段禮文的思想闡發上，視《詩》句為整段意義完成的組成分子之一，

〔註5〕 這三位注經者的處境也頗為相似。何休遭禁錮，十七年覃思不窺門，著述《春秋公羊解詁》，京師稱之為「學海」；趙岐避唐玹之難，浪跡北海，於孫嵩家重闗復壁中注《孟子》；鄭玄坐黨錮十餘年，隱經修業，注《三禮》。

〔註6〕 這種隨文釋義的注解方式，不僅止於引《詩》的部分而已，其實遍及整個《三禮注》的注解原則。相關的研究可參見劉軍、李萍：〈鄭玄《禮記注》隨文釋義的語境研究〉，《雲夢學刊》，2000年第4期。

僅將它在語境制約下生成的意義解釋清楚而已，不再繁瑣地補充《詩》篇原旨，或是批評《禮記》未用《詩》本義。這種簡明扼要的注經方式，已非西漢傳經者「碎義逃難」，「說五字之文，至於二、三萬言」的繁冗態度所能比擬。〔註7〕

鄭玄的注經態度，從同時期的趙岐《孟子章句》也可以發現。趙岐已能擺脫今文學家穿鑿附會、具文飾說的缺點，取其說微言大義之長，又吸收古文學家詳於訓詁的特點，一改章句學過於分文析辭的注經方式。因此，即使《孟子》說《詩》有不用本義者，趙岐也僅是配合各章的語境將「用《詩》」之義注明而已，不再贅述《詩》句的原旨。例如〈梁惠王上〉，齊宣王說自己好色，孟子引《大雅‧緜》「爰及姜女，聿來胥宇」，以太王亦好色，愛其妃子姜女，來勸勉齊宣王「當是時也，內無怨女，外無曠夫。王如好色，與百姓同之，於王何有？」事實上，詩文沒有太王好色的意思，這僅是孟子援以辯說的權宜之辭。趙岐作注云：「言太王亦好色，非但與姜女俱行而已，普使一國男女無有怨曠。」顯然也是順著孟子意思來注解，不強說原旨。

（三）鄭玄引《詩》注經，內容多取名物制度

《三禮注》引《詩》，是鄭玄通貫諸經，連類闡釋的表現。鄭玄為三《禮》作注，引《詩》自然多與解釋名物禮制有關，接者才是訓詁字詞之義。解釋名物禮制者，鄭玄有時僅截取《詩》文中可與禮文相證的部分為用，不一定會顧及《詩》句本事或原旨，這是他用《詩》的特色之一。訓詁字詞者，較特出者是引《詩》注音、正字，這正符合鄭玄在《周禮注序》裡所說的「就原文字之聲類，考訓詁、捃秘逸」的注釋原則。

再與趙岐、何休比較，他們對《詩》句的揀擇，也隨著各自所注經文的性質、內容而稍有不同。趙岐《孟子章句》引《詩》，側重說證名物與訓詁字詞，少有涉及禮制者。何休《春秋公羊傳解詁》引《詩》，首重證史，多取與傳文所記史實或制度有關的篇章，其次是以《詩》文為喻，解釋傳文修辭之例，〔註8〕至於引《詩》訓詁字詞的數量則相當少。這一特色符合焦循對何休

〔註7〕引文見《漢書‧藝文志》，卷30，頁1273。
〔註8〕例如《公羊春秋‧莊公四年傳》（卷6，頁77）：「寡人死之不為不吉也，遠祖者，幾世乎？九世矣！九世猶可以復讎乎？雖百世可也。」《解詁》云：「百世，大言之爾，猶《詩》云：『嵩高維嶽，峻極于天，君子萬年。』」又如〈昭公十八年〉（卷23，頁291）：「夏五月壬午，宋、衛、陳、鄭災，何以書記異

《解詁》注經方式的批評：「專以明例，文辭廣博，不必爲本句而發。」〔註9〕綜觀鄭玄等三人引《詩》注經的相同之處，在於甚少觸及全《詩》意旨，僅就個別章或句中選取與經文之內容相類者爲用，之後也不再從《詩》句闡發其他意涵。

綜合上述可知：鄭玄《三禮注》用《詩》的目的與戰國諸子引《詩》說理者不同，也與《韓詩外傳》將《詩》義與史、禮、理、學的結合而引申至義理上的情況有別。〔註10〕這一特點也能在何休與趙岐的經注引《詩》裡發掘其共通性。因此，若能進一步彙集兩漢「經注體引《詩》」的資料，統整研究之，當能對漢人說《詩》的情況，有更全面的認識。

三、鄭玄說《詩》，匯通衆說，不專守一家

《後漢書·鄭玄傳》之論贊說：「鄭玄括囊大典，網羅衆家，刪裁繁蕪，刊改漏失，自是學者略知所歸。」〔註11〕鄭玄不只徧治群經，於《詩》說更兼用今、古文四家。以往學者多未謹慎解釋《鄭志》「答炅模」之言，認爲鄭玄作《三禮注》時尚未見得《毛詩》說。然而，遍搜《注》語，與參佐其他資料，可發現當中至少已參用《毛詩》文與《毛詩序》。《鄭志》「答炅模」的說法僅止於《禮記注》未用《毛詩故訓傳》而已；唯《三禮注》說《詩》仍多從今文三家《詩》說，與《毛詩》說相合者少之又少。推測其原因，可能鄭玄注三《禮》當時，雖然已經見得《毛詩》說，卻尚未深究之，即未作《毛詩箋》、《毛詩譜》，因此應用甚少，主要還是取用熟習已久的三家《詩》說。

藉由上述成果，以下再申論後世輯佚三家遺說之著作的謬誤與不足之處，並且說明《三禮注》對鄭玄作《毛詩箋》的影響。

（一）謹慎應用後世輯佚著作對《三禮注》資料的判別

雖然知道《三禮注》多用今文三家《詩》說，但受限於後世輯佚材料的

也？何異爾？異其同日而俱灾。外異不書，此何以書？爲天下記異也。」《解詁》云：「《詩》云：『其儀不忒，正是四國。』四國，天下象也。」

〔註9〕 所謂「不必爲本句而發」，即解釋時很少涉及具體字、詞的訓詁。焦循的說法見於《孟子正義》（北京，中華書局，1987年初版），頁16。

〔註10〕 關於《韓詩外傳》與史、禮、理、學的結合情況，可參考林耀潾：《西漢三家詩學研究》（臺北：文津出版社，1996年初版），第5章第3節〈《韓詩外傳》說《詩》的融合特色〉。

〔註11〕 見《後漢書》，卷35，頁1213。

數量不足，與判別家數的困難，至今仍無法釐清《三禮注》說《詩》是偏向魯、齊、韓哪一家？後世輯佚三家《詩》遺說的學者經常妄斷鄭《注》「多用」某家，或歸爲魯，或歸爲韓，或歸爲齊，既紛歧又彼此矛盾。若直接取用他們的意見來研究其他議題，自然容易出錯。陳喬樅的《三家詩遺說考》與王先謙的《詩三家義集疏》是至今搜羅最全、廣爲學者使用的兩部輯佚著作。以下僅就這兩部書籍，討論其中對《三禮注》的誤判與輯佚的缺漏。另外，也簡單分析當中對趙岐、何休的經注說《詩》的判誤之處，藉此更加突顯這個問題。

首先，這兩部輯佚書裡的每一條資料不必然都是說《詩》者本人的意見。如第三章所述，《禮記》引《詩》，鄭玄依據語境爲釋，他的解說是就禮文而來，即使面對斷章取義的情形，也不曾補充本義或改訂經說。又如趙岐作注，《孟子・滕文公上》引《魯頌・閟宮》：「戎狄是膺，荊舒是懲」，又云：「周公方且膺之，……」時，趙岐在注語以此兩句爲「言周公事」，與《毛傳》的說法不同。這也許就是趙岐的看法，但也可能是配合孟子的意見而說，而陳喬樅《魯詩遺說考》直接將它歸爲魯《詩》說，顯然過於輕率。畢竟鄭玄等人在注語裡不曾反駁、改訂經文對《詩》句的用法，因爲這些都是孔子、孟子與他們的弟子們的《詩》說，鄭、趙兩人身處尊經崇儒的時代裡，怎會隨意更正聖賢的意見。因此對於這些經文引《詩》而作注者順而釋之的意見，應謹慎判別，不宜直接作爲判別家數，或代表某人說法的證據。

陳喬樅與王先謙都認爲《三禮注》用《齊詩》說，但筆者認爲正確的說法應該是兼用三家。因此，在判別《三禮注》的資料時，不如個別認定，對於無法確認家數的那些《注》語，直接歸爲「今文《詩》說」即可，不必再強加區分。另外，陳、王兩人也妄斷說何休專治《齊詩》說，趙岐盡用《魯詩》說。事實上，據筆者的統計，《春秋公羊傳解詁》引《詩》、說《詩》的材料共有 16 則，當中有何休自註或經徐彥考訂者，有一則可確定是用《魯詩》說，四則用《韓詩》說，因此王先謙所謂「治《公羊春秋》者，其於《詩》皆稱齊」的說法顯然不妥。〔註 12〕趙岐《孟子章句》裡，《孟子》用《詩》約 35 則，〔註 13〕趙岐注語引《詩》，又有 19 則。根據筆者初步的研究，當中

〔註12〕　見王先謙：《三家詩義集疏・序例》，頁 8～9。
〔註13〕　統計數字根據錢佩文：〈孟子引詩說詩研究〉，《中原學報》第 23 卷第 2 期（1995年 4 月），頁 71～79。

亦有與《魯詩》說相異而與齊、韓兩家相合者，因此不宜將每一則資料盡歸
爲《魯詩》說。綜合上述，後世學者們若不詳加檢驗，就盡信陳、王兩人的
著作與意見，無疑會影響相關研究的正確性。〔註14〕

（二）鄭玄先注三《禮》，對日後作《毛詩箋》的影響

鄭玄先注三《禮》，故日後作《毛詩箋》偶有依三《禮》來修改、補充《毛
傳》的說法，甚至是《毛詩》的用字。〔註15〕至於《三禮注》裡的許多說《詩》
意見，也對鄭《箋》造成影響；不過，鄭《箋》並非盡數沿用《三禮注》，仍
有改從《毛傳》或其他家《詩》說者。

從《詩》文用字來看，《鄭志》「答趙商」有云：「《詩》本無文字。」〔註16〕
鄭玄了解《詩》篇多籍諷誦口傳而流行，用字不定，諸家相異處也大多是通假
字的差別。因此，雖然《注》語引《詩》多用今文家，多取正字，與《毛詩》
多用借假者不同，但是鄭《箋》相沿《三禮注》而更動《毛詩》用字者，也僅
局限在少數的器物名稱上，例如「騏」改爲「璂」、改「朱繡」爲「朱綃」，「應
田」爲「應棘」等等，改動的範圍很小。

在說解字句之義上，鄭《箋》雖有改易《毛傳》者，但不一定就是沿襲
《三禮注》說《詩》而來。至於談論《詩》篇全旨的部分，鄭玄既然以《毛
詩序》爲子夏所作，因此箋《毛詩》時篤信《序》說，僅在零星數篇有異說。
〔註17〕而《三禮注》說《詩》，僅針對〈關雎〉、〈葛覃〉、〈燕燕〉、〈小宛〉數

〔註14〕 在此補充說明，今人王承略撰有：〈論《齊詩》學派與王莽的關係及其在東漢
命運〉（《孔子研究》，2001 年第六期），研究認爲《齊詩》學派在東漢時期已
不如魯、韓兩家顯赫與流行。因此，要將兼通數經數家的鄭玄與何休的說《詩》
意見，盡歸爲齊，恐怕也不符當時學風。另外，現存所見的三家《詩》遺說，
以《齊詩》說的數量最少，這與其它佚最早有關。今人龍向洋撰有：〈歷代齊
詩輯佚述評〉（《瓊州大學學報（社會科學版）》，1997 年第 4 期），認爲清代
輯佚諸家對《齊詩》說的判別有比其他兩家存在更多的爭議，尤其是鄭玄《三
禮注》的材料。文末有引清人鄭夾漈的說法：「《齊詩》今猶可見者，蓋其眞
僞未可知也。」可見，摒除《三禮注》與《公羊傳解詁》的大量材料後，陳
喬樅與王先謙書中的齊《詩》說數量將減少許多，勢必讓《齊詩》說的研究
更顯困難。

〔註15〕 關於鄭《箋》的改字，可參考陳喬樅：《毛詩鄭箋改字說》，《詩經要籍集成》
第 40 冊（北京：學苑出版社，2003 年）。

〔註16〕 見皮錫瑞：《鄭志疏證》，卷 3，頁 21。

〔註17〕 鄭《箋》更改《毛詩序》的部分，可參考文幸福：《詩經毛傳鄭箋辨異》（臺
北：文史哲出版社，1989 年），第 3 篇第 3 章〈鄭箋用詩序考辨〉，頁 293～
309。

篇論及全旨或本事，但皆與《毛詩序》的意見不同，因此鄭玄作《箋》時也不再沿用。

綜上所述，可以發現鄭玄注經的態度是不斷探索、修正的過程。《三禮注》與鄭《箋》說《詩》的差異，不只是棄魯、齊、韓而改從毛氏而已，《箋》語當中既不用《毛傳》，又不沿襲《注》語說《詩》的情況也屢屢出現。這正如皮錫瑞在《鄭志疏證》所說：「考鄭君生平學術先後異同之故，且知古人之學與年俱進，常有欿然不滿之意。」〔註18〕

〔註18〕　見皮錫瑞：《鄭志疏證・自敘》，頁2。

引用及參考書目

本書目分爲一、二兩部分。第一部分收錄清代以前著作，依經、史、子、集四部分類，門類之下再以著者時代先後爲序。第二部分收錄民國以來專著、碩博士論文與單篇論文，以著者姓名筆劃多寡爲序。

一、清代以前的著作

（一）經　部

（1）詩

1. 《韓詩故》，漢・韓嬰，收於《古經解彙函》（影印上海蜚英館印本），臺北：中新書局，1973 年初版。

2. 《詩本義》，宋・歐陽修，收於《詩經要籍集成》第 4 冊，北京，學苑出版社，2003 年初版。

3. 《詩集傳》，宋・朱熹，臺北：臺灣學生書局，1970 年。

4. 《詩緝》，宋・嚴粲，臺北：臺灣商務印書館（四庫全書珍本），1977 年。

5. 《詩攷》，宋・王應麟，臺北：臺灣商務印書館（景印文淵閣四庫全書本），1983 年。

6. 《毛詩稽古編》，清・陳啓源，濟南：山東友誼書社（影印北京圖書館藏張敦仁所校清抄本），1991 年。

7. 《詩經通論》，清・姚際恆，收於《詩經要籍集成》第 26 至 27 冊，北京：學苑出版社，2003 年初版。

8. 《詩瀋》，清・范家相，臺北：臺灣商務印書館（文淵閣四庫全書影印本），1983 年初版。

9. 《三家詩拾遺》，清・范家相，收於《詩經要籍集成》第 38 冊，北京：學

苑出版社，2003 年初版。

10. 《毛詩傳箋通釋》，清・馬瑞辰，收於《詩經要籍集成》第 33 至 34 冊，北京：中華書局，1989 年初版。

11. 《詩經拾遺》，清・郝懿行，收於《郝氏遺書》，清光緒壬午年，東路廳署開雕刊本，現藏於臺北南港中央研究院傅斯年圖書館。

12. 《三家詩補遺》，清・阮元，收於《續修四庫全書》經部詩類第 76 冊，上海：上海古籍出版社，1995 年初版。

13. 《詩經異文釋》，清・李富孫，收於《詩經要籍集成》第 40 冊，北京：學苑出版社（影印清光緒十四年南菁書院刊《皇清經解續編》本），2003 年初版。

14. 《毛詩後箋》，清・胡承珙，收於《續修四庫全書》經部詩類第 67 冊，上海：上海古籍出版社，1995 年。

15. 《三家詩異文疏證》，清・馮登府，收於《詩經要籍集成》第 40 冊，北京：學苑出版社（影印清道光九年廣東學海堂刊《皇清經解》本），2003 年初版。

16. 《詩毛氏傳疏》，清・陳奐，收於《詩經要籍集成》第 34 至 35 冊，北京，學苑出版社，2003 年初版。

17. 《詩古微》，清・魏源，收於《詩經要籍集成》第 36 冊，北京：學苑出版社，2003 年初版。

18. 《三家詩遺說考》，清・陳壽祺、陳喬樅，收於《續修四庫全書》經部詩類第 76 冊，上海：上海古籍出版社（影印華東師範大學圖書館藏清刻左海續集本），1995 年。

19. 《詩經四家異文考》・附《毛詩鄭箋改字說》，清・陳喬樅，收於《詩經要籍集成》第 40 冊，北京：學苑出版社，2003 年初版。

20. 《詩經原始》，清・方玉潤，收於《詩經要籍集成》第 36 至 37 冊，北京：中華書局，1986 年初版。

21. 《詩本誼》，清・龔橙，收於《詩經要籍集成》第 35 冊，北京：學苑出版社，2003 年初版。

22. 《詩經四家異文考補》，清・江瀚，收於《詩經要籍集成》第 41 冊，北京：學苑出版社，2003 年初版。

23. 《詩三家義集疏》，清・王先謙，吳格點校，臺北：明文書局（以 1915 年虛受堂家刻本爲底本點校），1988 年初版。

（2）禮

1. 《禮記集說》，元・陳澔，臺北：世界書局，1967 年再版。

2. 《儀禮析疑》，清・方苞，臺北：臺灣商務印書館（文淵閣四庫全書影印

本），1983 年。

3. 《周禮漢讀考》，清・段玉裁，收於《續修四庫全書》經部禮類第 80 冊，上海：上海古籍出版社，1995 年。

4. 《禮記集解》，清・孫希旦，臺北：文史哲出版社，1990 年初版。

5. 《大戴禮記解詁》，清・王聘珍撰，王文錦點校，臺北縣：漢京文化事業有限公司，1987 年。

6. 《儀禮集編》，清・盛世佐，臺北：臺灣商務印書館（文淵閣四庫全書影印本），1983 年。

7. 《禮記訓纂》，清・朱彬撰，饒欽農點校，北京：中華書局，1996 年。

8. 《儀禮正義》，清・胡培翬，南京：江蘇古籍出版社，1993 年初版。

9. 《禮記補疏》，清・焦循，收於《續修四庫全書》經部禮類第 105 冊，上海：上海古籍出版社，1995 年。

10. 《周禮正義》，清・孫詒讓，王文錦、陳玉霞點校，北京：中華書局，1987 年初版。

（3）其 他

1. 《十三經注疏》，清・阮元校勘，臺北：藝文印書館（清嘉慶二十年江西南昌府學刊影印本），2001 年初版 14 刷。

2. 《經典釋文》，隋・陸德明，臺北：鼎文書局，1975 年。

3. 《經典釋文》，隋・陸德明，收於《通志堂經解》第 40 冊，臺北：漢京文化事業有限公司，1985 年初版。

4. 《孝經刊誤》，宋・朱熹，臺北：藝文印書館（百部叢書集成影印本），1967 年。

5. 《九經古義：詩經古義》，清・惠棟，收於《詩經要籍集成》第 26 冊，北京：學苑出版社，2003 年初版。

6. 《釋名疏證》，清・畢沅，收於《續修四庫全書》經部小學類第 189 冊，上海：上海古籍出版社，1995 年初版。

7. 《說文解字注》，漢・許慎撰，清・段玉裁注，民國・魯實先正補，臺北：黎明文化事業股份有限公司，1996 年初版 12 刷。

8. 《孟子正義》，清・焦循撰，沈文倬點校，北京：中華書局，1987 年。

9. 《經義述聞》，清・王引之，收於《續修四庫全書》經部群經總義類第 174 冊，上海：上海古籍出版社，1995 年。

10. 《經義述聞》（《毛詩》三卷），清・王引之，收於《詩經要籍集成》第 29 冊，北京：學苑出版社，2003 年。

11. 《說文假借義證》，清・朱珔，合肥：黃山書社，1997 年。

12. 《鄭志疏證》，清·皮錫瑞，臺北：世界書局，1963 年初版。

13. 《經學通論》，清·皮錫瑞，臺北：學海出版社，1985 年。

14. 《六藝論疏證》，清·皮錫瑞，收於《續修四庫全書》經部群經總義類第 171 冊，上海：上海古籍出版社，1995 年。

15. 《駁五經異義疏證》，清·皮錫瑞，收於《續修四庫全書》經群經總義類類第 171 冊，上海：上海古籍出版社，1995 年。

（二）史　部

1. 《國語》，三國吳·韋昭註，臺北：臺灣商務印書館，1956 年初版。

2. 《新校本史記三家注》，漢·司馬遷撰，劉宋·裴駰集解，唐·司馬貞索隱，唐·張守節正義臺北：鼎文書局，1999 年第 11 版。

3. 《漢書》，漢·班固，臺北：鼎文書局，1978 年再版。

4. 《後漢書》，劉宋·范曄，臺北：鼎文書局，1978 年三版。

5. 《隋書》，唐·魏徵等撰，臺北：鼎文書局，1983 年四版。

6. 《舊唐書》，後晉·劉昫，臺北：鼎文書局，1979 年再版。

7. 《新唐書》，宋·歐陽修等撰，臺北：鼎文書局，1979 年再版。

8. 《漢藝文志考證》，宋·王應麟，臺北：臺灣商務印書館（文淵閣四庫全書影印本），1983 年。

9. 《漢書補注》，清·王先謙，收於《續修四庫全書》史部正史類第 268~270 冊，上海：上海古籍出版社，1995 年。

10. 《鄭學錄》，清·鄭珍，收於《續修四庫全書》史部傳記類第 515 冊，上海：上海古籍出版社，1995 年。

11. 《北海三攷》，清·胡元儀，收於《續修四庫全書》史部傳記類第 549 冊。上海：上海古籍出版社，1995 年。

12. 《兩漢三國學案》，清·唐晏，收於楊家駱主編《歷代學案》第九冊，臺北：世界書局，1962 年。

（三）子　部

1. 《荀子集解》，唐·楊倞注　清·王先謙集解　沈嘯寰、王星賢點校　北京：中華書局，1988 年初版。

2. 《孔叢子》，舊題漢·孔鮒　濟南：山東友誼書社，1989 年。

3. 《新書》，舊題漢·賈誼　臺北：臺灣中華書局，1978 年三版。

4. 《白話焦氏易林》，舊題漢·焦延壽著　鄧球柏譯注　長沙：岳麓書社，1996 年初版。

5. 《說苑校證》，漢·劉向撰　向宗魯校證　北京：中華書局，1987 年初版。

6. 《白虎通疏證》，舊題漢・班固撰　清・陳立疏證、吳格點校　北京：中華書局，1997 年初版。

7. 《世說新語校箋》，宋・劉義慶撰　梁・劉孝標注　徐震堮校箋　臺北：文史哲出版社，1989 年再版。

8. 《困學紀聞》，宋・王應麟　臺北：中國子學名著集成編印基金會印行（影印明萬曆癸卯年莆田吳獻台重刊本），1978 年。

9. 《經史問答》，清・全祖望　臺北：廣文書局，1971 年初版。

10. 《東塾讀書記》，清・陳澧　收於《續修四庫全書》子部雜家類第 1160 冊，上海：上海古籍出版社，1995 年。

11. 《東塾讀書記》，清・陳澧　北京：三聯書店，1998 年。

12. 《孔子家語疏證》，清・陳士珂　上海：上海書店，1987 年。

（四）集　部

1. 《風雅逸篇》，明・楊慎　臺北：廣文書局，1970 年初版。

2. 《皇清文穎》，清・陳廷敬等敕編　臺北：臺灣商務印書館（文淵閣四庫全書本），1983 年。

3. 《通志堂集》，清・納蘭性德　收於《續修四庫全書》集部別集類第 1419 冊，上海：上海古籍出版社，2002 年初版。

4. 《湖海文傳》，清・王昶　收於《續修四庫全書》集部總集類第 1668 冊，上海：上海古籍出版社，1995 年初版。

5. 《詁經精舍文集》（五），清・阮元　臺北：藝文印書館（百部叢書集成影印本），1967 年。

6. 《小萬卷齋文稿》，清・朱琰　清光緒十一年，嘉樹山房藏板。該古籍為線裝書，現藏臺北南港中央研究院傅斯年圖書館。

7. 《左海文集》，清・陳壽祺　收於《續修四庫全書》集部別集類第 1496 冊，上海：上海古籍出版社，2002 年初版。

8. 《學海堂三集》，清・張維屏選輯　收於趙所生、薛正興主編《中國歷代書院志》，南京：江蘇教育出版社（影印清咸豐九年啟秀山房本），1995 年。

9. 《廣經室文鈔》，清・劉恭冕　上海：上海書店（廣雅書局叢書影印本），1994 年。

二、民國以後的著作

（一）專　著

1. 王國維，《觀堂集林》，臺北：藝文印書館，1958 年再版。

2. 王利器，《鄭康成年譜》，濟南：齊魯書社，1983 年初版。

3. 王禮卿，《四家詩恉會歸》，臺中　青蓮出版社，1995 年。

4. 王葆玹，《今古文經學新論》，北京：中國社會科學出版社，1997 年初版。

5. 王元化主編，《學術集林》，上海：上海遠東出版社，1996 年繁體字版。

6. 朱自清，《詩言志辨》，臺北縣：漢京文化事業有限公司，1983 年。

7. 朱鳳瀚，《古代中國青銅器》，天津：南開大學出版社，1995 年初版。

8. 李零《上博楚簡三篇校讀記》，臺北：萬卷樓圖書有限公司，2002 年初版。

9. 車行健，《詩本義析論──以歐陽修與龔橙詩義論述為中心》，臺北：里仁書局，2002 年。

10. 何定生，《定生論學集──詩經與孔學研究》　臺北：幼獅文化事業公司，1978 年初版。

11. 何志華、陳雄根編著，《先秦兩漢典籍引詩經資料彙編》，香港：香港中文大學出版社，2004 年初版。

12. 季旭昇主編《上海博物館藏戰國楚竹書（二）讀本》，臺北：萬卷樓圖書股份有限公司，2003 年 7 月初版。

13. 周何《禮學概論》，臺北：三民書局，1998 年初版。

14. 周大璞，《訓詁學》，臺北：洪葉文化事業有限公司，2000 年。

15. 姜廣輝，《中國經學思想史》第二卷，北京：中國社會科學出版社，2000 年。

16. 范文瀾，《群經概論》　臺北：學海出版社，1985 年。

17. 馬宗霍，《說文解字引經考》，臺北：臺灣學生書局，1971 年初版。

18. 馬無咎，《漢石經集存》　臺北：藝文印書館，1976 年 10 月。

19. 馬承源，《上海博物館藏戰國楚竹書（二)》，上海：上海古籍出版社，2002 年。

20. 高亨，《文史述林》，北京：中華書局，1980 年初版。

21. 陳夢家，《尚書通論》，石家莊：河北教育出版社，2000 年初版。

22. 陳望道，《修辭學發凡》，臺北：文史哲出版社，1989 年再版。

23. 陳子展，《詩經直解》，臺北：書林出版有限公司，1992 年。

24. 張撝之等，《中國歷代人名大辭典》，上海：上海古籍出版社，1999 年。

25. 黃焯《詩說》，武漢：長江文藝出版社，1981 年初版。

26. 葉師國良編《文獻及語言知識與經典詮釋的關係》，臺北：財團法人喜瑪拉雅研究發展基金會，2003 年初版。

27. 楊天宇，《禮記譯注》，上海：上海古籍出版社，1997 年。

28. 楊端志，《訓詁學》，臺北：五南圖書出版有限公司，1997 年初版。

29. 齊佩瑢，《訓詁學概論》，臺北：華正書局，1991 年。

30. 錢穆《兩漢經學今古文平議》，臺北：東大圖書公司，1983 年三版。

31. 錢玄《三禮通論》，南京：南京師範大學出版社，1996 年初版。

32. 糜文開，《詩經欣賞與研究》（三），臺北：三民書局，1979 年初版。

（二）學位論文

1. 大川節尚，《三家詩より見たる鄭玄の詩經學》，東京帝國大學文學部支那文學科學士論文，昭和十年（1935 年）。此論文已於 1937 年由關書院（東京）出版。

2. 文幸福，《詩經毛傳鄭箋辨異》，臺北：臺灣師範大學國文研究所博士論文，1986 年 9 月。（該論文於 1989 年由文史哲出版社出版）。

3. 江乾益，《陳壽祺父子三家詩遺說研究》，臺北：臺灣師範大學國文研究所碩士論文，1985 年。

4. 李雲光，《三禮鄭氏學發凡》，臺北：臺灣師範大學國文研究所博士論文，1964 年。（該論文於 1966 年由嘉新水泥公司文化基金會出版）。

5. 李威熊，《馬融之經學》，臺北：政治大學中國文學研究所博士論文，1975 年。

6. 余培林，《群經引詩考》，臺北：臺灣師範大學國文研究所碩士論文，1963 年。

7. 車行健，《毛鄭詩經解經學研究》，中壢：中央大學中國文學研究所碩士論文，1992 年。

8. 車行健，《禮儀、緯與經義——鄭玄經學思想及其解經方法》，臺北：輔仁大學中國文學系博士論文，1996 年。

9. 林葉連，《中國歷代詩經學》，臺北：中國文化大學中國文學研究所 1990 年博士論文。該書於 1993 年由臺灣學生書局出版。

10. 林耀潾，《西漢三家詩學研究》，臺北：臺灣師範大學國文研究所博士論文，1994 年。該書於 1996 年由文津出版社出版。

11. 洪國樑，《王國維之詩經學》，臺北：臺灣大學中國文學研究所碩士論文，1980 年。該書於 1984 年由臺灣大學出版，即《文史叢刊》第 66 冊。

12. 陳溫菊，《詩經器物考釋》，嘉義縣：中正大學中國文學研究所碩士論文，1994 年。該書於 2001 年由文津出版社出版。

13. 張素卿，《左傳稱詩研究》，臺北：臺灣大學中國文學研究所碩士論文，1989 年。該書於 1991 年由臺灣大學出版，即《文史叢刊》第 89 冊。

14. 彭美玲，《鄭玄毛詩箋以禮說詩研究》，臺北：臺灣大學中國文學研究所碩士論文，1992 年。

15. 葉師國良，《宋人疑經改經考》，臺北：臺灣大學中國文學研究所碩士論文，1976 年。該書於 1980 年由臺灣大學出版，即《文史叢刊》第 55 冊。

16. 鄭靖暄，《先秦稱《詩》及其《詩經》詮釋之研究》，臺北：臺灣大學中國文學研究所碩士論文，2004 年。

17. 賴炎元，《毛詩鄭箋釋例》，臺北：臺灣師範大學國文學研究所，碩士論文，1958 年。

（三）單篇論文

1. 孔師德成，〈禮記成書時代及其在經典中之性質〉，《孔孟月刊》第 18 卷第 11 期，1980 年 7 月。

2. 王葆玹，〈郭店楚簡的時代及其與子思學派的關係〉，《郭店楚簡國際學術研討會論文集》，武漢：湖北人民出版社，2000 年 5 月。

3. 王承略，〈論《齊詩》學派與王莽的關係及其在東漢命運〉，《孔子研究》，2001 年第 6 期。

4. 王長華，〈春秋時代的歌詩〉，《第五屆詩經國際學術研討會論文集》，北京：學苑出版社，2002 年 3 月。

5. 白惇仁，〈春秋時代歌詩考〉，《孔孟月刊》第 12 卷第 2 期，1973 年 10 月。

6. 白惇仁，〈先秦時代射詩考〉，《孔孟月刊》第 16 卷第 11 期，1978 年 7 月。

7. 皮述民，〈逸詩辨偽〉，《南洋大學學報》創刊號，1967 年。

8. 皮述民，〈逸詩考辨〉，《國立政治大學學報》，第 11 期，1965 年 5 月。

9. 何敬群，〈從三禮春秋傳探討詩在周代之應用〉，《珠海學報》第 3 期，1970 年 6 月。

10. 李學勤，〈郭店楚簡《六德》的文獻學意義〉，《郭店楚簡國際學術研討會論文集》，武漢：湖北人民出版社，2000 年 5 月。

11. 李景林，〈從郭店簡看思孟學派的性與天道——兼談郭店儒家著作的學派歸屬問題〉，《郭店楚簡國際學術研討會論文集》，武漢：湖北人民出版社，2000 年 5 月。

12. 汪祚民，〈從《儀禮》「無算樂」看《詩經》作品的娛情功能〉，《陝西師範大學繼續教育學報》2003 年第 3 月。

13. 吳萬鍾，〈先秦引《詩》用《詩》方式與《毛詩》的解釋〉，《經學研究論叢》第 7 輯。臺北：臺灣學生書局，1999 年 9 月。

14. 吳正嵐，〈論劉向詩經學之家法〉，《福州大學學報》（哲學社會科學版）第 14 卷第 2 期，2000 年 4 月。

15. 屈萬里，〈先秦說詩的風尚和漢儒以詩教說詩的迂曲〉，《南洋大學學報》

（社會科學與人文科學之部）第 5 期，1971 年。

16. 季旭昇，〈王國維「釋樂次」補疏〉，《孔孟月刊》第 21 卷第七期，1983年 3 月。

17. 林耀潾，〈周代典禮用詩之詩教意義〉，《中國文化復興月刊》第 18 卷第5 期，1968 年 3 月。

18. 林平和，〈試論鄭玄注禮記之年代〉，《孔孟月刊》第 20 卷第 10 期，1982年 6 月。

19. 施炳華，〈兩漢四家詩盛衰綜論（上）〉，《孔孟月刊》第 28 卷第 5 期，1990年 1 月。

20. 施炳華，〈兩漢四家詩盛衰綜論（下）〉，《孔孟月刊》第 28 卷第 6 期，1990年 2 月。

21. 姚小鷗、鄭永扣，〈論上海楚簡《民之父母》的「五至」說〉，《哲學研究》，2004 年第 4 期。

22. 涂宗流、劉祖信，〈郭店楚簡《緇衣》通釋〉，《郭店楚簡國際學術研討會論文集》，武漢：湖北人民出版社，2000 年 5 月。

23. 高明，〈詩六義說與詩序問題〉，《孔孟月刊》第 23 卷第五期，1985 年 1月。

24. 郜積意，〈趙岐《孟子注》：章句學的運用與突破〉，《孔子研究》，2001年第 1 期。

25. 陳戍國，〈論以禮說《詩》與以詩說《詩》〉，《湖南師範大學社會科學學報》第 26 卷，1997 年第 4 期。

26. 陳新雄，〈禮記學記「不學博依不能安詩」解〉，《孔孟月刊》第 18 卷第9 期，1980 年 5 月。

27. 陶思炎，〈祖道軷祭與入山鎮物〉，《民族藝術》，2001 年第四期。

28. 張寶石，〈「解詩」與「用詩」〉，《北京教育學院學報》第 17 卷第 2 期，2003 年 6 月。

29. 彭林，〈子思作《孝經》說新論〉，《中國哲學史》2000 年第 3 期。

30. 程克雅，〈乾嘉禮學學者解經方法中「文例」之建立與運用〉，《乾嘉學者的治經方法》，臺北：中央研究院中國文哲研究所，2000 年 10 月。

31. 馮浩菲，〈鄭玄三《禮》注解句要例舉證〉，《漢學研究》第 15 卷第 1 期，1997 年 6 月。

32. 黃沛榮，〈古籍異文析論〉，《漢學研究》第 9 卷第 2 期，1991 年 12 月。

33. 黃振民，〈詩風、雅、頌、賦、比、興六義考釋（上）〉，《中華文化復興月刊》第 6 卷第 7 期，1973 年 7 月。

34. 黃振民，〈詩風、雅、頌、賦、比、興六義考釋〉（下）〉，《中華文化復興

月刊》第 6 卷第 8 期，1973 年 8 月。

35. 葉師國良，〈詩三家說之輯佚與鑒別〉，《國立編譯館館刊》第 9 卷第 1 期，1980 年。

36. 葉師國良，〈郭店儒家著作的學術譜系問題〉，《臺大中文學報》第 13 期，2000 年 9 月。

37. 葉師國良，〈師法家法與守學改學——漢代經學史的一個側面考察〉，《經學今詮四編》（《中國哲學》第 25 輯），瀋陽：遼寧教育出版社，2004 年 8 月。

38. 楊天宇，〈鄭玄《注》《箋》中詩說矛盾原因考析〉，《河南大學學報》（社會科學版），1985 年第 4 期，開封：河南大學，1985 年 7 月。

39. 楊合鳴，〈《說文》引《詩》略考〉，《第五屆詩經國際學術研討會論文集》，北京：學苑出版社，2002 年 7 月。

40. 寧登國，趙立偉，〈趙岐《孟子章句》之訓詁特徵〉，《聊城師範學院學報》（哲學社會科學版），2001 年第 6 期。

41. 董運庭，〈從「六詩」到「六義」〉，《重慶師院學報》，（哲社版），2001 年第 4 期。

42. 廖名春，〈郭店楚簡引《詩》論《詩》考〉，《經學今詮初編》（《中國哲學》第 22 輯），瀋陽：遼寧教育出版社，2000 年 6 月。

43. 趙振鐸、黃峰，〈揚雄《方言》裡面的外來語〉，《中華文化論壇》第 2 期，1998 年。

44. 鄧聲國，〈《周禮注》引《詩》探析〉，《書目季刊》第 36 卷第 4 期，2003 年 3 月。

45. 滕志賢，〈《詩三家義集疏》點校獻疑〉，《經學研究論叢》第 8 輯，臺北：臺灣學生書局，2000 年 3 月。

46. 滕福海，〈「六詩」本義新探〉，《廣西大學學報》（哲學社會科學報）第 24 卷第 1 期，2002 年 2 月。

47. 劉信芳，〈郭店簡《緇衣》解詁〉，《郭店楚簡國際學術研討會論文集》，武漢：湖北人民出版社，2000 年 5 月。

48. 劉躍進，〈賈誼《詩》學尋踪〉，《周口師範學院學報》第 20 卷第 1 期，2003 年 1 月。

49. 劉立志，〈漢代《詩經》學研究述評〉，《南都學壇》（人文社會科學學報）第 23 卷第 4 期，2003 年 7 月。

50. 劉軍、李萍，〈鄭玄《禮記注》隨文釋義的語境研究〉，《雲夢學刊》，2000 年第四期。

51. 錢佩文，〈孟子引詩說詩研究〉，《中原學報》第 23 卷第 2 期，1995 年 4 月。

52. 顏崑陽，〈從〈詩大序〉論儒系詩學的「體用」觀〉，《第四屆漢代文學與思想學術研討會論文集》，臺北：政治大學中國文學系，2003 年 4 月。

53. 饒龍隼，〈先秦諸子《詩》說述考（上）〉，《孔孟月刊》第 40 卷第 3 期，2001 年 11 月。

54. 龍向洋，〈歷代齊詩輯佚述評〉，《瓊州大學學報》（社會科學版），1997 年第 4 期。

55. 龐樸，〈話說「五至三無」〉，《文史哲》2004 年第 1 期（總第 280 期）。

附　錄

附錄一　《禮記》引《詩》及其鄭《注》一覽表

說明：

1．本表之篇章、頁碼及經、注內容皆依據阮元校勘本《禮記正義》（臺北：藝文印書館影印清嘉慶二十年江西南昌府學刊本。2001 年初版十四刷。）

2．本表詩句文字依《禮記》，《詩》篇名則依據《毛詩》。

3．本表所列之引《詩》，包含逸詩，共計 106 則。

篇章	頁碼	《詩》篇	經　文　節　錄	鄭玄《禮記注》
檀弓下	198	《邶風·谷風》	孔子聞之曰：「善哉覘國乎！《詩》云：『凡民有喪，扶服救之。』……」	救猶助也。
禮運	414	《鄘風·相鼠》	孔子曰：「夫禮，先王以承天之道，以治人之情。故失之者死，得之者生。《詩》云：『相鼠有體，人而無禮；人而無禮，胡不遄死！』」	相，視也。遄，疾也。言鼠之有身體，如人而無禮者矣。人之無禮，可憎賤如鼠，不如疾死之愈。
禮器	450	《大雅·文王有聲》	堯授舜，舜授禹。湯放桀，武王伐紂，時也。《詩》云：「匪革其猶，聿追來孝。」	革，急也。猶，道也。聿，述也。言文王改作者，非必欲急行已之道，乃追述先祖之業，來居此爲孝。

大傳	622	《周頌·清廟》	親親故尊祖，尊祖故敬宗……禮俗刑然後樂。《詩》云：「不顯不承，無斁於人斯？」	斁，厭也。言文王之德，不顯乎？不承成先人之業乎？言其顯而承之，人樂之無厭也。
樂記	691	《大雅·皇矣》	（魏文侯問子夏：音與樂爲何不同？）德音之謂樂。《詩》云：「莫其德音，其德克明。克明克類，克長克君，王此大邦；克順克俾，俾于文王，其德靡悔。既受帝祉，施于孫子。」	德正應和曰「莫」，照臨四方曰「明」，勤施無私曰「類」，教誨不倦曰「長」，慶賞刑威曰「君」，慈和徧服曰「順」。「俾」當爲「比」，聲之誤也。擇善從之曰「比」。施，延也。言文王之德，皆能如此，故受天福，延於後世也。
	692	《周頌·有瞽》	《詩》云：「肅雍和鳴，先祖是聽。」夫肅肅，敬也。雍雍，和也。夫敬以和，何事不行。	言古樂敬且和，故無事而不用，溺音無所施。
	692	《大雅·板》	君好之，則臣爲之；上行之，則民從之。《詩》云：「誘民孔易。」此之謂也。	誘，進也。孔，甚也。言民從君所好惡，進之於善無難。
祭義	809	《小雅·小宛》	《詩》云：「明發不寐，有懷二人。」文王之詩也。祭之明日，明發不寐，饗而致之，又從而思之。	「明發不寐」，謂夜至旦也。祭之明日謂繹日也。言繹之夜不寐也。二人謂父母，容尸侑也。
	821	《大雅·文王有聲》	夫孝，置之而塞乎天地，溥之而橫乎四海。……《詩》云：「自西自東，自南自北，無思不服。」此之謂也。	（無釋）
經解	846	《曹風·鳲鳩》	居處有禮，進退有度，百官得其宜，萬事得其序。《詩》云：「淑人君子，其儀不忒。正是四國」此之謂也。	（無釋）
孔子閒居	860	《大雅·泂酌》	子夏曰：敢問《詩》云：「凱弟君子，民之父母。」何如斯可謂「民之父母」矣？	凱弟，樂易也。
	861	《周頌·昊天有成命》《邶風·柏舟》《邶風·谷風》	子夏曰：「三無既得略而聞之矣，敢問何《詩》近之？」孔子曰：『『夙夜其命宥密』，無聲之樂也。『威儀逮逮，不可選也』，無體之禮也。『凡民有喪，匍匐救之』，無服之喪也。	《詩》讀「其」爲「基」，聲之誤也。基，謀也。密，靜也。言君夙夜謀爲政教以安民，則民樂之，此非有鐘鼓之聲也。逮逮，安和之貌也。言君有威儀，安和逮逮然，則民傚之，此非有升降揖讓之禮也。「救之」，賙恤之，言君於民有喪，有以賙恤之，則民傚之，此非有衰絰之服。

	862	《商頌‧長發》	孔子曰：「……此之謂三無私。其在《詩》曰：『帝命不違，至於湯齊。湯降不遲，聖敬日齊。昭假遲遲，上帝是祗。帝命式于九圍。』是湯之德也。」	帝，天帝也。《詩》讀「湯齊」爲「湯躋」。躋，升也。降，下也。齊，莊也。昭，明也。假，至也。祗，敬也。式，用也。九圍，九州之界也。此《詩》云：殷之先君，其爲政不違天之命，至於湯升爲君。又下天之政教甚疾，其聖敬日莊嚴，其明道至於民遲遲然安和，天是用敬之，命之用事於九州，謂使王也。
	862～863	《大雅‧崧高》	其在《詩》曰：「嵩高惟嶽，峻極于天。惟嶽降神，生甫及申。惟申及甫，惟周之翰。四國于蕃，四方于宣。」此文、武之德也。	峻，高大也。翰，幹也。言周道將興，五嶽爲之生賢輔佐仲山甫及申伯，爲周之幹臣，天下之蕃衛，宣德於四方，以成其王功。「此文、武之德也」，是文王、武王奉天地無私之德也。此宣王詩也。文王之時，其德如此，而《詩》無以言之，取類以明之。
		《大雅‧江漢》	三代之王也，必先令聞，《詩》云：「明明天子，令聞不已」。三代之德也。「弛其文德，協此四國。」大王之德也。	令，善也。言以名德善聞，天乃命之王也。不已，不倦止也。弛，施也。協，和也。大王，文王之祖，周道將興，始有令聞。
坊記	864	《大雅‧桑柔》	貧而好樂，富而好禮，眾而以寧者，天下其幾矣。《詩》云：「民之貪亂，寧爲荼毒。」	言民之貪爲亂者，安其荼毒之行。惡之也。
	865	逸詩	君不稱天，大夫不稱君，恐民之惑也。《詩》云：「相彼盍旦，尚猶患之。」	盍旦，夜鳴求旦之鳥也，求不可得也。人猶惡其欲反晝夜而亂晦明，況於臣之僭君，求不可得之類，亂上下惑眾也。
	866	《小雅‧角弓》	朝廷之位讓而就賤，民猶犯君。《詩》云：「民之無良，相怨一方。受爵不讓，至於己斯亡。」	良，善也。言無善之人，善遙相怨，貪爵祿，好得無讓，以至亡己。
	866	《邶風‧燕燕》	子云：利祿，先死者而後生者，則民不偝……。《詩》云：「先君之思，以畜寡人。」以此坊民，民猶偝死而號無告。	此衛夫人定姜之詩也。定姜無子，立庶子衎，是爲獻公。畜，孝也。獻公無禮於定姜，定姜作詩，言獻公當思先君定公，以孝於寡人。

866	《大雅·板》	子云：上酌民言，則下天上施；……《詩》云：「先民有言，詢于芻蕘。」	先民，謂上古之君也。詢，謀也。芻蕘，下民之事也。言古之人君將有政教，必謀之於庶民乃施之。
867	《衛風·氓》	子云：善則稱人，過則稱己，則民不爭；善則稱人，過則稱己，則怨益亡。《詩》云：「爾卜爾筮，履無咎言。」	爾，女也。履，禮也。言女鄉卜筮，然後與我爲禮，則無咎惡之言矣。言惡在己，彼過淺。
867	《大雅·文王有聲》	子云：善則稱人，過則稱己，則民讓善。《詩》云：「考卜惟王，度是鎬京，惟龜正之，武王成之。」	度，謀也。鎬京，鎬宮也。言武王卜而謀居此鎬邑，龜則出吉兆正之，武王築成之。此臣歸美於君。
867	《大雅·既醉》	子云：從命不忿，微諫不倦，勞而不怨，可謂孝矣。《詩》云：「孝子不匱。」	匱，乏也。孝子無乏止之時。
867	《小雅·角弓》	子云：睦於父母之黨，可謂孝矣。故君子因睦以合族。《詩》云：「此令兄弟，綽綽有裕；不令兄弟，交相爲瘉。」	令，善也。綽綽，寬容貌也。交猶更。瘉，病也。
868	《大雅·既醉》	故君子苟無禮，雖美不食焉。……《詩》云：「既醉以酒，既飽以德。」以此示民，民猶爭利而忘義。	言君子饗燕，非專爲酒肴，亦以觀威儀，講德美。
869	《小雅·楚茨》	因其酒肉，聚其宗族，以教民睦也。故堂上觀乎室，堂下觀乎上。《詩》云：「禮儀卒度，笑語卒獲。」	卒，盡也。獲，得也。言在廟中者，不失其禮儀，皆歡喜得其節也。
871	《小雅·大田》	子云：君子不盡利以遺民。《詩》云：「彼有遺秉，此有不斂穧，伊寡婦之利。」	言穫者之遺餘，捃拾所以爲利。
871	《邶風·谷風》	故君子仕則不稼，田則不漁，食時不力珍，大夫不坐羊，士不坐犬。《詩》云：「采葑采菲，無以下體，德音莫違，及爾同死。」以此坊民，民猶忘義而爭利，以亡其身。	葑，蔓菁也。陳、宋之間謂之「葑」。菲，薺類也。下體，謂其根也。采葑菲之莖者，采其葉而可食，無以其根美則並取之，苦則棄之。並取之，是盡利也。 此詩故親今疏者，言人之交，當如采葑采菲，取一善而已。君子不求備於一人，能如此，則德美之音不離令名，我願與女同死矣。

	871～872	《豳風·伐柯》《齊風·南山》	故男女無媒不交，無幣不相見，恐男女之無別也。……《詩》云：「伐柯如之何？匪斧不克；取妻如之何？匪媒不得。」「蓺麻如之何？橫從其畝；取妻如之何？必告父母。」	伐柯，伐木以爲柯也。克，能也。蓺，猶樹也。橫從，橫行治其田也。言取妻之法，必有媒，如伐柯之必須斧也。取妻之道必告父母，如樹麻當先易治其田。
中庸	882	《大雅·旱麓》	故君子語大，天下莫能載焉；語小，天下莫能破焉。《詩》云：「鳶飛戾天，魚躍于淵。」言其上下察也。	言聖人之德至於天，則「鳶飛戾天」；至於地，則「魚躍于淵」，是其著明於天地也。
	883	《豳風·伐柯》	道不遠人，人之爲道而遠人，不可以爲道。《詩》云：「伐柯伐柯，其則不遠。」執柯以伐柯，睨而視之，猶以爲遠。	則，法也。言持柯以伐木，將以爲柯近，以柯爲尺寸之法，此法不遠人，人尚遠之，明爲道不可以遠。
	884	《小雅·常棣》	君子之道，辟如行遠必自邇，辟如登高必自卑。《詩》曰：「妻子好合，如鼓瑟琴。兄弟既翕，和樂且耽。宜爾室家，樂爾妻帑。」	琴瑟，聲相應和也。翕，合也。耽，亦樂也。古者謂子孫曰「帑」，此詩言和室家之道，自近者始。
	884	《大雅·抑》	子曰：鬼神之爲德，其盛矣乎！視之而弗見，…使天下之人，齊明盛服，以承祭祀。……《詩》曰：「神之格思，不可度思，矧可射思。」	格，來也。矧，況也。射，厭也。思，皆聲之助。言神之來，其形象不可億度而知，事之盡敬而已，況可厭倦乎！
	885	《大雅·假樂》	故天之生物，必因其材而篤焉。故栽者培之，傾者覆之。《詩》曰：「嘉樂君子，憲憲令德。宜民宜人，受祿于天。保佑命之，自天申之。」故大德者必受命。	憲憲，興盛之貌。保，安也。佑，助也。
	897	《周頌·維天之命》	今夫天，斯昭昭之多，及其無窮也，……《詩》曰：「惟天之命，於穆不已。」蓋曰天之所以爲天也。「於乎不顯，文王之德之純。」蓋曰文王之所以爲文也，純亦不已。	天所以爲天，文王所以爲文，皆由行之無已，爲之不止，如天地山川之云也。
	898	《大雅·烝民》	國無道，其默足以容。《詩》曰：「既明且哲，以保其身。」其此之謂與？	保，安也。

	898～899	《周頌·振鷺》	遠之則有望，近之則不厭。《詩》曰：「在彼無惡，在此無射，庶幾夙夜，以永終譽。」君子未有不如此而蚤有譽於天下者也。	射，厭也。永，長也。
	900	《衛風·碩人》	《詩》曰：「衣錦尚絅」，惡其文之著也。故君子之道，闇然而日章；小人之道，的然而日亡。	小人淺近易知。……禪爲絅。錦衣之美而君子以絅表之，爲其文章露見，似小人也。
	900	《小雅·正月》	《詩》云：「潛雖伏矣，亦孔之昭。」故君子內省不疚，無惡於志。	孔，甚也。昭，明也。言聖人雖隱遯，其德亦甚明矣。
	900	《大雅·抑》	君子所不可及者，其唯人之所不見乎？《詩》云：「相在爾室，尚不愧于屋漏。」	相，視也。室西北隅謂之「屋漏」。視女在室獨居者，猶不愧于屋漏。屋漏非有人也，況有人乎？
	900	《商頌·烈祖》	故君子不動而敬，不言而信。《詩》曰：「奏假無言，時靡有爭。」	假，大也。此《頌》也。言奏大樂於宗廟之中，人皆肅敬。金聲玉色無有言者，以時太平，和合無所爭也。
	900	《周頌·烈文》	是故君子不賞而民勸，不怒而民威於鈇鉞。《詩》曰：「不顯惟德，百辟其刑之。」	不顯，言顯也。辟，君也。此《頌》也。言不顯乎文王之德，百君盡刑之，謂諸侯法之也。
	900	《大雅·皇矣》	是故君子篤恭而天下平。《詩》曰：「予懷明德，不大聲以色。」子曰：「聲色之于化民，末也。」	予，我也。懷，歸也。言我歸有明德者，以其不大聲爲嚴厲之色以威我也。
	902	《大雅·烝民》	子曰：聲色之于以化民，末也。《詩》曰：「德輶如毛。」毛猶有倫，「上天之載，無聲無臭。」至矣。	輶，輕也。言化民常以德，德之易舉而用，其輕如毛耳。倫猶比也。載讀曰「栽」，謂生物也。言毛雖輕，尚有所比；則有重。上天之造生萬物，人無聞其聲者，亦無知其臭氣者。化民之德，清明如神，淵淵浩然後善。
		《大雅·文王》		
表記	909	《大雅·抑》	子曰：以德報德，則民有所勸；以怨報怨，則民有所懲。《詩》曰：「無言不讎，無德不報。」	讎，猶答也。

910～911	《大雅·文王有聲》《邶風·谷風》	子言之：仁有數，義有長短小大。……《詩》云：「豐水有芑，武王豈不仕，詒厥孫謀，以燕翼子，武王烝哉。」數世之仁也。《國風》曰：「我今不閱，皇恤我後。」終身之仁也。	芑，枸檵也。仕之言事也。詒，遺也。燕，安也。烝，君也。言武王豈有不念天下之事乎，如豐水之有芑矣，乃遺其後世之子孫以善謀，以安翼其子也。君哉武王，美之也。閱，猶容也。皇，暇也。恤，憂也。言我今尚恐不能自容，何暇憂我後之人乎。
911	《大雅·烝民》	子曰：中心安仁者，天下一人而已矣。《大雅》曰：「德輶如毛，民鮮克舉；我儀圖之，惟仲山甫舉之，愛莫助之。」	輶，輕也。鮮，罕也。儀，匹也。圖，謀也。愛，猶惜也。言之輕如毛耳，人皆以為重，罕能舉行之者。作此《詩》者，周宣王之大臣也。言我之匹謀之，仲山甫則能舉行之，美之也。惜乎時人無能助之者，言賢者少。
911	《小雅·車牽》	《小雅》曰：「高山仰止，景行行止。」子曰：《詩》之好仁如此；鄉道而行，中道而廢，忘身之老也，不知年數之不足，俛焉日有孳孳，斃而后已。	仰高勤行者，仁之次也。景，明也。有明行者，謂古賢聖也。
912	《大雅·抑》	夫恭寡過，情可信，儉易容也；以此失之者，不亦鮮乎？《詩》曰：「溫溫恭人，惟德之基。」	（無釋）
912	《小雅·何人斯》	是故君子不以其所能病人，不以人之所不能者愧人。……《小雅》曰：「不愧于人，不畏於天。」	言人有所行，當慙怖於天人也。
912	《曹風·侯人》	是故君子恥服其服而無其容，……《詩》云：「惟鵜在梁，不濡其翼；彼記之子，不稱其服。」	鵜胡，污澤也。污澤善居泥水之中，在魚原以不濡污其翼為才，如君子以稱其服為有德。
913	《大雅·旱麓》	求以事君，得之自是，不得自是，以聽天命。《詩》云：「莫莫葛藟，施于條枚；凱弟君子，求福不回。」其舜、禹、文王、周公之謂與！	凱，樂也。弟，易也。言樂易之君子，其求福修德以俟之，不為回邪之行以要之，如葛藟之延蔓於條枚，是其性也。

	913	《大雅・大明》	有君民之大德，有事君之小心。《詩》云：「惟此文王，小心翼翼，昭事上帝，聿懷多福，厥德不回，以受方國。」	昭，明也。上帝，天也。聿，述也。懷，至也。言述行上帝之德，以至於多福也。方，四方也。受四方之國，謂王天下。
	914	《大雅・泂酌》	《詩》云：「凱弟君子，民之父母。」凱以強教之；弟以說安之。	（無釋）
	917	《小雅・小明》	子曰：事君不下達，不尚辭，非其由弗自。《小雅》曰：「靖共爾位，正直是與，神之聽之，式穀以女。」	靖，治也。爾，女也。式，用也。穀，祿也。言敬治女位之職事，正直之人乃與為倫友，神聽女之所為，用祿與女。
	918	《小雅・隰桑》	子曰：事君欲諫不欲陳。《詩》云：「心乎愛矣，瑕不謂矣？中心藏之，何日忘之？」	瑕之言胡也。謂，猶告也。
	919	《鄘風・鶉之奔奔》	故君命順則臣有順命，君命逆則臣有逆命。《詩》曰：「鵲之姜姜，鶉之賁賁；人之無良，我以為君。」	姜姜、賁賁，爭鬭惡貌也。良，善也。言我以惡人為君，亦使我惡如大鳥姜姜於上，小鳥賁賁於下。
	919	《小雅・巧言》	君子淡以成，小人甘以壞。《小雅》曰：「盜言孔甘，亂是用餤。」	盜，賊也。孔，甚也。餤，進也。
	919〜920	《曹風・蜉蝣》	子曰：君子不以口譽人，則民作忠。……《國風》云：「心之憂矣，於我歸說。」	欲歸其所說忠信之人也。
	920	《衛風・氓》	是故君子與其有諾責也，寧有己怨。《國風》：「言笑晏晏，信誓旦旦，不思其反；反是不思，亦已焉哉！」	此皆相與為昏禮而不終也。言始合會，言笑和說，要誓甚信。今不思其本，恩之反覆，反覆之不思，亦已焉哉。無如此人，何怨之深也。
	921	《大雅・生民》	子曰：后稷之祀，易富也；其辭恭，其欲儉，其祿及子孫。《詩》曰：「后稷兆祀，庶無罪悔，以迄于今。」	兆，四郊之祭也。迄，至也。言祀后稷於郊以配天。庶幾其無罪悔乎，福祿傳世，乃至於今。
緇衣	927	《鄭風・緇衣》 《小雅・巷伯》 《大雅・文王》	子曰：好賢如〈緇衣〉，惡惡如〈巷伯〉，則爵不瀆而民作愿，刑不試而民咸服。《大雅》曰：「儀刑文王，萬國作孚。」	〈緇衣〉、〈巷伯〉皆《詩》篇名也。〈緇衣〉首章曰：「緇衣之宜兮，敝，予又改為兮。適子之館兮，還，予授子之粲兮」，言此衣緇衣者，賢者也。宜長為國君。其衣敝，我願改制。授之以新衣，是其「好賢」，欲其貴之甚也。

			〈巷伯〉六章曰「取彼譖人，投畀豺虎。豺虎不食，投畀有北。有北不受，投畀有昊」。此其「惡惡」，欲其死亡之甚也。刑，法也。孚，信也。儀法文王之德而行之，則天下無不爲信者也。文王爲政，克明德愼罰。
928	《小雅·節南山》 《大雅·下武》	子曰：禹立三年，百姓以仁遂焉，豈必盡仁？《詩》云：「赫赫師尹，民具爾瞻。」……《大雅》曰：「成王之孚，下土之式。」	皆言化君也。……孚，信也；式，法也。
928	《大雅·抑》	子曰：上好仁，則下之爲仁爭先人。……民致行己以說其上矣。《詩》云：「有梏德行，四國順之。」	梏，大也，直也。
929	《大雅·抑》	故大人不倡游言。……則民言不危行，而行不危言矣。《詩》云：「淑愼爾止，不諐于儀。」	淑，善也。諐，過也。言善愼女之容止，不可過於禮之威儀也。
929	《大雅·抑》 《大雅·文王》	子曰：君子道人以言，而禁人以行。……則民謹於言而愼於行。《詩》云：「愼爾出話，敬爾威儀。」《大雅》曰：「穆穆文王，於緝熙敬止。」	話，善言也。緝、熙，皆明也。言於明明乎敬其容止。
929	《小雅·都人士》	子曰：長民者，衣服不貳，從容有常，以齊其民，則民德壹。《詩》云：「彼都人士，狐裘黃黃，其容不改，出言有章，行歸于周，萬民所望。」	黃衣，則狐裘大蜡之服也。詩人見而說焉。章，文章也。忠信爲周。此《詩》，毛氏有之，三家則亡。
930	《曹風·鳲鳩》	子曰：爲上可望而知也，爲下可述而志也。……《詩》云：「淑人君子，其儀不忒。」	君臣皆有壹德不貳，則無疑惑也。
930	《小雅·小明》	子曰：有國者，章善癉惡，以示民厚，則民情不貳。《詩》云：「靖共爾位，好是正直。」	（無釋）
930	《大雅·板》 《小雅·巧言》	子曰：上人疑則百姓惑，下難知則君長勞。……《詩》云：「上帝板板，下民卒癉。」《小雅》曰：「匪其止共，惟王之邛。」	上帝，喻君也。板板，辟也。卒，盡也。癉，病也。此君使民惑之詩也。匪，非也。邛，勞也。言臣不止於恭敬其職，惟使王之勞。此臣使君勞之詩也。

	931	《小雅・正月》	子曰：大人不親其所賢，而信其所賤；民是以親失，而教是以煩。《詩》云：「彼求我則，如不我得；執我仇仇，亦不我力。」	言君始求我，如恐不得我。既得我，持我仇仇然不堅固，亦不力用我，是不親信我也。
	933	逸詩 《小雅・節南山》	子曰：民以君爲心，君以民爲體。……《詩》云：「昔吾有先正，其言明且清。國家以寧，都邑以成，庶民以生。」「誰能秉國成，不自爲正，卒勞百姓。」	「誰能秉國成」，傷今無此人也。成，邦之「八成」也。誰能秉行之，不以所爲者正，盡勞來百姓憂念之者與？疾時大臣專功爭美。
	934	《曹風・鳲鳩》	子曰：言有物而行有格也，是以生不可奪志也。……《詩》云：「淑人君子，其儀一也。」	（無釋）
	934	《周南・關雎》	子曰：唯君子能好其正，小人毒其正。……《詩》云：「君子好仇。」	仇，匹也。
	934	《大雅・既醉》	子曰：輕絕貧賤，而重絕富貴，則好賢不堅，而惡惡不著也。人雖曰不利，吾不信也。《詩》云：「朋友攸攝，攝以威儀。」	攸，所也。言朋友以禮義相攝正，不以貧富貴賤之利也。
	934	《小雅・鹿鳴》	子曰：私惠不歸德，君子不自留焉。《詩》云：「人之好我，示我周行。」	行，道也。言示我以忠信之道。
	934	《周南・葛覃》	子曰：……苟有衣，必見其蔽；……〈葛覃〉曰：「服之無射。」	射，厭也。言己願采葛以爲君子之衣，令君子服之無厭，言不虛也。
	935	《大雅・抑》 《小雅・車攻》	子曰：言從而行之，則言不可飾也；……《詩》云：「白圭之玷，尚可磨也；斯言之玷，不可爲也。」《小雅》曰：「允也君子，展也大成。」	玷，缺也。言圭之缺，尚可磨而平之，言之缺無如之何。允，信也。展，誠也。
	935	《小雅・小旻》	人而無恆，不可以爲卜筮。……《詩》云：「我龜既厭，不我告猶。」	猶，道也。言藝而用之，龜厭之，不告以吉凶之道也。
大學	983	《衛風・淇奧》	《詩》云：「瞻彼淇澳，菉竹猗猗。有斐君子，如切如磋，如琢如磨。瑟兮僩兮，赫兮喧兮。有斐君子，終不可諠兮。」	此「心廣體胖」之詩也。澳，隈崖也。「菉竹猗猗」，喻美盛。斐，有文章貌也。諠，忘也。道猶言也。恂，字或作「峻」，

		「如切如磋」者，道學也。「如琢如磨」者，自修也。「瑟兮僩兮」者，恂栗也。「赫兮喧兮」者，威儀也。「有斐君子，終不可諠兮」者，道盛德至善，民之不能忘也。	讀如嚴峻「峻」，言其容貌嚴栗也。民不能忘，以其意誠而德著也。
983〜984	《周頌‧烈文》	《詩》云：「於戲前王不忘。」君子賢其賢而親其親，小人樂其樂而利其利，此以沒世不忘也。	聖人既有親賢之德，其政又有樂利於民。君子小人，各有以思之。
984	《大雅‧文王》	《詩》曰：「周雖舊邦，其命惟新。」是故君子無所不用其極。	（無釋）
984	《商頌‧玄鳥》《小雅‧緜蠻》《大雅‧文王》	《詩》云：「邦畿千里，惟民所止。」《詩》云：「緜蠻黃鳥，止于丘隅。」子曰：「于止，知其所止，可以人而不如鳥乎？」《詩》云：「穆穆文王，於緝熙敬止。」為人君於於仁⋯⋯。	於止，於鳥之所止也。就而觀之，知其所止，知鳥擇岑蔚安閑而止處之耳。言人亦當擇禮義樂土而自止處也。⋯⋯緝熙，光明也。此美文王之德光明，敬其所以自止處。
986〜987	《周南‧桃夭》《小雅‧蓼蕭》《曹風‧鳲鳩》	《詩》云：「桃之夭夭，其葉蓁蓁。之子于歸，宜其家人。」宜其家人，而后可以教國人。《詩》云：「宜兄宜弟。」宜兄宜弟，而后可以教國人。《詩》云：「其儀不忒，正是四國。」⋯⋯此謂治國在齊其家。	「夭夭」、「蓁蓁」，美盛貌。「之子」者，是子也。
987	《小雅‧南山有臺》	《詩》云：「樂只君子，民之父母。」民之所好好之，民之所惡惡之，此之謂「民之父母」。	（無釋）
987	《小雅‧節南山》	《詩》云：「節彼南山，維石巖巖。赫赫師尹，民具爾瞻。」	巖巖，喻師尹之高嚴也。師尹，天子之大臣，為政者也。
987	《大雅‧文王》	《詩》云：「殷之未喪師，克配上帝。儀監于殷，峻命不易。」道得眾則得國，失眾則失國。	師，眾也。克，能也。峻，大也。言殷王帝乙以上，未失其民之時，德亦有能配天者，謂天享其祭祀也。及紂為惡，而民怨神怒，以失天下。監視殷時之事，天之大命，得之誠不易也。

| 射義 | 1020 | 《小雅·賓之初筵》 | 《詩》云：「發彼有的，以祈爾爵。」祈，求也。求中以辭爵也。酒者所以養老也，所以養病也。求中以辭爵者，辭養也。 | 發猶射也。的謂所射之識也。言射的必欲中之者，以求不飲女爵也。辭養，讓見養也。爾或爲有。 |
| 聘義 | 1031 | 《秦風·小戎》 | 夫昔者君子比德於玉焉。……《詩》云：「言念君子，溫其如玉。」 | 言，我也。貴玉者，以其似君子也。 |

附錄二　三《禮》所見樂詩及其鄭《注》一覽表

說明：

1．以下分（一）、（二）兩部分。第（一）部分是依據「附表乙：三《禮》各典禮所用樂詩簡表」的配置而來，節錄經文與相應之鄭《注》，並註明出處及頁碼。第（二）部分是一些無法拆散置入第（一）部分的射詩資料。

2．本表內容係根據阮元校勘本《周禮注疏》、《儀禮注疏》、《禮記正義》（臺北：藝文印書館影印清嘉慶二十年江西南昌府學刊本，2001年初版十四刷。）

第（一）部分

典儀類別		篇章		頁碼	經文節錄	《鄭注》
天子禮	大祭祀	周禮	大司樂	344	大祭祀……王出入則令奏〈王夏〉，尸出入則令奏〈肆夏〉，牲出入則令奏〈昭夏〉，帥國子而舞。	三〈夏〉皆樂章名。
		周禮	大師	356	大祭祀，帥瞽登歌，令奏擊拊，下管，播樂器，令奏鼓朄。大饗亦如之。	鄭司農云：「登歌，歌者在堂也。……登歌下管，貴人聲也。」
	大饗	周禮	大司樂	344	大饗不入牲，其他皆如祭祀。（蔚按：即如「大祭祀」）	牲不入，亦不奏〈昭夏〉也。其他，謂王出入、賓客出入亦奏〈王夏〉、〈肆夏〉。
		禮記	禮器	473	（大饗）其出也，〈肆夏〉而送之，蓋重禮也。	出，謂諸侯之賓也。禮畢而出，作樂以節之。〈肆夏〉當為〈陔夏〉。
		禮記	郊特牲	484	（大饗）賓入大門而奏〈肆夏〉，示易以敬也，……奠爵而工升歌，發德也。	賓，朝聘者。易，和說也。……以《詩》之義發明賓主之德。
	大射	周禮	大司樂	344	大射：王出入，奏〈王夏〉。及射，令奏〈騶虞〉。	〈騶虞〉，樂章名，在《召南》之卒章，王射以〈騶虞〉為節。
			大師	357	大射，帥瞽而歌節。	射節，王歌〈騶虞〉。

養三老五更		禮記	文王世子	404	反,登歌〈清廟〉……下管〈象〉,舞《大武》。	歌〈清廟〉以樂之。……〈象〉,周武王伐紂之樂也,以管播其聲也,又爲之舞,皆於堂下。
魯大嘗禘		禮記	明堂位	578	以禘禮祀周公於大廟,……升歌〈清廟〉,下管〈象〉;朱干玉戚,冕而舞《大武》;皮弁素積,裼而舞《大夏》。	〈清廟〉,《周頌》也。〈象〉,謂《周頌·武》也,以管播之。……《大武》,周舞也;《大夏》,夏舞也。
		禮記	祭統	840	夫大嘗禘,升歌〈清廟〉,下而管〈象〉,朱干玉戚以舞《大武》;八佾,以舞《大夏》。此天子之樂也。	〈清廟〉,頌文王之詩也。管〈象〉,吹管而舞武象之樂也。……《大夏》,禹樂,文舞也。
諸侯禮	兩君相見	禮記	仲尼燕居	854	兩君相見……下管〈象〉,《武》、〈夏籥〉序興。……行中規,還中矩,和鸞中〈采齊〉,客以出〈雍〉,徹以〈振羽〉。是故,君子無物而不在禮矣。入門而金作,示情也。升歌〈清廟〉,示德也。下而管〈象〉,示事也。	〈象武〉,武舞也。〈夏籥〉,文舞也。……〈采薺〉、〈雍〉、〈振羽〉,皆樂章也。〈振羽〉、〈振鷺〉及〈雍〉,金作,示情也,賓主各以情相示也。金性內明,象人情也。示德也,相示以德也,〈清廟〉頌文王之德。示事也,相示以事也,《武》、象武王之大事也。
	大射	儀禮	大射	217、221	樂正命大師曰:「奏〈貍首〉,閒若一。」大師大興,許諾。樂正反位,奏〈貍首〉之射。	〈貍首〉,逸詩〈曾孫〉也。貍之言不來也。其詩有「射諸侯首不朝者」之言,因以名篇,後世失之,謂之〈曾孫〉。曾孫者,其章頭也。〈射義〉所載《詩》曰「曾孫侯氏」是也。以爲諸侯射節者,采其既有弧矢之威,又言「小大莫處,御於君所。以燕以射,則燕則譽。」有樂以時,會君事之志也。
					公升,即席。奏〈肆夏〉,……公拜受爵,乃奏〈肆夏〉。……乃歌〈鹿鳴〉三終,……乃管〈新宮〉三終,……奏〈陔〉,……公入,〈驁〉。	〈肆夏〉,樂章名,今亡。呂叔玉云:「〈肆夏〉,〈時邁〉也。〈時邁〉者,大平巡守,祭山川之樂歌。其《詩》曰:『明昭有周,式序在位。』又曰:『我求懿德,肆于〈時夏〉。』奏此以延賓,其著宣王德,勸賢與?《周禮》曰:「賓出入,奏〈肆夏〉。」

					〈鹿鳴〉，《小雅》篇也。人君與臣下及四方之賓燕，講道修政之樂歌也。言己有旨酒，以召嘉賓，與之飲者，樂嘉賓之來，示我以善道，又樂嘉賓有孔昭之明德，可則效也。歌〈鹿鳴〉三終，而不歌〈四牡〉、〈皇皇者華〉，主於講道，略於勞苦與諮事。 管，謂吹蕩以播〈新宮〉之樂。其篇亡，其義未聞。 〈陔夏〉，樂章也。其歌《頌》類也。以鍾鼓奏之，其篇今亡。 〈鷔夏〉，亦樂章也。以鍾鼓奏之，其詩今亡。此公出而言入者，射宮在郊，以將還爲入。燕不〈鷔〉者，于路寢，無出入也。
	禮記	射義	1016	故《詩》曰：「曾孫侯氏，四正具舉。大夫君子，凡以庶士，小大莫處，御于君所。以燕以射，則燕則譽。」言君臣相與盡志于射，以習禮樂，則安則譽也。	此「曾孫」之詩，諸侯之射節也。四正，正爵四行也。四行者，獻賓、獻公、獻卿、獻大夫，乃後樂作而射也。莫處，無安居其官次者也。御，猶侍也。「以燕以射」，先行燕禮乃射也。「則燕則譽」，言國安則有名譽。譽或爲「與」。
燕禮·甲	儀禮	燕禮	172～173	工歌〈鹿鳴〉、〈四牡〉、〈皇皇者華〉。……笙入，立於縣中，奏〈南陔〉、〈白華〉、〈華黍〉。……乃間歌〈魚麗〉、笙〈由庚〉；歌〈南有嘉魚〉，笙〈崇丘〉；歌〈南山有臺〉，笙〈由儀〉。遂歌鄉樂：《周南·關雎》、〈葛覃〉、〈卷耳〉；《召南·鵲巢》、〈采蘩〉、〈采蘋〉。……奏〈陔〉。	三者皆《小雅》篇也。〈鹿鳴〉，君與臣下及四方之賓宴，講道修政之樂歌也。此采其己有旨酒，以召嘉賓。嘉賓既來，示我以善道。又樂嘉賓有孔昭之明德，可則效也。〈四牡〉，君勞使臣之來樂歌也。此采其勤苦王事，念將父母，懷歸傷悲，忠孝之至，以勞賓也。〈皇皇者華〉，君遣使臣之樂歌也。此采其更是勞苦，自以爲不及，欲諮謀于賢知，而以自光明也。 以笙播此三篇之詩。縣中，縣中央也。〈鄉飲酒禮〉曰：磬南北面奏〈南陔〉、〈白華〉、〈華黍〉。皆《小雅》篇也，今亡，其義未聞。昔周之興也，周公制禮作樂，采時世之詩以爲樂歌，所以通情相風切也，其有此篇明矣。後世衰微，幽、厲尤甚，禮樂之書，稍稍廢棄，孔子曰：「吾

自衛反魯，然後樂正，《雅》、《頌》各得其所。」謂當時在者而復重雜亂者也，惡能存其亡者乎？

間，代也，謂一歌則一吹也。六者皆《小雅》篇也。〈魚麗〉言大平年豐物多也，此采其物多酒旨，所以優賓也。〈南有嘉魚〉言大平君子有酒，樂與賢者共之也，此采其能以禮下賢者，賢者累蔓而歸之，與之宴樂也。〈南山有臺〉言大平之治以賢者爲本也，此采其愛友賢者，爲邦家之基，民之父母，既欲其身之壽考，又欲其名德之長也。〈由庚〉、〈崇丘〉、〈由儀〉今亡，其義未聞。《周南》、《召南》，《國風》篇也。王后、國君夫人房中之樂歌也。〈關雎〉言后妃之德，〈葛覃〉言后妃之職，〈卷耳〉言后妃之志，〈鵲巢〉言國君夫人之德，〈采蘩〉言國君夫人不失職也，〈采蘋〉言卿大夫之妻能修其法度也。昔大王、王季居于岐山之陽，躬行《召南》之教，以興王樂。及文王而行《周南》之教以受命。《大雅》云：「刑于寡妻，至于兄弟。以御于家邦。」謂此也。其始一國爾。文王作邑于豐，以故地爲卿士之采地，乃分爲二國。周，周公所食也；召，召公所食也。于時文王三分天下有其二，德化被于南土，是以其詩有仁賢之風者，屬之《召南》焉；有聖人之風者，屬之《周南》焉。夫婦之道者，生民之本，王政之端。此六篇者，其教之原也。故國君與其臣下及四方之賓燕，用之合樂也。鄉樂者，《風》也。

《小雅》爲諸侯之樂，《大雅》、《頌》爲天子之樂。〈鄉飲酒〉升歌《小雅》，禮盛者可以進取。燕合鄉樂者，禮輕者可以逮下也。《春秋傳》曰：〈肆夏〉、〈繁遏〉、〈渠〉，天子所以享元侯也；〈文王〉、〈大明〉、〈緜〉，兩君相見之樂也。然則諸侯之相與燕，升歌《大雅》，合《小雅》

						也。天子與次國、小國之君燕，亦如之。與大國之君燕，升歌《頌》，合《大雅》，其笙間之篇未聞。〈陔〉，〈陔夏〉，樂章也。賓出奏〈陔夏〉，以爲行節也。凡《夏》，以鐘鼓奏之。
	燕禮·乙 燕禮·丙	儀禮	燕禮·記	180～181	若以樂納賓，則賓及庭，奏〈肆夏〉，賓拜酒，主人答拜而樂闋。公拜受爵而奏〈肆夏〉，公卒爵，主人升，受爵以下，而樂闋。升歌〈鹿鳴〉，下管〈新宮〉，笙入三成，遂合鄉樂，若舞則〈勺〉。	〈肆夏〉，樂章也，今亡。……卿大夫有王事之勞，則奏此樂焉。《新宮》，《小雅》逸篇也。管之入三成，謂三終也。鄉樂，《周南》、《召南》六篇。言遂者，不間也。〈勺〉，《頌》篇，告成《大武》之樂歌也。其《詩》曰：「於鑠王師，遵養時晦。」又曰：「實維爾公允師。」既合鄉樂，萬武而奏之，所以美王侯，勸有功也。
大夫、士禮	鄉飲酒禮	儀禮	鄉飲酒禮	92～94、101	工歌〈鹿鳴〉、〈四牡〉、〈皇皇者華〉。……笙入，堂下磬南，北面立。樂〈南陔〉、〈白華〉、〈華黍〉。……乃間歌〈魚麗〉，笙〈由庚〉；歌〈南有嘉魚〉，笙〈崇丘〉；歌〈南山有臺〉，笙〈由儀〉。乃合樂《周南》：〈關雎〉、〈葛覃〉、〈卷耳〉；《召南》：〈鵲巢〉、〈采蘩〉、〈采蘋〉。……	蔚按：工歌、笙、間歌的部分之鄭《注》，與〈燕禮注〉所釋完全相同，此不複錄，詳見〔燕禮·甲〕之鄭《注》一欄。
					賓出，奏〈陔〉。……	〈陔〉，〈陔夏〉也。陔之言戒也，終日燕飲，酒罷，以〈陔〉爲節，明無失禮也。《周禮·鍾師》：「以鍾鼓奏九《夏》」，是奏，〈陔夏〉則有鍾鼓矣。鍾鼓者，天子諸侯備用之，大夫、士鼓而已。蓋建于阼階之西，南鼓。〈鄉射禮〉曰：「賓興，樂正命奏〈陔〉，賓降及階，〈陔〉作，賓出，眾賓皆出。」
		儀禮	鄉飲酒禮·記	105	樂正命奏〈陔〉，賓出，至于階，〈陔〉作。	（無）

鄉射禮	儀禮	鄉射禮	115、135、145、151	合樂《周南》:〈關雎〉、〈葛覃〉、〈卷耳〉、《召南》:〈鵲巢〉、〈采蘩〉、〈采蘋〉。……	不歌、不笙、不間,志在射,略于樂也。不略合樂者,《周南》、《召南》之風,鄉樂也,不可略其正也。昔大王、王季、文王始居岐山之陽,躬行《召南》之教,以成王業,至三分天下,乃宣《周南》、《召南》之化,本其德之初,「刑于寡妻,至于兄弟,以御于家邦」,故謂之鄉樂。用之房中以及朝廷饗、燕、鄉射、飲酒,此六篇其風化之原也。是以合金石絲竹而歌之。
				樂正東面命大師曰:「奏〈騶虞〉,間若一。」大師不興,許諾。樂正退反位,乃奏〈騶虞〉。	〈騶虞〉,《國風·召南》之詩篇也。〈射義〉曰:「〈騶虞〉者,樂官備也。」其詩有「壹發五豝、五豵,于嗟騶虞」言,樂得賢者眾多,嘆思至仁之人以充其官,此天子之射節也;而用之者,方有樂賢之志,取其宜也。其他賓客、鄉大夫則歌〈采蘋〉。
				賓興,樂正命奏〈陔〉。賓降及階,〈陔〉作。]（此段在〈鄉射禮·記〉）歌〈騶虞〉,若〈采蘋〉,皆五終,射無筭。	〈陔〉,〈陔夏〉,其詩亡。
					謂眾賓繼射者,眾賓無數也,每一耦射,歌五終也。

第（二）部分

篇章		頁碼	經 文 節 錄	鄭《注》
周禮	樂師	351	凡射,王以〈騶虞〉為節,諸侯以〈貍首〉為節,大夫以〈采蘋〉為節,士以〈采蘩〉為節。	〈騶虞〉、〈采蘋〉、〈采蘩〉皆樂章名,在《國風·召南》,惟〈貍首〉在〈樂記〉。〈射義〉曰:「〈騶虞〉者,樂官備也;〈貍首〉者,樂會時也;〈采蘋〉者,樂循法也;〈采蘩〉者,樂不失職也。是故天子以備官為節,諸侯以時會為節,卿大夫以循法為節,士以不失職為節。鄭司農說:以〈大射禮〉曰:「樂正命大師,曰:『奏〈貍首〉,間若一。』大師不興,許諾。樂正反位,奏〈貍首〉以射。」〈貍首〉,〈曾孫〉。
	鍾師	366	凡射,王奏〈騶虞〉,諸侯奏〈貍首〉,卿大夫奏〈采蘋〉,士奏〈采蘩〉。	鄭司農云:「騶虞,聖獸。」

	射人	462	以射澧治射儀，王……樂以〈騶虞〉，九節五正；諸侯……樂以〈貍首〉，七節三正；孤卿大夫……樂以〈采蘋〉，五節二正；士……樂以〈采蘩〉五節二正。	射澧，王射之禮。治射儀，謂肄之也。
禮記	樂記	697	（按：武王克殷之後）散軍而郊射，左射〈貍首〉，右射〈騶虞〉，而貫革之射息也。	郊射爲射宮於郊也。左，東學也；右，西學也。〈貍首〉、〈騶虞〉所以歌爲節也。
	投壺	967	命弦者曰：「請奏〈貍首〉，間若一。」	〈貍首〉，詩篇名也，今逸。〈射義〉所云《詩》曰：「曾孫侯氏」是也。間若一者，投壺當以爲志取節焉。
	射義	1014	其節，天子以〈騶虞〉爲節，諸侯以〈貍首〉爲節，卿大夫以〈采蘋〉爲節，士以〈采蘩〉爲節。〈騶虞〉者，樂官備也；〈貍首〉者，樂會時也；〈采蘋〉者，樂循法也；〈采蘩〉者，樂不失職也。是故天子以備官爲節，諸侯以時會天子爲節，卿大夫以循法爲節，士以不失職爲節。故明乎其節之志，以不失其事，則功成而德行立。德行立，則無暴亂之禍矣，功成則國安。故曰：「射者，所以觀盛德也。」	〈騶虞〉、〈采蘋〉、〈采蘩〉，《毛詩》篇名。〈貍首〉逸，下云「曾孫侯氏」是也。樂官備者，謂〈騶虞〉曰：「壹發五豝」，喻得賢者多也，「于嗟乎騶虞」，歎仁人也。樂會時者，謂〈貍首〉曰：「小大莫處，御于君所。」樂循法者，謂〈采蘋〉曰：「于以采蘋，南澗之濱。」循澗以采蘋，喻循法度以成君事也。樂不失職者，謂〈采蘩〉曰：「被之僮僮，夙夜在公。」

附錄三 《周禮注》引《詩》一覽表

說明：

1. 本表除了《詩》句，另外包含「《詩傳》」或「《詩》家說」，但不含「樂詩」。

2. 本表之篇章、頁碼及經、注內容係根據阮元校勘本《周禮注疏》（臺北：藝文印書館影印清嘉慶二十年江西南昌府學刊本，2001 年初版十四刷。）

3. 本表《詩》句文字依《周禮注》，《詩》篇名則依據《毛詩》。

4. 「詩篇名」一列中，凡同一格內有二或三個《詩》篇名者，表示鄭《注》引用的《詩》句同時見存於這些《詩》篇。

5. 本表最右一行，註明《詩》句徵引者的身份。轉引自鄭司農舊注者，則註「農」；轉引自杜子春舊注者，則註「杜」；屬於鄭玄自己徵引者，則空白之；轉引自其他書籍中的引詩，則註明該書名。

篇章	頁碼	詩篇名	經文節錄	鄭《注》	引者
天官·序官	13	《小雅·十月之交》	膳夫	膳夫，食官之長也。鄭司農以《詩》說之，曰「仲允膳夫。」	農
	15	《豳風·七月》	凌人	凌，冰室也。《詩》云：「二之日，鑿冰沖沖。三之日，納于凌陰。」	
	18	《小雅·巷伯》	寺人	寺之言侍也。《詩》云：「寺人孟子。」	
大宰	28	《大雅·桑柔》	以八柄詔王馭群臣：一曰爵，以馭其貴；……。	爵謂公、侯、伯、子、男、卿、大夫、士也。《詩》云「誨爾序爵」，言教王以賢否之第次也。	
宰夫	47	《小雅·十月之交》	敘臺吏之治，以待賓客之令、諸臣之復、萬民之逆。	鄭司農云：「復，請也。逆，迎受王命者。宰夫主諸臣萬民之復逆，故詩人重之，曰：『家伯維宰』。」	農
甸師	64	《大雅·生民》	掌帥其屬而耕耨王藉，以時入之，以共齍盛。祭祀，共蕭茅。	杜子春讀爲蕭。蕭，香蒿也。玄謂《詩》所云：「取蕭祭脂。」……合馨香者，是蕭之謂也。	
鱉人	66	《齊風·敝笱》	掌以時鱉爲梁。	《月令》季冬命漁師爲梁。鄭司農云：「梁，水偃也。偃水爲關空，以笱承其空。《詩》曰：『敝笱在梁。』」	農

宮人	91	《小雅·天保》	掌王之六寢之脩，為其井匽，除其不蠲。	蠲猶潔也。《詩》云：「吉蠲為饎。」	
玉府	96	《詩傳》	共王之服玉、佩玉、珠玉。	佩玉者，王之所帶也。《玉藻》曰：「……」《詩傳》曰：「佩玉，上有蔥衡，下有雙璜、冲牙、蠙珠以納其間。」	
內宰	113	《豳風·七月》《魯頌·閟宮》	上春，詔王后帥六宮之人而生穜稑之種，而獻之于王。	鄭司農云：「先種後孰謂之穜，後種先孰謂之稑，王當以耕種于藉田。」玄謂《詩》云：「黍稷穜稑」是也。	
內司服	125	《鄘風·君子偕老》	掌王后六服，褘衣、揄狄、闕狄，鞠衣、展衣、緣衣、素沙。	《詩·國風》曰：「玼兮玼兮，其之翟也」，下云：「胡然而天也，胡然而帝也」，言其德當神明。又曰：「瑳兮瑳兮，其之展也」，下云「展如之人兮，邦之媛也」，言其行配君子。二者之義與禮合矣。	
追師	129	《大雅·棫樸》《鄘風·君子偕老》	掌王后之首服，為副、編、次，追衡、笄。	追猶治也。《詩》云「追琢其璋」。王后之衡笄皆以玉為之。唯祭服有衡，垂于副之兩旁，當耳，其下以紞縣瑱。《詩》云：「玼兮玼兮，其之翟也。鬒髮如雲，不屑髢也，玉之瑱也。」是之謂也。	
屨人	130	《大雅·韓奕》	掌王及后之服屨。為赤舄、黑舄、赤繶、黃繶；青句、素屨、葛屨。	王吉服有九，舄有三等。赤舄為上，冕服之舄。《詩》云：「王錫韓侯」「玄袞赤舄。」則諸侯與王同。	
地官·序官	139	《小雅·無羊》	牧人。	牧人，養牲野田者。《詩》云：「爾牧來思，何蓑何笠，或負其餱，三十維物，爾牲則具。」	
	139	《小雅·無羊》	牛人。	主牧公家之牛者。《詩》云：「誰謂爾無牛，九十其犉。」犉者九十，其餘多矣。	
	140	《小雅·谷風》	遺人。	鄭司農云：「遺讀如《詩》曰：『棄予如遺』之遺。」玄謂以物有所饋遺。	農
	140	《小雅·十月之交》	師氏。	師，教人以道者之稱也。保氏、司諫、司救官之長。鄭司農云：「《詩》云：『橋維師氏。』」	農

	145	《豳風·七月》	場人。	場，築地爲墠。季秋除圃中爲之。《詩》云：「九月築場圃，十月納禾稼。」	
	146	《大雅·生民》	舂人。奄二人，女舂抌二人。	女舂抌，女奴能舂及抌者。抌，抒臼也。《詩》云：「或舂或抌。」	
大司徒	149	《小雅·甫田》	設其社稷之壝而樹之田主，各以其野之所宜木。	田主，田神后土，田正之所依也。《詩》人謂之「田祖」。	
	153	《鄘風·定之方中》《小雅·楚茨》	辨十有二壤之物而知其種，以教稼穡樹藝。	《詩》云：「樹之榛栗。」又曰：「我藝黍稷。」藝猶蒔也。	
	155	《魯頌·閟宮》	凡建邦國，以土圭土地而制其域：諸公之地，封疆方五百里，其食者半；諸侯之地，封疆方四百里，其食者參之一……。	鄭司農云：「土其地，但爲正四方耳。其食者半，公所食租稅得其半耳，其半皆附庸小國也，屬天子。參之一者亦然。故《魯頌》曰：『錫之山川，土地附庸。』『奄有龜蒙，遂荒大東，至于海邦。』《論語》曰：『……』此非七十里所能容，然則方五百里四百里合於《魯頌》、《論語》之言。」	農
	156	《豳風·七月》	凡造都鄙，制其地域而封溝之，以其室數制之。	城郭之宅曰室。《詩》云：「嗟我婦子，曰爲改歲，入此室處。」	
	157	《大雅·雲漢》	以荒政十有二聚萬民：一曰散利，……十有一曰索鬼神……。	鄭司農云：「……索鬼神，求廢祀而修之，〈雲漢〉之詩所謂『靡神不舉，靡愛斯牲』者也。」	農
載師	202	《衛風·氓》	凡宅不毛者，有里布。	鄭司農云：「……里布者，布參印書，廣二寸，長二尺。以爲幣，貿易物。《詩》云：『抱布貿絲』，抱此布也。或曰；『布，泉也。』……」	農
均人	210	《小雅·信南山》	豐年則公旬用三日焉。	旬，均也。讀如「營營原隰」之營。	
媒氏	218	《鄘風·牆有茨》	凡男女之陰訟，聽之于勝國之社，其附于刑者，歸之于士。	陰訟，爭中冓之事以觸法者。……《詩》云：「牆有茨，不可掃也。中冓之言，不可道也。所可道也，言之醜也。」	
稍人	243	《小雅·信南山》《大雅·韓奕》	掌令丘乘之政令。	丘乘，四丘爲甸。甸讀與「惟禹陳之」之「陳」同，其訓爲乘，由是改云。	

春官·序官	264	《邶風·簡兮》	籥師。	籥，舞者所吹。……《詩》云：「左手執籥，右手秉翟。」	
大宗伯	270	《大雅·棫樸》	以禋祀祀昊天上帝，以實柴祀日、月、星、辰，以槱燎祀司中、司命、飌師、雨師。	……槱，積也。《詩》曰：「芃芃棫樸，薪之槱之。」三祀皆積柴實牲體焉，或有玉帛，燔燎而升烟，所以報陽也。	
小宗伯	293	《詩傳》	若大甸，則帥有司而饁獸于郊，遂頒禽。	頒禽，謂以予群臣。《詩傳》曰：「禽雖多，擇取三十焉，其餘以予大夫、士、以習射於澤宮而分之。」	
肆師	298	《周頌·載芟》	嘗之日，蒞卜來歲之芟。	芟，芟草，除田也。古之始耕者，陳田種穀。……《詩》云：「載芟載柞，其耕澤澤。」	
司尊彝	305	《小雅·蓼莪》	其朝獻用兩著尊，其饋獻用兩壺尊，皆有罍，諸臣之所昨也。	鄭司農云：「……罍，臣之所飲也。《詩》曰：『缾之罄矣，維罍之恥。』」	農
典瑞	314	《大雅·旱麓》	祼圭有瓚以肆先王，以祼賓客。	鄭司農云：「於圭頭爲器，可以挹鬯祼祭，謂之瓚。故《詩》曰：『瑟彼玉瓚，黃流在中』。……」	農
司服	325	《鄭風·緇衣》	凡甸，冠弁服。	冠弁，委貌，其服緇布衣，亦積素以爲裳，諸侯以爲視朝之服，《詩·國風》曰：「緇衣之宜兮」，謂王服此以田。	
大司樂	341	《豳風·七月》	凡六樂者，文之以五聲，播之以八音。	播之言被也。故書播爲藩，杜子春云：「藩當爲播，讀如后稷『播百穀』之播。」	杜
小胥	353	《小雅·桑扈》《周頌·絲衣》	掌學士之徵令而比之，觵其不敬者。	觵，罰爵也。《詩》云「兕觵其觩」。	
大師	356	《周頌·有瞽》	下管播樂器，令奏鼓朄。	鄭司農云：「……小鼓爲大鼓先引，故曰朄。朄讀爲道引之引。」玄謂鼓朄言擊朄，《詩》云「應朄縣鼓」。	
籥師	367	《邶風·簡兮》	掌教國子舞羽龡籥。	文舞有持羽吹籥者，所謂籥舞也。《文王世子》曰：「秋冬學羽籥。」《詩》云：「左手持籥，右手秉翟。」	
鞮鞻氏	368	《小雅·鼓鍾》	掌四夷之樂與其聲歌。	四夷之樂，東方曰〈韎〉，南方曰〈任〉，西方曰〈株離〉，北方曰〈禁〉。《詩》云「以雅以南」是也。	

菙氏	375	《大雅·緜》	掌共燋契，以待卜事。	杜子春云：「……契謂契龜之鑿也。《詩》云：『爰始爰謀，爰契我龜。』」	杜
占夢	381~382	《小雅·無羊》	季冬，聘王夢，獻吉夢于王，王拜而受之。	季冬，……於是發幣而問焉，若休慶之云爾。因獻群臣之吉夢於王，歸美焉。《詩》云：「牧人乃夢，眾維魚矣，旐維旟矣。」此所獻吉夢。	
眠祲	382	《衛風·芄蘭》《鄘風·蝃蝀》	掌十煇之法，以觀妖祥，辨吉凶。……三曰鑴，……，九日隮……。	玄謂鑴讀如「童子佩鑴」之鑴，謂日旁氣刺日也。……隮，虹也。《詩》云：「朝隮于西」	
大祝	383	《大雅·皇矣》《大雅·緜》	掌六祈，以同鬼神示，一日類，二日造，三日禬，四日禜，五日攻，六日說。	鄭司農云：「……類祭于上帝，《詩》日：『是類是禡』，《爾雅》日：『是類曰禡，師祭也。』又日：『乃立冢土，戎醜攸行。』《爾雅》日：『起大事，動大眾，必先有事乎社而後出，謂之宜。』……」	農農
甸祝	398	《鄘風·載馳》《大雅·皇矣》	掌四時之田表貉之祝號。……禂牲、禂馬，皆掌其祝號。	杜子春讀貉為「百爾所思」之百，書亦或為禡。貉，兵災也。甸以講武治兵，故有兵祭。《詩》日：「是類是禡」。	杜
		《小雅·吉日》	師甸，致禽于虞中，乃屬禽。及郊，……禂牲、禂馬，皆掌其祝號。	杜子春云：「禂，禱也。為馬禱無疾，為田禱多獲禽牲。《詩》云：『既伯既禱』……。」	杜
巾車	415	《大雅·鳧鷖》	王后之五路：重翟，錫面朱總；厭翟，勒面繢總；安車，雕面鷖總，皆有容蓋。	鄭司農云：「……鷖讀為『鳧鷖』之鷖。	農
		《衛風·碩人》		《詩·國風·碩人》日：「翟蔽以朝」，謂諸侯夫人始來，乘翟蔽之車，以朝見於君，盛之也。此翟蔽蓋厭翟也。	
夏官·序官	429	《大雅·常武》《大雅·棫樸》	凡制軍，萬有二千五百人為軍，王六軍，大國三軍，次國二軍，小國一軍，軍將皆命卿；二千有五百人為師，師帥皆中大夫；五百人為旅，旅帥皆下大夫；百	鄭司農云：「王六軍，大國三軍，次國二軍，小國一軍，故《春秋傳》有大國、次國、小國。又日：「成國不過半天子之軍。周為六軍，諸侯之大者三軍可也。」《詩·大雅·常武》日：「赫赫明明，王命卿士，南仲大祖，大師皇父，整我六師，以修我戎，既徹既戒，惠此南國。」《大雅·文王》日：「周王于邁，	農農

			人爲卒，卒長皆上士；二十五人爲兩，兩司馬皆中士；五人爲伍，伍皆有長。	六師及之。」此周爲六軍之見于經也。	
	434	《小雅·十月之交》	趣馬。	趣馬，趣養馬者也。鄭司農說以《詩》曰：「蹶維趣馬」。	農
大司馬	440	《大雅·皇矣》	負固不服則侵之。	侵之者，兵加其竟而已，用兵淺者，《詩》曰：「密人不恭，敢距大邦。」	
	441	《商頌·玄鳥》	乃以九畿之籍，施邦國之政職。方千里曰國畿，其外方五百里曰侯畿，……。	故書「畿」爲「近」。鄭司農云：「近當爲畿。《春秋傳》曰：『天子一畿，列國一同。』《詩·殷頌》曰：『邦畿千里，維民所止。』」	農
	442	《大雅·民勞》	辨鼓、鐸、鐲、鐃之用。	鄭司農云：「……鐃讀如『讙嘵』之嘵。」	農
	443	《豳風·七月》	遂以蒐田……獻禽以祭社。	眾皆獻其所獲禽焉。《詩》云：「言私其豵，獻肩于公。」	
	445	《小雅·甫田》	遂以獮田，如蒐之灋，羅弊致禽以祀祊。	祊當爲方，聲之誤也。秋田主祭四方，報成萬物，《詩》曰：「以社以方。」	
	446	《小雅·十月之交》	虞人萊所田之野，爲表，百步則一，爲三表，又五十步爲一表。	鄭司農云：「虞人萊所田之野，芟除其草萊，令車得驅馳。《詩》曰：『田卒污萊。』」玄謂萊，芟除可陳之處。	農
	448	《豳風·七月》	大獸公之，小禽私之，獲者取左耳。	鄭司農云：「……《詩》云：『言私其豵，獻肩于公。』」	農
羊人	457	《豳風·七月》	掌羊牲，凡祭祀飾羔。	羔，小羊也。《詩》曰：「四之日其蚤，獻羔祭韭。」	
候人	460	《曹風·候人》	各掌其方之道治，與其禁令，以設候人。	以設候人者，選士卒以爲之。《詩》云：「彼候人兮，何戈與祋。」	
環人	460	《大雅·大明》	揚軍旅。	爲之威武以觀敵。《詩》云：「維師尚父，時維鷹揚。」	
射人	462	《齊風·猗嗟》	九節五正。	鄭司農云：「……正，所射也。《詩》云：『終日射侯，不出正兮。』」	農
	462	《小雅·小宛》	士以三耦射豻侯。	〈大射禮〉豻作干，讀如「宜豻宜獄」之豻。	

隸僕	478	《魯頌·閟宮》	掌五寢之埽陳糞洒之事。祭祀，修寢。	周天子七廟，惟祧無寢。《詩》云：「寢廟繹繹」，相連貌也。前曰廟，後寢。	
	479	《小雅·白華》	王行，洗乘石。	鄭司農云：「乘石，王所登上車之石也。《詩》云：『有扁斯石，履之卑兮。』」	農
弁師	483	《衛風·淇奧》《曹風·鳲鳩》	王之皮弁，會五采玉璂。	綦，結也。皮弁之縫中，每貫結五采玉十二以爲飾，謂之綦。《詩》云：「會弁如星」，又曰：「其弁伊綦」是也。	
司弓矢	485	《鄭風·女曰雞鳴》	凡矢，……矰矢、茀矢用諸弋射，恆矢、庳矢用諸散射。	矰，高也。茀矢象焉，茀之言刜也。二者皆可以弋飛鳥，刜羅之也。前於重，又微輕，行不低也。《詩》云：「弋鳧與鴈。」	
繕人	487	《小雅·車攻》《詩》家說	掌王之用弓、弩、矢、箙、矰、弋、抉、拾。	鄭司農云：「……《詩》云：『抉拾既次。』《詩》家說或謂抉謂引弦弓區也，拾謂韝扞也。」	農
		《小雅·彤弓》	凡乘車，充其籠箙，載其弓弩，既射則斂之。	斂，藏之也。《詩》云：「彤弓弨兮，受言藏之。」	
大馭	489	《大雅·生民》《詩》家說	及犯軷，王自左馭，馭下祝，登，受轡，犯軷，遂驅之。	杜子春云：「罰當爲軷。軷讀爲別異之別，謂祖道軷軷磔犬也。《詩》云：『載謀載惟，取蕭祭脂，取羝以軷。』詩家說曰：『將出祖道犯軷之祭也。』」	杜
校人	494	《鄘風·定之方中》	凡頒良馬而養乘之……校有左右。駑馬三良馬數……。	《詩》云：「騋牝三千」，此謂王馬之大數與？	
庾人	497	《秦風·小戎》《小雅·車攻》《小雅·吉日》	掌十有二閑之政教，以阜馬、佚特、……。	阜，盛壯也。《詩》云：「四牡孔阜」。	
圉人	497	《小雅·采菽》	凡賓客、喪紀，牽馬而入陳。	賓客之馬，王所以賜之者。《詩》云：「雖無予之，路車乘馬。」	
職方式	500	《大雅·公劉》	其川涇汭。	汭在豳地。《詩·大雅·公劉》曰：「汭坉之即。」	
	501	《大雅·文王》	乃辨九服之邦國。	服，服事天子也。《詩》云：「侯服于周。」	

秋官·序官	514	《魯頌·閟宮》	翦氏，下士一人，徒二人。	翦，斷滅之言也，主除蟲蠱者。《詩》云：「實始翦商。」	
大司寇	517	《小雅·大東》	以兩造禁民訟，入束矢於朝，然後聽之。	必入矢者，取其直也。《詩》曰：「其直如矢」。	
小司寇	523	《大雅·板》	小司寇之職，掌外朝之政，以致萬民而詢焉。	鄭司農云：「致萬民，聚萬民也。詢，謀也。《詩》曰『詢于芻蕘』，……。」	農
蜡氏	548	《小雅·天保》	凡國之大祭祀，令州里除不蠲。	蠲讀如「吉圭惟饎」之圭。圭，絜也。	
壺涿氏	559	《邶風·匏有苦葉》	掌除水蟲，以炮土之鼓毆之，以焚石投之。	故書「炮」作「泡」。杜子春讀炮爲「苞有苦葉」之苞。玄謂「燔之炮（之）」之炮。炮土之鼓，瓦鼓也。	杜
		《小雅·瓠葉》			
大行人	566	《商頌·殷武》	凡諸侯之王事，辨其位，正其等，協其禮，賓而見之。	王事，以王之事來也。《詩》云：「莫敢不來王。」	
司儀	575	《大雅·抑》	時揖異姓。	異姓，昏姻也。時揖，平推手也。《衛將軍文子》曰：「獨居思仁，公言言義，其聞《詩》也，『一日三復，白圭之玷』，是南宮絛之行也。夫子信其仁，以爲異姓。」謂妻之也。	衛將軍文字
冬官·考工記	594	《周頌·臣工》	粤無鎛，燕無函，秦無廬，胡無弓、車。	鎛，田器，《詩》云：「庤乃錢鎛」，又曰：「其鎛斯扌周」。	
		《周頌·良耜》			
輈人	611	《秦風·小戎》	爲輈。	輈，車轅也。《詩》云：「五楘梁輈。」	
	613	《大雅·緜》	行數千里，馬不契需。	鄭司農云：「契讀爲『爰契我龜』之契。……」	農
函人	620	《秦風·晨風》	凡察革之道，眠其鑽空欲其惌也。	鄭司農云：「惌讀爲『宛彼北林』之宛。」	農
鍾氏	623	《衛風·氓》	梁羽，以朱湛丹秫三月，而熾之。淳而漬之。三入爲纁，	鄭司農云：「湛，漬也。丹秫，赤粟。」玄謂湛讀如「漸車帷裳」之漸。	
	623	《鄭風·緇衣》	五入爲緅，七入爲緇。	染纁者，三入而成。又再染以黑，則爲緅。……又復再染以黑，乃成緇矣。鄭司農說以《論語》曰：……《詩》云：「緇衣之宜兮。」玄謂此同色耳。	農

匠人	651	《小雅·大田》	九夫爲井，井間廣四尺，深四尺，謂之溝。方十里爲成，成間廣八尺，深八尺，謂之洫。方百里爲同，同間廣二尋，深二仞，謂之澮。	文公又問井田，孟子曰：「請野九一而助，國中什一使自賦。……。」又曰：「《詩》云：『雨我公田，遂及我私。』惟助有公田。由此觀之，雖周亦助也。」……以《詩》、《春秋》、《論語》、《孟子》論之，周制，邦國用殷之助法，制公田，不稅夫。	孟子
	654	《大雅·緜》《小雅·斯干》	凡任，索約大汲其版，謂之無任。	玄謂：約，縮也。……《詩》云：「其繩則直，縮版以載。」又曰：「約之格格，椓之橐橐。」	
車人	655	《豳風·伐柯》	一欘有半謂之柯。	伐木之柯，柄長三尺。《詩》云：「伐柯伐柯，其則不遠。」	
弓人	657	《鄘風·定之方中》	居幹之道，菑栗不迤，則弓不發。	鄭司農云：「栗讀爲『榛栗』之栗。謂以鋸副析幹。」	農
	660	《秦風·小戎》	恒角而達，譬如終紲，非弓之利也。	弓有靭者，爲發弦時備頓傷。《詩》云：「竹閉緄縢」。	

附錄四　《儀禮注》引《詩》一覽表

說明：

1．本表除了《詩》句，另外包含「《詩傳》」或「《詩》家說」，但不含「樂詩」。

2．本表之篇章、頁碼及經、注內容係根據阮元校勘本《儀禮注疏》（臺北：藝文印書館影印清嘉慶二十年江西南昌府學刊本，2001 年初版十四刷。）

3．本表《詩》句文字依《儀禮注》，《詩》篇名則依據《毛詩》。

篇章	頁碼	詩篇名	經 文 節 錄	鄭《注》
士冠禮	16	《小雅·頍弁》	緇布冠，缺項，青組纓，屬于缺。	缺讀如「有頍者弁」之頍。緇布冠無笄者，著頍，圍髮際，結項中，隅為四綴，以固冠也。
士昏禮	39	《齊風·南山》	昏禮。下達，納采用鴈。	《詩》云：「取妻如之何？匪媒不得。」昏必由媒，交接設紹介，皆所以養廉恥。
	49	《唐風·揚之水》	宵衣。	宵，讀為《詩》「素衣朱綃」之綃，《魯詩》以綃為綺屬也。
	49	《大雅·韓奕》	女從者畢袗玄，纚笄，被穎黼，在其後。	女從者，謂姪娣也。《詩》云：「諸娣從之，祁祁如雲。」
		《唐風·揚之水》		穎，禪也。《詩》云：「素衣朱襮。」《爾雅》云：「黼領謂之襮。」《周禮》曰：「白與黑謂之黼。」天子、諸侯后夫人狄衣，卿大夫之妻，刺黼以為領，如今偃領矣。
	64	《大雅·思齊》	父醮子，命之曰：「往迎爾相，承我宗事。勖帥以敬，先妣之嗣。若則有常。」	勉帥道婦，以敬其為先妣之嗣。女之行則當有常，深戒之。《詩》云：「大姒嗣徽音。」
鄉射禮	116	《小雅·賓之初筵》	司正禮辭，許諾，主人再拜，司正答拜。	爵備樂畢，將留賓以事，為有解倦失禮，立司正以監之，察儀法也。《詩》云：「既立之監，或佐之史。」
大射	202	《齊風·猗嗟》	射三侯，將乘矢，始射干，又射參，大侯再發。	將，行也。行四矢，象有事於四方。《詩》云：「四矢反兮，以御亂兮。」
聘禮	239	《魏風·伐檀》	宰夫朝服設饗。	食不備禮曰饗。《詩》云：「不素饗兮」。

聘禮・記	283	《詩傳》	出祖，釋軷，祭酒脯，乃飲酒于其側。	《詩傳》曰：「軷，道祭也。」謂祭道路之神。
	291	《小雅・大田》	四秉曰筥。	《詩》云：「彼有遺秉。」又云：「此有不斂穧。」
覲禮	327	《小雅・采菽》	路先設，西上，路下四，亞之。重賜無數，在東南。	路謂車也，凡君所乘車曰路。路下四，謂乘馬也。亞之，次車而東也。《詩》云：「君子來朝，何錫予之？雖無予之，路車乘馬。又何予之？玄袞及黼。」
	331	《王風・大車》	禮日於南門外，禮月與四瀆於北門外，禮山川丘陵於西門外。	。盟神必云日月山川焉者，尚著明也。《詩》曰：「謂予不信，有如皦日。」
喪服・記	391	《曹風・蜉蝣》	麻衣縓緣	此麻衣者，如小功布，深衣，爲不制衰裳變也。《詩》云：「麻衣如雪。」
士喪禮	413	《周南・樛木》	幎目，用緇，方尺二寸，䞓里，著，組繫。	幎，讀若《詩》云「葛藟縈」之縈。
	413	《小雅・車攻》	決，用正王棘，若檡棘，組繫，纊極二。	決，猶闓也。挾弓以橫執弦。《詩》云：「決拾既佽。」
	433	《秦風・小戎》	兩籩無縢，布巾，其實栗，不擇。	縢，緣也。《詩》云：「竹柲緄縢。」
	440	《大雅・靈臺》	筮宅，冢人營之。	營猶度也。《詩》云：「經之營之。」
既夕禮	487	《秦風・小戎》	弓矢之新，沽功。有弝飾焉，亦張可也。有柲，設依，撻焉。	柲，弓檠。弛則縛之於弓裡，備損傷，以竹爲之。《詩》云：「竹柲緄縢。」
士虞禮	508	《周頌・清廟》	始虞用柔日。曰：「哀子某，哀顯相，夙興夜處不寧。」	顯，明也。相，助也。《詩》云：「於穆清廟，肅雍顯相。」
	509	《邶風・泉水》	獻畢，未徹，乃餞。	餞，送行者之酒。《詩》云：「出宿于濟，飲餞于禰。」
	512	《小雅・天保》	饗辭曰：「哀子某，圭爲而哀薦之。饗。」	圭，絜也。《詩》曰：「吉圭爲饎。」
特牲饋食禮	523	《檜風・匪風》	亨于門外東方，西面北上。	亨，煮也。煮豕、魚、臘以鑊，各一爨。《詩》云：「誰能亨魚，溉之釜鬵。」
	524	《唐風・揚之水》	主婦纚笄宵衣，立于房中，南面。	宵，綺屬也，此衣染之以黑，其繒本名曰宵。《詩》有「素衣朱宵」，《記》有「玄宵衣」，凡婦人助祭者同服也。

	546	《邶風·旄丘》	主人西面再拜，祝曰：「□有以也。」	以，讀如「何其久也？必有似（以）也」之以。
特牲饋食禮·記	548	《大雅·緜》	鉶芼，用苦，若薇，皆有滑，夏葵，冬荁。	苦，苦荼也。荁，堇屬，乾之，冬滑於葵。《詩》云：「周原膴膴，堇荼如飴。」
有司徹	585	《大雅·生民》	司馬在羊鼎之東，二手執桃匕枋以挹湆，注于疏匕，若是者三。	桃謂之歃，讀如「或舂或抎」之抎。字或作桃者，秦人語也。……今文桃作抎。

附錄五　《禮記注》引《詩》一覽表

說明：

1. 本表除了《詩》句，另外包含「《詩傳》」或「《詩》家說」，但不含「樂詩」。

2. 本表之篇章、頁碼及經、注內容係根據阮元校勘本《禮記正義》（臺北：藝文印書館影印清嘉慶二十年江西南昌府學刊本，2001 年初版十四刷。）

3. 本表《詩》句文字依《禮記注》，《詩》篇名則依據《毛詩》。

篇章	頁碼	詩篇名	經 文 節 錄	鄭《注》
曲禮上	12	《小雅・常棣》	臨財毋苟得，臨難毋苟免。很毋求勝，分毋求多。	很，閡也，謂爭訟也。《詩》云：「兄弟鬩於牆。」
曲禮下	97	《小雅・大田》	天子祭天地，祭四方，祭山川，祭五祀，歲徧。	句芒在東，祝融后土在南，蓐收在西，玄冥在北。《詩》云：「來方禋祀。」
檀弓上	130	《小雅・谷風》	孔子蚤作，負手曳杖，消搖于門。歌曰：「泰山其頹乎？梁木其壞乎？哲人其萎乎？」	萎，病也。《詩》云「無木不萎。」
	143	《魏風・葛屨》	喪事欲其縱縱爾，吉事欲其折折爾。	安舒貌。《詩》云：「好人提提。」
	149	《大雅・緜》	今一日而三斬板。	斬板，謂斷其縮也。……《詩》云：「縮板以載。」
王制	217	《商頌・玄鳥》	天子之縣內，方百里國九，七十里之國二十有一，五十里之國六十有三，凡九十三國。	縣內，夏時天子所居州界名也。殷曰畿。《殷頌》曰：「邦畿千里，維民所止。」周亦曰畿。
	236	《小雅・出車》《魯頌・泮水》	天子將出征，……反，釋奠于學，以訊馘告。	訊馘，所生獲斷耳者。《詩》曰：「執訊獲醜。」又曰：「在頖獻馘。」馘或為國。
	242	《小雅・天保》	天子諸侯宗廟之祭，春日礿，夏日禘，秋日嘗，冬日烝。	此蓋夏殷之祭名。周則改之，春曰祠、夏曰礿，以禘為殷祭。《詩・小雅》曰：「礿祠烝嘗，于公先王。」此周四時祭宗廟之名。

	245	《豳風・七月》	大夫、士宗廟之祭，有田則祭，無田則薦。	大夫以上用羔，所謂「羔豚而祭，百官皆足」。《詩》曰：「四之日其早，獻羔祭韭。」
月令	325	《豳風・七月》	（仲秋之月）衣服有量，必循其故。	此謂朝、燕及他服。凡此爲寒益至也。《詩》云：「七月流火，九月授衣。」於是作之可也。
	343	《豳風・七月》	（孟冬）是月也，大飲烝。	《詩》云：「十月滌場，朋酒斯饗。曰殺羔羊，躋彼公堂。稱彼兕觥，受福無疆。」是頌大飲之詩。
	345	《豳風・七月》	（仲冬）乃命大酋，秫稻必齊，麴糵必時。	古者獲稻而漬米麴，至春而爲酒。《詩》云：「十月獲稻，爲此春酒，以介眉壽。」
	347	《小雅・小弁》	（季冬）鴈北鄉，鵲始巢，雉雊，雞乳。	雊，雉鳴也。《詩》云：「雉之朝雊，尚求其雌。」
文王世子	393	《邶風・簡兮》	秋冬學羽籥。	《詩》云：「左手執籥，右手秉翟。」
	393	《小雅・鼓鍾》	籥師學戈，籥師丞贊之。胥鼓南。	南，南夷之樂也。……《詩》云：「以雅以南，以籥不僭。」
禮器	458	《大雅・文王》	君子曰：「祭祀不祈。」	祈，求也。祭祀不爲求福也。《詩》云：「自求多福」，福由己耳。
	467	《魯頌・泮水》	故魯人將有事於上帝，必先有事於頖宮。	頖宮，郊之學也，《詩》所謂「頖宮」也，字或爲郊宮。
	472	《周頌・絲衣》	納牲詔於庭，血毛詔於室，羹定詔於堂，三詔皆不同位，蓋道求而未得也。	《周禮》曰：「夏后氏世室門堂三之二，室三之一。」《詩・頌・絲衣》曰：「自堂徂基。」
郊特牲	487	《唐風・揚之水》	繡黼，丹朱中衣，大夫之僭禮也。	繡讀爲綃。綃，繒名也。《詩》云：「素衣朱綃。」又云「素衣朱襮。」襮，黼領也。
	500	《商頌・長發》	饗農及郵表畷、禽獸，仁之至，義之盡也。	郵表畷，謂田畷所以督約百姓於井間之處也。詩云：「爲下國畷郵。」
	501	《小雅・都人士》《周頌・良耜》	大羅氏，天子之掌鳥獸者也，諸侯貢屬焉。草笠而立，尊野服也。	諸侯于蜡，使使者戴草笠，貢鳥獸也。《詩》云：「彼都人士，臺笠緇撮。」又曰：「其餉伊黍，其笠伊糾。」皆言野人之服也。
	502	《周頌・豐年》	順成之方，其蜡乃通，以移民也。	移之言羨也。《詩・頌・豐年》曰：「爲酒爲醴，烝畀祖妣，以洽百禮。」此其羨之與？

	507	《大雅·生民》	蕭合黍、稷，臭陽達於牆屋，故既奠，然後焫蕭合膻，薌。	蕭，薌蒿也，染以脂，合黍、稷燒之。《詩》云：「取蕭祭脂。」
內則	538	《小雅·都人士》	男鞶革，女鞶絲。	鞶，小囊，盛帨巾者。男用韋；女用繒；有飾緣之，則是鞶裂與？《詩》云：「垂帶如厲。」
玉藻	558	《鄭風·丰》	君衣狐白裘，錦衣以裼之。	君衣狐白毛之裘，則以素錦爲衣覆之，使可裼也。……《詩》曰：「衣錦絅衣，裳錦絅裳。」
	569	《小雅·小宛》	燕居告溫溫。	《詩》云：「溫溫恭人。」
	569	《大雅·既醉》	立容辨卑，毋諂，頭頸必中，山立，時行。	時而後行也。《詩》云：「威儀孔時。」
明堂位	577	《魯頌·閟宮》	成王以周公爲有勳勞於天下，是以封周公於曲阜，地方七百里，革車千乘，命魯公世世祀周公以天子之禮樂。	兵車千乘，成國之賦也。《詩·魯頌》曰：「王謂叔父，建爾元子，俾侯于魯。大啓爾宇，爲周室輔。乃命魯公，俾侯于東，錫之山川，土田附庸。」又曰：「公車千乘，朱英綠縢。」
	578	《小雅·鼓鍾》	任，南蠻之樂也。	《詩》曰：「以雅以南，以籥不僭。」
	579	《鄘風·君子偕老》	夫人副、禕立于房中。	副，首飾也。今之步搖是也。《詩》云：「副笄六珈。」
	579	《大雅·緜》	大廟，天子明堂。庫門，天子皐門。雉門，天子應門。	《詩》云：「乃立皐門，皐門有伉。乃立應門，應門將將。」
	581	《大雅·行葦》	爵，夏后氏以琖，殷以斝，周以爵。	斝，畫禾嫁也。《詩》曰：「洗爵奠斝。」
	582	《商頌·那》 《周頌·有瞽》	夏后氏之鼓，足。殷，楹鼓。周，縣鼓。	《殷頌》曰：「植我鼗鼓。」《周頌》曰：「應朄縣鼓。」
	583	《周頌·有瞽》	夏后氏之龍簨虡，殷之崇牙，周之璧翣。	《周頌》曰：「設業設虡，崇牙樹羽。」
	583	《魯頌·閟宮》	俎，有虞氏以梡，……周以房俎。	房，謂足下跗也，上下兩間，有似於堂房。《魯頌》曰：「籩豆大房。」
大傳	616	《周頌·清廟》	遂率天下諸侯，執豆籩，逡奔走。	逡，疾也。疾奔走，言勸事也。《周頌》曰：「逡奔走在廟。」

少儀	631	《小雅・四牡》	車馬之美，匪匪翼翼。	匪，讀如「四牡騑騑」。
	638	《魯頌・閟宮》	國家靡敝，則車不雕幾，甲不組縢，食器不刻鏤。	組縢，以組飾之及紟帶也。《詩》云：「公徒三萬，貝冑朱綅。」亦鎧飾也。
樂記	662	《邶風・簡兮》	比音而樂之，及干戚、羽旄，謂之樂。	《周禮》舞師、樂師掌教舞，有兵舞，有干舞，有羽舞，有旄舞。《詩》曰：「左手執籥，右手秉翟。」
	696	《周頌・時邁》	武王克殷反商，……將帥之士使爲諸侯，名之曰「建櫜」。	建，讀爲鍵，字之誤也。兵甲之衣曰櫜。鍵櫜，言閉藏兵甲也。《詩》曰：「載櫜弓矢。」
	701	《曹風・候人》	故聽《雅》、《頌》之聲，志意得廣焉；……行其綴兆，要其節奏。	綴，表也，所以表行列也。詩云：「荷戈與綴。」兆，域也，舞者進退所至也。
祭統	833	《大雅・桑柔》	是故古之君子曰：「尸亦餕鬼神之餘」也，惠術也，可以觀政矣。	術，猶法也。爲政尙施惠，盡美能知能惠。《詩》云：「維此惠君，民人所瞻。」
經解	846	《韓詩內傳》	行步，則有環佩之聲，升車，則有鸞和之音。	鸞、和，皆鈴也，所以爲車行節也。《韓詩內傳》曰：「鸞在衡，和在軾。前升車則馬動，馬動則鸞鳴，鸞鳴則和應。」
中庸	885	《大雅・大明》	故天之生物，必因其材而篤焉。故栽者培之，傾者覆之。	栽讀如「文王初載」之載。
	887	《小雅・小宛》	夫政也者，蒲盧也。	蒲盧，蜾蠃，謂土蜂也。《詩》曰：「螟蛉有子，蜾蠃負之。」螟蛉，桑蟲也。

附錄六　三《禮》經、注引《詩》所見異文（與《毛詩》相較）一覽表

說明：

1.若「✓」在「經」一欄內，表示該則《詩》句是三《禮》所引用；若「✓」在「注」一欄內，則該則《詩》句爲鄭《注》所徵引。

2.本表之《詩》文內容係根據阮元校勘本《毛詩》、三禮《注疏》（臺北：藝文印書館影印清嘉慶二十年江西南昌府學刊本。）

3.「說明」欄內所用之《釋文》文字，係通志堂本《經典釋文》（臺北：漢京文化事業有限公司，1985年。）

4.「說明」欄內所引李富孫的意見，出自皇清經解本《詩經異文釋》（北京：學苑出版社，2003年。）

5.「說明」欄內所引馮登府的意見，出自皇清經解本《三家詩異文疏證》（北京：學苑出版社，2003年。）

6.「說明」欄內所引馬瑞辰的意見，出自《毛詩傳箋通釋》（北京：中華書局，1989年。）

7.「說明」欄內所引《說文》及段玉裁之意見，出自《說文解字注》（臺北：黎明文化事業股份有限公司，1996年。）

8.「說明」欄內有引陳喬樅《詩經四家異文考》（北京：學苑出版社，2003年。）

9.「說明」內不註明出處的意見，皆根據或轉引自王先謙《詩三家義集疏》。

詩篇		經	注	毛　詩	三禮或鄭注	出處		說　　明
周南	關雎	✓		君子好逑	君子好仇	記	緇衣	《毛詩釋文》：「本亦作仇。」上博、郭店簡〈緇衣〉作仇。
	葛覃	✓		服之無斁	服之無射	記	緇衣	《禮記釋文》：「毋射，音亦，注同」《毛詩釋文》：「斁，本亦作厭。」《爾雅·釋詁》：「射，厭也。」《毛傳》：「斁，厭也。」
邶風	柏舟	✓		威儀棣棣	威儀逮逮	記	孔子閒居	《毛詩釋文》：「棣本或作逮。」李富孫：「棣、逮音相近，義同。」

	燕燕	✓		以勗寡人	以畜寡人	記	坊記	李富孫：「勗、畜，音亦相近。」
	匏有苦葉		✓	匏有苦葉	苞有苦葉	周	壺涿氏	①則《詩》句是杜子春所徵引。李富孫：「苞、匏，聲之轉。」②陳喬樅《詩經四家異文考》：「苞者，匏之假借字。」
	谷風	✓		我躬不閱，遑恤我後	我今不閱，皇恤我後	記	表記	①鄭《箋》：「躬，身。」②李富孫：「今與躬，音相近。……皇，別體作遑。」
			✓	匍匐救之	扶服救之	記	檀弓	〈孔子閒居〉引作「匍匐」。《禮記釋文》：「扶服，本又作匍匐。」
	旄丘		✓	必有以也	必有似（以）也	儀	特牲饋食禮	盧文弨云：「經『蓋有以也』，《釋文》云：『依注音似。』則《注》本作『似』明矣。」
	泉水		✓	出宿于沛	出宿于濟	儀	士虞禮	《漢書・地理志》顏師古注：「沛亦濟水字也。」
鄘風	君子偕老		✓	不屑髢也	不屑鬄也	周	追師	《說文》：「鬄，重文髢。」髢字乃鬄之或體。
	鶉之奔奔	✓		鵲之彊彊，鶉之奔奔	鵲之姜姜，鶉之賁賁	記	表記	①《禮記釋文》：「賁，音奔，注同。」賁、奔字通。賁為借字。②《毛詩釋文》：「音姜。《韓詩》云：『奔奔、彊彊，乘匹之貌。』」
衛風	淇奧	✓		瞻彼淇奧，綠竹猗猗。赫赫咺兮。有匪君子……終不可諼兮！	瞻彼淇澳，菉竹猗猗。赫兮喧兮。有斐君子……終不可諠兮！	記	大學	①《詩經四家異文考》：「隩、澳古字通用。作奧者，渻借字也。」②錢大昕：「古讀匪如邠，又如彼。」③《禮記釋文》：「淇，音其。」「澳，本亦作奧。……又作隩。」「菉，音綠。」「斐，一音匪。」「喧，本亦作咺。」「諠，《詩》作諼，或作暄，音同。」④《毛詩釋文》：「《韓詩》竹作『藩』。……石經同。」「匪本又作斐，《韓詩》作『邲』。」「咺，《韓詩》作『宣』。」

	碩人	✓		衣錦褧衣	衣錦尙絅	記	中庸	①《禮記釋文》：「絅本又作穎。」②《禮記正義》：「此云尙絅者，斷截《詩》文。」
			✓	翟茀以朝	翟蔽以朝	周	巾車	《周禮釋文》：「蔽，音弗。」鄭《箋》：「茀之言蔽也。」
	氓	✓		體無咎言	履無咎言	記	坊記	《毛詩釋文》：「體，《韓詩》作『履』。履，幸也。」
	芃蘭		✓	童子佩觽	童子佩鑴	周	巾車	①《禮記·內則·釋文》：「觽，本或作鑴。」②《說文》：「鑴，大盆也。」「觽，佩角，銳耑，可以解結。」③《詩經四家異文考》：「當從角旁爲正。作鑴者，同音假借字。」
鄭風	丰		✓	衣錦褧衣，裳錦褧裳	衣錦絅衣，裳錦絅裳	記	玉藻	李富孫：「絅、褧、穎，皆同物也。」
齊風	南山	✓		衡從其畝	橫從其畝	記	坊記	《毛詩釋文》：「衡音橫，亦作橫。」又《韓詩》作「橫由其畝。」馬瑞辰云：「由、從二字同義。」
	猗嗟		✓	以禦亂兮	以御亂兮	儀	大射	《毛詩·邶風·谷風》：「亦以御冬。」鄭《箋》：「御，禦也。」
唐風	揚之水		✓	素衣朱繡	素衣朱宵	儀	特牲饋食禮	①《禮記釋文》：「綃音消。」鄭《箋》：「繡當爲綃。」②〈士昏禮〉鄭注云：「《魯詩》以綃爲綺屬。」③段玉裁：「《說文》：『綃，生絲也。』」以此生絲織曰綃，故或名云繪，或云綺屬。宵、繡皆假借字。」
			✓		素衣朱綃	儀	士昏禮	
			✓			記	郊特牲	
秦風	小戎		✓	竹閉緄縢	竹䪐緄縢	周	弓人	《周禮釋文》：「䪐音祕。」《玉篇》：「䪐，音祕，弓檠也。」
			✓		竹柲緄縢	儀	既夕禮	鄭《注》：「古文柲作枈。」
			✓			儀	士虞禮	《說文》：「柲，欑也。」「欑，積竹杖也。」
	晨風		✓	郁彼北林	宛彼北林	周	函人	鄭司農引。

曹風	候人		✓	何戈與祋	荷戈與綴	記	樂記	《禮記釋文》：「荷，本又作何。」「綴，祋，同都外反。」
			✓		何戈與祋	記	候人	何、荷，古今字之異。
		✓		彼其之子	彼記之子	記	表記	鄭《箋》：「其或作記，或作己，讀聲相似。」
	鳲鳩		✓	其弁伊騏	其弁伊綦	周	弁師	鄭《箋》：「騏當作綦。」騏為綦之借字。
豳風	七月		✓	獻豜于公	獻肩于公	周	大司馬	〈大司馬〉注兩次引用。《周禮釋文》：「肩、豜音同。」
			✓	黍稷重穋	黍稷穜稑	周	內宰	《毛詩釋文》：「重又作種，音同。穋又作稑，音同。」
			✓	四之日其蚤	四之日其早	記	王制	《周禮·羊人》鄭注引作「蚤」。《毛詩釋文》：「蚤音早。」
			✓	稱彼兕觥，萬壽無疆	稱彼兕觵，受福無疆	記	月令	①《周禮·小胥》注引作「兕觵其觖」。
			✓		稱彼兕觥，萬壽無疆	周	籥章	②《毛詩釋文》：「觥，本亦作觵。」③《說文》「觥」下云：「俗觵，從光。」
	伐柯		✓	伐柯如何…取妻如何？	伐柯如之何……取妻如之何？	記	坊記	
小雅	常棣		✓	兄弟鬩于牆	兄弟鬩於牆	記	曲禮上	《說文》：「于，於也。」
		✓		和樂且湛	和樂且耽	記	中庸	①《毛詩釋文》：「湛，又作耽。《韓詩》云：『樂之甚也。』」②《詩經四家異文考》：「湛者，媅字之假借。耽者，妉字之假借。…媅，古文妉。妉乃媅之或體。」
	天保		✓	吉蠲為饎	吉蠲為饎	周	宮人	《周禮釋文》：「蠲，音圭。」蠲乃圭之假借。
			✓		吉圭惟饎	周	蜡氏	
			✓		吉圭為饎	儀	士虞禮	
			✓	淪祠烝嘗	礿祠烝嘗	記	王制	①《毛詩釋文》：「淪本又作礿。」②《五經文字·艸部》：「蒸，經典多去艸。」

車攻		✓	決拾既伏	**抉**拾既**次**	周	繕人	此為鄭司農引。《毛詩釋文》:「決,或作抉。伏音次。」
		✓		決拾既次	儀	士喪禮	
斯干		✓	約之閣閣	約之**格格**	周	匠人	《毛詩釋文》:「閣音各。」《禮記釋文》:「格音各。」
節南山	✓		不自為政	不自為**正**	記	緇衣	
正月	✓		亦孔之炤	亦孔之**昭**	記	中庸	《禮記釋文》:「昭本又作炤。」
十月之交		✓	蹶惟趣馬	蹶**維**趣馬	周	夏官·序官	
		✓	田卒汙萊	田卒**污**萊	周	大司馬	汙、污音同,音烏。
小宛		✓	宜岸宜獄	宜**犴**宜獄	周	射人	《毛詩釋文》:「岸如字。……《韓詩》作犴,音同。」
楚茨		✓	楚楚者茨	楚楚者**薺**	記	玉藻	鄭《注》:「〈采薺〉當為〈楚薺〉之薺。」
信南山		✓	維禹甸之	**惟**禹**陙**之	周	稍人	《鄭注》:「甸讀與『維禹陙之』之陙同。」
		✓	畇畇原隰	**嘗嘗**原隰	周	均人	①《三家詩異文疏證》引黃公紹言:「嘗,墾田也,或作畇。②是嘗,畇之本字。」③《毛詩釋文》:「畇音勻。又作晌。」
大田	✓		此有不斂穧;彼有遺秉,此有滯穗,伊寡婦之利。	……彼有遺秉,此有不斂穧,伊寡婦之利。	記	坊記	《春秋繁露·制度篇》引《詩》,亦作:「彼有遺秉,此有不斂穧,伊寡婦之利。」
桑扈		✓	兕觥其觓	兕**觵**其觓	周	小胥	《周禮釋文》:「觵,本或作觥。」
賓之初筵	✓		以祈爾爵	以祈**有**爵	記	射義	鄭《注》:「爾或為有。」
都人士		✓	垂帶而厲	垂帶**如**厲	記	內則	鄭《箋》:「而亦如也。」
隰桑	✓		遐不謂矣	**瑕**不謂矣	記	表記	鄭《箋》:「假,遠也。」與《禮記注》的解釋不同。

					記	大學	
	縣蠻	✓		縣蠻黃鳥	緜蠻黃鳥	記	大學	《詩經四家異文考》:「縣緜一聲之轉,古得通假。」

大雅	文王	✓		宜鑒于殷,駿命不易!	儀監于殷,峻命不易!	記	大學	《毛詩釋文》:「駿音峻。」
		✓		萬邦作孚	萬國作孚	記	緇衣	郭店與上博簡〈緇衣〉釋文皆作「邦」。
	大明	✓		維此文王	惟此文王	記	表記	
			✓	維師尚父,時維鷹揚	惟師尚父,時惟鷹揚	周	環人	《詩經四家異文考》:「《毛詩》惟皆作維。」
	縣蠻		✓	縮版以載	縮板以載	記	檀弓	
			✓		乃立皋門………乃立應門	周	匠人	
			✓	迺立皋門………迺立應門	乃立皋門………乃立應門	記	明堂位	李富孫:「《釋詁》曰:『迺,乃也。』……《列子・天問》釋文云:『迺,古乃字。後人竝通用。』段氏曰:『俗云古今字。』王氏引之曰:『𠧟,籀文乃字。隸書作迺。』」
	棫樸		✓	追琢其章	追琢其璋	周	追師	鄭《箋》:「追琢玉,使成文章。」
	旱麓		✓	瑟彼玉瓚	卹彼玉瓚	周	典瑞	《周禮釋文》:「卹,音瑟,又作邖。」
	皇矣	✓		貊其德音……克順克比,比于文王。	莫其德音……克順克俾,俾于文王。	記	樂記	①鄭《注》:「俾當為比,聲之誤也。」②《禮記釋文》:「俾音比。」③《毛詩釋文》:「貉,本又作貊……德正應和曰貉。《左傳》作莫,音同。《韓詩》同,云:『莫,定也。』」
	文王有聲	✓		匪棘其欲,遹追來孝。	匪革其猶,聿追來孝。	記	禮器	①《毛詩釋文》:「亟,或作棘。」②《禮記正義》:「革、棘,聿、遹,字異義同。」③盧文弨:「猶古通欲。」
		✓		考卜維王,宅是鎬京	考卜惟王,度是鎬京	記	坊記	①度、宅是今古文之別。②王先謙《集疏》:「《尚書》古文作『宅』者,今文皆作『度』。」

生民	✓		后稷肇祀	后稷兆祀	記	表記	
		✓	或舂或揄	或舂或抗	周	地官・序官	①《周禮釋文》:「抗,音由,又音揄。」揄是抗之假借。據
		✓			儀	有司徹	②《說文》,抗是「臼」的異體。
假樂	✓		假樂君子,顯顯令德……保右命之	嘉樂君子,憲憲令德……保祐命之	記	中庸	①《毛詩正義》:「(憲憲作顯顯),與此不同者,齊、魯、韓詩與《毛詩》不同故也。」 ②《禮記釋文》:「嘉本作假,音同。假,嘉也。憲音顯。」 ③段玉裁:「假者,嘉之假借字。」 ④李富孫:「佑,俗字,《說文》無此字。」
公劉		✓	芮鞫之即	汭坭之即	周	職方氏	①《毛詩釋文》:「芮,本又作汭。」
泂酌	✓		豈弟君子	凱弟君子	記	孔子閒居	①《禮記釋文》:「凱本又作愷,又作豈。」「弟本又作悌。」
	✓				記	表記	②《毛詩釋文》:「豈本亦作愷,又作凱。弟亦作悌。」
民勞		✓	以謹惛怓	以謹讙嘵	周	大司馬	①鄭司農徵引。鄭《箋》:「惛怓,猶讙譁也。」 ②《毛詩釋文》:「譊,本又作譁。」
板	✓		下民卒癉	下民卒瘅	記	緇衣	癉、瘅疊韻。
	✓		牖民孔易	誘民孔易	記	樂記	《毛詩正義》:「牖與誘,古字通用,故以爲導也。」
抑	✓		有覺德行	有梏德行	記	緇衣	覺、梏雙聲。郭店與上博〈緇衣〉釋文作「覺」。
	✓		不愆于儀	不僭于儀	記	緇衣	《說文》:「愆,籀作諐。」郭店與上博〈緇衣〉引作「愆」。
	✓		維德之基	惟德之基	記	表記	
崧高	✓		崧高維嶽,駿極于天	嵩高惟嶽,峻極于天	記	孔子閒居	《毛詩釋文》:「駿音峻。」
烝民	✓		維仲山甫舉之	惟仲山甫舉之	記	表記	

	韓奕	✓	王錫韓侯	王賜韓侯	周	屨人	阮元《校勘記》：「按王氏引《周禮》注：『王賜韓侯』，是宋本作『賜』。」錫，賜，古今字。
	江漢	✓	矢其文德，洽此四國	弛其文德，協此四國	記	孔子閒居	《禮記釋文》：「弛，皇作施。」《詩經四家異文考》：「施、弛、矢，皆一聲之轉。」洽、協雙聲。
	常武		✓	既敬既戒	既儆既戒	周	夏官·序官	此爲鄭司農徵引。《周禮釋文》：「儆，本亦作敬。」
周頌	清廟		✓	肅雝顯相	肅雍顯相	儀	士虞禮	
			✓	駿奔走在廟	逡奔走在廟	記	大傳	
		✓	無射於人斯	無斁於人斯	記	大傳	《禮記釋文》：「斁音亦厭。」
	維天之命	✓	維天之命	惟天之命	記	中庸	
	烈文	✓	不顯維德	不顯惟德	記	中庸	
	昊天有成命	✓	夙夜基命宥密	夙夜其命宥密	記	孔子閒居	《毛詩釋文》：「其，本亦作基。」鄭《注》：「《詩》讀其爲基，聲之誤也。」
	臣工		✓	庤乃錢鎛	偫乃錢鎛	周	考工記	《毛傳》：「庤，具也。」鄭《注》：「偫，具也。」
	振鷺	✓	在此無斁	在此無射	記	中庸	《毛詩釋文》：「斁，音亦厭也。」
	有瞽		✓	應田縣鼓	應朄縣鼓	周	大師	鄭《箋》：「田當作朄……聲轉字誤變而作田。」
			✓		肅雍和鳴	記	明堂位	
		✓	肅雝和鳴			記	樂記	
周頌	良耜		✓	其饟伊黍	其餉伊黍	記	郊特牲	《說文》：「周人謂餉曰饟。」「餉，饟也。」二字音近義同。《周禮釋文》：「搚，音趙。」
			✓	其鎛斯趙	其鎛斯搚	周	考工記	
魯頌	泮水		✓	在泮獻馘	在頖獻馘	記	王制	
	閟宮		✓	王曰叔父	王謂叔父	記	明堂位	李富孫：「謂、曰聲相近，義亦不異。」
			✓	土田附庸	土地附庸	周	大司徒	此爲鄭司農徵引。

			✓		土田附庸	周	明堂位	
			✓	新廟奕奕	寢廟繹繹	周	隸僕	
商頌	那		✓	置我鞉鼓	植我鞉鼓	記	明堂位	鄭《箋》：「置讀曰植。」《禮記釋文》：「植又音置。」
	烈祖	✓		鬷假無言	奏假無言	記	中庸	《詩經四家異文考》：「奏、鬷，一聲之轉。」
	玄鳥	✓		維民所止	惟民所止	記	大學	《禮記・王制》注引作「維民所止。」
	長發	✓		聖敬日躋	聖敬日齊	記	孔子閒居	《毛傳》：「躋，升也。」鄭《注》：「齊，莊也。」
			✓	爲下國綴旒	爲下國畷郵	記	郊特牲	《禮記正義》：「所引《詩》者，齊、魯、韓《詩》。」